曾慥の書誌的研究

宮澤正順著

汲古書院

目次

第二篇　『類説』の研究

序論　曾慥研究の現状と曾慥研究の資料

第一章　曾慥研究の現状

曾慥は、唐代中葉の劉知古が撰述して散佚してしまった内丹理論の貴重な書物である『日月玄枢論』を、その節録ではあるにしても、『道枢』巻二十六に記し留めて、今日にまで伝え残している。この一事例を示すだけでも判然とするように、中国の思想家もしくは文学者としての範疇ではカバーしきれない極めて重要な人物である。しかるに残念ながら、彼はわが国では殆んど研究されることのなかった学者である。一方、中国においては福建省出身の彼を福建の著名な道士三名の中には加えない学者もあるにはあるが、[1]近年特に高く評価されてきた人物である。古くは『道蔵目録詳註』に曾慥の『道枢』の解説があり、それを受け継ぐような形の任継愈主編の『道蔵提要』に曾慥のことが記述されるのは当然なこととしても、一九七〇年には、曾慥が纂輯した書物の中でも特別な価値がある『類説』を研究した厳一萍の『校訂類説』が、一九九六年には王汝涛等校注『類説校注』（上下）が刊行された。後者は、前者すなわち厳氏の研究に関心を示さない。また、任継愈主編『中国道教史』・卿希泰主編『中国道教史』（第二巻）・卿希泰主編『中国道教』（一・二）など、道教の歴史を概観する書物の多くが、かなりの紙数を割いて、曾慥及び彼に関係する項目に当てている。また、于民雄の『道教文化概説』の付録に「道教重要典籍一覧表」があるが、その中にも『道枢』（宋）曾慥編」として曾慥が記録されている外、任継愈主編『宗教詞典』・羅竹風主任『中国大百科全書（宗教）』・『宗教百科全書』（人文百科全書大系）・黄海徳等編『簡明道教辞典』・『道教大辞典』（中国道教協会・蘇州道教協会）・呉楓等主編『中華道学通典』・張志哲主編『道教文化辞典』などにも、曾慥とその関係項目が挙げられている。

一方、気功養生に関する文献や辞典の中にも曾慥に関する記述が見出される。すなわち後に触れるが、李遠国編著『中国道教気功養生大全』などの外、馬済人主編「気功・養生叢書」には、『道枢』が全篇一冊の本の中に収められている。洪丕謨の『中国神仙養生大全』も同様である。王卜雄等著『中国気功学術発展史』では、その第五章第八節に「集南宋前気功大成的《道枢》」の項を置いて、『道枢』を道教文献としては「雲笈七籤」には及ばないものの、南宋以前の気功文献としてみた場合には、「気功大成」として重要な地位を占めるものと高く評価している。李志庸編『中国気功史』の第六章の冒頭の『道枢』の紹介文及び「導引気功学成就概述」「八段錦的流行」「六字気訣的普及与発展」「南北宋道教内丹気功学成就概述」は、曾慥と気功に関する貴重な論考である。また、呂光栄等主編『中国気功経典』（宋朝部分　上）にも、『道枢』（節選[2]）や『至游子』の巻上と巻下の各篇（巻下の百問篇だけは除外されている）と「臨江仙」が入っている。方春陽主編『中国養生大成』には、『道枢』の中の衆妙篇のみが収載されており、この篇と密接に関係する後人の『蘇沈良方』は、白永波等主編『中医養生大全』や先の馬氏主編の「気功・養生叢書」の中に収められている。白永波の書では、『蘇沈良方』をもって、「宋代大文学家蘇東坡与科学家沈括所撰」（七三一頁）とするが、道玄子編『中国道家養生気功全書』（三四頁）では、その書を後人のものとしており、検討を要する書である。文人でもある曾慥は、当然のことながら、王洪主編の『唐宋詞百科大辞典』などでも紹介されている。

以上のように、辞典・詞典・百科全書の一部や道教の通史のすべてとはいえないにしても、その多くが曾慥に関する項目を特に設けており、上記では触れなかったが、朱越利『道教答問』などは、方術の項の中の内丹の章（二六八頁）に「《道枢》是一部什麼書?」という一節を起こし解説して、

今本『道枢』共四十二巻、為北宋末南宋初道教学者曾慥編。……該書為研究道術、特別是内丹術的重要資料。

と断定している。特に見出し項目に曾慥に関係があるものを挙げなくても、色々な文章において、曾慥自身のことや曾慥編纂の書物などを利用している文献も多い。例えば、張宋明主編『道仏儒思想与中国伝統文化』（五七頁）などは、『老子』について述べている文章の中で、

人的大脳的内部生理結構極為錯綜複雑、道教対此作了形象的描絵、「脳中円虚以灌真、万穴直立、千孔生烟、徳備天地、混同大方、故曰泥丸」天地是個大宇宙、人体是個小宇宙。

と、『道枢』巻九の頤生篇の一文を引用している。このような文献特に中国人の研究者の記述は、数え挙げたらきりがない。就中、曾慥について、意欲的に研究を進めている学者としては、上述の厳一萍の『校訂類説』に幾度か紹介されている昌彼得、更には『道枢』を利用して『金碧五相類参同契』の宋代別本の存在を指摘した金正耀等が挙げら(3)れるであろう。

以上きわめて粗雑な概観ではあるが、それにしても、大冊の道教史や概説書が多く刊行されながら、曾慥に触れることのないわが国の学界における関心の少なさが、改めて浮彫りにされたであろう。鎌田茂雄が『道蔵内仏教資料集成』に『道枢』四十二巻集要篇を収載しているのは、この外にも仏教資料と考えてよいものがあることを今置くとしても、評価されねばならない(4)。政府への反駁があったりして、曾慥の伝が正史に載っていない上に、彼の業績が諸文献の節録であることも、原文原典を偏重するわが国の学界の傾向が曾慥への軽視を生んできた。

しかしながら、曾慥についてのそれぞれの研究は、国外を中心としてそれなりに成果を挙げ、それは今後も増大す

るであろうが、なお、彼の一部面に限っての片寄った研究となっている。そのことは、『四庫全書総目提要』が曾慥の『類説』や『楽府雅詞』或は『堂斎《ママ》漫録』については触れてはいても、『道枢』については項目を挙げていないことや、『道枢』や気功について語る人がその逆であることなどが、その端的な例といえるであろう。少なくとも、道教者としての曾慥と文学に関心を寄せる人物としての曾慥、そして『類説』や『道枢』のような百家全書的な類書を纏めた曾慥、或は、唐の馬總の『意林』が雑家類に分類されるような雑家としての曾慥の姿を、全体として把握することなしには、曾慥の研究が完成したとはいえないであろう。

第二章　曾慥研究の資料

(1)　『校訂類説』と『類説校注』

曾慥の伝は、洵に残念なことではあるが、正史には載っていない。厳一萍は、上掲の『校訂類説』において、明の嘉靖鈔本『類説』の「伯玉翁題記」と清の秦恩復が曾慥の『楽府雅詞』に付けた跋文や、宋の李心伝の『建炎以来繫年要録』及び正史を利用して、曾慥の活動の記録が多く現われる南宋の高宗紹興六年（一一三六）から曾慥が没する紹興二十五年（一一五五）までの経歴を考察している。因みに、曾慥の『楽府雅詞』三巻と『拾遺』二巻が清の秦恩復編『詞学叢書』と清の伍崇曜編『粤雅堂叢書』に収められている。

さて厳一萍は、曾慥の卒年については、『建炎以来繫年要録』巻一百六十八に、

紹興二十五年二月甲申（初七日）、右文殿修撰曾慥卒。

とあるのを根拠とされる。そして更に続けて、曾慥の生年と享年とについては、没年を紹興二十五年（一一五五）と

し、

曾慥自紹興六年以後之経歴、略尽於此。惟以享寿不明、致生年無考。以集仙伝序称「晩欲養生、潜心至道」之言相推測、其年当在六十開外。集仙伝序於紹興二十一年辛未（一一五一）、拠此可仮定其享寿六十五歳左右、則上推生年、当在元祐初、与曾孝寛之卒相近、余故断定其為考寛之孫。秦恩復称慥為「丞相懐之従兄」、未知何拠。

と述べている。これによれば、北宋第七代哲宗の即位後の元祐元年（一〇八六）頃に生まれたことになる。因みに、丞相曾懐については、昌彼得等編『宋人伝記資料索引』（四）には、

曾懐（一一〇七――一一七五）、字欽道、晋江人、公亮曽孫。宣和初為金壇簿、累遷知真州。乾道八年、賜同進士出身、拝参知政事、進右丞相、封魯国公、奉祠。淳熙二年卒、年六十九。

と記されている。青山定雄編『宋人伝記索引』は、『琴川志』に拠っている。『続通志』巻三百三十七や『宋人伝記資料索引』には、曾公亮（九九九――一〇七八）や公亮の子曾孝寛についての紹介がある。晋江は、福建南安辺りか。

正史に伝のない曾慥の生涯には、なお未解決の問題が多くあるのは致し方のないことである。彼が晩年に、銀峯に居たとされるのは、曾慥自身が次のように記している序文に基づくのである。

類説序

小道可観、聖人之訓也。余喬寓銀峯、居多暇日。因集百家之説、採摭事実、編纂成書、分五十巻、名曰類説。可以資治体、助名教、供談笑、広見聞。如嗜常珍、不廃異饌、下箸之処、水陸具陳矣。覧者其詳択焉。

紹興六年四月望日、温陵曾慥引。

すなわち紹興六年は西暦一一三六年であり、銀峯は、厳一萍の考証のように饒州に属す土地であるとすれば、今の江西省鄱陽県であり、温陵もその地域の名といえるであろう。昌彼得の示教によるが、「欽定四庫全書『御定書画譜』

巻三十四」五十七には、

曾慥

曾慥字端伯。紹興間為尚書郎直宝文閣・奉祠。博学能詩、号至游居《ママ》。泉州府志

蘇庠詩翰帖跋有温陵曾慥書。鉄網珊瑚

と記されている。ここに至游居というのは、至游居士のことであろう。「道蔵」第一一二六冊の『修真十書（雑著捷径）』巻二十五の巻末には、「至游居士座右銘」が収録されている。『修真十書』には、巻二十五以外にも曾慥の作品があるが、それについては後に触れる。

次に、王汝涛等校注『類説校注』上下二冊（福建人民出版社）がある。この書は、『類説』の巻一より、巻六十の「拾遺類総」までの校点本である。拙稿とは異った立場に立つその書は、厳一萍の『校訂類説』を考慮の対象にしていない。しかし、厳一萍の研究は、曾慥研究の先達として評価されるべきであろう。下冊の付録には、まず、

福建通志曾慥伝

曾慥字端伯、晋江人、公亮五世孫。靖康初、歴倉部員外郎。金人陷京帰、登城不下、知慥娶呉幵女、令充事務官、限三日立張邦昌。慥挾勢督促、都人震恐者累日。紹興九年、秦桧当国、起為戸部員外郎。十一年、擢太府正卿、総領湖広江西財賦、京湖軍馬銭粮、置司鄂州、専一報発御前軍馬文字、諸軍并聴節制、蓋使之与聞軍事、不独職饋餉也。総領官正名自此始。尋以疾請祠、除秘閣修撰、提挙洪州玉隆観（案『閩書』云、慥奉祠閑居銀峰、号至游居士、疑即在此時）。幵以赦還居贛上、松憐幵無依、除慥知虔州以安之。幵卒、移知荊南、既而進右文殿修撰、知廬州。（総巻一一二四）。

とある。次に「各家著録及題跋」があり、次の各書が挙げられている。すなわち、

「晁公武郡斎読書志」「陳振孫直斎書録解題」「馬端臨文献通考経籍考」「宋史芸文志」「四庫全書簡明目録」「瞿鏞鉄琴銅剣楼蔵書目録二則」「陸心源跋及蔵書志四則」――儀顧堂続跋二則・皕宋楼蔵書志二則――「繆荃孫芸風堂蔵書記二則」「傅増湘蔵園群書経眼録四則」「張元済涵芬楼燼余書録一則」「中国版刻図録一則」である。

(2)　「国立中央図書館蔵類説（蟫菴群書）題識」

上記の『校訂類説』の著者厳一萍が、甚だ重要視し依拠している資料が、故宮の「国立中央図書館蔵類説題識」に示されている昌彼得紹介の『類説』に関する清の労権の「蟫菴群書」題識である。(5) ここでは、その題識の中の、曾慥という人物に関する部分のみを示すこととする。

（曾）慥、宋史無伝、四庫提要云：「慥字端伯、晉江人、官至尚書郎直宝文閣、奉祠家居、撰述甚富」。清秦恩復刊曾氏楽府雅詞跋云：「慥字端伯、自号至遊子、温陵人、丞相懐従兄、官至太府卿。奉祠退居銀峯、多所撰述、有類説六十巻・道枢二十巻・集仙伝十二巻・宋百家詩選一百巻・楽府雅詞三巻・拾遺二巻・存於今者、唯類説及雅詞而已」。案宋李心伝建炎以来繫年要録一六五：「紹興二十三年九月、右文殿修撰新知廬州曾慥乞与建康府都統制王権同議営田」。又巻一六六：「二十四年六月乙酉右文殿修撰知廬州曾慥、高郵軍使呉祖棣並罷。……時慥上疏自訟不受張邦昌偽命、乞付史館。御史中丞魏師遜言……慥既失節、比肆狂妄之言、反欲盗忠名以干進、此最姦邪之大者、罪不可貸」。又巻一六八：「二十五年二月甲申、右文殿修撰曾慥卒」。拠此則是慥以右文殿修撰知廬州罷官卒、既非官終尚書郎直宝文閣、亦非太府卿、奉祠家居、四庫館臣及秦氏皆失於未考也。慥之生平出処於繫年要録及呉延燮南宋制撫年表中尚略可考見。慥、晋江人、翰林承旨呉幵之婿、欽宗時官倉部員外郎。靖康之乱、陥身汴京、金人以為事務官、擁立張邦昌。後南帰、紹興六年為京西転運判官、屡遷秘閣修撰、十八年出知虔州、調知荊南・廬州、因呉玠之累、為憲司所劾、二十四年与玠子祖棣並罷。慥晩歳好道家之言、自号至遊子、亦号至淑子（見説郛本集仙伝自序）。所纂著除秦恩復氏所挙者外、尚有高斎漫録二巻・至游子二巻（此書四庫存目著録不題撰人名氏、清胡玉搢四庫提要補正及近人余嘉錫四庫提要弁証考為曾氏撰）。今存於世者、有類説・楽府雅詞・至遊子・道枢（道蔵本凡四十二巻）四種。余如集仙伝、存有陶宗儀説郛節本、高斎漫録則有四庫館臣拠永楽大典輯本一巻、尚伝於世、雖非完帙、尚略可窺見原書大旨也。

この文のすぐ後には『類説』の内容や版本或は、その価値について、優れた論述が続くのであるが、上述のように、それらについては後文で触れることにする。以上は、曾慥の生涯に関する記録であって、正史に伝のない曾慥の略歴は、厳一萍や昌彼得等の研究によって大いに明らかにされた、というべく、そこに、今後の研究の基盤を得たことになる。

(3)　『宋人伝記資料索引』と『宋人伝記資料索引補編』

曾慥の資料として、昌彼得等編『宋人伝記資料索引』（四）を、まず示すこととする。そこには、

曾慥（？－一一五五）字端伯、号至游子、亦号至游居士、晋江人、孝寛孫。初為尚書郎、歴秘閣修撰、知虔州、再知荊南府、終右文殿修撰知廬州、旋罷官、紹興二十五年卒。有類説・高斎漫録・道枢・集仙伝・至游子・宋百家詩選・楽府雅詞等。

除湖北兼京西路運副制（筠谿集4／22下）

除知廬州制（海陵集13／6下）

南宋制撫年表／26、30
全宋詞2／918
宋詩紀事48／12
と記されている。
次に、一九八七年から七年の年月を要して編纂された李国玲の『宋人伝記資料索引補編』（二）（四川大学出版社、一九九四年）を示すことにする。
曾慥　4／2809
葉魯類説序（類説巻首、文学古籍社影印天啓本）
曾慥類説序（類説巻首、版本同上、愛日精廬蔵書志25／8）
楽府雅詞自序（文献通考経籍考73／1739）集仙伝序（集仙伝巻首、商務印書館本説郛巻43）
嘉靖贛州府志7／5(6)
贛州については、厳一萍は『校訂類説』序において、
案宋史地理志、虔州屬江南西路、紹興二十二年改名贛州。伯玉翁題記（明嘉靖旧鈔本類説、伯玉翁題記）所謂「嘗守贛州」者、則知虔州事也。
という。
以上に掲げられた文献の記述をすべて引用すべきではあるが、紙数の関係で、その二三を次に示すこととする。

(4)　『宋詩紀事』と『全宋詞』と『宋文紀事』

『宋詩紀事』一百巻は、清の厲鶚の輯撰であり、同じく清の陸心源に『補遺』一百巻（『潜園総集』一四七より一六九まで）があることは周知のことである。曾慥については、『宋詩紀事』（上）巻四十八に次のように記されている。（上海古籍出版社、一九八三年）（引用文は四庫全書所収本と異るところがある）

曾慥

慥字端伯、晉江人、孝寛曾孫[7]、丞相懐之従兄。官尚書郎、直宝文閣、奉祠閑居銀峯。集百家類説、凡六百二十余種。自号至游居士。

白帝城

白帝城頭路、透迤一徑遙。高堂臨峡尾、暴水沒山腰。隔岸漁施網、横江鉄貫橋。神妃翻覆手、願賜雨連宵。全蜀芸文志

題蘇養直詞翰軸後

元祐文章絶代無、為主盟者眉山蘇。旧聞宗匠為詩匠、今見東湖説後湖。原注：徐師川号東湖居士。寂寞香山老居士、浩蕩烟波古釣徒。瀾翻翰墨驚人眼、一段清冰在玉壺。鉄網珊瑚

次に、唐圭璋編する『全宋詞』（中華書局、一九九二年）の曾慥の項を読む。

曾慥

慥字端伯、自号至游子、晉江人。歴倉部員外郎、江西転運判官。知虔州・荊門・廬州。紹興二十五年（一一五五）、終右文殿修撰。著類説五十巻、又有皇宋詩選・楽府雅詞諸書。皇宋詩選今不伝。

浣渓沙

別様清芬撲鼻来。秋香過後卻迴。博山軽霧鎖崔嵬。珍重鄰林三昧手、不教一日不花開。暗中錯認是江梅。附酒辺集内

調笑令　並口号

五柳門前三径斜。東籬九日富貴花。豈惟此菊有佳色、上有南山日夕佳。

佳友。金英蓁。陶令籬辺常宿留。秋風一夜摧枯朽。独豔重陽時候。賸収芳蕊浮卮酒。薦酒先生眉寿。百菊集譜巻四

調笑　清友梅

清友。群芳右。万縞紛披茲独秀　天寒月薄黄昏後。縞袂亭亭招手。故山千樹連雲岫。借問如今安否。

又　浄友蓮

浄友。如妝就。折得清香来満手。一渓湛湛無塵垢。白羽軽揺晴昼。遠公保社今何有。悵望東林搔首。

又　玉友酒

玉友。平生旧。相与忘形偏耐久。酔郷径到無何有。莫問區區升斗。人生一笑難開口。為報速宜相就。

又　破子

花好。被花悩。庭下嫣然如巧笑。曾教健歩移根到。各是一般奇妙。賞心楽事知多少。乱挿繁華晴昊。

酒美。直無比。小甕新醅浮玉蟻。空伝烏氏並程氏。不数雲安麹米。十花更互来相対。常伴先生沈酔。以上五首見花草粋編巻一

臨江仙

子後寅前東向坐、冥心琢歯鳴鼉。托天回顧眼光摩。張弓仍踏弩、升降轆轤多。三度朝元九度転、背摩雙擺板弩。虎龍交際嚥元和。浴身挑甲罷、便可躡煙蘿。

鍾離先生八段錦、呂公手書石壁上、因伝於世。其後又有竇銀青八段錦与小崔先生臨江仙詞、添六字気於其中。

恨其詞未尽、予因釈諸家之善、作臨江仙一闋。簡而備、且易行、普勧遵修、同証道果。紹興辛未仲春、至游居士曾慥記。修真十書雑著捷径

存目詞

金縄武本花草粋編巻四載有曾慥減字木蘭花「誰知瑩徹」一首、乃向子諲詞、見酒辺集。

『全宋詞』の曾慥に関する資料は以上であるが、一番最後から二つ目の「臨江仙」は、実は、この詞の冒頭の「子後寅前東向坐」の一句を除く外、すべての句に双行の注を施したものが、「道蔵」の第一二五冊『修真十書（雑著捷径）』巻二十三に見出される。『修真十書（雑著捷径）』と曾慥の資料「臨江仙」とについては、後章で検討する。

次に、曾棗荘等編の『宋文紀事』巻六五に収載する曾慥関係の資料を示す。因みに、この『宋文紀事』は、『全宋文』の刊行のための諸資料を基礎に生まれた所謂「『全宋文』的副産物之一」である。(8) そこには、

曾　慥

趙与時『賓退録』巻六　端伯観詩、有『百家詩選』。観詞、有『楽府雅詞』。稗官小説、則有『類説』。至于神僊之学、亦有『道枢』十鉅編。蓋矜多衒博、欲示其于書無所不読、于学無所不能、故不免以不知為知。『詩選』去取殊未精当、前輩多議之。仲益所称南豊『兵間』・『論交』・『黄金』・『顔楊』諸篇、及蘇黄門四字詩、無一在選中者、而反録「都都平丈我」之句。（孫覿仲益）答書及此、亦因箴之也。

とある。(9) この資料は、詩と詞と文と神僊とに分けて曾慥を紹介していることに特色がある。しかしながら、右の文中で、「蓋矜多衒博、欲示其于書無所不読、于学無所不能、故不免以不知為知。」とされているのは、曾慥の特色として評価されている博学と旺盛な知識欲とに基づく貴重な中国古文献の節録が、かえって批判されていることを示すもので、これはこれで、曾慥の研究上重要な資料といえよう。

(5)『楽府雅詞』と『百家詩選』

陝西師範大学の陸三強が陝西大学の黄永年教授の指導の下に校点整理したものが、「新世紀万有文庫」所収の一冊である『楽府雅詞』である。「新世紀万有文庫」は、六十年前に出版された商務印書館の「万有文庫」を継承して遼寧教育出版社から出版されている。その『楽府雅詞』の冒頭の出版説明には、陸三強の『曾慥三考』（黄永年主編『古代文献研究集林』第二集所収）に基づく次のような解説が記されている。そこには、

『楽府雅詞』是一部詞的総集、選了三十四家八百多首詞、別外不知作者姓名的一百多首作為『拾遺』、紹興十六年（一一四六）編成。

という。本書は、清の嘉慶二十一年（一八一六）秦恩復の「詞学叢書」本・咸豊三年（一八五三）の「粤雅堂叢書」の秦本重刻本・光緒六年（一八八〇）の承啓堂の秦本修補印本や明清の旧抄本のほかに、民国三年（一九一四）に曹元忠が承啓本に手を入れた『楽府雅詞』を基本に据えて、諸本を参考にして出版されたものである。巻末には朱彝尊と秦恩復の跋文、更には、曹元忠の題記がある。そしてその後に、詳しい校勘記が付いている。なお、曾慥のいう楽府とは、詞のことである。

一方、『百家詩選』は、『皇宋詩選』とか『皇宋百家詩』或は『宋百家詩選』とも呼ばれている。五十巻とも五十七巻ともいわれ、『続選』は二十巻といわれるが、亡佚してしまった書である。王利器が、その佚文を集めて検討を加えたものが、「曾慥『百家詩選』鈎沈」（『暁伝書斎文史論集』所収）である。この論文は「一　佚文」として、徐鉉以下四十余名を挙げる。「二　雑録」は、趙与時『賓退録』・『朱子語類』・周煇『清波雑誌』・陳造『江湖長翁文集』・陸游『渭南文集』から貴重な関係文や論を引く。「三　書目」は、『郡斎読書志』・『直斎書録解題』・『玉海』・『文献通

考』・『逐書堂書目』などを基として、『百家詩選』の巻数の異同を中心に諸文献を提示している。「四　跋尾」は、五十巻といい五十七巻・六十一巻と異るテキストのうち、五十七巻と六十一巻とは一本と考えて、宋時両種の刻本が存在したことを証明している。王利器のこの論文は、先人が既に指摘しているところと重なる部分もあるが、新しい研究もあり、一つの論文の中でそれらが総合的に示されている点で、今後とも、研究上避けて通ることのできない貴重な論文である。

注

（1）徐暁望『福建民間信仰源流』一八六頁。その唐宋末福建著名道士の三名とは、譚峭・白玉蟾・王捷である。

（2）呂光栄等主編の『中国気功経典』では、巻数を分けない道蔵輯要本によっている。今、正統道蔵第六四一冊から第六四八冊までに当ててみると、一部巻数の順番が入れ違っている。その順番の前後しているところを道蔵輯要本に照らし合わせても異っている。順不同のまま、それを次に示す。巻二十八太清養生上篇、同下篇、巻三十真一篇・二関篇・三元篇・三住篇・四神篇・五戒篇・五行篇・七神篇、巻三十一九仙篇、巻三十五衆妙篇、巻十六中黄篇、第十一泥金篇、巻八内景篇、巻二十三金丹泥金篇・金玄八素篇の順になっている。なお本論に引用する「道蔵」の冊数番号は、すべて涵芬楼本のそれである。

（3）金正耀「《金碧五相類参同契》宋代別本之発現」（『世界宗教研究』一九九〇－二）。

（4）鎌田氏の外に、石田秀実『気流れる身体』、坂内栄夫「『鍾呂伝道集』と内丹思想」（『中国思想研究』七）にも、『道枢』からの引用が幾つか見える。

（5）厳一萍『校訂類説』、序、三。

（6）沈治宏等編『宋代人物資料索引』第四冊に「嘉靖贛州府志／7／5／M1／38」と「正徳饒州府志／2／74／M2／44／296」を引く。

（7）方建新は「孝寛曾孫」は「孝寛孫」が正しいとする（「『宋詩紀事』小伝訂誤続補（六）」－『文史』第四十二期、一三六頁）。

（8）『宋文紀事』、序文、四頁。
（9）同右、九三七頁。王洪主編『唐宋詞百科大辞典』五五二頁に、曾慥の『通鑑補遺』一〇〇篇等を挙げる。

本論

第一篇　『道枢』の研究

第一章　内外丹思想の展開と曾慥

一　内丹と外丹について

至游居士曾慥が内丹術に強い関心を抱いていたことは、陳国符の、

各家内丹説、可閲宋曾慥道枢、此書四十二巻。[1]

という一句によって、いみじくも喝破されている、といえよう。同じく陳氏は、また、「内丹外丹」の項を設けて、道教の歴史の中における内外丹道兼修の事実を、『歴世真仙体道通鑑』巻八の尹喜伝（「蓋撫文始先生無上真人関令内伝」）と『上洞心丹経訣』を引いて、内外丹兼修の事実を示すと同時に、外丹を旁門邪道と排斥する北宋陳致虚の説や内丹を小法とする南宋呉悞の説を示している。[2] しかしながら、蒙紹栄等も、呉悞の『指帰集』の語を引いて、

内丹之説、不過心腎交合、精気搬運、存神閉息、吐故納新、或房中之術、或採日月精華、或服餌草木、或辟穀休妻。這幾乎包攬了伝統気功的全部。

と述べて[3]、内丹を気功と共通するものと考えている。

中国における内丹外丹の二つの丹道の歴史は、道教思想の歴史と展開に深く関係しているのであって、内丹外丹の

起源についても、諸説が唱えられている。端的にいえば、外丹術をもって内丹術に先立つものと考える説も有力ではあるが、必ずしもそれが是認されているわけではない。内丹は外丹の行きづまりから出現したという前提を打ち破って、時代を古く朔っていく努力の中で、或る論者は、

現存文献中記載内丹功法的、以東周安王時期的『行気玉佩銘』為最早（公元前三八〇年制成、距今已二千三百多年）。

という。[4]また或る論者は、次のような三つの説を示している。[5]その第一は、「内丹術始于春秋説」であり、その第二は、「内丹術始于両漢説」であり、第三は、隋の蘇元朗の主張に基づいた「内丹術始于隋説」である。第一の春秋時代説は、『荘子』や『黄帝内経』の文を根拠にしているから、むしろ戦国時代とすべきであろうが、時代を古いところに設定しても、紀元前三百年頃のものとなるであろう。それから後の隋代起源説までの間隔は、実に、九百年ほどになる。内丹説の起源についても、この長年月の間にわたって、説が開陳されているだけではなく、その内丹説が有力な拠り処とする『周易参同契』の同類合体章（『周易参同契分章註』）とか同類相従章（『参同契闡幽』）とかいわれるものも、内丹の主張であるとか外丹の主張であるとか、一定していない。村上嘉実は、同類の思想から、『周易参同契』を外丹術の書としている。[6]『周易参同契』の書名は、単に『参同契』とも呼ばれるところから、唐の石頭希遷の二二〇字の書と混同されやすい。中国においては、書名の共通するものが時々見られる。後に言及する『宝蔵論』も同様である。石頭希遷の場合でも、『周易参同契』を意識しているところがあるように、[7]同名の文献においては、何らかの意識が後者においては働いているようである。

さて、道教或は内外丹の思想と関連するところが多い『周易参同契』は、

留為万古丹中之王。（「南宋陳顕微『周易参同契解』の天台王夷の後序）

参同契為丹経之祖。……余嘗観張平叔悟真篇云、叔通受学魏伯陽、留為万古丹経王。（欽定四庫全書、子部十四、明蒋一彪『古文参同契集解』原序）

と評価されているが、ここにいう「丹法」「丹経」の丹が、内丹か外丹かで説が分かれる。すなわち、

魏伯陽……総結了漢代以前的気功精華、方写成内丹専著――『周易参同契』。[8]

とか、

従源流看、漢末魏伯陽著『周易参同契』伊始、内丹之術就已肇開其端了。[9]

とあり、或は、

如果『周易参同契』確是言内丹的著作、則所謂内丹説蓋始于東漢。[10]

とかいわれる。それに対して、上述の村上氏の説が外丹論説であり、周嘉華も、

世界史上之煉丹術、以中国為最早。……煉丹術在戦国時期該已萌芽。……到東漢時已有六百篇煉丹術著作……

としている。[11]識者の考え方は二つに分かれている。しかし、陳国符が馬叙倫の『読書小記』を引いていうように、[12]『周易参同契』には、そもそも、外丹術の書と内丹術の書があって、

於是後人將此一種周易参同契揉成為今本周易参同契。

といわれるような経緯があったからこそ、後の識者に、二様の受け取り方が行われるようになったのであろうか。このような考え方に同調するものとしては、わが国の小柳司気太が、『周易参同契』は、内外両丹説を含むものといい、[13]近くは、任継愈等も、

是外丹書、但不謹講外丹、也有内丹煉養術。這様説可能較為穏安。

としている。[14]

これらのことどもから考えられることは、内丹と外丹の二つの丹道については、中国において、ほぼ時を同じくして二つの丹道が発展していたのであろう、ということである。最近の胡孚琛等は、金丹術と内煉修養の思想の出現時期を、いずれも殷商時代前後に置いている。すなわちそこでは、まず金丹術について、

中国的金丹術本起源于殷商時代発達的冶金制造業、秦漢時、由工匠們的冶金工芸転化為方士們実験室的煉金術、再由煉金術発展為煉丹術（中孚子）[15]。

とする。一方、内丹術は、その起源を更に古代に設定して、

従歴史上看、内煉修養之術的起源可以上溯到殷商以前。相伝陰康氏「教人引舞以利導之」（『路史』）、赫胥氏部落的先民「含哺而熙、鼓腹而游」。黄帝有「移精変気」的修煉体験……（李大華）[16]。

と述べている。

『史記』の封禅書や秦始皇本紀或は孝武本紀などを読むと、

方士徐市等、入海求神薬（秦始皇本紀）。致物而丹砂可化為黄金、黄金成、以為飲食器、則益寿。（孝武本紀）

などと記されている。戦国時代には、燕（河北）斉（山東）の方士の説く仙薬による神仙探求の憧れが、多くの人々の心をとらえた[17]。この憧れは、北方の燕斉の地方だけではなくて、『韓非子』説林上によれば、南方の楚の荊王に不死の薬を献じた故事が伝えられていたことがあったことが注目される[18]。このような、広く中国の古代人の心をとらえていた神仙探求の憧れに、前漢時代の金丹術黄白術が始まるのである[19]。

上述の胡孚琛や李大華の内煉修養説の文の中に、宋の羅泌の『路史』の記述に、「利導」の一語があるが、これは、『荘子』の道引であり、気功と深く関係しているものである。この「利導」の前にある「陰康」の一語は、『呂氏春秋』古楽に出る陶唐の誤りではないかと考えられている[20]。戦国時代にあっては、その成書には問題があるにしても、『史

記』荘周列伝によれば、蒙（河南商邱）の人にして楚（湖北・河南・安徽）に論敵恵施の墓を訪問したという荘周のことばを集めた『荘子』逍遙遊篇第一に、内丹術の萌芽を見出すのが妥当であろう。(21) そこには、周知のように、

（肩吾）曰、藐姑射之山、有神人居焉。肌膚若氷雪、淖約若処子。不食五穀、吸風飲露、乗雲気、御飛龍。而遊乎四海之外。其神凝、使物不疵癘而年穀熟。

と記されている。先述の薬物による神仙への願望は、この表現には見出されない。荘周はそこにおいて、「其神凝、使物不疵癘而年穀熟。」と、精神統一の効力を説いている。しかも『荘子』大宗師篇第六においては、

古之真人、其寝不夢、其覚無憂。其食不甘、其息深深。真人之息以踵。衆人之息以喉。

と説いている。これをもって、後世の気功術或は内丹術に連続する思想であると考えることをば、何人も否定することはできないであろう。

以上を通じて、内丹術の出現について、外丹説の影響及びそれへの反駁からである、と考えたり、内丹術の起源を遡源するにしても、六朝時代あたりに内丹のそれを置くことに、一応の結論が定着しているのは、内丹の語の概念規定にもよることではあるが、残念なことといわざるを得ない。銭鉄松は、『荘子』内篇を、道家気功修煉の三段階に分析している。(22) すなわち、

一、《逍遙游》――《大宗師》：煉虚合道的段階
二、《斉物論》――《徳充符》：煉神還虚段階
三、《養生主》――《人間世》：煉気化神段階
四、《応帝王》　　　　　　：以一貫三

とする。第四の「以一貫三」とは、この一篇において述べられる三つの説話のうち、有虞氏の説話は「煉気化神」を

示し、泰氏の説話は「煉神還虚」を示し、無名人の説話は「煉虚合道」を示す、という意味である。

『荘子』内篇は、荘周の基本的思想が示されているものとされているが、やがて、その思想が展開発展することになる中にあって、荘子学派の一方から批判の対象とされるものに、技術面に重点を置くところの行気導引の修行者がいた。彼等のことを『荘子』外篇は、次のように記している。すなわち、彼等は、

吹呴呼吸、吐故納新、熊経鳥申、為寿而已。此道引之士、養形之人。彭祖寿考者之所好也。（外篇、刻意第十五）

といわれている導引行気の修行者であった。彼等は、精神の集中統一による高度の内的冥想行為を無視して、表面的形態上に重点を置いた服気術の実践者であった。これは、内丹術の展開の中で、注目すべき記述といえるであろう。

論者によれば、内丹術が内丹の語をもって語られるのは、かなり後のことであって、本来は、丹の字がなくて、内煉或は行気と称され、晋楚の地において重視されたものとする。[23]『楚辞』の遠遊の成立時代を古く見るのか、漢代のものとするのか議論はあるが、そこに記されている赤松子や王喬（紀元前五七一～五四三の東周の霊王太子とするかは定かでない）は、「行気派功法的祖師」[24]とされている。

かくして、従来、とかく、外丹術に遅れて成立したと考えられていた内丹術の起源は、非常に古い時代にまで遡ることができることが明らかになり、外丹道と内丹道は、燕斉のように海浜に近い地域と晋楚のような内陸地の双方において、ほぼ時を同じくして発生してきていることが明らかになったであろう。[25]注目すべきことは、以上述べてきたところの初期の内丹術とでも称すべきものは、やがて東漢魏伯陽『周易参同契』において、朱子の語を借りるならば、「諸旁門小法」（『周易参同契考異』）として批判されるのである。しかしながら、また同時に、一時代前の内丹の諸術は、新しい思想内容と修煉の外的技術とを伴った内丹術の展開の基礎ともなり、かつ、諸要素ともなっていく意味で、それなりの価値は認められなくはならないであろう。

二　許遜と慧思

上述のような、体外から薬物もしくはそれに類似する働きをする、と考えられる物質を体内に摂取して長生を図る願望と、はたまた、気を中心とするいわゆる化気煉養による人身の昇化とを説く思想は、外養内煉などと呼ばれながら隋代に至って、外丹と内丹の語に置き換えられる。卿希泰は、

到隋・唐時代、為了能与以煉養体内精・気・神為主的内丹相区別、煉丹術和黄白術又通称為外丹術。

と述べており[26]、これによれば、外丹の語はまず、内丹の修養を区別するために用いられたことになる。しからば、内丹の語は、いつ頃から用いられるようになったのであろうか。古い用例としては、一般に、東晋の許遜の『霊剣子』の服気訣に見えるのが、その初出とされている。『霊剣子』には、実は、服気第三とあるその文末に、

凡服気調嚥、用内気、号曰内丹。心中意気、存之綿綿、不得用上段、外気引外風、損人五臓。

と見える。しかしながら、『霊剣子』については、その書の成立年代に問題がないわけではない。この書は、原題に「旌陽許真君述」となってはいるが、任継愈主編『道蔵提要』は、

許真君即許遜、相伝乃晋代道士、然宋以前史志未著録是書、成書於唐代之『孝道呉許二真君伝』亦未曾言及許遜撰『霊剣子』之事。宋元以来、道教浄明宗奉許遜為祖師、依託真君之道書漸伝於世。宋『秘書省続四庫闕書目録』、『通志・芸文略』、『宋史・芸文志』等均著録許遜『霊剣子』一巻。白玉蟾『玉隆集』、邢道堅『西山許真君八十五化録』及『許真君仙伝』等道書均記載許真君「著『霊剣子』等書」、故此書或為両宋間浄明宗道士所作。

と、『霊剣子』[27]を南北宋代の間に成立した書としている。

次に注目されるのが、『南岳総勝集』の九仙宮の項である。この『南岳総勝集』という文献そのものについては後に触れるとして、そこには、南陽新野の人とされている鄧郁之という隠士のことが記されている。彼は、劉宋の元徽二年（四七四）の頃に、丹の材料を求めて徘徊していたが、後に宋の武帝となった劉裕が詔を下して尋ねたところ、彼は、

曰、貧道修煉金液、而欽丹材。帝賜金帛、許於南岳洞真福地、選其幽勝、置上中下三宮、以修内外丹。

と答えた、といわれている。[28] しかしながらこの『南岳総勝集』もまた、一応、撰者は、陳田夫とされているが、問題のある文献である。[29] すなわち、『道蔵提要』では、

原不著撰人、按焦竑『国史経籍志』有『南岳総勝集』三巻、楊士奇等撰『明書・経籍志』著録此書作三冊。『四庫未収書目提要』著録此書、巻数与『国史経籍志』相合、謂「宋道士陳田夫撰」。是編従明人影宋本過録。

と記されている。先学がこれらの書を利用することを躊躇している理由も、当然のことながら、素性の不正確さにあるのであろう。

さて、内丹の語の初出の文献として、次に注目されるのが、南岳慧思（五一五～五七七）の『立誓願文』である。すなわち正しくは、『南岳思大禅師立誓願文』といわれるが、そこには、

我今入山修習苦行、……為護法故求長寿命、不願升天及余趣、願諸賢聖佐助我、得好芝草及神丹、療治衆病、除饑渇、常得経行修諸禅。願得深山寂静処、足神丹薬、修此願。藉外丹力、修内丹、欲安衆生、先自安。己身有縛能解他縛、無有是処。

と記述されている。[30] 宋の志盤の『仏祖統紀』巻第六、すなわち、「諸師列伝第六」に、三祖南岳尊者慧思の伝があり、そこには、大蘇山で慧思が体験した霊験が、

忽有比丘、名曰僧合。自言、我能造経、既得経首、即教化境内、得財買金、於光城県斉光寺、造成大品般若及法華経二部、盛以宝函。復自述願文一篇、以記其事。

と記されている。[31] 因みに、『仏祖統紀』のこの伝の中には、慧思禅師と諸道士との対立のことが記されていて、それはまた、仏道論争の観点からは興味を惹かれることがらである。更に、『仏祖統紀』巻第二十五の山家教典志第十一には、「南岳願文一巻」という記述がある。

さて当面の『南岳思大禅師立誓願文』については、陳寅恪の「南岳大師立誓願文跋」と題する優れた研究があって、陳氏はこの願文をもって慧思の真撰としている。[32] この願文の真偽については、古来問題が存するところであって、多くの研究が論議を重ねている。[33] かくして、盧国龍などは、次のように述べている。すなわち、

如果是慧思所自作、則此処「内丹」之称、是較早的。但文中「修内丹」説很簡単、是体的内容難睹其詳、大概与慧思重禅定自安有関、其余則難以推度。道教『黄庭経』等書中所反映清修静定本与仏教禅法有相似之処、所以也有人識為唐道士司馬承禎等人的坐忘入静取自仏教。以此観之、慧思「修内丹」云々、大概是指道教中与仏教禅法相近似的清修静定而言、并不能反映、或者説不完全能反映道教内丹重術的所謂「命功」、即以意念控御精気在自身内部周流循環的内容。[34]

と。要するに慧思禅師の願文の中に用いられている内丹の語は、卿希泰も、

「借外丹力修内丹」、与専主修煉精気神的「内丹」説有所不同。

と述べているように、[35] 今日いうところの内丹とは、区別して考えるべきことは当然のことである。従って、慧思のいう内外は、単なる内丹の修錬であるとか、薬物による治療延寿の外丹と内なる丹田や禅行を修めるという意味の「内」であるという解釈もなされてくる。[36] しかも思うに、早く『抱朴子』金丹篇に還丹金液を服することを、「此盖仮求於

外物、以自堅固、有如脂之養火而不可滅。」とある。従って、『南岳思大禅師立誓願文』もその文脈から検討すると、慧思のいう外丹は、中国の道教や医学など諸術（外学）を指し、内丹は、仏教の禅定などの修行法（内学）を指している、とも考えられるであろう。道安が、『二教論』を奉って、

云内教外教也。練心之術、名三乗、内教也。教形之術、名九流、外教也。……故救形之教、教称為外。済神之典、典号為内。(37)

と述べていることも、この際、参考になるであろう。一般にいう外典と内典の内外と似た意識で用いられている、とみてよいであろう。(38)この場合の丹は、薬物にせよ修行法にせよ、最も勝れたものを広く指している語であろう。後に触れる『道枢』の中に示されているような、内丹気功法の内丹術が説くところの特殊な内容や方法を意識してはいないであろう。従って、内丹の語一語をもって、この願文が真撰か偽撰かとか、出現の時期はとか、を論ずることには、躊躇せざるを得ない。

なお、慧思が、道教の仙術すなわち外丹の力によって内丹すなわち仏道修行の成就を願った行為には、先例がある。すなわち、唐の道宣の『続高僧伝』巻第六の釈曇鸞の伝に、

読大集経、恨其詞義深密難以開悟。因而注解。文言過半、便感気疾。権停筆功、周行医療。行至汾州秦陵故墟、入城東門、上望青霄。忽見天門洞開。六欲階位、上下重複、歴然斉覩。由斯疾愈。欲継前作、顧而言曰、命惟危脆、不定其常。本草諸経、具明正治。長年神仙、往往間出、心願所指、修習斯法。果剋既已方崇仏教、不亦善乎。承江南陶隠居者、方術所帰、広博弘贍、海内宗重。遂往従之。……。鸞曰、欲学仏法、恨年命促減。故来遠造陶隠居、求諸仙術。……便以仙経十巻、用酬遠意。……（曇鸞）因即辞還魏境。欲往名山、依方修治。行至洛下、逢中国三蔵菩提留支。鸞往啓曰、仏法中頗有長生不死法、勝此土仙経者乎。留支唾地曰、是何言歟。非相比也。

此方何処有長生不死法。縦得長年、少時不死。終更輪廻三有耳。即以観経授之曰、此大仙方。依之修行、当得解脱生死也。鸞尋頂受。所齎仙方並火焼之。(39)

とある。右の文中に「仙経十巻」とあるのは、別のテキストに拠れば、「仙方十巻」となっている。右の文中でも、「仙経十巻」より以下の文においては、「此方」とか「依方」或は「大仙方」となっていて、「経」より「方」が用いられている。因みに、仙方とか仙経とか呼ばれる書物は、晋の葛洪の『抱朴子』ではないか、と考えられることについては、『抱朴子』を仙経と呼ぶには問題もあろうが、すでに、若干の検討を加えたことがある。(40)なお、『重修経史証類備用本草』において、陶弘景が「仙経」にいうといって、多くの文を示しているが、この仙経についても、いまだ充分な研究がなされていない。いずれにしても、深い山に入って、道教の仙術によって病気を治療して延命を計り、その結果として仙道を更に究めようとする行為は、曇鸞の後輩に当たる慧思の行動そのものといえよう。因みに慧思が修行していた南嶽衡山は、仙薬の多い山であって、古来、不死を求める修行の場としても著名なところである。(41)すなわち、『晋書』巻九十四の劉驎之の伝には、「好游山沢、志存遯逸、常採薬至衡山。」とある。また『玉清無極総真文昌大洞仙経』巻十には、

丹林森朱柯　回神九重府　南昌発瓊華(42)

という一文があり、それに衛琪という人物が注を加えているが、そこには、「医書、南山多霊芝瑞草、餌之皆神仙」とか、「今南嶽山勢亦九向九背、以応陽数」或は、「南宮南昌皆与此同。即今南嶽衡山是也」と記されているのも、この際特に注目されるのであろう。

三　青霞子蘇元朗

内丹と外丹の語をめぐって、極めて確かな記録として、一応、多くの研究者が依拠しているのが、隋の青霞子蘇元朗に関わるものである。いま、一応、という表現を用いたのは、蘇元朗という人物は、あるテキストでは蘇元明と書かれたりもし、また、唐代にも青霞子という隠士がいたらしい、いささか複雑な人物であるからである。[43]すなわち、陳国符は、

龍虎元旨曰「東嶽董師元於（唐徳宗）貞元五年、受之羅浮山隠士青霞子。」則青霞子又似為唐代人。或依託青霞子、亦未可知。

と述べている。[44]もしそうだとするならば、彼は、烏有子とされるのも当然といえよう。ただ、蘇元朗の朗が明と書かれたのは、文字の類似に由来する誤りとして考えられるが、時代を異にして二人の青霞子の存在については、決定的な解決をみているわけではない。

さて、蘇元朗については、『欽定古今図書集成』博物彙編神異典第二百四十巻神仙部列伝十七に次のような記録がある。

蘇元朗

按羅浮山志、元朗不知何許人也。嘗学道于句曲、得司命真秘、遂成地仙。生于晋太康時、隋開皇中来居羅浮、年已三百余歳矣。居青霞谷、修煉大丹、自号青霞子。作太清石壁記及所授茅君歌。又発明太易丹道、為宝蔵論。弟子従遊者、聞朱真人服芝得仙、競論霊芝春青夏赤秋白冬黒。惟黄芝独産于崧高、遠不可得。元朗笑曰、霊芝在汝

八景中、盖向黄房、求諸。諺云、天地之先、無根霊草、一意制度、産成至宝、此之謂也。乃著旨道篇示之、自此道徒始知内丹矣。又以古文龍虎経・周易参同契・金碧潜通秘訣三書、文繁義隠、乃纂為龍虎金液還丹通元論、帰神丹于心煉。其言曰、天地久大、聖人象之、精華在乎日月、進退運乎水火。是故性命双修、内外一道、龍虎宝鼎、即身心也。身為炉鼎、心為神室、津為華池。五金之中、惟用天鉛。陰中有陽、是為嬰児、即身中坎也。八石之中、惟用砂汞。陽中有陰、是為姹女、即身中離也。鉛結金体、乃能生汞之白、汞受金炁。然後審砂之方、中央戊己、是為黄婆、即心中意也。火之居木、水之処金、皆本心神、脾土猶黄芽也。修治内外、両弦均平。惟存乎真土之動静而已。真土者薬物之主、斗柄者火候之枢、白虎者鉛中之精華、青龍者砂中之元気。鵲橋河車。百刻上運、華池神水、四時逆流。有物之時、無為為本、自形中之神、入神中之性、此謂帰根復命、猶金帰性初、而称還丹也。内視九年、道成冲挙、而去谷中有伏虎石存焉。嘉靖中、土人耕治其地、猶得銅盂一古剣一竟毀之。[45]

右の文中には、次のような文献及びそれに類するものが挙げられている。

太清石壁記
茅君歌
太易丹道
宝蔵論・旨道篇
古文龍虎経
周易参同契
金碧潜通秘訣
（古文龍虎経・周易参同契・金碧潜通秘訣 → 龍虎金液還丹通元論）

このうち、第三番目に入れた太易丹道は判然とはしないが、彼が発明顕出した一種の易経に基づく丹道である、といえよう。また、『龍虎金液還丹通元論』は、従来より伝えられていた『古文龍虎経』と『周易参同契』と『金碧潜通秘訣』の三書を判り易く書き改めて一冊の書に纏めたものである。これらの書を通して蒙紹栄は、

蘇元朗乃外丹術有名人物、他是隋代道士、生平不詳。所作『太清石壁記』和『宝蔵論』皆外丹名著。他后半生揺身一変、「以『古文龍虎経』、『周易参同契』、『金碧潜通訣』三書文繁義隠、乃纂為『龍虎金液還丹通元論』、帰神丹于心練」。外丹経書的種種隠語引起了種種猜測、聯系到内煉気功、他突然有某種啓発、于是改外丹為内丹

と述べている。[46] すなわち、この説によれば、外丹術家としての蘇元朗が突然に内丹道に変身したことになる。なお、後にも触れるが、宋の呉悞の『指帰集』総序三には、「青霞子還丹訣」とある。

以下、蘇元朗に関する右の文献のいくつかについて論ずることとする。『周易参同契』については項を改めて記すこととする。

四　『宝蔵論』等について

論述の都合上、まず『宝蔵論』から論ずることとする。『宝蔵論』は、上掲の『欽定古今図書集成』所収の蘇元朗についての記録によると、この書物は、「太易丹道」を発明して造り出されたものである、という以外のことはなにも判らない。しかし、許逸民等編の『中国歴代書目叢刊』第一輯・上の葉徳輝考証『秘書省続編到四庫闕書目』には、

青霞子撰　擄火宝蔵論三巻、輝按、宋志崇文目作青霞子宝蔵論。……煙霞谷撰注　青霞子龍虎訣玄簡一巻闕。

とある。[47]

ところで、『宝蔵論』という名の書物は、仏教の側においても作られていた。しかしこの両書のことは、道教の側

は勿論のこと、仏教の側からも関連させて言及されることはなかったようである。ただ、僧肇撰述に擬せられる仏教の『宝蔵論』に道教の思想が影を落としているという点については、諸家が論じている。黄夏年は、僧肇法師の著述の研究を通して、「僧肇法师著述研究綜述」において、

『宝蔵論』全文万余字。分三品。第一品『広照空品』、述衆生由真起妄之原由、認為衆人執其妄空、故其真妄有。第二品『離微体浄品』、闡色（物質）与心（精神）的関係。衆生離于色心、即得涅槃、色心融和謂之般若。第三品『本際虚玄品』、叙涅槃本来具有、在聖人身上不増、在凡人身上不減。衆生由無生有、再到三界、通達真一為万物規律。此『論』在初唐以前的諸家経録均不載、円珍的目録才開始記載。趙宋鄭樵的『通志・芸文略』和『宋史・芸文志』時已経収入。抛説僧肇作此『論』時、正是姚興要殺他的時候、他提出再給他七天的時間、并利用這七天時間著成此『論』。其最早出現在晩唐僧人玄沙師備『広録』一書中、後曾被道原『景徳伝燈録』引用。湯用彤考原書未発現此事的記載。并認為此『論』的出現与流行、応与禅宗有関係、或者就是出于禅宗人士之手。『論』中出現了「虚洞」・「太清」・「陰符」等許多道教術語、擬為「妄人取自当時流行禅宗及道教理論湊成、托名僧肇。」李潤生認為「（此『論』）徹頭徹尾是道家・道教的「本体論」、従内容思想而言、与僧肇「非有非空」的般若之学説可説是風馬牛不相及。」但是周叔迦認為、此『論』第一品述天台宗方便浄涅槃之義。第二品叙天台円浄涅槃之義。第三品闡天台性浄涅槃之義。「然則天台之与三論、異派而同源于此（『論』）益顕矣。」

と述べている。因みに彼は、僧肇に偽託されている『老子注』についても、

金趙秉文著的『道徳経集結』引了抛説是僧肇所著的「注」。湯用彤指出、此語「実為『宝蔵論』中語」、故把它判為偽作。[48]

といっている。

また、『宝蔵論』が道教思想と深く関係している点については、塚本善隆が、僧肇について述べながら、

宝蔵論以下は僧肇の真撰とは認め難いものである。中で宝蔵論は中国思想上における僧肇思想の発展、或は道仏関係を考える上に注目すべきもので、中国・日本にわたって相当影響をもったものである。

と記している。(49) その後、鎌田茂雄が、「真一」「離微」「玄通」の語を中心に、『宝蔵論』と道教関係の書である『太玄真一本際経』や司馬承禎の『道体論』、更には『道教義枢』などとの関係を解明している。(50)

以上によって、仏教における僧肇の『宝蔵論』は、複雑な経緯を経て成立している文献といえよう。この書の偽撰については、牧田諦亮も、

「宝蔵論」は今は僧肇の著書として続蔵経、大正大蔵経等にさへ収録されてゐる。元来、此の宝蔵論の名は古い中国側の文献に記録されてをらず、唐中期以後、宗密の禅源諸詮集都序にしば〱此の書を引用してをり、鄭樵（一一〇四〜一一六二）の「通志」巻六十七にも、宝蔵論三巻（偽秦釈僧肇撰）と見えるのであって、「宋史芸文志」もこれを承けてゐる。……其の文体……等の見地から其の僧肇真撰を疑われてゐる。

という。(51) 黄夏年は、上述の「僧肇法師著述研究綜述」においてわが国の円珍や横超慧日や湯用彤・李潤生・周叔迦を挙げているが、牧田説には触れていない。『宝蔵論』については湯用彤も偽撰論を開陳しており、鎌田茂雄は、中唐頃の撰述としている。(52) しかしながら、いずれも『羅浮山志』に見える『宝蔵論』については触れていないのであつて、当然のことながら、二つの『宝蔵論』についての検討もなされないままに今日に至っている。今、大正大蔵経の第四十五巻所収の『宝蔵論』を見ると、

是以斬首灰形、其無以損生。金丹玉液、其無以養生。

と記されている。(53) すなわちそこには、外丹術金丹の道の否定とも受け取れるような発言も見出されるのである。

一方、『易』との関係も無視できないようであり、そこには、

故経云、道始生一、一為無為、一生二、二為妄心、以知一、故即分為二。二生陰陽、陰陽為動静也。以陽為清、以陰為濁。故清気内虚為心、濁気外凝為色、即有心色二法。心応於陽、陽応於動。色応於陰、陰応於静、静乃与玄牝相通。天地交合故、所謂一切衆生皆禀陰陽虚気而生。

と、『老子』や『易経』に基づく発言も見出される。[54] これらのことどもを通して、蘇元朗が発明した「太易丹道」との間に、関係が生ずるように思われる。かくして、蘇元朗の『宝蔵論』は、魏伯陽の『参同契』が石頭希遷の（七〇〇〜七九〇）『（周易）参同契』に何らかの影を落としているように、僧肇の撰とされている『宝蔵論』に、影響を及ぼしているように考えられる。因みに、僧肇撰とされている『宝蔵論』では、

凡聖不二、一切円満、咸備草木、周遍螻蟻。

などといった表現が見出されるが、[55] これは、かの「草木悉皆成仏」の思想と共通する。その上、更に、

故真一万差、万差真一。譬如海湧千波、千波即海、故一切皆一無有異也。

と述べている。[56] これは荘周の斉物論に近く、外丹を主張する葛洪が『抱朴子』内篇で力説する、

万殊之類、不可以一概断之、正如此也久矣。（論仙篇）

とは、明らかに異った主張である。ここに、仏教と道教の明らかな差異を見出だすことができるであろう。いうまでもなく、『大乗起信論』に代表されるような、諸々の現象の底辺に、真如を見出そうとするのも仏教であるし、現象界の種々相を通して、信じ難い仙人の存在を信じさせようとする葛洪などの論理を通して、阿弥如来の誓願や極楽の存在を信じさせようとした曇鸞や道綽或は善導の主張も、同じく仏教なのである。[57]

五　『宝蔵論』の佚文について

蘇元朗の『宝蔵論』の佚文と思われるものが、宋の唐慎微の撰とされる『重修政和経史証類備用本草』（略称『証類本草』）に引用されていることは、よく知られている。[58] 以下にそれを引用する。

宝蔵論、朱砂若草伏住火、胎胞在嚢、成汁可点銀為金、次点銅為銀。（巻第三）

青霞子、雲母久服、寒暑難侵。（巻第三）

青霞子、補髄添精。（巻第三）

宝蔵論、雄黄、若以草薬伏住者、熟煉成汁、胎色不移、若将制諸薬成汁併添得者、上可服食、中可点銅成金、不可変銀成金。（巻第四）

青霞子、硫黄散癖。（「孫尚薬……塩湯下」の八十三字を付けるテキストあり）（巻第四）

青霞子云、雌黄、辟邪去悪。（巻第四）

青霞子金液還丹論、銀破冷除風。（巻第四）――ここにいう『金液還丹論』は、『羅浮山志』の『龍虎金液還丹通元論』であるかもしれない。

宝蔵論云、夫銀有一十七件、真水銀銀、白錫銀、曾青銀、土碌銀、丹陽銀、生鉄銀、生銅銀、硫黄銀、砒霜銀、雄黄銀、雌黄銀、鍮石銀、惟有至薬銀、山沢銀、草砂銀、母砂銀、黒鉛銀五件是真、外余則假。銀坑内石縫間有生銀進出如布綫、土人曰老翁須、是正生銀也。（巻第四）

青霞子宝蔵論、硇砂、若草伏住火不碎、可転制得諸石薬、并引諸薬、可治婦人久冷。硇砂為五金賊也。若石薬并

灰霜伏得者、不堪用也。（巻第五）

青霞子宝蔵論云、黒鉛草伏得成宝、可点銅為銀、并鋳作鼎、養朱砂住得火、養水銀住火、断粉霜住火。（巻第五）

『宝蔵論』と『経史証類備用本草』との関係について、祝亜平は次のようにいう、

《宝蔵論》

隋唐之際的道士青霞子蘇元朗著有石薬専著『宝蔵論』、別外還著有『丹台新録』、此二書俱佚、但后世丹経及本草中大量引用書中的内容、特別是宋代唐慎微的『経史証類備用本草』引用最多、故此二書実際上是「名亡而実未亡」、如果従后世的著作将此二書輯録出来、相信還能得其内容的十之八九。『宝蔵論』的特点是与『本草』的体例相倣、以薬為綱、分論其産地、修治法、煉丹術中的作用或医療上的応用範囲。

と。[59]

しかしながら、青霞子蘇元朗の文章からは、内丹を説く蘇元朗の一面は、全く見ることができない。すなわち、『羅浮山志』の記述の順に従えば、蘇元朗も、当初は、外丹の主張として『宝蔵論』を書き、その後に、内丹の書として『旨道篇』を著わした、ということになるのであろうか。それらは、先学も指摘しているように、陶弘景が『本草集注』を撰述したのと同じように、煉丹家が本草や医薬を研究する当時の状況と一致する。[60] それにしても、上述の『証類本草』に引用された『宝蔵論』の文だけでは、彼が発明の根拠となった「太易丹道」との関係が、殆んど不明であって、むしろ、後の僧肇の『宝蔵論』の方に、『易』に関する文が見出される。この『宝蔵論』は、上述のように、道教の『太玄真一本際経』に共通する。「真一」「離微」「玄通」といったようなキーワードに拠って、道教の本質を仏教的に説いている、といわれるものである。そして、この関係は、繰り返すように、魏伯陽と南岳石頭希遷（七〇〇～七九〇）の『（周易）参同契』との関係に類似している。[61] いずれにしても、『羅浮山志』の蘇元朗に関する

記述は、道教と仏教との両面からの研究によって、はじめて本格的に追求されるべきものであろう。その場合、魏伯陽の『易』に基づく『周易参同契』の思想も充分考慮されなくてはならない。更には、蘇元朗の『旨道篇』その他の書物やそれらのまとめのような『龍虎金液通元論』ともども、僧肇撰とされる『宝蔵論』と関係させながら、研究が進められるべきであろう。

なお、晁公武字子止号昭徳先生『郡斎読書志』第十五巻の医書類に、

宝蔵暢微論三巻

右五代軒轅述撰。青霞君作宝蔵論三篇、著変煉金石之訣既詳、其未善、復刊其謬誤、増其闕漏、以成是書、故曰、暢微。時年九十、実乾亨二年也

とある。同じく第十六巻の神仙類に、蘇元朗撰の「龍虎通元訣一巻」がある。

六 「茅君歌」「太易丹道」等について

蘇元朗の撰述と考えられる文献の中で、ここでは、「茅君歌」等を考察の対象とし、道書の中からそれらに関係があると思われる記録を幾つか示すこととする。

まず、「茅君歌」であるが、それは、『金丹真一論』に、

茅真人謂青霞君曰、陰陽不能順、畢竟不生牙。斯乃道家共禁之法、恐洩天機。且見今人錬薬、擬効長生、不知霊丹之源、妄認朱汞。

(注云)世上多悞《ママ》認朱砂、用此為汞、更以鉛花合造、焼煅為丹。傷人之命甚矣。[62]

とあるのと関係するであろう。注の文は『金丹真一論』の撰者百玄子のものであり、彼は、唐末五代の道士と推定されている。[63] ここには、蘇元朗がすでに外丹の薬害を承知した上で、内丹に移行していた経過が示されているが、真偽のほどは決定できない。

次に、宋の谷神子註といわれる『龍虎還丹訣頌』の註には、

法乾坤二卦、運用水火、千日而成還丹。故青霞子授茅君謌曰、大丹運用千日、期千日赫然成紫芝。

とあり、[64]「茅君歌」がどういうものか、少しだけその内容を示している。上述の『金丹真一論』には、また、『太易丹書』を引いている。『羅浮山志』には、蘇元朗について、

又発明太易丹道、為宝蔵論。

と述べている。『太易丹書』と「太易丹道」とは、何か関係があるのであろうか。『金丹真一論』に引く文は、次のようになっている。

太易丹書云、還返既老、精凝不飛。若以朱砂抽汞、鉛花取芽。八石三黄、五金雑類、此倶不入大丹之源。但可以制伏、変化黄白、添為世宝。済貧助道、救接孤危、若将此頑滞之物為丹。

と。[65] 或はまたそこには、

青霞君云、水為凝而納火、金消散而入水、水火之気相蒸、金形相転、往而不定、上下無常、水得火而昇、金得水而潜、相須変化、凝結気中、又何朱砂潜火、水銀結霜。

ともある。[66] これはまさに、唐末五代の鍾離権や呂洞賓以後の内丹術そのもののような表現である。

次に、董師元伝・成君撰の『龍虎元旨』には、上掲の陳国符指摘の唐代の青霞子の記述を含む文がある。すなわちそれは、

二気相蒸、金水之形常転、往来不定、上下無恒。水得金而昇騰、金得水而潜匿、相須変化、凝結器中。還丹之体、神哉神哉、後之君子、不可輒議之也。太上誡詞云、受吾文、百年之内可伝三人、三十年可伝一人。若無同心者、三十年写一本、須尽其理、蔵於名山石室中、以俟有分者得之、東嶽董師元於貞元五年（七八九）、受之於羅浮山隠士青霞子。貞元十九年（八〇三）伝受剱州司馬張陶、開成三年（八三八）京師伝族弟李汾、長契五年伝成君。

隠士口訣、不載於文。秘之秘之。

というものである(67)。

青霞子蘇元朗の文は、陳国符等先人の発掘で、少しずつその全貌を示しつつあるが、更に追求され検討されなくてはならないであろう。その意味で、蘇元朗の撰述したどの文献に属すべき文かは判然としない文ではあるが、次にそのいくつかを示すこととする。

七　『指帰集』と『丹房須知』の青霞子蘇元朗

『指帰集』も『丹房須知』も、どちらも、宋の呉悞の撰である。前者の総叙に、「内丹之説、不過心腎交会、精気般運、存神閉息、吐故納新。」と記されている。そこには、次のような文がある。すなわち、

青霞子曰、正月至七月申為七返、十一月至七月、為九還、火初起一陽。

注云、鉛汞非七返九還則不成。縦成亦不霊(68)。

と。これは、蘇元朗の、たとえば、『太清石壁記』の文か、『宝蔵論』の文かどの文かは不明である。同様に、蘇元朗の文ではあるが、どの文献に所属させるべきか判然としない文が『丹房須知』にある。これも宋の呉悞の撰である。

その自序には、「皆出古人之伝、曾非臆説」とあり、その書には次のように記されている。(69)

『丹房須知』

禁穢四

青霞子曰、一室東向、勿令女子僧尼雞犬等見入。香烟長令不絶。欲入室次、得換新履衣服、及勿食葱蒜等。（第三）

合香九

青霞子曰、隆真香半斤、丹参五両、蘇合香四両、老栢根四両、白檀香四両、沈香半斤、白膠香少許。右七味、以密拌和、丸如弾子大、毎日只焼一丸。（第五）

薬泥十四

青霞子曰、依様造爐下鼎訖。東壁下火先須祭爐。

清酒三斤　鹿脯十二釘　香一爐　時果十二分

先須祭爐、然後持呪曰、皇皇上天、黄黄后土、生育万物、万物滋茂、聖含枢紐、元受宗要、皇帝固鼎、玄女臨爐、還符陰陽、以成宝餌、三五神光、邪魔懾伏、直爐童子、衛火将軍、六甲統兵、蚩尤護真、謹以某月某日、授弟子某甲、献奠之誠。上請真人、洞府群仙、感寧黙運、以奉勿軽。再拝。（第九）

中胎十六

青霞子曰、薬在鼎中、如鶏抱卵、如子在胎、如果在樹。但受旡満足、自然成熟、薬入中胎、切須固密、恐泄漏真旡。又曰、固済胎不洩、変化在須臾中、胎所制形、円如天地、収起似蓬壺、閉塞微密、神運其中。（第十一）

火候十九

青霞子云、未嘗聞人受胎年三歳而生者也。其間或三年者、作用不同、理則一也。火之斤両無定、為器有大小、薬有多寡。要在臨時消詳陰陽之理、靡差毫厘。（第十二）

八　内丹・外丹道の展開と仏教（一）

上述のように、初期の外丹と内丹の二つの道術（一応、この熟語を用いる）は、時を同じくし、処を異にして、古くから行われていたのであるが、従来どちらかといえば、まず外丹が行われた後に、その外丹の齎す諸々のデメリット――経費の問題・作丹の場処の問題・薬害の問題等――の反省によって、内丹術が隆盛に進んでいった、とされている。この議論の当否は別として、外丹術に関していえば、外丹術が内丹術の興隆によって消滅してしまったわけではない。金正耀は、

宋元時代、道教外丹術有一定地盤。

と指摘している。[70]このように、中国文化史の中において、長い生命を保持している外丹術は、晋の葛洪において、まず整備されて、後に大きく発展をする基礎を与えられたのである。

葛洪（二八三～三四三頃）は、頻りに、その著『抱朴子』において金丹の価値を力説するのではあるが、それと同時に、金丹の完成の困難さについても警告することを忘れてはいなかった。すなわち葛洪は、

長生之道、不在祭祀事鬼神也、不在道引与屈伸也、昇仙之要在神丹也。知之不易、為之実難也。（金丹篇）

夫長生制在大薬耳、非祠醮之所得也。（勤求篇）

と、気を中心とする導引や屈伸或は祭祀祈祷を否定する。しかし彼のこの表現は、金丹を強調するために、葛洪自身

も強調し過ぎの表現であると知りながら、用いているものである。『抱朴子』内篇を読む時は、常に、葛洪のこのような心情というか、筆の傾向というかを理解しておく必要がある。すなわち、金丹こそ長生の要であるという一方で、

合時又当祭、祭自有図法一巻也。……不先以金祀神、必被殃咎。（金丹篇）

という。そして、また、

然大薬難卒得辨、当須且将御小者、以自支持耳。（金丹篇）

とか、

凡養生者、欲令多聞而体要、博見而択善。偏修一事、不足必頼也。……夫為道不在多、自為已有金丹至要、可不用余耳。然此事知之者甚希。寧可虚待不必之大事、而不修交益之小術乎。……此皆小事、而不可不知、況過此者、何可不聞乎。（微旨）

という。これは、金丹の術とその成果として得られた金丹の大薬は最高の薬物には違いないが、諸々の困難の故にそれが簡単には完成しないから、その前段階として、金丹術以下のさまざまな仙術小術をいわゆる助業として、まず用いることを推奨するのである。ここにいう小術とは、金丹の大薬の威力を顕示する表現において、一度は否定された導引や屈伸や房中や祭祷であった。因みに唐の時代になると、葛洪が告白した「大薬難卒得辨」という言葉を素直に受け取って、道士葉法善は、唐の高宗に対して、はっきりと、

丹不遽就、徒費財与日、請覈真偽。

と述べている。(71)

さて、葛洪において、一度は否定された小術が再評価される根拠は、彼の

且仙経長生之道、有数百事、但有遅速煩要耳。（対俗篇）

という認識である。別の表現を借りるならば、

九丹金液、最是仙主、然事大費重、不可卒辨也。宝精愛炁、最其急也、并将服小薬以延年命、学近術以辟邪悪、乃可漸階精微矣。（微旨篇）

ということになる。「宝精愛炁」は、房中術や導引のことであるが、これらは、結局のところ、服気の術に帰着する。葛洪も、気を重視して、

夫人在気中、気在人中、自天地至於万物、無不須気以生者也。善行気者、内以養身、外以却悪、然百姓日用而不知焉。呉越有禁呪之法、甚有明験、多炁耳。（至理篇）

と述べている。ここで注意すべきことは、気を重視するとしても、葛洪の場合、「諸善奉行」すなわち、あらゆる善なる行いは、すべてそれを実行せよという仏教の教えを、金丹薬の完成に当って利用していることである。従って逆に、気のみに片寄ることも禁止されるわけである。彼は、

又云、食草者善走而愚、食肉者多力而悍、食穀者智而不寿、食気者神明不死。此乃行気者一家乃偏説耳、不可便孤用也。（雑応篇）

といい、

皆謂偏知一事、不能博備、雖有求生之志、而反強死也。（登渉篇）

と述べて、一事に偏執することを戒めている。(72) 同様の考え方は、老子や荘子の主張にのみ重点を置く思想家に対しても向けられて、

晩学不能考校虚実、偏拠一句、不亦謬乎。（勤求篇）

などと批判する。偏執の語は、宗教者が、相手を非謗する場合の常套語にもなっているのであるが、葛洪の場合は、

小術といえども、その一つ一つに価値あるものはそれなりの価値を認めているのであるから、宗教者における使用例とは、正確には一致しないことは注意しておく必要がある。すなわち葛洪は、

夫存亡終始、誠是大体。其異同参差、或然或否。変化万品、奇怪無方、物是事非、本鈞末乖、未可一也。……万殊之類、不可以一概断之、正如此也久矣。（論仙篇）

各従其志、不可一概而言也。（釈滞篇）

という、この点を理解しなければ、

若知守一之道、則一切除棄此輩。故曰、能知一則万事畢者也。（地真篇）

という表現の真意は把握できないであろう。仙人など存在しない、と否定する人々を納得させるために、葛洪が考え出した「万殊之類、不可以一概断之」という論法は、やがて、極楽の存在を主張して念仏による往生を説く曇鸞や道綽など浄土教家において大いに利用されることとなる。一方、僧肇に結びつけられている『宝蔵論』においては、

故経云、了能知一、万事畢也。[73]

として、抱朴子葛洪の主張は否定されて、葛洪が排斥している荘周の万物斉同の思想に近づいている。

偏執を戒める葛洪であればこそ、彼は、当時存在した多くの道書を集めて、遐覧篇にその目録を残している。ただし彼は、

然弟子五十余人、唯余見受金丹之経及三皇内文・枕中五行記。其余人乃有不得一観此書之首題者矣。他書雖不具得、皆疏其名、今将為子説之。後生好書者、可以広索也。（遐覧篇）

と述べているから、当時の道書のうち、名前のみ承知していたものも多かったようである。それにしても、小術として一応卑下している房中術系統の『玄女経』『素女経』『彭祖経』や『坐忘図』『定心経』『食日月精経』『胎息経』『行

気治病経』など気に関する経典が多いことは注目すべきことがらである。

葛洪は、金丹の優位性を主張するに当って、次のような対比構成の表現を用いている。すなわち、

夫五穀猶能活人。（金丹）⟷又況於上品之神薬、其益人、豈不万倍於五穀耶。（金丹）

銅青塗脚入水不腐。（金丹）⟷金丹入身中、沾洽栄衛、非但銅青之外傅矣。（金丹）

というような型式である。これを通して考えてみると、葛洪がしきりに従祖父葛玄と鄭思遠を通して、葛洪一人にだけ金丹の正道が伝えられていると主張するのは、実は、蘇元朗を待つまでもなく、その金丹外丹の道術が、内丹系の道術に圧倒されていた時代の彼の危機感を如実に示しているとも考えられる。

九　内丹・外丹道の展開と仏教（二）

葛洪（三八三〜三四三頃）は、丹陽郡句容の人である。ここに有名な茅山があることについて、陶弘景の伝記には次のように見えている。

於是止于句容之句曲山。恒曰、此山下是第八洞宮、名金壇華陽之天、周回一百五十里。昔漢有咸陽三茅君得道来掌此山、故謂之茅山。（『南史』巻七十六列伝六十六）

かくして、この茅山に止住した陶弘景の道教教派こそ、かの有名な茅山派とか上清派とか呼ばれるものである。上清派の大成者陶弘景は、葛洪の『神仙伝』を得て昼夜研尋したのであり（『南史』の本伝）、『真誥』の巻十二稽神枢第二には、葛洪に関する記述も、見出される。しかしそこでは、葛氏一族にあまり高い評価を与えていない。すなわち、稽神枢を見ると、

問葛玄、玄善於変幻、而拙於用身。

とか、また、その文の注釈の中で、

葛玄字孝先。是抱朴従祖、即鄭思遠之師也。少入山、得仙時、人咸莫測所在。伝言、東海中仙人寄書、呼為仙公。故抱朴亦同然之。長史所以有問、今答如此。便是地仙耳。霊宝所云、太極左仙公、於斯妄乎。

と述べている。(74) しかも、葛洪が、

或頗有好事者、……而但書夜誦不要之書、数千百巻、詣老無益。(勤求篇)

五原有蔡誕者、好道而不得佳師要事、廃棄家業、但昼夜誦詠黄庭・太清中経・観天節詳之屬、諸家不急之書、口不輟誦、謂之道尽於此。(袪惑篇)

と主張するように、彼が極めて批判する経典の読誦などを、陶弘景は逆に尊重している。すなわち、『真誥』巻五の甄命授第一において、

若但知行房中・導引・行炁、不知神丹之法、亦不得仙也。若得金汋神丹、不須其他術也。立便仙矣。若得大洞真経者、復不須金丹之道也。読之万過、畢便仙也。

と述べている。(75) 陶弘景は、決して葛洪という人物を軽視はしていない。葛洪の『神仙伝』を昼夜研尋したことがその一例であり、後に触れるように、仏教者曇鸞が陶弘景を尋ねた時に仙方か仙経を授けているが、曇鸞の記述したものを見ると、どうもその仙経は『抱朴子』であったらしいこともその証左となるであろう。(76) このように葛洪を尊敬しながらなおかつ、葛洪が、

徒誦之(道書)万遍、殊無可得也。……但暗誦此経(五千文)、而不得要道、直為徒労耳。(釈滞篇)

と批判する経典の読誦を、『五千文』とは別の優れた経典ならばよしとして、上述のように、

若得大洞真経者、復不須金丹之道也。読之万過、畢便仙也。（甄命授）

と強調するのは、当時の社会において、経典の読誦に代表される口称行為が受け入れられる情況にあったことを現わしていることに外なるまい。

その社会的情況を示すのが、仏教界における念仏称名の易行道の急速な高まりである。曇鸞は、陶弘景から仙方或は仙経を授かって、病気を克服した後、かの有名な『浄土論註』を撰述して、阿弥陀佛の名を称える易行の道を示している。彼は、称名念仏の教を伝えるに当って、当時民間で行われていた呪文を引いて、

如禁腫辞云、日出東方乍赤乍黄等句、仮使、酉亥行禁不関日出、而腫得差。(77)

と述べている。この語は恐らく『抱朴子』金丹篇によると思うが、その意図は、呪文を唱えるだけで腫が治るなら、念仏は更に優れているから、往生は間違いないというところにある。彼の易行道の主張は、道綽や善導へと受け継がれて、わが国の浄土教の展開へと連続する。

葛洪の思想に共鳴しつつも、葛洪が否定した経典読誦に中心を移していった陶弘景には、葛洪自身が告白しているような金丹の成就の困難さに対応する意識があったであろう。それというのも、『抱朴子』の中に、難易の問題が重視されていたからである。葛洪は、

或曰、儒道之業、孰為難易。

抱朴子答曰、儒者、易中之難也。道者、難中之易也。夫棄交遊、委妻子、謝栄名、損利禄仕、……覩貴不欲、居賤不恥、此道家之難也。……和気自益、無為無慮、不忧不惕、此道家之易也。所謂難中之易矣。夫儒者所修、皆憲章成事、出処有則、語默隨時、…此儒者之易也。鉤深致遠、錯綜典墳…此儒家之難也、所謂易中之難。（塞難篇）

と、難と易に強い関心を示している。

次に、葛洪の主張の中で注目されるのは、「遅」とか「速」とか、「要」とか、「要道」の語である。[78]すなわち、『抱朴子』には、それらのことが、

仙経長生之道、有数百事、但有遅速煩要耳、不必皆法亀鶴也。（対俗篇）

昇仙之要、在神丹也。（金丹篇）

或問曰、人道多端、求仙至難、……抱朴子答曰、要道不煩、所為鮮耳。（釈滞篇）

要道不煩、此之謂也。（登渉篇）

至要之言、又多不書。登壇歃血、乃伝口訣。（明本篇）

夫暁至要得真道者、誠自甚稀、非倉卒可値也。（勤求篇）

玄一之道、亦要法也。無所不辟、与真一同功。（地真篇）

など、頻りに説かれている。因みに、要とか要道の語は、浄土教に属する仏家のよく用いるものでもある。浄土宗の元祖法然が、念仏を選択したのも、『抱朴子』に、

凡養生者、欲令多聞而体要、博見而択善、偏修一事、不足必頼也。（微旨篇）

とあるのを意識してそれを逆に利用しているふしがある。

問題は、抱朴子葛洪は一体、難行道の人なのか易行道の人なのか、ということである。論者によっては、善行を積んで善報を受ける応報観からいえば、葛洪は三百善を必要と説くのに対して、陶弘景の方が更に簡単であるから、前者は難行道に後者は易行道に属す、という。[79]葛洪の主張の一つ一つを微細に見ると陶弘景に比較して、誦経に対する両者の態度を通して見たように、陶弘景の方が、はるかに易行化した教を説いている。しかし葛洪も、金丹は成るこ

とは難しいといえども、一たび成れば、何物に比較しても、速くかつ容易に成仏できることを主張しているのであるから、彼もまた、道教の易行化を計っていた人物というべきであろう。

以上のことどもを通して、道教側における難行道から易行道への転回は、金丹の作成から教典の読誦へ、煩雑困難なことから不煩なるものへなどと変化していくことの中に示されているが、それは、丁度、仏教が禅と念仏に集約されて易行化の道へ進むのと軌を一にしていることが明らかになったであろう。外丹から内丹の転回の初期の段階が隋の蘇元朗あたりに置かれていることは、道仏二教の易行化の流れの中で当然に起こり得べくして生じた現象として承認すべきであろう。

十　『周易参同契』（一）

内丹道の興隆については、すでに触れたように、外丹薬の薬害が、その原因の一つと考えられている。唐の諸帝多く内薬を服して、その結果、かえって命を落としている事実は、宋の趙翼の『二十二史劄記』の、

　李藩亦謂憲宗曰、文皇帝服胡僧薬、遂致暴疾、不救。憲宗本紀（巻十九、「唐諸帝多餌丹薬」）

という一文で明らかであろう。しかしこれだけが外丹から内丹へと転換する原因とは出来ないことを縷々述べてきた。

時に論者は、

　内丹説、実際上是心性之学在道教理論上的表現、他適応時代思潮而生、不能簡単地認定内丹説的興起是由于外丹毒性強烈、服用者多暴死、才転向内丹的。「内丹説」、在道教、「仏性説」在仏教、「心性説」在儒教、三教的説法有差異、而他們所探討的実際上是同様的問題。

と指摘している。[80] しかも拙論はここに、仏教の易行道の展開が内丹術の流行を生み出す契機の一つになっていたと考える。宗教界の易行化の風潮の中で、慧思や蘇元朗の内丹道の提唱が生まれた、といえるであろう。勿論、内丹といっても、決して易行と簡単にはいえないであろう。しかしそれは、外丹に比較していえば、薬物の費用も僅少で済むと一つを取ってもやはり、容易な道といえるであろう。外丹を説く葛洪自身がいうように、金丹は甚だ困難なものであった。彼においても、金丹は一度完成すれば一転して易行道となるのであるが、完成に至るまでの困難を克服する何らかの契機が、絶えず模索されていたに違いない。その契機が、時を同じくして中国思想界に拡大していった仏教の易行道化の流れであった。当時、仏教の説く地獄説や輪廻説を受けて、極楽往生に匹敵する上清への飛昇と酆都という地獄が考え出された。外内二つの丹道は、中国においては、古く同時に生じて師資相承されて、それぞれの影響力を強めて来ていたのであったが、六朝時代に、一気に内丹に重点が置かれて考えられる傾向が時代風潮で加速された。

内丹道で用いる述語は、総じて外丹道すな煉丹黄白術のそれである。丹とは本来、薬物なのであって、内丹の語が、外丹の語に対して用いられた、といわれているのも当然のことであろう。

このような経過の中で、その内外二つの丹道のそれぞれにおいて、より高度の丹道が追求されていたことは、忘れてはならないことである。上述のように『荘子』には、

吹呴呼吸、吐故納新、熊経鳥申、為寿而已矣。此道引之士、養形之人、彭祖寿考者之所好也。（刻意篇）

とある。しかし寿を為すものに対して、それ以上のものとして、この後文には、

純粋而不雑、静一而不変、淡而無為、動而以天行。此養神之道也。（刻意篇）

と記されている。この文を通して、導引養形の具体的気功内丹術に、精神的抽象化の運動が加味されてきたことを見

てとることができる。すなわち、内丹道の一層の精神的展開である。この展開こそ、後世のいわゆる内丹道を生み出す重要なプロセスであった。一方、外丹道の方においても、晋の葛洪は、精神的に高度な内丹道の重要な文献である『荘子』及び『老子』に痛烈な一撃を加えて、かつ、自らの外丹道のみが、由緒正しい伝統を継承する道流であると称して、他の外丹道を否定して、自己の内丹道を昇化させるのである。すなわち葛洪は、いう、

又五千文雖出老子、然皆泛論較略耳。……至於文子荘子関令尹喜之徒、其屬文筆、雖祖述黄老、憲章玄虚、但演其大旨、永無至言。（釈滞篇）

と。更には、荘周については、

老子以長生久視為業、而荘周貴於揺尾塗中、……餓而求粟於河侯、以此知其不能斉死生也。（勤求篇）

と評している。

『抱朴子』の中に見られる葛洪の金丹道の優位性は、正しい師資相承の中でのみ可能な宗教的口訣の伝授とそれによる金丹の完成の中にある。完成した金丹が、黄金や水銀のような砿物の持つ特性を人体に取り入れる点についていうならば、いささか強引で、原始的な心性が露骨である。すなわち、彼によれば

夫金丹之為物、焼之愈久、変化愈妙。黄金入火、百煉不消、埋之、畢天不朽。服此二物、錬人身体、故能令人不老不死。此蓋仮求於外物以自堅固、有如脂之養火而不可滅、銅青塗脚、入水不腐。此是借銅之勁以扞其肉也。（金丹篇）

というわけである。また、金丹の成就に、宗教的儀式を経なければ効果がないことについては、

合之、皆斎戒百日、不得与俗人相往来。（金丹篇）

而為道者必入山林、誠欲遠彼腥羶、而即此清浄也。……錬八石之飛精者、尤忌利口之愚人、凡俗之聞見、明霊為

之不降、仙薬為之不成、非小禁也。（明本篇）

と述べている。かくして、その宗教性と不死長生の目的に重点を置いて考えるならば、西欧の煉金術が経済性を中心とするのに対して、中国のそれが不死長生の精神性の上に成立している、[81]と一応はいい得るようであるが、必ずしも、そのようにばかりはいい切れない面もある。というのも、『金碧五相類参同契』巻上に、

九転結成、紫金砂点化金銀、富我家。[82]

などともいわれているからである。この文によると、このように家を富まし福を得たものは、地仙として生活した後、八百行が満ちて、神仙となるのである。

以上のような『荘子』の内丹道の精神的純粋化と『抱朴子』の金丹道の改革の経過を経ていく中で、注目され直したのが『周易参同契』である。この書は、『真誥』の中では、単に『易参同契』となっている。そこに付けた陶弘景の自注と一応されているものには、魏伯陽の名が翺で号が伯陽であるとか、曾慥の『道枢』巻三十四の参同契下篇に見えるような、伯陽の雲牙子という号のこともいわずに、ただ、次のような文が、『真誥』巻十二稽神枢第二に載せられている。すなわちそれは、

易参同契云、桓帝時上虞淳于叔通、受術于青州徐従事、仰観乾象、以処灾異、数有効験。以知術故、郡挙方士、遷洛陽市長。[83]

というものであるが、問題は、これ以後『周易参同契』の名は、文献から姿を消してしまうことである。[84]しかしながら、梁の陶弘景の時代には、少なくとも『周易参同契』への関心は、世人の中に存在していたことだけは判然としている。そのような世人の関心が、内丹外丹の新しい展開の時期に一致していたことが重要な事柄である。それには、『周易参同契』の作丹の理論が、内外両丹道を止揚していることが大きく作用しているように思われる。この場合、

思い起こされるのが、馬叙倫の見解である。陳国符も、「中国外丹黄白法経訣出世朝代考」の中で『周易参同契』について「今本周易参同契附会易象以論内丹外丹」の項を立てて、馬氏の説を引いて、

馬氏謂、有人偽作説内丹術外丹術之書、冒周易参同契之称。於是後人将此二種周易参同契揉一成為今本周易参同契。[85]

と述べている。このような経過をたどって成立した『周易参同契』であればこそ、人によっては、その書を外丹の書と断定し、人によっては内丹の書と分類するようになるのであろう。

『周易参同契』は、参と同と契の字によって、『周易』（大易）・黄老・炉火の三つの思想が、貫通して記録されていることを示す。[86]正文は五千四百三十字にして、四字句の韻文と一部分短句を用いている。漢賦を彷彿させる「兮」字も用いており、「不出于一人」ともされる。[87]たとえば徐兆仁は、『周易参同契』を、内丹と外丹の書として把握して、

『参同契』一書在論内丹時、也論及外丹、書中提到的鉛・金・水銀・胡粉・羌石胆・雲母・矾磁・硫黄・銅・泥汞……都是煉外丹不可少的薬物。但書中所述的鉛・汞・坎離・水火・日月・龍虎・魂魄……也用来指代人体内煉金丹的基本要素、精・炁・神。一旦修道錯識薬物、就无異于指鹿為馬、无異于南轅北轍。[88]

と述べている。因みに、魏伯陽については、葛洪の『神仙伝』巻一の彼の伝では、呉の人とする。[89]そしてその『神仙伝』では、魏伯陽の伝を結ぶに当って、

伯陽作参同契・五行相類凡三巻。其説是周易。其実仮借爻象、以論作丹之意。而世之儒者、不知神丹之妙、多作陰陽注之、殊失其旨矣。

と記している。

十一　『周易参同契』（一）

東漢末年の人とされる魏伯陽の『周易参同契』は、葛洪が生存の時代に注目されていた道書の中には、『周易参同契』とも『易参同契』とも、単に、『参同契』ともいう名称では、『抱朴子』のどこにも見出すことができない。ただ、その遐覧篇に、

魏伯陽内経　一巻

というのが注目されるだけである。この魏伯陽と『周易参同契』の撰者とは、同一人なのか別人なのか、一切不明である。従って、当然のことながらその『内経』一巻もどのような書物であるのか不明としかいえない。『内経』の内が内丹の内であるのか。もしそうであれば、それなりに『抱朴子』避覧篇の文は重要なものではあるが、それも、現在のところ断定する材料がない。

文献の上からは、葛洪に先き立って、東漢末年の人虞翻（一六四～二三三）が、『参同契』を見ていた証拠がある。村上嘉実は、唐の陸徳明の『経典釈文』の『周易音義』の項に、

虞翻注、参同契云、字従日下月。

と見えることを指摘している。(90) 村上嘉実は、時代性から『周易参同契』を外丹書とする。これ以後、上述の『真誥』において、陶弘景が『易参同契』という名を出しているだけで、「隋志」にもその名がなくて、『旧唐書』経籍志五行類になって、やっと、

周易参同契　　二巻　魏伯陽撰

　周易五相類　一巻　魏伯陽撰

などという記録が出現する。これをもって考えると、陶弘景の記録も疑ってみる必要があるかもしれないが、卿希泰は、『周易参同契』がその後湮没した理由を次のように考えている。すなわち、

　南朝梁代的陶弘景、則僅在所著『真誥』巻一二第八関于「定禄府有典柄執法郎是淳于斟」時、渉及了『参同契』的源出問題。他自注説：『易参同契』云、（漢）桓帝時上虞淳于叔通、受術于青州徐従事、仰観乾象、以処灾異、数有効験、以知術故、郡挙方士、遷洛陽市長」。此外、『参同契』幾乎湮没無聞了。為什麼会産生這種歴史現象？其主要原因在于、在魏晋六朝時期盛行的養生術、正是東漢以来通行的、而被『参同契』批駁為旁門小術的内視・存神・吐納・辟谷諸術。一度被『参同契』斥為「迷路」・「邪蹊」的煉丹術、也発展起来、成為富豪人家謀求長生的手段。

と述べているのを考えれば[91]、発展する内丹術派から疎まれたからなのであうろ。

　しかしながら、もし虞翻の時代に『周易参同契』があったとするならば、そしてもし、一般的通説のように、『周易参同契』が外丹の専著であるとするならば、外丹を頻りに宣伝する『抱朴子』の中に、何故に、魏伯陽の『周易参同契』の名が見出せないのであろうか。この問題を解く一つの鍵となるものは、東漢の魏伯陽と同時代の人である黄白術の狐剛子のことが、これまた、『抱朴子』内篇で尊重されていないことである。

　葛洪が、金丹完成の上で注目もし金丹篇で推賞してもいる道典が、『太清丹経』三巻と『九鼎丹経』一巻と『金液丹経』一巻とである。このうちの『九鼎丹経』は、今日、道蔵の第五八四冊以下の『黄帝九鼎神丹経訣』二十巻の第一巻の表現が、『抱朴子』金丹篇のそれと共通することが判っている。この『黄帝九鼎神丹経訣』の第三巻には、

　孤丘先生授葛仙公曰、命属仙星、名録継我、今故授汝万金訣等及修仙法。

とあれば、葛洪と狐剛子とは何らかの関係があるようである。狐剛子については、現代の科学者趙匡華の深く検討している人物であるが、それによれば、「隋志」に、

狐剛子万金訣　二巻　葛仙公撰

とある。[92]先学は、葛洪所撰の『太清玉碑子』と唐代方士所作の『龍虎元旨』には、魏伯陽と狐剛子との問答があって、『周易参同契』の主張と共通するところがある、という。狐剛子は、魏伯陽の同時代の人か魏公の学生かどちらかと考えられている。[93]一方、陳国符は、狐剛子を晋代の人とするし、卿希泰は狐剛子を胡罡子又は狐罡子にして、東漢末年の煉丹家する趙匡華の説を重視しつつ、狐剛子の佚文を載せる文献を紹介して、彼を中国の黄白術に多くの効験をした人としている。[94]孫毅霖は、狐剛子の外丹薬作成上の高水準にある技術を特筆している。[95]

葛洪の『抱朴子』には、魏伯陽の名はあっても『周易参同契』の書は記載されていない一方、狐剛子に関係が深い『九鼎丹経』の書はあるが、狐剛子の名は収録されていない。この間の消息をどう解釈するかは困難なことではあるが、今後の研究に期待されるところ大である。思うに、葛洪は、この両人については、知っていたと思うのが妥当であろう。『隋書経籍志』経籍三（子・医方）に「『狐剛子万金決』二巻葛仙翁撰」とあるのを考慮すると、葛洪は、自己の道統を顕示するために意図的に疎外したとも考えられる。

結局のところ『周易参同契』は、内丹の書か外丹の書かどちらかについていえば、「道蔵」第六二三冊の巻上第十八に、

陰陽相呑食、交感道自然。名者以定情、字者縁性言。金来帰性初、乃得称還丹。

とあれば、名と字で情と性とに当て、内外に区別しているように、内外丹を兼ね、[96]やや内丹に解し易いと考えるのがよいであろう。

十二　『周易参同契』及び鍾離権・呂洞賓と曾慥

久しく埋没していた『周易参同契』が五代の劉昫（八八七〜九四六）によって、遂に、正史『旧唐書』経籍志に登場した。そして、五代後蜀（九三四〜九六五）の彭暁が『周易参同契分章通義』三巻を撰述する。これは、一体、何を物語るのであろうか。魏伯陽によって撰述された『周易参同契』が、東漢に出現してから、埋没したのに理由があるのと同様に、この書が八百年の年月を経て、再び人々の注目を惹くようになったことには、また、それなりの理由が与えられなくてはなるまい。この点に関しては、任継愈が、

至唐末、外丹学的発展漸趨尾声。至于服気導養之術、自魏晋以来有不少求仙者畢生矻矻修煉、雖未必无治病強身乃至延命百齢之效、但終難由此而長生升仙、亦漸失其宗教誘惑力。在這服食煉養以求長生成仙的信仰面臨危機的情況下、内丹成仙説乗時而起、以一套具有玄深哲理依据的内煉成仙説誘引人們、成為道教煉養術中的顕学。一批内丹家如崔希範・鍾離権・呂洞賓・施肩吾・彭暁・陳搏等活躍于民間山野、内丹著述紛紛出、埋没了八百年之久的『周易参同契』、也由五代后蜀的彭暁作注而流伝于世。

と解説を加えている[97]。結局のところ、興隆して来た内丹術の権威化のために『周易参同契』は、どうしても必要であった。この書に『周易』が関与していることが権威化の上で、易の哲学と同時に儒教経典の一つとしての権威とが二重に加わっていた。

宋代に更に盛んになってきた内丹術家が、『周易参同契』という書物の権威とともに利用したのが、唐末五代以来民間に信仰されていた鍾離権と呂洞賓という人物であった。信仰が盛んであった割りには、鍾離権も呂洞賓も、由来

の正しい文献史の上での彼等の記録は乏しいのである。[98] 彼等が元代にまとめられた八仙人の一人に加えられているのも、民間での広範囲の信仰の流布に由っているのである。この鍾・呂二人とも、胡元瑞の『玉壷遐覧』では五代から宋初の人とされている。

さて鍾離権は、『歴世真仙体道通鑑』巻三十一の彼の伝によると、号は正陽子とか雲房とかいわれ、晋に仕えたことになっているが、伝説では、彼を偉大な人物とするために、漢代の人として、漢鍾離とも呼ばれる。一方、呂洞賓は、鍾離権に学ぶとされるが、事実ではない。名は嵒（巌）で号は純陽子であり、彼も偉大化されて唐の人とされるが『宋史』の陳摶の伝に彼のことがでているから、陳摶と呂洞賓は同時の人とされている。その他彼の伝は、『歴世真仙体道鑒』巻四十五や元代の『純陽帝君神化妙通紀』などに見える。

このような、権威付けの為に利用されたところの書物『周易参同契』と人物鍾離権・呂洞賓を同時に顕彰した人物が張伯端字平叔（九八三～一〇八二）紫陽真人である。彼の主著こそ『悟真篇』であって、そこには、『周易参同契』の思想と鍾・呂の著作とされる『霊宝畢法』や『鍾呂伝道集』の内丹術が示されている。これは、彼の師といわれる劉海蟾の思想を受け継ぐものである。宋の曾慥も、これらの書を丹道の書として重視している。

これらの『周易参同契』と『鍾呂伝道集』と『霊宝畢法』をそのまま受け継いでいるのが当面の曾慥である。曾慥の『道枢』巻三十二から三十四には、『周易参同契』の摘録があり、『道枢』の巻三十九から四十一までに「伝道上篇」「伝道中篇」「伝道中篇」「伝道下篇」として節録されている。そして、巻四十二には、『霊宝畢法』が「霊宝篇」として収載されている。今、それらを代表して、『道枢』巻三十九の「伝道上篇」の文を示すこととする。

夫旁門小法、其別三十。曰斎戒、曰辟穀、曰錬気、曰漱嚥、曰絶内、曰断味、曰禅定、曰玄默不語也、曰存想、曰採陰、曰服気、曰持浄、曰息心、曰去累、曰開頂、曰縮亀、曰絶迹、曰洛誦看読也、曰焼錬、曰固息、曰按蹻、曰吐納、曰採補、曰博施、曰解祠、曰賑乏、曰棲山、曰適性、曰不動、曰受持。夫如是者、伐疾可也。養性可也。……是不知五行之根蔕、三才之造化、去大道遠矣。呂子曰、大道如何。子鍾離子曰、真源判矣。大朴散矣。……(99)

この一文によって、曾慥は、従来の内丹術は、治病や養性にはよいが、大道を悟るものではないとして、師鍾離権と弟子呂洞賓の大道についての内容を記している。これは、「養形之人」を否定する荘周の精神の復活でもある。以上によって、曾慥が、鍾呂内丹の流れの中に完全に入っていることが判然とするであろう。

次に、このような内丹道も、元代全真教が出現するにつれて、南北の地域差を反映してその教養にも差が現われて、南宗(派)北宗(派)といった分類が行われるようになる。その影響から、南北の分派を権威付けるために、可なり古い時代に逆上らせる見方がでる。今、明代成立の『天皇至道太清玉冊』を示すこととする。

南派　自漢始。鹿堂、趙昇、華陽、李亜、鍾離権、呂岩、劉海蟾、張紫陽、冲昭王、馬自然、石杏林、薛道光、陳泥丸、白玉蟾等、始之。

北派　自宋始。王重陽至東海、見海中金蓮(以下略)。

北派は本論文とは特に関係がないので後半を省略する。南派の方では、『天皇至道大清玉冊』(100)には、曾慥が入っていないけれども、入れるとすれば、張紫陽の下に入れるべきであろう。任継愈主編『中国道教史』は、宋代鍾呂系内丹派の中で、曾慥を次のように位置づけている(101)。

宋代鍾呂系内丹主要伝承表※

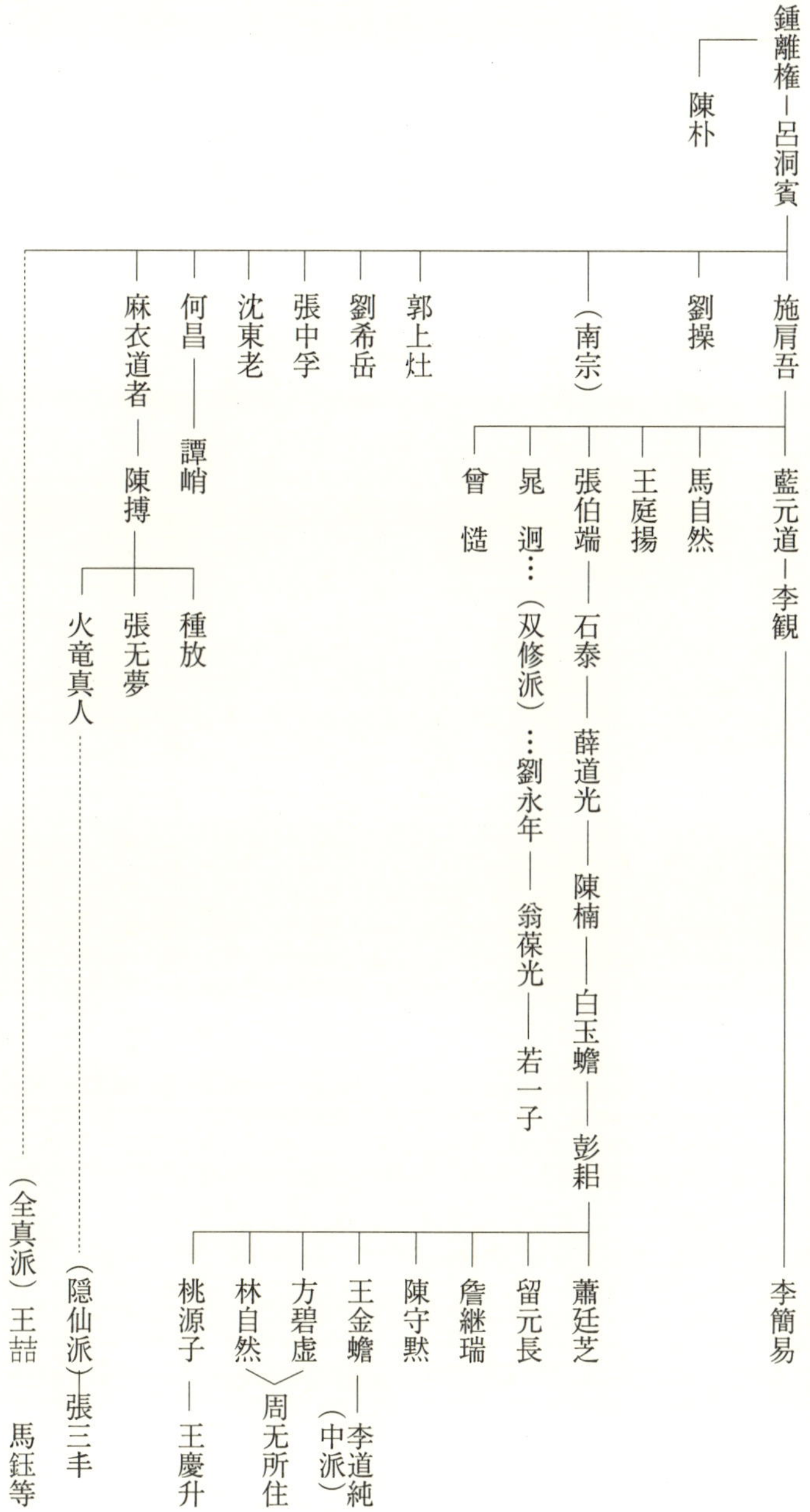

※（図中虚線示其直承関系有疑向者）

注

（1）　陳国符『道蔵源流考』（下）、三九一頁。

（2）陳国符『道蔵源流続考』、二六九頁。
（3）蒙紹栄等『歴史上的煉丹術』、二九三頁。
（4）王沐『内丹養生功法指要』、一一六頁。
（5）注3前掲書、三〇一頁――三〇八頁。
（6）村上嘉実「周易参同契における同類の思想」（『中国古代科学史論続篇』、八七頁以下）。
（7）福井康順「周易参同契考」（東方学会創立二十五周年記念『東方学論集』）。
（8）杜献琛『内丹探秘』、一頁。
（9）洪丕漠『中国神仙養生大全』、四頁。
（10）盧国龍『道教知識百問』、七七頁。
（11）同嘉華『中国古代化学史略』、一九一頁。
（12）陳国符『道蔵源流続考』、三五三頁。
（13）小柳司気多『老荘の思想と道教』、二九九頁。
（14）任継愈主編『中国道教史』、二六頁。
（15）『中華道教大辞典』、一三四三頁。
（16）同右、一一二六頁。
（17）卿希泰主編『中国道教史』（二）、四九三頁。
（18）周嘉華『中国古代化学史略』、一九一頁。
（19）陳国符『道蔵源流考』（下）、三七一頁。
（20）降大任『神秘之術』、二九頁。
（21）馬叙倫『荘子宋人考』及び福永光司『荘子』（内篇）、一二頁。
（22）銭鉄松「『荘子』内篇道家気功修煉的三個段階」（『上海道教』、一九九四年第四期、一六頁）。

（23）王沐『内丹養生気功法指要』、一一六頁。
（24）同右。
（25）窪徳忠『道教史』、七五頁。
（26）卿希泰主編『中国道教史』（二）、四九三頁、五一六頁。
（27）道蔵、第三二〇、『霊剣子』、『道蔵提要』、四一二頁。
（28）道蔵、第三三二、『南岳総勝集』、第二一。石田秀実「内丹とは何か」（『しにか』、一九九五年十一月）に引く、F・Bフセイン参照。
（29）『道蔵提要』、四三六頁。
（30）大正、四六、七九一、c。
（31）大正、四九、一七九、b（『仏祖統紀』第六）
（32）『陳寅恪先生論集』、二五九頁。
（33）中国仏教研究会（『南岳思大禅師立誓願文』訳解」（『天台教学の研究』）。
（34）盧国龍『道教知識百問』、七八頁。
（35）卿希泰主編『中国道教史』（二）、五一六頁。佐藤成順『中国仏教思想史の研究』、二四三頁参照。
（36）坂出祥伸「隋唐時代における服丹と内観と内丹」（『中国古代養生思想の総合的研究』、五八五頁）では、内なる丹田を修練する、という軽い意味にとっている。石田前掲論文、四五頁参照。
（37）大正、五二、一三六、b・c。
（38）外学については、拙論「報夢鈔引用の典籍に関する一考察――外典を中心として――」（『仏教文化研究』第32号）参照。
（39）大正、五〇、四七〇、a・b。
（40）拙論「曇鸞大師の調気と達磨大師の胎息について」（大正大学『中国学研究』、第十一号）。
（41）陳寅恪「南岳大師立誓願文跋」（『陳寅恪先生論集』）。

(42) 道蔵、第五三、『玉清無極総真文昌大洞仙経』、巻十、第二十三。
(43) 任継愈主編『中国道教史』、三九四。陳国符『道蔵源流考』(下)、四三八頁。
(44) 陳国符『道蔵源流考』(下)、四三八頁。盧国龍「隋唐五代道教学者志」(『道協会刊』二〇頁)。
(45) 『古今図書集成』(鼎文書局)五〇、神典下、二四一九頁。
(46) 蒙紹栄『歴史上煉丹術』、三〇九頁。
(47) 『中国歴代書目双刊』(第一輯)(上)、三二〇頁。
(48) 黄華年「僧肇法師著述研究綜述」(『周紹良先生欣開九秩慶寿文集』、二一二頁以下)。
(49) 塚本善隆編『肇論研究』、一四九頁。
(50) 鎌田茂雄『中国華厳思想史の研究』、三五七頁――三八九頁。
(51) 塚本編『肇論研究』、二七四頁。
(52) 湯用彤『漢魏両晋南北朝仏教史』(上)、三三二頁。鎌田茂雄『中国華厳思想史の研究』、三二〇頁。
(53) 大正、四五、一四五、a。
(54) 大正、四五、一四八、a。
(55) 大正、四五、一四八、c。
(56) 大正、四五、一四八、c。
(57) 拙論「道綽禅師の中国思想」(『仏教文化研究』、第四〇号)、『「玄中」の語義を中心とした陶弘景・曇鸞・道綽論』(大正大学『中国学研究』、第十六号)。
(58) 任継愈主編『中国道教史』、三九四頁。坂出祥伸「隋唐時代における服丹と内観と内丹」(註36、五八六頁)。『証類本草』(華夏出版社)。
(59) 祝亜平『道家文化与科学』、一八五頁。
(60) 任継愈主編『中国道教史』、三九五頁。任氏は『重修政和証類本草』を利用する。

(61) 大正、五一、(『景徳伝燈録』巻三十) 四五九、d。『新版禅学大辞典』、四〇五頁。
(62) 道蔵、第七四一、『金丹真一論』、第四。
(63) 『道蔵提要』、八二七頁。
(64) 道蔵、第七四一、『龍虎還丹訣頌』、第五。
(65) 道蔵、第七四一、『金丹真一論』、第七。
(66) 道蔵、第七四一、『金丹真一論』、第一五。
(67) 道蔵、第七四一、『龍虎元旨』、第八。
(68) 道蔵、第五九六、『指帰集』、第六。
(69) 『道蔵提要』、六六四頁。道蔵、第五八八、『丹房須知』第三〜一七。
(70) 拙訳『中国の道教』、一一五頁。
(71) 道蔵、第一四六、『歴世神仙体道通鑑』、三九、第一。
(72) 拙論「抱朴子における本末思想」(吉岡義豊博士還暦記念『道教の思想と文化』)、「道教と養生法」(『しにか』、第二〇号)。
(73) 大正、四五、一四八、c。拙論「良忠上人の依用文献について」(『良忠上人研究』)参照。
(74) 道蔵、第六三九、『真誥』、巻一二、第三。
(75) 道蔵、第六三七、『真誥』、巻五、第一一。
(76) 拙論「曇鸞大師の調気と達磨大師の胎息について」(『中国学研究』、第一一号。
(77) 大正、四〇、八三五、c。
(78) 拙論「抱朴子における本末論」(注71)。
(79) 砂山稔『隋唐道教思想史研究』、一〇八頁。
(80) 洪丕漠『中国神仙養生大全』、四頁、任継愈説。
(81) 道玄子編『中国道家煉丹術上丹薬』、七頁。同様のことは、よくいわれている。

(82) 道蔵、第五八八、『金碧五相類参同契』、巻上、第三。
(83) 道蔵、第六四〇、『真誥』、一二、八。
(84) 卿希泰主編『中国道教史』(二)、五一八頁。
(85) 陳国符『道蔵源流続考』、三五三頁。
(86) 王玉徳等『中華神秘文化』、五三七頁。
(87) 任継愈主編『中国道教史』、二六頁。『中国気功経典―先秦南北、上』、二〇八頁。周嘉華『中国古代化学史略』、三一六頁。
(88) 徐兆仁『道教縦横』、六六頁。
(89) 卿希泰主編『中国道教史』(一)、一二四頁。
(90) 村上論文(注6)。
(91) 卿希泰主編『中国道教史』(二)、五一八頁。
(92) 趙匡華「狐剛子及其対中国化学的卓越貢献」(『自然科学史研究』、一九八四年第三期)。坂出祥伸『気と養生』、一六二頁。
(93) 王鉄『漢代学術史』、一四一頁。
(94) 卿希泰主編『中国道教史』(二)、四九六頁。
(95) 孫毅霖「外丹黄白師」(『上海道教』一九九五年第二期、一八頁)。
(96) 姜生「従道家到道教――論道教的起源(下)」(『上海道教』、一九九三年、第四期、二〇頁)。
(97) 任継愈主編『中国道教史』、四八九頁。
(98) 小柳司気太『老荘の思想と道教』、三三〇頁、劉精誠『中国道教史』、二〇五頁、卿希泰主編『中国道教史』(二)、三三〇頁。
(99) 道蔵、第六四八、『道枢』、巻三九、第四。
(100) 道蔵、第一一〇九、『天皇至道太清玉冊』、巻一、第三十三
(101) 任継愈主編『中国道教史』、四九六頁。

第二章　『道枢』及び『至游子』について

一

「道蔵」第六四一冊から第六四八冊に収録されている『道枢』四十二巻の各巻の冒頭には、すべて、

宋至游子曾慥集

と記されている。この「曾慥集」という意味は、『道枢』を紹介する各種の書物が、この書をもって、

南宋前道教修煉方術的百科全書[1]。

綜合性道教類書[2]。

広集道教修煉方術精要之類書[3]。

全書広輯衆家、為短篇匯編[4]。

としていることからも判然とするように、彼以前の道教の養生修道の文献からの摘録が中心を占めているからである。

卿希泰主編の『中国道教』（一）の曾慥の項においては、『道枢』をもって、

四十二巻、一百零八篇（一篇分上・中・下篇或上・下篇者、均作一篇計[5]）。

とし、その成立年代を、

曾慥于紹興六年（一一三六）編『類説』六十巻、晩而好道、紹興二十一年又編成『集仙伝』。『修真十書』録其詞『臨江仙』、自称「至游居士」、亦序于該年。由是可推知『道枢』的編纂約在紹興二十一年前后。(6)

としている。一方、任継愈主編『道蔵提要』では、『道枢』四十二巻について、

慥於紹興六年（一一三六年）編成『類説』六十巻。『道枢』乃其隠居銀峯編『類説』時所纂輯。『直斎書録解題』著録此書為二十巻、一百二十二篇。『道蔵』本為四十二巻、一百零八篇、篇巻有出入。

と解説している。(7) 成立時期は、曾慥の晩年に近いころと考えられるが推定の域を出ない。巻数についても、各種の記録があり、宋の王尭臣等編次の『崇文総目』巻四の、

道枢一巻

（朱）錫鬯按、書録解題、曾慥撰。通志略、不著撰人。

とするのは特異な例といえよう。

至游子曾慥が、漢魏より北宋に至る文献一百八篇に注目してその節録を後世に残したことをもってしても、彼が博学多識の人物であったことは否定することはできないであろう。その点に関して、『四庫全書総目提要』巻一百二十二、子部三十三、雑家類七の文を示すこととする。『道枢』については『提要』は取り挙げていない。すなわち、そこには、

〔類説六十巻〕兩江總督採進本　宋曾慥編。慥字端伯。晋江人。官至尚書郎直寶文閣。奉祠家居。撰述甚富。此乃其僑寓銀峯時所作。成於紹興六年。取自漢以來百家小説、採掇事實、編纂成書。其二十五巻以前、爲前集、二十六巻以後、爲後集。其或摘録稍繁、巻帙太鉅者、則又分析子巻、以便檢閲。書初出時、麻沙書坊嘗有刊本。後

其版亡佚。寶慶丙戌、葉時爲建安守為重鋟、置於郡齋。今亦不可復見。世所傳本、則又明人所重刻也。其書體例略仿馬總意林、每一書、各刪削原文、而取其奇麗之語。仍存原目於條首。但總所取者甚簡、此所取者差寛、爲稍不同耳。南宋之初、古籍多存、慥又精於裁鑒。故所甄録、大都遺文僻典、可以裨助多聞。又每書雖経節録、其存於今者、以原本相校、未嘗改竄一詞。如李繁鄴侯家傳下有註云、繁於泌皆稱先公。今改作泌云云。即一字之際、猶詳愼不苟如此。可見宋時風俗近古、非明人逞臆妄改者所可同日語矣。

と記されている。ただし、右の文中に、「毎書雖経節録、其存於今者、以原本相校、未嘗改竄一詞。」とあるのは、厳一萍が「未為允論。(8)」と評するように、事実とは反する誉め過ぎの発言といえよう。

更に『四庫全書総目提要』一百四十一、子部五十一、小説家類二には、

〔堂《ママ》齋漫録一巻〕永樂大典本　宋曾慥撰。慥有類説。已著録。類説自序、以爲小道可觀。而歸之義於資治體助名教供談笑廣見聞。其撰述是書、亦即本是意。上自朝廷典章、下及士大夫事蹟。以至文評詩話詼諧嘲笑之屬、随所見聞、咸登記録。中如給舍之當服赬帶、不歴轉運使之不得爲知制誥、皆可補史志所未備。其徴引叢雜、不無瑣屑、要其可取者多。固遠勝於遊談無根者也。陳振孫書録解題、載此書二巻、世尠流傳。近時曹溶、嘗採入學海類編、而紙存五頁。蓋自他書鈔撮而成。姑以備數、遺漏甚多。今從永樂大典各韻中、捃摭裒輯、視溶所収、多逾什之三四。其或溶本有之、而永樂大典失載者、亦參校補入、略用時代詮次、合爲一巻。雖未必慥之完帙。然大略亦可睹矣。

とある。そこにも、「皆可補史志所未備。其徴引叢雜、不無瑣屑、要其可取者多。固遠勝於遊談無根也。」と記されているのは、曾慥の博学多識を示す表現として注目される。

一方、同書の巻一百四十七、子部五十七、道家類存目に、曾慥には、『集仙伝』十二巻があるが、そこに挙げる

『集仙伝　江蘇巡撫採集本』十五巻は、曾慥のものとは異るもので、好事者が『太平広記』などから鈔出したものである、と断案を下している。曾慥の『集仙伝』については、後章で詳しく述べる。同じく『四庫全書総目提要』の同じところに、

　至游子二巻　浙江巡撫採進本。不著撰人名氏。上巻凡十有三篇、下巻凡十有二篇。大旨主於清心寡欲。而帰於坎離配合、以保長生、且力闢容成御女之術、言頗近正。惟上篇多取佛経、而復附会以儒理。故謂顔子之不改其楽、与荘子竺乾氏、皆殊塗而同帰。朱子語録、謂今世仏経、皆六朝文士剽剟荘老以潤色之。此編又摭釈典以為道書、蓋二氏本出一源、宜相仮借、至援儒以入之、則陋見也。前有嘉靖丙寅姚汝循序、謂原書不著名氏。考宋曾慥号至游子、慥嘗作集仙伝、蓋亦好為道家言者、則似乎当為慥作。然玉芝篇首引朝元子註、曰陳挙宝元人、則明人所撰矣。毛漸伝三墳、世以為即出於漸、張商英伝素書、世以為即出於商英。然則是書也、其亦汝循所託名歟。

と記されている。この文には、曾慥の『道枢』玉芝篇首に「陳挙宝元人」という註記があるから、宋代の曾慥という人物が、元代の人のことを記すことができないから、この書物すなわち『至游子』は、元の次の時代の明の時代の人が撰述したものであろう、と推測しているのである。一見、理路整然としている推測ではあるが、もしそうだとするならば、『道枢』の巻一から巻七までをまとめている『至游子』のみならず、『道枢』そのものも明以後の人の撰としなくてはならないことになる。しかも玉芝篇の朝元子註として提要の文が引いているのは「曰陳挙宝元人、」という表現になっているが、『至游子』や『道枢』巻四の玉芝篇では、

　朝元子陳挙宝元中人曰、体混元之本、法天地之枢、……

となっている。この註の文については、余嘉錫が『四庫提要辨証』巻十九、子部十の『至游子』の考証において、徐時棟『烟嶼楼読書志』の「宝元為宋仁宗年号。下距高宗紹興六年作類説之曾慥、已九十余年。然則慥作至游子、何為

不能引陳挙語耶。」の語に基づきつつ、『至游子』について、次のように結論を下している。

是道枢乃挙神仙家之書。都為一集、如叢書之体、与此書不同。或此書曾附入道枢之末。後乃析出別行。則不可知耳。

因みに宋の陳振孫の『直斎書録解題』巻十二に、

玉芝書巻三

朝元子陳挙撰　上巻論五篇、中為詩八十一首、下為賦九道。

とある。

この結論に不満を感じた厳一萍は、『至游子』上下二巻二十五篇が、『道枢』の巻一から巻七の文と完全に一致することをもって、

全書分篇次第、文字内容、無一不与道枢相合。而道枢所標作者、更明白題為「至游子曾慥」、観此、実無待考証也。可見考拠之憑空懸測、難免臆断耳。

といい、『至游子』を曾慥の撰述したものとしている。しかしながら、何故に『道枢』四十二巻の六分の一に当たる一巻から七巻までを『至游子』として纏めたのかは、判然としていない。丁倍仁は『至游子』を明代の作ではなくて、『道枢』の残本としている。[9]

王雲五主編「叢書集成簡編」の「道家哲学――其他」の一八八には、『至游子』が収録されている。そこでは、

至游子　（明）撰人不詳　二　芸海

とあり、その本文の中では、玉芝篇の問題の朝元子の注については、「朝元子陳挙宝元中人」となっていて、明らかに、「宝元中人」を一字下げて記している。しかし、撰者は明人としている。

因みに、『四庫全書総目提要』は、さきに示した小説家類の二において、曾慥の『高斎漫録』を『堂斎漫録』としたり、「陳挙宝元中人」を誤読するなど、粗雑さが目立つ。

道教の典籍には、成立年代不明・撰者不詳のものが多く、それが道教研究上の障害となっていることは、周知のことである。その中にあって、撰述の年代が確かであり、学識博大の曾慥によって纒められた『道枢』は、文献学上解明しなくてはならない問題がないわけではないにしても、その重要性は否定することができない。

二

『道枢』の内容に検討を加えるに当たり、まず書名について触れておこう。道枢の語は、早く、『荘子』に見えている。すなわち、その齊物論には、

是以聖人不由、而照之于天。亦因是也。是亦彼也。彼亦是也。彼亦一是非。此亦一是非矣。且有彼是乎哉。果且無彼是乎哉。彼是莫得其偶。謂之道枢。枢始得其環中、以應無窮。是亦一無窮。非亦一無窮也。故曰、莫若以明。

とある。郭象は、「枢要也。此居其枢要。會其玄極。以應夫無方也。是非相尋。反覆無窮。故謂之環。」と註す。相対の世界に迷転しない自由自在の境地を、道の枢《とぼそ》（戸の開閉のために、戸の上下のところにある戸の軸を入れる穴）としているのである。『道枢』の書名は、已に先学の指摘されるように、『荘子』に由来するものである。思うに至游子曾慥の『荘子』への傾倒は、『道枢』の各巻に見出すことができる。すなわち、巻之三、碎金篇では、

晁文元公曰、……吾始讀南華之書。因齊物之理、而得一法。目之曰逍遙大同觀。而無一事可爭。後讀西方之書、因無我之理、又得一法。目之曰平等大空觀、而無一物可齊。由是知其深淺矣。

という。「逍遙大同観」は、まさに、道枢の境地を示すものといえよう。更に、『莊子』の坐忘も『道枢』の注目するところとなっている。同じく巻之三、集要篇では、晁文元公の説として、「莊子坐忘、達磨壁観、始學者不能知也。」と記されている。曾慥自身も、巻之二に坐忘篇上中下の三篇を載せて、心の有り方を問題にして、篇上で次のように述べている。

　莊子曰、宇泰定、發乎天光、何謂也。宇者心也。天光者慧也。虚靜至極、則道居而慧生也。慧者本吾之性也。由貪愛濁亂、散迷而不知。吾能澡雪、則復歸于純靜。

これは、『莊子』庚桑楚篇に基づいた議論であることはいうまでもない。至游子曾慥が、『莊子』の思想に注目していたことは、以上の引用からも充分伺い知ることができるであろう。彼はまた、巻十八契真篇で『莊子』大宗師の語「莊子曰、凡人息之於咽喉、聖人息之於踵」を引いて、

　棲眞子曰、……至人息于神踵。踵者首也非臍下。（巻十八、契眞篇）

と、興味ある註記を加えている。因みに、「道蔵」第五七一冊の『胎息精微論』の「内眞妙用訣」には、「則知凡人呼吸與聖人之呼吸殊矣。是故南華経云、凡人息以喉。眞人之息以踵。踵猶根也。」とある。「道蔵」第五六九冊には、『莊周氣訣解』がある。因みに、『道枢』巻三十一の九仙篇には、

　病之微者、自頂至踵、以腎之水洗之可也。病之大者、自足至踵、以心之火焚之可也。（巻三十一）

とある。

　しかし『道枢』の書名は、『莊子』によるものとだけ断定することはできない。次に、『道枢』の書名に関係すると思われる表現を摘記してみよう。

　故一陰升而生遘。二陰升而生遯。三陰升而生否。四陰升而生觀。五陰升而生剥。六陰升而生坤。陰陽消息升降、

斯道之枢也。（巻三、陰符篇）
朝元子陳舉寶元中人曰、體混元之本、法天地之枢。立爲洪鑪大鼎、以錬其眞焉。（巻四、玉芝篇）
乾坤爲之鑪鼎、離坎爲之鉛汞。乃枢軸之用者也。………大藥一斤應于三百八十四爻。……其一兩應于四卦二十有四爻。是爲乾坤坎離枢軸之用。斯盖天眞變易火訣者乎。（巻二十四、九轉金丹篇）
易者吾言乎至道。故乾坤運、而品彙貞、坎離用、而金水并。此道之枢也。牝牡相得、氣交體合。此道之用也。日月運矣。寒暑節矣。滋液潤澤、施化流通。此道之驗也。陰伸陽屈、陽用陰潛、一往一來、推情含性。此道之三反也。（巻三十二、參同契上篇）
吾於是、日用四時、擇乎鉛汞於九一之中、審火之候於體之中。取陽變而爲爐。爐者陽也。神室也。金丹之枢紐也。（巻三十三、參同契中篇）
故曰、一嚥二嚥、雲蒸雨至。三嚥五嚥、内景充實。十嚥九嚥、心之火下降、腎之水上升。水火既濟、則内丹成矣。可以已疾、可以保生、可以延年、可以超升。於是、有進火行水之候者、其枢要也。（巻三十五、衆妙篇）

これらに見られる道とか枢とかの語も、溯れば『莊子』に行きつくのではあろうが、宋の至游子曾慥の『道枢』の書名について考えた場合、それは、彼が彼の仙道の根據に置く、『周易參同契』或はそれと深い関係を有する『古文龍虎経』に由来することが知られる。すなわち、「道藏」第六二一冊の『周易參同契』には、「經營養鄞鄂、凝神以成枢。」（長生陰眞人の註に、「枢者還丹稜之氣也。」とある）、「消息應鍾律、昇降據斗枢。」、「水者道枢、其數名一。」（註に、「五行之中、水數一也。水能變化、爲道枢機。」とある）、「舉措輒有違悖、逆失枢機。」などと見え、「道藏」第六二〇冊の『古文龍虎經註』には、「神室者丹之枢紐。」「五嶽峙潛洞際、會有枢轄。」「水者道枢、其数名、陰陽之始。」などと記されている。

以上によって、曾慥集『道枢』の書名は、『荘子』齊物論篇と『周易参同契』と『古文龍虎経』に基づいて、道の枢要を記した書であることを示している。この際「道蔵」第七六二冊の『道教義枢』の存在が思い起こされる。その書名は、「顯至道之教方、標大義之枢要。」と青溪道士孟安排の序に見えていることに基づくこと、既に先学の指摘されているところである。(10) このほか、「道蔵」の中には、枢の字を経典の名に用いているものがあるが、それはまたそれぞれに、書名の由来を探るべきであろう。因みに、「道蔵」第五〇冊の『九天応元雷声普化天尊玉枢宝経集註』には、枢について、海瓊白真人の次のような註がある。すなわち、「枢者機也。軸也。乃生殺之始由也。」「又有十雷、一曰玉枢雷……。」「枢者天之枢紐也。雷霆者天地之枢機。天枢地機。枢陰機陽。天本陽曰、枢者乃顛倒之理也。雖曰天陽地陰、盖天一生水也。北斗貪狼星號枢星。貪狼配天元。乃七政之首也。如枢密院亦朝綱之枢機也。総國之機密政務、掌殺伐之目也。玉枢之経乃天府之雷文也。」などと記されている。

右のほか、道枢の語については、『修真十書金丹大成集』にも、「問屯蒙。答曰、道枢。曰、坎者水也。」とあり、(11)『霊宝无量度人上品妙経』巻十九には神名として「上方聖境紫虚世界道枢神王長生大聖无量度人」とある。(12) 後者の経典では、また、

神生万神、気生万気、万神帰一。万気合一、一万之変、神為道機、気為道枢、機変枢化、三界乃生。(13)

となっている。『続仙伝』巻中の張果の伝には、「謂義皇上人問以道枢尽会玄極。」とある。(14) 仏教で用いられるのも当然といえよう。(15) 人名としては、『夷堅志』丙、巻三に、宣和頃の人に「費枢字道枢」などと用いられている。また、『釈氏疑年録』巻八には、宋の淳熙三年（一一七六）に卆した臨安霊隠寺の「臨安霊隠道枢」が記録されている。

『道法会元』の「道法枢紐」も、道枢に基づく語であろう。(16) 曾慥は、北宋真宗（九九七－一〇二二在位）と仁宗（一〇二二－一〇六二在位）頃の三教一致論者晁迥を崇拝して、『道枢』の巻三には、晁迥の『道院集要』と『法蔵砕

金録』からの節録を集要篇及び砕金篇として残している。晁迥は、禅に深く入っていた人物であって、儒道のほかに「禅家之宴寂」(『法蔵砕金録』巻八)といっているほどで、『法蔵砕金録』でも、「禅門枢要」(巻二)とか「夫達士者……独扣道枢知所帰也。」(巻八)などと述べている。禅家が荘子の思想を利用することは非常に多く、その禅家の晁迥などの人物を通して、曾慥は、道枢の語に更なる興味を抱いたことも否定できない。

そして、これもまた基本的には『荘子』に行きつくものであろうが、医書の中に『黄帝内経』がある。曾慥は、この書についても関心を寄せていて、『類説』巻三十七にその節録があり、曾慥の医学への興味が深かったことを知る。『道枢』には、「扁鵲辯霊枢之篇、葛洪釈胎息之説」など扁鵲・霊枢の語が、巻三十八の会真篇などにも見出される。『道枢』の命名には医書『霊枢』も関与しているのではないか。この点については後章で述べる。『道蔵闕経目録』に『道枢極玄論』があるが、内容は不明である。[17]

注

(1) 呉楓等編『中華道学通典』、一一五四頁。
(2) 李養生等編『中国道教大辞典』、一一八五頁。
(3) 卿希泰主編『中国道教史』(二)、一六三頁。
(4) 朱越利『道教答問』、二六八頁。
(5) 卿希泰主編『中国道教』(一)、三二三頁。
(6) 同右(二)、一六三頁。
(7) 任継愈主編『道蔵提要』、七五六頁。
(8) 厳一萍『校訂類説』、八頁。

（9）丁培仁「読書札記三則」（『宗教学研究』、総十七、三〇頁）。清の雷鋐の『読書偶記』に『至游子』の項があり、「但不知此即道枢中之一種、或別為一書也。姑記於此、以示知者。」とか「又案、此書内有容成篇、正闢採御之術、則此書或即道枢未可知。其中引清霊真人曰、『吾見行此而死者矣、未見其生者也。』其言有理、附識之。」と記されている。
（10）吉岡義豊『道教と仏教』第一、第二。
（11）道蔵、第五〇、『九天応元』、巻上、第二三。道蔵、第一一三、『修真十書金丹大成集』、巻一〇、第一二。
（12）道蔵、第四、『霊宝无量度人上品妙経』、巻一九、第八。
（13）道蔵、第五、『霊宝无量度人上品妙経』、巻二四、第七。
（14）道蔵、第一三八、『続仙伝』、巻中、第五。
（15）『禅学大辞典』、九三二頁。
（16）道蔵、第八八四、『道法会元』、巻一、第二。
（17）道蔵、第一〇五六、『道蔵闕経目録』巻下、第十四。

第三章　『道枢』の価値と構成

一

宋の陳振孫の『直斎書録解題』巻十二には、

道枢二十巻

曾慥端伯撰。慥自号至游子、采諸家金丹・大薬・修煉・般運之術、為百二十二篇。初無所発明、独黜采御之法、以為残生害道云。

とあり、次に、

集仙伝十二巻

曾慥撰。自岑道願而下一百六十二人。

の文が続いている。『集仙伝』については、第二篇第二章第三節で論ずることとして、『道枢』について、陳振孫の解説を検討することから論を進めることとする。

『道枢』の特色とその価値は、陳振孫の非常に淡々とした表現の中に、実によく示されている、といえよう。すなわち、曾慥は、諸家の「金丹・大薬・修煉・般運之術」をそこに集めている。この点について、任継愈主編『中国道教史』には、「『道枢』中、言内丹者占一半以上、可見内丹学在当時流伝的盛況。」と記述されている。[1]そのことは、曾慥の『類説』が『四庫全書総目提要』巻一百二十三、子部、雑家類七において、

南宋之初、古籍多存、慥又精於裁鑒。故所甄録、大都遺文僻典、可以裨助多聞。又毎書雖経節録、其存於今者、以原本相校、未嘗改竄一詞。

と記されている評価のうち、「未嘗改竄一詞。」の一句が、『類説』に対して妥当でないのと同じように、『道枢』に対しても相応しない表現であることを除けば、そのまま『道枢』の評価として利用することを許している。

次に、『直斎書録解題』の「諸家」の語について分析を加えておこう。それは、同じく陳氏の「百二十二篇」の語と関連している語である。今日伝えられている『道枢』は、一一八篇であり、一家の著作一篇でも、上下とか上中下に分れているものを一々数えると一一八篇となるのであるから、今日のテキストは、曾慥の旧を大凡伝えている、といえるのである。『道枢』は、四庫全書には収められておらず、今日「道蔵」四十二巻本（道蔵、第六四一冊――六四八冊）と「道蔵輯要本不分巻（觜集三――六）がある。両者に文字等多少の異同がある。『道枢』の価値は、その収める「諸家」の数が上述のように多いだけではなくて、その諸家が、漢魏に始まって曾慥生存の北宋にまで及んでいることである。時代が長期であるだけではない。各篇の下に、四言四句の総括の韻語、例せば、巻二の坐忘篇の上中下三篇の上篇にだけではあるが、

坐忘篇上 宝書之笈、三編具存。吾得其要、澄神契真。

のように説明が加えられている。更には、『周易参同契』の撰者魏伯陽には、『道枢』の巻三十四の参同契下篇に、

雲牙子 魏翶字伯陽、漢人。自号雲牙子云。

とあれば、魏伯陽には雲牙子の号があったことが、『道枢』によって、はじめて明らかになった。同様のことは、『道枢』の巻三十一の九仙篇に名前が挙げられている密教僧一行には、六通国師という国師号があったことも判る。その外、『道蔵提要』では、崑台真人（富文忠公）・仇池先生（蘇子瞻）・千歳沙門（千歳宝掌和尚）等を挙げて、「慥之所収不拘門戸、広収博採。」と讃えている。

『道枢』の価値は、陳振孫が「初無所発明」といっているところからも生まれてくる。彼の曾慥は、諸家の丹術を伝えるに当って、出来るだけ原典の味を残そうとした。『道枢』には、諸家の主張の節録に加えて、曾慥自身の見解も加えてある篇があるにはあるが、それが、曾慥によって書き残された諸家の原典の研究の価値を損うものではない。

曾慥が『道枢』を通して今日に残した功績は、また、『道枢』そのものの価値ということになるのであるが、ここでは、『日月玄枢論』について、それを例示する。

宋の晁公武の『郡斎読書志』巻十六（孫猛『郡斎読書志校証』本）には、

日月元枢論一巻先謙案後志道書類二十四

右唐劉知古撰。明皇朝為綿州昌明令。時詔求通丹薬之士。知古謂神仙大薬、無出参同契、因著論、上於朝。

と記されている。しかしながら、劉知古の原書は、今は佚している。当然、劉知古の『日月玄枢論』は、曾慥の『道枢』巻二十六の日月玄枢論を通してしか、その全容を窺うしか方法がなくなっている。『道枢』の価値は、この一事をもってしても判然とするであろう。この節録に基づいて、陳国符は、

是劉知古日月玄枢論非外丹、而主内丹説。劉知古以参同契為内丹書、並推崇之。其所云還丹係内丹。(2)

と結論を下すことができたのである。

このような学術研究上で重要な価値を有する『道枢』は、我が国では、長い間無視されてきた。上述のように、原

典にのみ価値を認め、類書等の節録に価値を認めようとしない原典主義の弊害というべきであろうか。一方、中国においては、道教関係の文献のみならず気功関係の文献の中でも重視されてきたのは、大いに反省させられる。次に、中国での曾慥及び『道枢』の評価の文を示す。まず、卿希泰主編の『中国道教』（二）では、

『道枢』分篇輯録諸家之説……付以評論、聯綴成篇。其篇名多取自原作書名、如「坐忘篇」「陰符篇」…等、或取与書題有関之義、如「五化篇」（譚峭『化書』）・『虚白問篇』（楊谷『授道志』）。或取撰人名号為題、如「鴻濛篇」（鴻濛子張無夢）、「崇真篇」（崇真子晋道成）。或直以義類而名篇、或取義類相似者而匯為一篇、如「百問篇」「容成篇」…等。有些篇中雖取一書之名而実摘数書、如「坐忘」上・中・下篇分録司馬承禎的『坐忘論』和『天隠子』。「参同契」上・中・下篇分録三種不同的『参同契』（据考、「下篇」即別本元陽子注『金碧五相類参同契』）。又多改易書名、変通文句。但大体上仍忠于原意、而且毎置作者名号于篇首。即曾慥自撰之「周天」「火候」…諸篇、亦有所据。毎篇題下又有四言句提要、文内或略示伝授源流。……此書所選多唐宋新作、尤能体現道教哲学和修煉方法的新進展、為研究道教煉養特別是唐宋内丹術的重要典籍。其中部分資料現已不伝或与今本多異、故対輯録佚文、校勘道書和甄別版本也不無裨益[3]。

という。一方、任継愈主編『道蔵提要』も、『道枢』四十二巻（第六四一冊――第六四八冊　太玄部　篤初誠美）について、

全書匯輯歴代道教修錬之説、而曾慥本人之作亦並収入。其特点有三。

其一、所輯著作時限遠長、上起漢魏迄北宋。

其二、所輯以論述服気・内丹為多、兼及存想……戒慾等等、大道小術、莫不備載。

其三、各篇長短亦頗為自由、或綜合一家系統之説、或匯輯数家相近之言、或僅述某一方術之一点。各篇或径用

原有篇名、如「坐忘篇」「陰符篇」等。有別立篇名者、如「水火篇」「坎離篇」等。亦有名同而実異者、如本書所収『参同契』上・中・下三篇与魏伯陽『参同契』実為両書。但無論何篇、皆経慥手剪裁、慥之見地及評議亦夾雑其中、以「至游子曰」標出。篇名下均有慥之題解十六字、為四言韻語、提綱契領、点明旨要。部分篇文作者道号下、慥註明姓名・年代籍貫等、可資考証、尤足珍視。如正一先生…棲真子等。慥博学広知、南宋初古籍多存、故其甄録多有遺文僻典、亦為難得。

　要言之、『道枢』堪称難宋前道教修錬方術之百科全書。

とその価値を論評している。(4)

二

次に、『道枢』の構成を「道蔵」本によって示すこととする。『道枢』は、各巻に、少なくて一篇の、多くて八篇の篇章を収めている。そしてそれぞれの篇章には、題名が付けられていて、更に、その題名の下には、四言四句の曾慥による要旨が割註の形で記されている。その篇章一一八篇に、今、アラビヤ数字を付けて、『道枢』の全体像を示すこととする。なお、詳細正確な記録は、後日刊行の予定である『道枢一字索引』に譲る。

巻一

①玄軸篇 心労神疲、与道背馳。冥心湛然、乃道之幾。　②五化篇 万物芸芸、其変不窮。能以道化、虚明則通。

巻二

③坐忘篇上 宝書之笈、三編具存。吾得其要、澄神契真。　④坐忘篇中　⑤坐忘篇下

巻三

⑥集要篇 古先至人、立言如林。以道博観、則鈞其深。 ⑦砕金篇 漆園之玄、竺乾之空。均乎正心、与儒同功。 ⑧容成篇 孰為陰丹、詆其矯誣。闢其内荒、其路豁如。 ⑨陰符篇 黄帝之経、蔵于神嵩。李筌得之、発世之蒙。

巻四

⑩西升篇 玄言之宗、惟力駄子。懐道而西、以誨尹喜。 ⑪内徳篇 三業七情、既澄其源。五神守蔵、三一永存。 ⑫玄綱篇 道家者流、其源汪洋。捜厥玄微、以提其綱。 ⑬玉芝篇 五太相生、在物之先。明告来者、猶魚之筌。

巻五

⑭周天篇 周天之候、通乎昼夜。八卦居中、不速而化。 ⑮黄帝問篇 帰自空峒、復訪皇人。究其三一、知微知真。 ⑯軒轅問篇 天清地寧、近取諸身。用火守陰、其陽乃純。 ⑰百問篇 修真之方、浩乎無涯。止陽之言、司洞之車。

巻六

⑱虚白問篇 驪山之姥、始釈陰符。載為発明、山沢之儒。 ⑲真誥篇 列仙之霊、吐辞為経。撮其玄機、可以順生。

巻七

⑳黄庭篇 内景之学、蓋有二家。権其至当、其思無邪。 ㉑太極篇 身有横津、太極之根。葆其中黄、形可長存。 ㉒火候篇 内丹之基、資火乃成。周天之度、勿失常経。 ㉓水火篇 火本司天、水本司地。一升一降、用乃既済。

㉔坎離篇 厥陰生坎、厥陽生離。深明其用、久視之基。 ㉕甲庚篇 東西定位、金木既彰。于寅于申、錬之有方。

巻八

㉖崑崙篇 崑崙之巓、是為泥丸。百神所宅、昇挙之門。 ㉗服気篇 資穀以強、資気以霊。強則有衰、霊則長生。 ㉘服霧篇 天地之精、散而為霧。餌其英華、形可以駐。 ㉙内景篇 一身之中、有神司之。心安神寧、形則不衰。

㉚外景篇 五牝金籥、以堅其内。独飡太和、可以不死。

巻九

㉛神景篇 神山牡宮、気留牝府。其気交感、以神為御。 ㉜頤生篇 按蹻之方、出于玄策。可以延年、可以駆疾。 ㉝平都篇 太上玄丹、至微而顕。絳宮紫戸、其則不遠。 ㉞錬精篇 雞鳴而興、咀嚼玉泉。外禦百侮、内安三田。

㉟純陽篇 太一之鼎、以百為模。呼吸百刻、是謂神符。

巻十

㊱華陽篇　日月之枢、天地之機。華陽著書、憲章其師。
㊲観天篇　一気之元、以道為本。水火以交、陰陽以運。
㊳観空篇　動或不撓、滞或不通。当究其極、以観五空。
㊴太清篇　五行四象、修道之要。夫能知之、可以観妙。
㊵金丹篇　以養其気、以錬其形。澄心絶慮、斯返真精。

巻十一

㊶泥金篇　坎離相交、金水玄同。黄芽白虎、九載成功。
㊷金碧篇　道之要妙、莫大元一。能建其闕、生死之宅。

巻十二

㊸還金篇　乾坤之祖、宇宙之霊。中有至精、在乎窈冥。
㊹還元上篇　元気之始、如黍之大。鐘則形聚、離則形壊。
㊺還元下篇
㊻玉壺篇　金丹之要、神水華池。載言其用、水火之資。
㊼大丹篇　神気為薬、天地為爐。観乎刻漏、合易之符。

巻十三

㊽指玄篇　非物非色、孰窺其端。往有所帰、三田之丹。
㊾帰根篇　天隠之書、根于理性。善保丹田、以至復命。
㊿鴻濛篇　至神無方、至道無体。抱朴守静、允契于理。
(51)呼吸篇　脾居于中、呼吸為用。真人之妙、其息以踵。

巻十四

(52)枕中篇　空竅不守、邪乃為裁。精神内存、病安従来。
(53)内想篇　涓子得道、以授蘇林。存三守一、自得于心。

巻十五

(54)心鏡篇　四黄八石、非薬之真。五彩三花、抜類離倫。
(55)胎息篇　綿綿若存、以運元気。壁観九年、乃明茲事。
(56)聖胎篇　俯揺百関、仰順四時。遵于玄途、以入希夷。
(57)元気篇　総総而生、元気是資。呼焉吸焉、内外応之。
(58)血脈篇　一身之微、具乎五行。離則相克、合則相生。
(59)調気篇　元気之海、謂之在息。既汰其濁、清者斯集。

巻十六

(60)霊源篇　太極布妙、人得其一。葆錬元和、持之勿失。
(61)中源篇　房曰青龍、参曰白虎。鎮星統之、万物之母。
(62)中黄篇　五穀養形、亦以害生。餐服元和、安而延齢。

巻十七

(63)運火篇　陰陽之火、其進有時。日月之度、則而象之。
(64)混元篇　順天而行、合気于元。凛然特立、開乾闔坤。

巻十八
(65)契真篇衆言殽乱、必折諸聖。至哉斯人、其独也正。(66)修真篇導通穀海、調適神舍。専心任真、静而観化。(67)悟真篇行于黄道、陰剥陽純。玄珠有象、太一帰真。

巻十九
(68)洞真篇潜存五芽、並用六気。淡乎無思、神守其位。(69)崇真篇丙丁為性、壬癸為命。学而窮理、乃識其正。(70)返真篇虚谷探玄、而測其源。内返真性、復命帰根。(71)修真指玄篇五行倒植、三田返覆。冬子夏午、神気内蓄。

巻二十
(72)真一内丹篇閉息漱液、陰陽以通。一時之用、一歳之功。(73)還丹参同篇一気精華、得火乃滋。還丹之根、其在南離。(74)金丹明鏡篇水火之数、坎離之象。頤其精深、得道過半。

巻二十一
(75)大還金丹篇卯酉之門、功不可施。去黒取赤、入于華池。(76)金書玉鑒篇物備於我、勿求諸外。中宮有鼎、覆以華蓋。(77)修真要訣篇循其四序、以聚五行。間以金木、千日而成。

巻二十二
(78)修錬金丹篇錬乎九鼎、行乎八卦。養息成神、冥于造化。(79)金液還丹内篇非汞非鉛、真一為基。知白守黒。神明自帰。

巻二十三
(80)金丹泥金篇内気不出、外気不入。陽自炎炎、発于離域。(81)金玄八素篇緘其神廬、以調其息。及乎九九、神斯来宅。

巻二十四
(82)金碧龍虎篇四時推移、如環無端。虎伏龍蟠、化為金丹。(83)九転金丹篇人之得一、是為元火。錬于三田、神気為佐。

巻二十五
(84)肘後三成篇道遠如天、疇克以登。示之廉陛、猶階而升。(85)准易繋辞篇乾轄其始、坤括其終。蕞爾之形、易行于中。

巻二十六
(86)日月玄枢篇天地為鼎、陰静陽動。規乎伯陽、以明鉛汞。(87)九真玉書篇以身為鼎、以気為薬。配以陰陽、黙而交作。

巻二十七

(88)金液龍虎篇 善為丹砂、保命全家。育成姹女、儷以黄芽。
(89)太白還丹篇 泥丸之高、元気攸舎。来如洪河、自天而下。

巻二十八

(90)太清養生上篇 古有精方、出于太清。始以去痾、終以通靈。
(91)太清養生下篇

巻二十九

(92)上清金碧篇 五気之元、煉其精華。剛柔得位、游于碧霞。
(93)金虎鉛汞篇 物生穣穣、天地之精。因陽而結、資陰而生。

巻三十

(94)鉛汞五行篇 月取其華、日取其精。四象備立、河車運行。
(95)真一篇 大道之生、吾得厥理。舎真抱元、観物之始。
(96)正一篇 感気于土、因水而凝。一動一静、沖気乃升。
(97)二関篇 上下二関、気所流転。中有玉牝、可制其鍵。
(98)三元篇 欲調六気、勿塞三元。絶慮安神、是亦生門。
(99)三住篇 寓化之質、以気為主。其気不流、形神倶住。
(100)四神篇 金関玉戸、密有玄印。順時而行、優入于聖。
(101)五戒篇 残生之害、莫大乎欲。善保一神、守于天谷。
(102)五行篇 周天之卦、順以行功。五行之妙、其用屯蒙。
(103)七神篇 内経之言、汗漫難窮。五蔵七神、妙在其中。

巻三十一

(104)七返篇 金感于火、火去于金。得其成数、存陽亡陰。
(105)八瓊篇 華光之鼎、卦以六一。九転飛精、八卦所出。
(106)九仙篇 皇人析微、三士頤隠。輿者得轂、裘者振領。

巻三十二

(107)参同契上篇 同章異辞、有浅有深。測乎天地、則知其心。

巻三十三

(108)参同契中篇

巻三十四

(109)参同契下篇

巻三十五
(110)衆妙篇 導養之方、治性保形。行之不怠、進于長生。
巻三十六
(111)大還丹篇 生而不生、長至之門。死而不死、帰道之根。
巻三十七
(112)入薬鏡上篇 三章之妙、帰于存神。倶録其辞、各頤其真。 (113)入薬鏡中篇
巻三十八
(114)会真篇 張皇幽経、揚厲玄言。明示来今、入道之門。
巻三十九
(115)伝道上篇 扶開玄関、道無余蘊。窈窈冥冥、大哉乎問。
巻四十
(116)伝道中篇
巻四十一
(117)伝道下篇
巻四十二
(118)霊宝篇 正陽剖微、純陽互通。集厥大成、衆妙之宗。

以上によって、『道枢』四十二巻の内容と構成の概略が理解できるであろう。そこで次には、更に、その内容を知るために、ここでは、『道枢』四十二巻の各巻に記された「玄軸篇」より「霊宝篇」に〔1〕～〔118〕の篇番号を付

して、各巻各篇に引用された人名・書名或はそれらに類するもの等を抜きだすことによって、『道枢』構成の特色を明らかにしてみようと思う。人名か書名か判然としない場合には、〔文脈によって適宜に判別したが、人名として扱うことを優先した。その順番は、一応、本文に記された順によるものであり、同一の丁数の中に同じものが出る場合も一回記すだけに止めた。丁数が変われば、その直前の丁の中に出た名称でも再び同様の方法で記載してある。〔人名・書名に加えて「経曰……」として書名がない場合は、その引用文の一部と共に、その一部を示しておいた。引用された文から、その経典名が推測されたとしても、今日の吾々が考える経典名と曾慥が念頭に浮かべている経典名が同じであるとは限らないので、敢えて、そのままの形で示したが、「故曰……」として引かれたものは、煩を避けて、今回は掲載しなかった。また、各引用の上に、例せば、（1－1）のような記号が付けられているが、それは、巻一の第一丁目に出るということを示している。上掲の篇章同様に、後日刊行の『道枢一字索引』を参照されたい。

テキストは、「道蔵」太玄部・篤～美（第六四一冊－第六四八冊）である。篇名の下の〔　〕内のコメントは卿希泰主編『中国道教』（二）と任継愈主編『道蔵提要』を参考にして加えたものである。

人名・書名等

巻一　〔1〕玄軸篇

（1－1）　至朴子・方丈先生

（1－2）　康伯子・（子）鍾離子・赤松子・太上・思真子・真君

（1－3）　妙素子・精思子

（1－4）　高陵子

（1－5）　円浄子・太上・范子・皇甫子

（1−6）　玉恵子・消穢子
（1−7）　鍾離子
〔2〕五化篇〔譚峭『化書』と関係あり〕
（1−8）　譚子
（1−9）　太上
巻二
〔3〕坐忘篇上　巻之二〔司馬承禎『坐忘論』・『天隠子』と関係あり〕
（2−2）　荘子
〔4〕坐忘篇中
（2−4）　天隠子
（2−6）　天隠子・正一先生
〔5〕坐忘篇下
（2−6・7）　至游子・正一先生司馬子微・趙堅・荘子・老子
〔6〕集要篇　巻之三
巻三
（3−1）　晁文元・裴休
（3−2）　荘子・達磨
〔7〕砕金篇
（3−2）　南華・儒家・晁文元・竺乾氏
（3−3）　施肩吾・三住銘・儒家・顔氏・道家・荘氏・竺乾・文元公・易

（3－4）　竺乾・文元公

〔8〕容成篇〔内容が相似た文献を集めた篇〕

（3－4）　至游子・崔公・薬鏡之書

（3－5）　至游子・崔公・張道陵・清霊真人・紫微夫人・魏伯陽・荘子

（3－6）　冷寿光・古先至人・西華二十有四篇・鍾離雲房・西江月十有八篇・張平叔・至游子・崔公・呂洞賓・道家・竺乾・司馬微

（3－7）　達磨・至游子・容成子・務成子・天老・太一・尭・舜・成湯・盤庚・黄帝・漢氏・劉向・班固

〔9〕陰符篇〔『陰符経』と関係あり〕

（3－7）　黄帝・李筌・陰符之経・驪山姥

（3－8）　老子

（3－9）　広成子・太白真人・煙蘿子

（3－10）　太上

（3－11）　老君

（3－12）　老子

（3－13）　魏伯陽

巻四

〔10〕西升篇〔『西昇経』と関係する〕

（4－1）　老子・尹子尹喜也

（4－3）　老子・尹子

〔11〕内徳篇

（4－3）　太上

〔12〕玄綱篇〔呉筠『玄綱論』と関係あり〕

（4－4）　道家

（4－5）　崇玄子 唐呉筠開元時人

（4－6）　崇玄子

〔13〕玉芝篇

（4－7）　朝元子 陳挙宝元中人・魏伯陽・参同・馬明生・陰長生・劉安

（4－10）　天老神君

（4－11）　黄帝

（4－14）　朝元子詩六十篇・至游子

（4－21）　梵釈家

巻五

〔14〕周天篇〔曾慥自身の撰〕

（5－1）　至游子

〔15〕黄帝問篇

（5－3）　黄帝・天真皇人

（5－4）　黄帝・皇人

（5－5）　黄帝

〔16〕軒轅問篇

（5―5）　軒轅・子崔子

（5―6）　（子）崔子・軒轅

（5―7）　軒轅

〔17〕百問篇〔内容が相似た文献を集めた篇〕

（5―7）　純陽子呂洞賓也・正陽子鐘離雲房・清静経

（5―8）　純陽子・正陽子（以下（5―21）まで同じ）

〔18〕虚白問篇〔楊谷『授道志』と関係あり〕

巻六

（6―1）　驪山姥・陰符・純粋子楊谷字虚白号純粋子・老子・黄帝・天皇真一経・皇人

（6―2）　純粋子・老子内丹経・中黄真人・老子・内観経

（6―3）　黄帝・易真子

（6―4）　太一志・曹真人・陶真人・真一・陰符・龍虎経

（6―5）　純粋子

〔19〕真誥篇〔陶弘景『真誥』と関係あり〕

（6―5）　杜広平杜契字後漢末人・介先生

（6―6）　太素丹経景・精景按摩経

（6―7）　司命東卿・太虚真人

（6―8）　大悟慧経・張微子・九華真妃

（6―10）　姜伯真・太上・紫微夫人
（6―11）　南極老人・太上真人・太素経・消魔経
（6―12）　正一経・黄牛道士・劉偉道・太華・西岳丈人・王仲甫
（6―13）　南岳真人・（王）仲甫

〔20〕黄庭篇

巻七

（7―2）　太一
（7―3）　九微上仙・扁鵲・葛真人
（7―6）　乖崖子張忠定公詠也・希夷先生

〔21〕太極篇

（7―11）　東陽子・易
（7―12）　春秋伝
（7―13）　経曰、閉絶命門……。

〔22〕火候篇〔曾慥自身の撰〕

（7―13）　至游子

〔23〕水火篇〔曾慥自身の撰〕

（7―13）　至游子
（7―14）　荘子・劉高尚・蘇子瞻
（7―15）　崔子

（7－15）　至游子・海蟾子・馬自然　〔24〕坎離篇〔曾慥自身の撰〕
（7－16）　海蟾子・呂公詩　〔25〕甲庚篇
（7－16）　至游子
（7－18）　太白真人歌・呂公・太上内日月経・霊宝道要
（7－19）　張平叔詩・霊宝道要　〔26〕崑崙篇
巻八
（8－1）　至游子・黄庭経・桓凱・太上・李桓
（8－1）　仙君・玉皇・竺乾・仏・老　〔27〕服気篇〔曾慥自身の撰〕
（8－3）　至游子　〔28〕服霧篇
（8－4）　東華玉妃・張微子　〔29〕内景篇
（8－4）　梁丘子
（8－5）　元陽子・老子
（8－6）　丹経

(8−7)　元陽子・青霊元始老君

(8−9)　老子

〔30〕外景篇

〔31〕神景篇

〔32〕頤生篇〔内容が相似た文献を集めた篇〕

巻九

(9−3)　施真人・黄帝・太上・尹真人・彭真人名亀年・徐真人名甲

(9−4)　劉真人名綱・葛真人・朱真人・元真人名谷・左真人名慈・王真人名利・劉真人名可道

(9−5)　孫真人名守一・呉真人名遜・袁真人名素・崔真人名徳基・劉真人名海蟾・蓋真人名元真・呂真人名嵒

〔33〕平都篇

(9−5)　太上

(9−6)　中岳真君蘇子玄・紫戸(神)・青房(神)・太一真君

(9−7)　明童真君名玄陽字少青・明女真君名微陰字少元・明鏡真君名照清字四明・無英公子・白元君・黄老君・上元真一帝君・玉帝神母・上清真女・太極帝妃

(9−8)　太上龍書・上清中黄太一真君

(9−9)　太一・太一真君・(太上真皇)中黄紫君号規英字化玄・(上清)司命帝君・元真一経

(9−10)　枢明(童子)・曜霊(童子)・北元(童子)・宝精(童子)・丹嬰(童子)・虔清(童子)・紫英(童子)・太上太極真君

(9−11)　東方老人・青真之経・南極老人・景丹之経

（9－12）　西北老人・北極老人・中央黄老君・四極老人
〔34〕　錬精篇〔内容から名づけられた篇〕
（9－13）　孫真人
岐伯
〔35〕　純陽篇
（9－13）　黄帝・広成子・岐伯・黄谷子・純陽子
〔36〕　華陽篇
巻十
（10－1）　華陽子・純陽子
（10－2）　純陽子
（10－4）　道家・達磨
（10－6）　純陽子
〔37〕　観天篇
（10－7）　沖虚子（本太上所論 沖虚子注釈）
〔38〕　観空篇
（10－10）　希夷先生
〔39〕　太清篇
〔40〕　金丹篇〕
（10－11）　茆君

（11－5）　老子
〔41〕泥金篇

巻十一
（11－9）　扶桑紫陽君
〔42〕金碧篇
〔43〕還金篇

巻十二
（12－1）　海蟾子劉昭遠燕人・至游子
〔44〕還元上篇
（12－2）　黄庭経
〔45〕還元下篇
（12－4）　至游子
〔46〕玉壺篇
（12－5）　中条子名章、不載其姓、以其後隠於中条、故以名・太一真人名元亀・岱宗
（12－6）　中条子・太一真人
（12－7）　中条子・太一真人
〔47〕大丹篇〔内容が相似た文献を集めた篇〕
（12－7）　易成子彭中堪天台人也
（12－8）　経曰、道生一、一坐二《ママ》……経曰、鳴鶴在陰……。歌曰二八子兮……。
（12－10）　劉洪・易成子

（12—12） 岐伯

（12—13） 巫咸経

（12—14） 易成子歌

巻十三 〔48〕指玄篇

（13—1） 純陽子・元始・元皇・太上

（13—2） 純陽子・子崔子名布範

（13—3） 純陽子・海蟾子

〔49〕帰根篇

（13—4） 正一先生・天隠子之書

〔50〕鴻濛篇〔北宋の撰者の名に拠る〕

（13—6） 鴻子張無夢、字霊隠、隠天台、真宗時人・還元詩百篇

（13—7） 老子

（13—8） 元君

〔51〕呼吸篇

（13—9） 至游子・扁鵲・樊大君出元道経

（13—11） 樊大君

〔52〕枕中篇

（13—11） 孫真人名思邈

〔53〕内想篇

（13―13）涓子・太一

〔54〕心鏡篇

巻十四

（14―1）玄和子・魏伯陽・参同契

（14―2）魏伯陽・参同契

（14―4）魏伯陽・玄和子

（14―5）魏伯（陽）

（14―6）玄和子

〔55〕胎息篇

（14―8）宝冠・菩提達磨

（14―9）宝冠

巻十五　〔56〕聖胎篇〔内容から名づけられた篇〕

（15―1）紫微太一

〔57〕元気篇

〔58〕血脈篇

〔59〕調気篇

（15―10）嵩岳仙人李奉時

巻十六　〔60〕霊源篇

（16—1）太極・何真人何仙姑也
〔61〕中源篇
（16—3）淮南公
〔62〕中黄篇
（16—6）九仙君
〔63〕運火篇〔内容から名づけられた篇〕
巻十七
（17—1）陰真君・魏伯陽
〔64〕混元篇
（17—2）混元真君
〔65〕契真篇
巻十八
（18—1）含光子范徳昭也・荘子・棲真子・老子・煙蘿子・参同契・元道経・李棲蟾
（18—2）登真隠訣・葛真人・玄綱・黄帝・裴君・五字三峯之論・黄書赤界之訣・陶真人・真誥
（18—3）太山野人・広成人
（18—4）棲真子
（18—5）煙蘿子
（18—6）劉根・趙大信・呉天師・青精先生・彭祖
（18—7）安期生・神姥
〔66〕修真篇

（18－7）　至游子
（18－9）　太上
〔67〕悟真篇〔北宋張伯端の撰〕
（18－9）　張平叔 名伯端天台人
（18－10）（群書）
（18－11）（張）平叔
（18－12）張騫・麻姑
（18－13）太一
〔68〕洞真篇
巻十九
（19－1）　于真人
（19－2）　太上玄一九皇・太一黄霊帝君・五老・天皇・大帝・二十七帝君・九帝君
（19－13）九帝君
〔69〕崇真篇〔撰者の名を篇名とする〕
（19－4）　崇真子 普道成也
〔70〕返真篇〔内容が相似た文献を集めた篇〕
（19－4）　虚谷子 劉列也
（19－6）　還丹虚谷百篇
〔71〕修真指玄篇

（19－9）華陽真人施肩吾・正陽真人鍾離雲房・純陽真人
（19－10）華陽真人
（19－16）正陽真人・純陽真人
（19－17）岐伯・霊枢・扁鵲
（19－18）岐伯・扁鵲・神公・玉皇・高上元君
（19－20）純陽真人
巻二十　〔72〕真一内丹篇
〔73〕還丹参同篇
（20－2）燧人氏・女媧氏
（20－3）天地転関経・詩（経）・素書・陰符（経）・太易志・石洞記・参同契・陰真君・青霞子・易
（20－4）大帝
〔74〕金丹明鏡篇
（20－6）玄一
（20－8）淮南
（20－10）太一
巻二十一　〔75〕大還金丹篇〔外丹を説く〕
〔76〕金書玉鑒篇
〔78〕修真要訣

（20—10）　王子 劉海蟾弟子王庭揚

巻二十二　　〔78〕修錬金丹篇

（22—4）　太一

〔79〕金液還丹篇

（22—6）　李光玄

（22—7）　玄寿先生・（李）光玄

（22—8）　（李）光玄・玄寿先生・賀蘭大士 名球

（22—9）　（李）光玄・陶隠居・玄寿先生・陵陽子

巻二十三　　〔80〕金丹泥金篇

（23—1）　太一

（23—3）　易

（23—5）　天皇元君・天皇

（23—7）　純陽子

（23—15）　玉帝

〔81〕金玄八素篇

巻二十四　　〔82〕金碧龍虎篇〔金碧経の名による篇〕

（24—1）　劉真人・金碧之経

（24—2）　太一神

〔83〕九転金丹篇

（24－2）　亢龍子西蜀青城山方士段昊也

（24－5）　天真九皇・黄帝

（24－7）　尚書・螣蛇又名碧眼胡児太紫魔士玉女真魔

（24－8）　白元之亀又名金精猛獣文霊魔王・姹女地后之神・嬰児天皇之神

（24－10）　魏真人

（24－14）　天真九皇

（24－16）　老子

巻二十五

〔84〕肘後三成篇

（25－1）　純陽子呂洞賓也

（25－2）　純陽子（以下（25－8）まで同じ）

（25－9）　純陽子・天真元皇天君

（25－10）　純陽子

（25－11）　純陽子

〔85〕淮易繋辞篇

（25－11）　（張）抱黄子道士張抱黄祥符中、年已七十余、至岳麓訪隠者周成不遇、見橋人秀水黎白授以此書

巻二十六

〔86〕日月玄枢篇

（26－16）　炎帝・黒帝・青帝・白帝

（26—1）　（魏）伯陽・劉子唐朝皇時人、劉知古為綿州昌明県令・抱朴子・参同契・五相類・玄光先生・徐従事・淳于叔

（26—2）　魏夫人

（26—6）　劉子・荘子・黄庭経・劉子・（参同契）上経・中経

〔87〕九真玉書篇

（26—6）　純陽子

（26—7）　内景（曰）

（26—8）　内景（曰）

（26—10）　内景（曰）

（26—12）　魏夫人

巻二十七　〔88〕金液龍虎篇〔内容が相似た文献を集めた篇〕

（27—1）　任子名象天真子張中孚常為金部郎致仕任子於慶暦七年見之・扁鵲・玉蟾

（27—2）　青帝・白帝・赤帝・黒帝・黄帝

〔89〕太白還丹篇

（27—4）　清虚子太白山人王元正自号唐貞元時人

巻二十八　〔90〕太清養生上篇

（28—1）　赤松子・甯先生

（28—2）　彭祖

（28—3）　王子喬

（28—7）　赤松子・葛仙公
（28—8）　葛仙公・黄庭経
（28—10）　葛仙公
〔91〕太清養生下篇
（28—17）　岐伯
（28—19）　甯先生
〔92〕上清金碧篇〔外丹を説く〕
巻二十九
（29—1）　煙蘿子
（29—3）　白帝
〔93〕金虎鉛汞篇
（29—3）　元君
（29—9）　元君・太玄陰符
（29—10）　元君
（29—17）　元君・隠甲経
〔94〕鉛汞五行篇
巻三十
（30—1）　探玄子黄鶴山曹聖図
〔95〕真一篇
（30—3）　至游子・老聃

〔96〕正一篇

（30—6）　正一真人

〔97〕二関篇

（30—7）　高尚先生

〔98〕三元篇

（30—8）　太白真人

（30—9）　抱朴子

（30—10）　黄庭経・黄帝

〔99〕三住篇

（30—10）　華陽子 施肩吾也

〔100〕四神篇

（30—11）　太平経・尹真人・華陽子

〔101〕五戒篇

（30—12）　孫真人

〔102〕五行篇〔曾慥自身の撰〕

（30—14）　純陽子 呂洞賓

（30—14）　至游子

〔103〕七神篇

（30―17） 岐伯

巻三十一 〔104〕 七返篇

（31―1） 衡岳真人陳少微 〔105〕 八瓊篇

（31―2） 太極真人・葛仙翁・李八百・龐氏・至游子 〔106〕 九仙篇

（31―5） 光弁天師葉法善也・永元真人羅公遠也・六通国師一行也

（31―6） 光弁天師・永元真人

（31―7） 六通国師・永元真人・光弁天師

（31―8） 天皇真人

（31―9） 永元真人・光弁天師・六通国師

（31―10） 永元真人・光弁天師

（31―11） 永元真人・光弁天師・六通国師

（31―12） 六通国師・永元真人・光弁天師

（31―13） 永元真人

巻三十二 〔107〕 参同契上篇〔『参同契』に拠る〕

（32―1） 参同契・伏羲

（32―8） 三皇・孔子・老子

（32―14）三皇・天皇・地皇・人皇
（32―18）天老
（32―25）元陽子・老子・河上姹女
（32―27）葛稚川・鄭思遠
（32―28）魏先生
（32―29）神農氏・金碧篇

巻三十三
〔108〕参同契中篇〔漢代のもの〕
（33―1）草衣子世伝、漢婁敬著参同契。自号草衣子云
（33―2）帝君

巻三十四
〔109〕参同契下篇〔漢代のもの。李元陽の『金碧五相類参同契』〕
（34―1）雲牙子魏翶字伯陽、漢人自号雲牙子云・元陽子伯陽既著参同契、元陽子注釈其義
（34―2）元陽子・雲牙子（以下（34―23）まで、ほぼ同じ）

巻三十五
〔110〕衆妙篇
（35―1）陰真君名長生・純陽子呂洞賓
（35―2）純陽子・孫真人思邈
（35―3）棲真子施肩吾・崑壹真人世伝、文忠公為崑壹真人・楽全先生張文定公自称
（35―5）仇池先生蘇子瞻自号云・孫思邈
（35―6）仇池先生・子産

（35―9） 鴻濛子高象先・玉震君・西華夫人・魏伯陽
（35―10） 丹元子・煙蘿子
（35―11） 徽宗・千歳沙門・七気之訣
（35―12） 至游子
（35―13） 至游子（以下（35―17）まで同じ）
（35―18） 扁鵲
（35―19） 至游子（以下（35―30）まで同じ）

巻三十六 〔111〕大還丹篇

（36―1） 元君・太上
（36―3） 老子
（36―10） 元君

巻三十七 〔112〕入薬鏡上篇

（37―1） 崔公
（37―10） 崔公
（37―11） 広成子

〔113〕入薬鏡中篇

（37―13） 至游子・崔公之書
（37―15） 真君・純陽子呂洞賓・崔公・黄帝・岐伯・広成子・黄谷子

巻三十八　〔114〕会真篇

（38―1）　華陽子施肩吾也・葛仙公・純陽子
（38―2）　太上隠書・華他（佗）・陳義・張紹・劉洞・容成子・黄帝（房中之法）・扁鵲・霊枢
（38―3）　通玄経・霊宝内観経
（38―4）　張夢乾・海蟾子・王猛・長寿大仙・梅福・黄帝・赤松子・中戒経・劉安・王道厚・葛稚川・鄭思遠
（38―6）　正陽子・崔玄真・葛仙公
（38―7）　太白真人・華陽子・陰真君
（38―8）　広成子・黄帝
（38―9）　華陽子
（38―18）　天皇・達磨・扁鵲・霊枢・葛洪
（38―21）　海蟾子・純陽子・逍遥子
（38―22）　純陽子・崔公
（38―23）　広成子・黄帝
（38―25）　聖胎訣・達磨・扁鵲・霊枢・葛洪
（38―27）　彭真人
（38―28）　元真人昉名
（38―29）　広成子
（38―30）　霊宝篇

（38―31） 海蟾子・純陽子・正陽子

巻三十九 〔115〕 伝道上篇

（39―1） 呂子・鍾離子

（39―2） 鍾離子・呂子

（39―3） 鍾離子・呂子

（39―4） 鍾離子・呂子

（39―5） 呂子・鍾離子

（39―6） 呂子・鍾離子

（39―6） 呂子

（39―8） 鍾離子・呂子

（39―10） 呂子・鍾離子

（39―11） 呂子・鍾離子・青帝・赤帝・白帝・黒帝・黄帝

（39―12） 呂子・鍾離子

（39―13） 呂子・鍾離子

（39―14） 呂子・鍾離子

巻四十 〔116〕 伝道中篇

（40―1） 呂子・鍾離子

（40―2） 太上・呂子・鍾離子

（40－3）　呂子・鍾離子
（40－4）　呂子
（40－5）　鍾離子・呂子・高上元君・広成子
（40－6）　呂子・鍾離子（以下（40－16）まで、ほぼ同じ）
（40－18）　呂子・鍾離子

巻四十一　〔117〕伝道下篇

（41－1）　呂子・鍾離子
（41－2）　鍾離子
（41－3）　呂子・鍾離子
（41－4）　呂子・鍾離子
（41－5）　青帝・赤帝・白帝・黄帝・黒帝
（41－7）　呂子
（41－8）　鍾離子・呂子
（41－9）　呂子・鍾離子・九皇真人・九皇真母
（41－10）　呂子・鍾離子
（41－11）　呂子・鍾離子・達磨
（41－12）　呂子・鍾離子
（41－13）　呂子・鍾離子

（41―15） 呂子・鍾離子・霊宝

巻四十二 〔118〕霊宝篇

（42―1） 正陽（子）・純陽（子）・子鍾離子・呂子

（42―4） 達磨

（42―5） 呂子・鍾離子

（42―7） 太一・呂子・鍾離子

（42―9） 呂子・鍾離子

（42―12） 鍾離子

経・訣等

〔3〕坐忘篇上

（2―3） 経曰、少則得、多……。経曰、常無欲則……。経曰、除垢止念……。

〔5〕坐忘篇下

（2―7） 先師曰、坐忘者長生之基也。

〔9〕陰符篇

（3―9） 経曰、三五与一……。

〔13〕玉芝篇

（4―8） 経曰、上水下火……。経曰、返本還元……。

（4―10） 経曰、火虚水空……。

（4―13）経曰、火起於臍下……。経曰、取水於山……。

〔20〕黄庭篇

（7―2）経曰、昼夜不寝……。

〔27〕服気篇

（8―4）経曰、元気流通……。

〔29〕内景篇

（8―4）経曰、琴心三畳……。

（8―4）経曰、七蕤玉篇……。

（8―5）経曰、重畳金関……。経曰、霊台盤固……。経曰、天中之岳……。経曰、宅中有真……。経曰、翳鬱道煙……。経曰、心部之宮……。経曰、外応口舌……。経曰、摂魂還魄……。

（8―6）経曰、腎部之宮……。

（8―7）経曰、二部水王対……。経曰、含漱金醴……。経曰、常念三房……。

（8―9）経曰、五岳之雲気……。経曰、五霊夜燭……。経曰、方寸之中……。経曰、内挟日月……。経曰、気亡液漏……。経曰、五行相催……。

（8―10）経曰、結珠固精……。経曰、坐起吾俱共……。

（8―11）経曰、散髪無欲……。

〔30〕外景篇

（8―11）経曰、上有黄庭……。

（8―12）経曰、後有幽闕……。経曰、外本三陽……。経曰、璇璣懸珠……。

（8―13）経曰、象以四時……。経曰、独食太和……。経曰、道自持我……。経曰、歴六府蔵……。

（8―14）経曰、肝之存気……。経曰、我神魂魄……。経曰、通我精華……。

（8―15）経曰、七孔已通……。経曰、還過華池……。経曰、随鼻上下……。経曰、蔵養霊根……。経曰、閉塞命門……。

（8―16）経曰、通利四脉……。経曰、上禀天気……。経曰、服食玄気……。

〔41〕泥金篇

（11―1）経曰、鉛為君汞為臣……。

〔62〕中黄篇

（16―7）経曰、鹹味辛酸……。

（16―8）経曰、子能守之三虫棄……。

（16―9）経曰、五牙咸悪辛……。経曰、蒸筋曝骨……。経曰、百竅関連……。

（16―10）経曰、何物為冤……。経曰、滞子神功……。経曰、穀実精華……。

（16―11）経曰、自弁元和……。経曰、由子運動……。経曰、胎息真仙……。

（16―12）五蔵真気芝……。

（16―13）経曰、太極真宮……。

（16―14）経曰、更上寥天……。経曰、諸行無心……。

（16―15）経曰、勿泄天章……。

巻十八

〔65〕契真篇

（18―3）経曰、嬌女窈窕……。

（18―4）経曰、偽道養形……。経曰、気来入身……。

（18―6）経曰、渺渺任玄……。

〔74〕金丹明鏡篇

（20―7）経曰、一生二……。訣曰、用鉛不用鉛……。語曰、鉛若是真……。訣曰、五行顛倒……。

（20―8）其訣曰、淮南王号……。

〔79〕金液還丹篇

（22―8）経曰、何言金木水……。

〔80〕金丹泥金篇

（23―3）経曰、太一含光……。

〔81〕金玄八素篇

（23―12）訣曰、定天心澄……。

〔83〕九転金丹篇

（24―8）経曰、男居坎室……。

（24―17）経曰、日出日入……。

〔85〕淮易繫辞篇

（25―15・16）論曰、従凡入聖……。論曰、三惑之生……。論曰、金丹之術……。

〔86〕日月玄枢論

（26－3）上経曰、真人至妙……。中経曰、真人潜深……。

（26－4）訣曰、鉛能制汞……。経曰、傾為流珠……。

（26－5）経曰、黄芽不是鉛……。経曰、水盛坎……。

（26－6）経曰、九還七返……。経曰、其子右転……。

〔88〕金液龍虎篇

（27－1）（得龍虎之）訣曰、金丹七十二……。歌曰、孰為丹砂……。

（27－2）経曰、青帝護魂白帝……。

（27－3）其中曰、冨国安民……。

〔89〕大白還丹篇

（27－8）古語曰、龍随虎去……。

〔90〕太清養生上篇

（28－5）経曰、東向而坐……。経曰、夜臥服気……。

（28－6）経曰、夫人稟天地……。経曰、左右伸其臂……。

〔91〕太清養生下篇

（28－12）経曰、人之身十二……。

（28－21）経曰、嬰児之在……。

（28－24）経曰、胎息者呵……。

〔92〕上清金碧篇
（29―2）経曰、太陽溜珠……。
（29―3）訣曰、吾目如日……。
〔93〕金虎鉛汞篇
（29―11）経曰、起計行符……。経曰、但取春之……。
（29―12）経曰、前句有五……。
（29―15）経曰、陽奇陰偶……。
（29―16）経曰、取三転鉛……。
（29―17）経曰、従第一候……。
（29―18）経曰、爻動二日……。
（29―19）訣曰、取小甕向……。
〔94〕鉛汞五行篇
（30―1）歌曰、得在得一……。
（30―2）丹経曰、地産黄男……。
〔95〕真一篇
（30―5）（諸金玉還丹之）訣曰、産刀圭大薬……。
〔100〕四神篇
（30―12）経曰、天地之根……。

（30―13）経曰、開其兌閉……。

〔107〕参同契上篇

（32―1）経曰、得乎一万事……。
（32―3）経曰、震者木之……。経曰、三五一者……。
（32―5）語曰、狐兎不乳……。
（32―9）経曰、徳主生気……。
（32―11）経曰、三十幅共……。
（32―13）経曰、鋳之斯為……。
（32―15）経曰、先天地而……。
（32―21）経曰、金従月生……。
（32―29）（潜通）訣曰、玄白生金……。経曰、植禾当以……。

〔109〕参同契下篇

（34―7）経曰、坎男離女……。
（34―12）経曰、惟用身中……。
（34―14）経曰、五行者留神……。

注

（1）任継愈主編『中国道教史』、五一七頁。

（2）陳国符『道蔵源流考』（下）、四三九頁。
（3）卿希泰主編『中国道教』（二）、一六三頁。
（4）任継愈主編『道蔵提要』、七五六頁。

第四章 坐忘篇について

一

今、「道蔵」第六四一冊～第六四八冊の『道枢』を見るに、前述の通り、巻数は四十二巻であり、篇数は一一八篇である。しかし『道枢』を調べてみると、その注記において、統一を欠く記述が、まま、見出される。例せば、巻一の「坐忘篇中」では、「正一先生」とのみ記されているものが、次の篇「坐忘篇下」の冒頭では「正一先生司馬子微」となっている。かくして正一先生は、正一の法を伝えた唐の司馬子微貞一先生と判る。また、巻五の「百問篇」には、「純陽子呂洞賓也」と記して、以後の各篇に頻出する純陽子には注記はない。しかるに、巻二十五の「肘後三成篇」に至ると再び「純陽子呂洞賓也」と、巻三十五の「衆妙篇」では「純陽子呂洞賓」と、巻三十七の「入薬鏡中篇」でも同様に「純陽子呂洞賓」と、それぞれ注が施されている。或は、巻三の「容成篇」には、「張平叔」とあり、巻の七の「甲庚篇」には張平叔の詩が引かれているが、彼に関する注はない。しかし、巻十八の「悟真篇」に至ると、「張平叔名伯端天台人」と記録されている。また、巻三の「容成篇」では「崔公薬鏡之書」「崔公」とあり、巻七の「水火篇」も「崔子」とのみあるが、巻三十九の「指玄篇」では「子崔子名希範」となっている。巻九の「願生篇」では「崔真人名徳基」となっている。

崔子の場合は、別人として今しばらく置くにしても、これらのことどもを通して考えるに、至游子曾慥集とする『道枢』は、曾慥自身が、撰述時期の異るものを後に纏めたものなのか、或は別人がそうしたものなのか。判然とはしないが、体載上の不統一は注意されてよいであろう。

余嘉錫が、上掲の『四庫提要辨証』において、「是道枢乃挙神仙家之書。都為一集。如叢書之体。」と述べているその『道枢』の各篇は、どのような資料を基礎として構成されているのであろうか。『類説』については、『四庫全書総目提要』が「毎一書、各刪削原文、而取其奇麗之語。」と評しているが、『道枢』の場合は、どのようになっているのであろうか。次にこれらのことがらについて検討を加えてみよう。

まず、『道枢』巻二に収録されている「坐忘篇上」「坐忘篇中」「坐忘篇下」をもって、考察の対象とする。古来、『坐忘論』には、「道蔵」第七〇四冊に『坐忘論』があり、「雲笈七籤」巻九十四にも「仙籍語論要記」の冒頭に『坐忘論并序凡七篇』が収められている。また、「全唐文」巻九二四にも、『坐忘論』がある。[1] 今『道枢』をA本とし、「道蔵」第七〇四冊のそれをB本とし、「雲笈七籤」のそれをC本とする。「全唐文」のそれは、『坐忘論』の下に「并序凡七篇」の五字を欠くが、「道蔵精華」第七集之三及びC本と同じである。

A本・B本・C本を対比した場合、A本は、B本と特に関係が深いことが判る。すなわちB本は、巻末に「坐忘枢翼」の章を有しているのに対して、C本にはそれがなくて、その章に関しては、A本には、B本と類似の表現が見出されるからである。因みに、「全唐文」の『坐忘論』も「坐忘枢翼」を欠いている。また、B本（第十六）において「其三戒者、一曰簡縁、二曰無欲、三曰静心」としている部分に匹敵するものとして、A本の「坐忘篇上」に、

欲行此者、当受三戒。一曰簡縁、二曰無欲、三曰静心。

とある。同様のことは、B本の「坐忘枢翼」の中にある、五時七候の説についても、B本（第十七）では、

心有五時、身有七候。

と、そのことに触れているのであり、これらのことは当然、「坐忘枢翼」の項を除く七篇のみを記録しているC本にはないのである。「坐忘枢翼」なる文は、B本の序、その序は「旹丁未重陽、鋟木以広其書、真静居士謹序」とある「坐忘論序」であるが、

僕因閲蔵書、得唐貞一先生坐忘論七篇付以枢翼。

とあるのに対応するものである。B本には更にその次に『坐忘論』の本文が続くのであるが、その書き出しの部分は、

坐忘論

司馬承禎子微撰

夫人之所貴者生、生之所貴者道。人之有道、若魚之有水。涸轍之魚、猶希斗水。弱喪之俗、無情造道、悪生死之苦、楽生死之業、重道徳之名、軽道徳之行。審惟倒置、何甚如之。窮而思通、迷而思復。寸陰如璧、愧歎交深。是以恭尋経旨、而与心法相応者、略成七条、以為修道階次、枢翼付焉。（第一）

となっている。当面の「坐忘枢翼」は、その末尾の「枢翼」と関連する。以下B本は、「敬信一・断縁二・収心三・簡事四・真観五・泰定六・得道七・坐忘枢翼」と続くのである。因みにここでC本の序について触れておくことにする。C本は、その冒頭に、

仙籍語論要記

坐忘論并序凡七篇

とあり、司馬承禎子微の名はない。そしてC本は、B本にみえる「軽道徳之行」のあとに、別の文を入れる。そしてB本の序の「審惟倒置、何甚如之」のあとに「故妙真経云……」或は「西昇経云……」として別の文を入れて、

勉尋経旨、事簡理直、其事易行。与心病相応者、約著安心坐忘之法、略成七条、修道階次、兼其枢翼、以編叙之。

とする。このような異同は、各処にあるが、両者の引用教典や引用文は、大差がない。

次にA本とB本との詳しい対照を示して『道枢』構成の解明の一助としたい。

二

A本（『道枢』巻二） 「坐忘篇上」（四言四句の韻語は省略）	B本（「道蔵」第七〇四冊） 「坐忘論」のほぼ一致する部分
心者一身之主、神之師也。静而生慧矣。動則生昏矣。	
学道之初在于収心、離境入于虚無、則合于道焉。	収心三　2左10～（第2丁左側10行目の略、以下同じ）
若夫執心住空、亦非所謂無所也。住于有所、則心労而気	なし
廃、疾以之生矣。夫聞毀誉善悪、以其心受。受則心満、満則道無所居矣。有聞如不聞焉。有見如不見焉。毀誉善悪、不入于心。其名曰虚心。虚則安心、安則道自来矣。	3左6～
心者譬夫目焉。繊毫入目、則未有能安者也。	なし
牛馬家畜也、縦之不収、則悍突難馭。鷹鷂野鳥也、	5左4～
一為繋絆、則	なし

自然調熟。

吾之心亦猶是歟。然、
法之妙用、在乎能行、不在能言。

夫能在物不染、処事不乱。斯大道之妙乎。

世或以道為難進、是不知
貝錦始於素糸、沖天之鶴、資于鷇食蔽日之幹、起于毫末者也。事非常則傷於智力、務過分則弊於形神。

今以隋侯之珠弾　千仞之雀、人猶笑之。況棄道徳、忽性命而従不要、以自伐者乎。

夫撓乱吾身者則寇盗也。吾能禦之、正心則勇士也。因智観察、則利兵也。

外累悉除、則戦勝也。湛然常楽、則栄禄也。

吾不為此観、是猶遇敵、棄甲而逃、反受其咎矣。

是以定者致道之初　基習静之成功、持安之畢事也。

荘子曰、宇泰定、発乎天光、何謂也。

宇者心也。天光者慧也。虚静至極、則道居而慧生也。

慧者本吾之性也。


5左5～

6左1～（B本はここに老子六十二章の「経云雖有拱璧以先駟馬不如坐進此道」を引く）

6左1・6左6～

7左1～。8右1～にもある。

簡事四
真観五
10左8～

10左10～

11右2～

泰定六　12右5～

12右7～

由貪愛濁乱、散迷而不知、吾能澡雪、則復帰于純静矣。神性虚融、体天応変、形与道同、則無生死。隠則形同於神、顕則神同於気、所以蹈水火而無害、対日月而無影、存亡在己、出入無間矣。

然虚無之道、有浅深焉。深則兼被于形、浅則惟及其心。被形者神也。及心者慧覚也。慧覚者、身不免於謝焉、何也。慧者心照也。多用則其体労矣。

初得其慧、則悦而多弁、斯神気漏、

而為尸解者也。故大人者、含光蔵輝、凝神帰実、神与道合、身心与道同。

於是

六根洞達

焉身也。

無時而不存心也。

無法而不通。

故曰、山之有玉、則草木不凋矣。人之懐道、則形体永固矣。

12左1～B本は「静」を「本」に作る。

得道七　14左1～B本は「出入無間矣」の後、「生神経（C本では『霊宝経』とす）云身神並一、則為真身。又西昇経云、形神合同能長久。」の文あり。

B本は「照」を「用」に作り、「其体」を「心」に作り「其慧」を「少慧」に作る。

14左7～B本は「気漏」の後に、「難備経云、尸解此之謂也。」とある。

15右1～B本には「身心与道同」の後に、「経云、同於道者、道亦得之。」の文あり。

15左4～

15左2～

15右5～

於是其妙也。

有坐忘之枢焉
修道成真者、必先去乎邪僻之行、外事不干于心、端坐内観、念起則滅之。雖然、
惟滅動心、不滅照心、惟凝虚心、不凝有心。

欲行此者、当受
三戒、一曰簡縁、二曰無欲、三曰静心。

簡縁者、択要去煩也。経曰、少則得、多則惑矣。無欲者、断貪求也。経曰、常無欲則能観其妙矣。

静心者、止息游浪也。経曰、除垢止念、静心守一、其斯之謂歟。故虚心無欲、非求于道、而道自帰之。

其要在乎渉事処喧。

皆作意以安之。有事無事、常若無心、処静処喧、其志惟一、東心太急、則為病為狂。

心若不動、復須任之、使寛急得其所。常自調適、制而勿著、放而不動、是為真定者也。

15右5～B本C本共に「凋」を「彫」に作る。A本によって正しい文字を知ることができる。
なし
なし 坐忘枢翼
15左9～
16右3～B本は「惟凝……有心」を「但冥虚心、不冥有心」と作る。
16右9～
なし
16左1～B本は「虚心」の上に「経云人能」の語あり。
16左8～
16左10～B本は「不動」を「不逸」に作る。

既如是、亦不可恃其定也。
而求多事、求就喧、当使如水鏡之鑒随物現形、
而後可也。
定中求慧、則傷於定、定則無慧矣。定非求慧、而慧自生者也。
得道者於是、心有五時、身有七候。
是為浅深之叙焉。
五時何也。
其動多、其静少者一也。動静各半焉者二也。
其静多、其動少者三也
無事則静、触則動者四也。与道冥合、触亦不動者五也。
七候何也。
挙動順時、容色和者一也。宿疾尽除、身心軽爽者二也。
塡補夭傷、還年復命者三也。延数万歳、名為仙人者四也。
錬形為気、名為真人者五也。錬気成神、名為神人者六也。
錬神合道、名為至人者七也。

17右1～
17左3～
B本では「心有五時者」とある。
B本は、三を二と誤っている。
B本では「身有七候者」とある。
17左8～

　右の対照において、特に顕著なものは、経典の引用の違いである。A本の「坐忘篇上」において検出できる経典名は『荘子』一書である。つまり、

　荘子曰、宇泰定発乎天光。（何謂也。）

と記されている部分である。これは『荘子』雑篇の「庚桑楚篇」の文であり、同様の文は、「坐忘篇下」にも引かれている。そして、B本、C本ともに「経云」として、明らかに『老子道徳経』の文と今日思われるものを引いているのにも拘らず、A本の「坐忘篇上」は、『老子道徳経』の他の文を引用するか、或は、全く経の文を引かずに省略してしまっている。しかも、B本・C本が頻りに引用する『西昇経』には、特に、一言も触れようとしない。因みに『西昇経』については、『道枢』の巻四に「西升篇」がある。これが、「坐忘篇上」にみられる構成上の特色である。その他の特色としては、第十七丁に示されている「五時何也」「七候何也」のように、本来のいわゆる『坐忘論』にみられる表現を設問の形式で取り挙げて、それを、解説する方法を取ることである。そのことは「坐忘篇上」の『荘子』「庚桑楚篇」の上掲の引用の仕方からも判然とする。その他、第十五丁には、

山之有玉、則草木不凋矣

とあり、B本・C本ともに

山有玉、草木因之不彫。

と記すその誤りを、上述のように、A本によって正すことができる。しかも、A本は、B本・C本における第三章の「収心」からはじまり、約六篇で構成されていることが判るのである。

三

『道枢』の巻二は、既に述べた通り、「坐忘篇上」と「坐忘篇中」と「坐忘篇下」の三篇から成立している。その「坐忘篇下」をみると、次の様な記述がある。

至游子曰、吾得坐忘之論三焉莫善乎。正一先生司馬子微。曰、吾近見道士趙堅造坐忘論七篇、其事広、其文繁、其意簡、其詞弁。読之者思其章句、記其次序、可謂坐馳。非吾所謂坐忘也。吾聞之先師曰、坐忘者、長生之基也。故招真以錬形。形清則合於気、含道以錬気。気清則合於神。体与道冥、斯謂之得道矣。夫真者道之元也。故澄神以契真。荘子曰、宇泰定、発乎天光。宇者心也。天光者慧照也。……

と。同様の趣旨は、「坐忘篇上」に、

坐忘篇上宝書之笈、三編具存。吾得共要、澄神契真。

と記されている。

ここにいう三編とは、「坐忘篇上」「坐忘篇中」「坐忘篇下」を指すものと思われる。「坐忘篇上」が司馬承禎子微正一先生の『坐忘論』であり、それは、B本の「収心三」以下、「簡事四」「真観五」「泰定六」「得道七」「「坐忘枢翼」の内容に匹敵するものであり、B本の「敬信一」「断縁二」には触れるところがないのを特色としている。つまり、現行のB本とC本とを対比した場合に、B本と思われるものを土台にしながら、曾慥は、それを普遍し解説し、自説を加えつつ、「坐忘篇上」を完成したと思われる。

では、曾慥が「三編具存」と述べている、あとの二編はどれか、というと、いうまでもなく「坐忘篇中」と「坐忘篇下」において扱われた、いわゆる「坐忘之論」なのである。「坐忘篇中」は、まず「天隠子曰」の語で始まることをもってしても、この篇は、天隠子の坐忘の論を中心として解説している、とみてよいであろう。「天隠子」という表現は、「坐忘篇中」においては、更に三ヵ処ほど記されている。今「道蔵」第六七二冊に収める『天隠子』を播くと、『道枢』巻二の「坐忘篇中」に示されていると同様の語句を幾つか発見できる。「坐忘篇中」の冒頭は、

天隠子曰、人之生也、稟乎霊気、精明悟通、学無凝滞、則謂之神焉。宅神于内、遠照于外、則謂之仙焉。霊気者……

となっている。これは、「道蔵」の『天隠子』の冒頭の「神仙」の章とほぼ同文であるが、「霊気者」以下は、例によって曾慥が、解説を加える文となっており、現行『天隠子』とは異なるものである。現行の「道蔵」に収められている『天隠子』は、その冒頭に、

二書同巻
天隠子
素履子

とあり、更に、

天隠子序
神仙之道、以長生為本。長生之要……

と序の文が続いている。因みにこの序をば『全唐文』巻九二四の「天隠子序」と比較してみると、若干の文字の異同がある。また「道蔵」本の序の終わりには、「謹序」の二字が付いている。他に、「承禎」の文字は字の大きさを一段小さく落としてる。このことは、後に続く本文に加えられた小さい字の注文と関係させてみる時、注意すべきであろう。さて『道蔵』本『天隠子』は、序が終わると丁を改めて、

天隠子
上清十三代宗師有天師貞一先生司馬承禎述
神仙
人之生時、禀得虚気、精明通悟……

と記されている。この神仙の項に続いて、

易簡・漸門・斎戒・安処・存想・坐忘・神解の全部で八項目のことがらについての記述がある。『天隠子』を何人の撰述とするかは問題のあるところである。しかし『道枢』の巻二「坐忘篇中」の末尾においては、

正一先生読其書悟曰、吾則異於是。吾之簡易者、無為而無不為也。吾之漸者、守性正命、日増一日、漸之道也。斎戒之類、兼修之可也。

と結んでいる。巻十三「帰根篇」では、

正一先生既得天隠子之書、読之三年而悟。修之三年而身心閑矣。

という。『天隠子』は、司馬子微の名を託した書であるとか、別人のものであるとか、いわれており、考証は、余嘉錫の『四庫提要辨証』、巻十九、子部十、「天隠子　一巻」の項にみえる。しかし余氏は、『道枢』の「坐忘篇中」の右の正一先生の批評には言及していない。「坐忘篇中」による限り、『天隠子』の坐忘の論は、正一先生司馬子微ものではない。曾慥はそう信じていた。なお、『道枢』の「坐忘篇中」においては、『天隠子』にいうところの「易簡」の語は、すべて「簡易」となっている。しかも余氏の辨証には、陸游が『天隠子』の最後の「易簡」「漸門」の二説は、天隠子のもとからの語ではない、と説いていることを紹介している。これらのことどもをもってしても、『天隠子』は、更に検討が加えられるべき書であるが、ここでは、詳細は後日に譲ることとして、一応、司馬子微の撰ではない、としておく。しかし司馬子微は、『天隠子』の坐忘の論にはそれなりの評価は与えていたように思われる。現行本『天隠子』の処々に見られる注文は、思うに正一先生司馬子微のものではなかろうか。さればこそ、司馬子微を正一先生と尊敬している曾慥が、その注文を自らの「坐忘篇中」の中に本文として取り入れているのであろう。すな

わち、『天隠子』「神仙」の項の末尾に、

……則成功矣喜怒哀楽愛欲七者情之邪也。風寒暑湿飢飽労逸八者気之邪也。去此邪成仙功也。

とあるが、曾慥は、「坐忘篇中」において、その冒頭に「天隠子曰、人之生也……（霊気者）」と上に引用した文を記して、更に続けて、

霊気者、不可為世俗所淪折、而後可也。曰喜、曰怒、曰哀、曰楽、曰愛、曰欲、曰悪。七者情之邪也。曰風、曰寒、曰暑、曰湿、曰飢、曰飽、曰労、曰逸。八者気之邪也。去邪則近于仙矣。

と述べているのである。このように正一先生司馬子微の尊重したものであるが故に、曾慥もそれなりの評価を与えているのである。しかし曾慥が「坐忘篇中」において天隠子なる人物の説をそれなりに高く評価するのには、また別の意味があるように考えられる。

それは、『天隠子』の説く「坐忘」には「存想」の思想が組み込まれているからである。現行本『天隠子』は、上述のように、「神仙」の項から始まって、その第六項目に「存想」をおき、第七項目に「坐忘」が置かれて、第八項目の「神解」で終わるのである。この八項と、B本の「坐忘枢翼」を加えた八項とは、関係があるかもしれない。しかし今はそれは別にして、『天隠子』においては「存想」と「坐忘」が密接な関係にあることを知る。曾慥は、「存想」について、『道枢』の各篇で繰り返し取り挙げて、説明を加えている。例せば、巻十八の「修真篇」では、

神仙之要、莫大乎存想。存者存我之神也。想者瞑目見其形、収心見其心。目不離于身、身不離于神。此存想之漸也。

としている。「収心」といい「漸」といい、すべて坐忘の論に係わる語であることは、いうまでもない。曾慥はまた、巻十三「帰根篇」において、

正一先生既得天隠子之書、読之三年而悟。修之三年而身心閑矣。復踰三年。天隠子告以存想之要、而後知帰根之妙焉。正一先生曰、人之根本、由乎丹田而生者也。能復之、則長寿矣。故曰帰根復命焉。観夫霊識者、本乎理性。性通則妙、万物而無窮。故曰、成性衆妙焉。吾能知、夫呼吸由気而活。故有吐納之訣。津液由水蔵而生、故有嗽漱之方。思慮由心識而動故、有存想之要。

と記している。

曾慥が尊敬する正一先生もまた、存想について関心を抱き、それを『天隠子』から学んでいるのである。坐忘の論は、『天隠子』の主張と、司馬子微正一先生との間には隔たりがあったにしても、存想については、正一先生も天隠子なる人物の教養から学ばねばならなかったのである。

かくして『道枢』「坐忘篇」上中下は、そのままに曾慥の評価の上中下として示してはいるが、「坐忘篇中」の評価については、特に注意する必要があろう。

最後に「坐忘篇下」であるが、それは、本章の第三項のはじめに引いたように近時の道士趙堅の「坐忘論七篇」であり、その坐忘の論は「坐馳」であると非難されているのである。趙堅なる道士の思想或は「坐忘篇下」のそれなど、不明の点が少なくない。なお、『類説』巻三の『続仙伝』には、「白雲記」と題する承禎の伝記がある。

注

（1）司馬承禎と『坐忘論』については、宋の張方平「読坐忘論」（『楽全集』巻二）、卿希泰主編『中国道教』（二）一四一頁、藤吉慈海「坐禅と坐忘について」（『久松真一等編『禅の本質と人間の真理』）、神塚淑子「司馬承禎『坐忘論』について――唐代道教における修養論――」（『東洋文化』、六二）、今枝二郎「司馬承禎について」（秋月観暎編『道教と宗教文化』）等がある。

第五章　黄帝問篇について

一

『道枢』の中には、黄帝について触れている篇が幾つかあるが、ここでは、巻五に収載する黄帝問篇の記述を中心として論を進めることとする。その篇は、次のような内容である。叙述の便宜上その全文を次に引用する。

黄帝問篇（帰自崆峒、復訪皇人。究其三一、知微知真。）

天真皇人隠于峩眉之山。黄帝既平蚩尤、将求無為之道、周遊天下、而至于青城之野、始見甯真人焉。於是、得九一之旨、因聞皇人明于大道、復従而問焉。皇人曰、子欲修其身、先浄其意、而後可也。故内安其神、外去其慾、衆患或起、以気治之。黄帝曰、修道者亦有患乎。皇人曰、聞道晩者、則先已泄其真気而虚敗、悪得無患乎。黄帝曰、敢問、以何気治之而可。皇人曰、其小用水、其大用火。一切有患、無有能拒水火者也。夫深居而瞑目、於鼻之上、而望寸縷、亦不得想離其本躯、及起之則為定矣。諸境勿外逐焉。次観白毫光明出于眉之上。極力移之、入于頂門、三昧定実、則功斯勝矣。中心無為、外想不入。従九至九、錬七至七。夫欲隠処于世、常想開頂門使黄雲満于天地。瞑心細想、其内有神、用意行之、去来自如。欲離其躯、黄雲重蓋、或帰于其体、或分其形、或入于衆人之身、或奪人而安己。或使其人、離其体、方便相救、広施徳焉、則可也。利己損人、斯有罪也。然分形之法、須俟生陽数之一焉。冥心静室、明錬五行於頂之上、蔵太陽四十有五、其数足焉。眉之下五輪既全、而於定之中起焉。於是、火中有木神、水中有金気、水火五蔵、交相往来、而不離于土。然後想其真精、二腎合于一気、心血下凝、而為嬰児。其象土之上、有黄芽焉。是乃吾之命也。日出之初、照水者百過、又日践其影。於是、二腎日月之光、各出赤白之気、夜則七七、出于頂門、十月而与身等霊、斯為地仙矣。錬腎之気、出入于耳、百日而注以江海。内錬其精華、以為劔錬、五臓之精、満乎九九之数。使金鼎収其気、身騰而升天、於定之中、復投於胎。再修再結、十有二年、而変四身、其応無尽。黄帝曰、善。

「道蔵」所収の『道枢』巻五の構成は次のようになっている。すなわち巻頭に、右の黄帝問篇と同様に双行の註を有する周天篇があり、

周天篇 周天之候、通乎昼夜。八卦居中、不速而化。

となっている。次に上掲の黄帝問篇が続いて、以下、

軒轅問篇 天清地寧、近取諸身。用火守陰、其陽乃純。

百問篇 修真之方、浩乎無涯。止陽之言、司洞之車。

の二篇があって、巻の五は終了する。そして続く巻六には、虚白問篇と真誥篇の二篇だけが収められている。

ところで、本章のはじめに引用した『道枢』巻五の周天篇とそれ以下四篇と次の巻六の虚白問篇の一篇までは、「道蔵」には入っているのではあるが、「道蔵輯要」には欠けているのである。「道蔵」所収の『道枢』は、既に触れたように巻一より巻四十二に亘って巻ごとに一篇乃至数篇が収められている。一方「道蔵輯要」は、巻数を分けない

のであり、結局、上記の五篇が欠落しているのである。因みに、以上の外、「道蔵」と「道蔵輯要」に載せる『道枢』の相違しているところについて触れると、次のようになる。ここでは、はじめに『道枢』の道蔵本の巻数を示し、篇の出入と篇名の下の双行の注文についてだけ輯要本との違いを指摘する。すなわち、巻七の黄庭篇の注には「摧其至当。」とあるが「摧」は輯要本では「権」に作る。巻七は、次に太極篇火候篇が続くが、この二篇が輯要本では、最後の甲庚篇の前に入っている。巻八の服気篇は「衆気篇」となっている。巻十の太清篇の注の「可以観妙。」は「於以観妙。」となっている。巻十一の金碧篇の注の「能建其闕。」は、「能鍵其関。」となっている。巻十三の鴻濛篇の注の「允契于理。」は「于」が「於」になっており、以下「于」字については巻二十九までは、総べて「於」に代えているが、巻三十以下巻三十四までは、両本ともに「于」である。しかし巻三十五以下になると輯要本は再び、「于」を「於」に作っている。

前に戻って、巻十九修真指玄篇の注の「五行倒植。」は「五行顛倒。」に、「冬子夏午。」「冬至夏午。」とする。巻二十九の「上清金碧篇」の注の「煉其精華。」は「煉其金華。」とする。篇と注に関する両本の相違は、ほぼ上記のようになっている。

二

黄帝の説く思想は厳密には、戦国・秦・漢の思想学術の反映とされるであろう。[1] しかし一般に黄帝は、『荘子』盗跖篇に「世之所高、莫若黄帝。」とあるように、中国民族の共通の始祖として、或は、中国文明の開基として讃えられる中国古代の聖王である。中国の正統な歴史書すなわち正史の第一に挙げられている漢の司馬遷の『史記』は、古来、百家の黄帝を語る文章が雅馴ではなかった、との判断に立ち、その言の雅なるものを択んで、黄帝を第一に記した中国古代の帝王の伝記――五帝本紀を冒頭に置くのである。この際、司馬遷が黄帝以前のいわゆる三皇という古帝王の伝承をも切り捨てたように、五帝本紀の黄帝についても、知識人が納得するような記録を伝えるように意識して、その文を綴っている。従って黄帝に関する神話的伝承は、封禅書などに移して記録し、後世に残しているのである。今『史記』五帝本紀の記録を示すと、次のような内容になっている。

黄帝は少典の子で姓は公孫、名は軒轅。神農氏を補佐して、蚩尤を討伐し、木・火・土・金・水の五行の気を治め、乱をなすものを平げて神農に代って帝となった。山を披いて道をつけて、寧居することがなかった。東は海に至って丸山に登り、西の方は空桐に行って雞頭山に登り、南は揚子江に至って、熊山と湘山に至り、北方は涿鹿山の下に都を造るなどした。その文化的な功績について、銭穆は、天文歴法の発明や衣食住と交通手段の開発・武器・文字の発明などに及んでいる、と要約している。(2) これが、黄帝が中国文化の始祖とされる所以である。二十五人の男子がおり、その封地の地名を姓としたものが十四人もいたという。これも彼が中国民族の始祖とされる所以である。また黄帝は軒轅の丘に居して、西陵氏の女を嫁としたと記されている。

『史記』の封禅書には、黄帝は首山の銅を採って、鼎を荊山の麓で鋳た。鼎が完成すると、龍があごひげを垂れて黄帝を迎えにきた。黄帝がその龍に乗って天に昇るとき、七十人の従臣は一緒に行くことができた。他の家来は龍のひげにつかまったが、ひげが抜け、黄帝は弓を落としてしまった。人々はひげと弓を抱いて号呼した。後世その場所を鼎の鋳造に因んで鼎湖といい、弓を烏号と呼んだ、という伝説が記されている。

『荘子』在宥篇には、黄帝が天子となって十九年経ち、天下もよく治まったので、広成子が崆峒の上に居ると聞いて訪問し、至道の精髄について質問した。広成子に教示を断られた黄帝は、潔斎すること三月、再び広成子を訪ねて、治身治国の術と王たるの至道を教授された、という話が載せられている。因みに『荘子』徐無鬼篇には、次のような説がある。黄帝が無為自然の道を人格化した大塊という真人を具茨の山に訪ねて道に迷う。その結果、大塊が姿を変えた牧馬の童子から、天下を治めるのは馬の本性を尊重して馬を養育する牧馬者の精神と同じである。と諭されるのである。

以上のほかにも、黄帝に関する説話は諸書の記録に見出されるのであるが、それらの集大成として挙げられるのが、唐の王瓘撰の『広黄帝本行記』である。この書に記すところは、「雲笈七籤」巻一百の軒轅本紀や「道蔵」第一九三冊の『歴世真仙体道通鑑』に収められている軒轅黄帝伝とほぼ同じである。しかし『広黄帝本行記』と後の二書とを比較してみると、最も相違している部分は、前者にのみ黄帝が天真皇人にまみえて「五牙食真之経」を授けられる、という記録があることである。その皇人と黄帝との記録は、古く昔の葛洪の『抱朴子』に見出されるだけである、と指摘されている。[3]劉师培の『読道蔵記』は、『五符序』との関係を説く。さて、『広黄帝本行記』を繙いてみると、

黄帝以天下既理、物用具備、乃尋真訪隠、問道求仙。冀獲長生久視、所謂先理代而登仙者也。

とあり、次いで、甯封子・赤将子・容成公・九元子などの真隠を尋訪することが記される。やがて道を体した牧馬童子に「天皇真一之経」を授かったが、その「三一真気之要」を理解することができなかった。その後、紫府先生・中黄子・大隗君・黄蓋童子・広成子・中黄丈人・甯先生を訪問する。そこで甯先生に上述の真一の道について質問するのであるが、そこに天真皇人が登場する。その様子は次のように記されている。

先生曰、吾得道、始仙耳。非是三皇天真之官賔、不解此真一之文。近皇人為扶桑君所使、領峨嵋山仙官。今猶未去、可往問之。帝乃到峨嵋之山、清斎三月、得与皇人相見。皇人者、不知何世人也。身長九尺、玄毛被体、皆長尺余、髪纔長数寸。其居乃在北山絶巖之下、中以蒼玉為屋、黄金為牀。然千和之香、侍者皆衆仙玉女、座賔三人、

皆称太清仙王。方見皇人、飲以丹華之英、漱以玉井之漿。黄帝匍匐既至、再拝稽首而立、請問長生之道。皇人曰、子既官四海、復欲不死、不亦貪乎。帝曰、万兆無主、則相凌暴、今為制法、足以伝後。私心好道、遠渉四海、幸遇道君。願垂哀告。竊見真人食精之経、徒省其文、而弗綜其意、看其辞、而不釈其事、乞得教誨。皇人大驚、良久乃答曰、汝安得聞見。此乃金籙之首篇、上天之霊符、太上之宝文矣。白日昇天、飛歩虚空、身生水火、変化無常、此天仙之真、唯有龍胎金液九転之丹、守形絶粒、辟除万邪、役使鬼神、長生久視、乃血脉流宣、腸化為筋、百災不能傷、延期至億千、則唯有真一食五牙之文、此二事但使南斗君領録、参於太帝楗籥。自非仙人、四千年一出之約、皆不得背科而妄泄也。又西王母秘此書於五城之内、其外衛備有仙楼十二、蔵以紫玉之匱、刻以黄金之札、封以丹芝光華、印以太上中章。其無仙籍者、不得聞知也。子未可聴天音於地耳矣。便可去也。帝答曰、昔已受神丹於玄女、唯未受五牙食真之経、幸今運会、得見道君、既不以授生道、是臣相命、不得度世耳。因叩頭流血、唯乞愍済太清三仙。王復愍助之曰、此子先世、有功徳及鳥獣。故芳気之流、光于帝位。何為隠其真牙之経乎。可教而成之也。皇人命帝、坐而告之曰、汝向所道之経、蓋上天之気、帰於一身、一身分明了、可長存耳。夫人有生之最霊也、不能自守其神而却衆悪。若知之者、不求裕於天、止於其身、則足矣。且一身猶一国也。胸腹之位、猶宮室也。四肢之列、猶郊境也。骨節之分、猶百官也。神猶君也。血猶臣也。気猶民也。故知理身、則知理国、愛其民、所以安其国、吝其気、所以全其身、民散則国亡、気竭則身死。亡者不可存、死者不可生。所以至人、消未起之患、理未病之疾、堅守之於無事之前、不追之於既逝之後、民難養而易散、気難保而易失、審威徳、所以固其理、割嗜欲、所以成其真、然後真一存焉。三一守焉。泥丸絳宮丹田三一之宅也。子勤守之、万毒不傷、漱華池、食五牙、便為真仙矣。吾受此経於九天真王。今以相付存之於口、名曰朱鳥之丹、取之於身、名曰真一。勤乎、秘哉。大有旨曰、五穀為刳命之鑿、五牙為長生之根也。帝受道畢。

以下、多様な道経符文を授けられて後、黄帝が龍に乗って昇天することなどを記して『広黄帝本行記』は終わる。(4)

黄帝の伝記を載せている北宋の天禧（一〇一七－一〇二一）頃に張君房が撰した「雲笈七籤」や明の浮雲道士趙道一編する『歴世真仙体道通鑑』の中には記録されていなくて、『広黄帝本行記』の記述にのみ見出される黄帝と天真皇人の記述は、早くも、晋の神仙家葛洪の『抱朴子』にその骨格が示されている。そこで次に、『抱朴子』巻十八地真篇の関係ある部分を引用してみることとする。

抱朴子曰、余聞之師云、人能知一万事畢。知一者、無一之不知也。不知一者、無一之能知也。道起於一、其貴無偶。各居一処、以象天地人。故曰三一也。天得一以清、地得一以寧、人得一以生、神得一以霊。金沈羽浮、山峙川流、視之不見、聴之不聞、存之則在、忽之則亡、向之則吉、背之則凶、保之則遐祚罔極、失之則命彫気窮。老君曰、忽兮恍兮、其中有象、恍兮忽兮、其中有物、一之謂也。……一有姓字服色。男長九分、女長六分、或在臍下二寸四分下丹田中、或在心下絳宮金闕中丹田也。或在人両眉間、却行一寸為明堂、二寸為洞房、三寸為上丹田也。……昔黄帝東到青丘、過風山、見紫府先生、受三皇内文、以劾召万神、南到円隴陰建木、観百令之所登、採若乾之華、飲丹轡之水、西見中黄子、受九加之方、過崆峒、従広成子、受自然之経、北到洪隄、上具茨、見大隗君黄蓋童子、受神芝図、還陟王屋、得神丹金訣記、到峨眉山、見天真皇人於玉堂、請問真一之道。皇人曰、子既君四海、欲復求長生、不亦貪乎。其相覆不可具説、粗挙一隅耳。……

抱朴子曰、玄一之道亦要法也。無所不辟、与真一同功。吾内篇第一、名之為暢玄者、正以此也。守玄一、復易於守真一。……

抱朴子曰、生可惜也。死可畏也。然長生養性辟死者、亦未有不始於勤、而終成於久視也。……浅近庸人、雖有志好、不能克終矣。故一人之身、一国之象也。胸腹之位、猶宮室也。四肢之列、猶郊境也。骨節之分、猶百官也。神猶君也。血猶臣也。気猶民也。故知治身、則能治国也。……是以至人消未起之患、治未病之疾、医之於無事之前、不追之於既逝之後。民難養而易危也。気難清而易濁也。故審威徳、所以保社稷、割嗜欲、所以固血気。然後真一存焉、三七守焉……。

以上によって、『広黄帝本行記』が『抱朴子』巻十八地真篇の黄帝と天真皇人の話と真一・玄一・三一の教えを基礎に置いていることが明らかになった。(5) しかるに『道枢』九仙篇は、『広黄帝本行記』以上に、『抱朴子』が黄帝と皇人の問答について「其《その》の相覆《もんどう》は具《つぶさ》に説く可からざれば、粗《ほぼ》一隅を挙ぐるのみ。」と記しているその文を受け継ぐような、そこで省略された教法に関する問答の省略を補うような意識で、『広黄帝本行記』にもない水火内丹の術が説かれるのである。そのことについては次に論ずることとして、因みに『抱朴子』諸篇に見える黄帝の記録を挙げておくこととする。(6) すなわち、

「抱朴子曰わく、黄帝の九鼎神丹経を按ずるに曰わく、黄帝之を服して、遂に以て昇仙すと。又云わく、呼吸導引し、及び草木の薬を服さば、年を延ばすことを得可しと雖も、死を免れず。神丹を服さば、人寿を窮り已むこと無からしめ、天地と与に相畢え、雲に乗り龍に駕し、太清に上下せしむと。黄帝以て玄子に伝え、之を戒めて曰わく、此道至って重し、必ず以て賢に授けよ。苟も其人に非ずんば、玉を積むこと山の如しと雖も、此道を以て之に告ぐること勿れ。之を受くる者は、金人金魚を以て、東流水中に投じ、以て約を為し、血を啑りて盟を為せ。神仙の骨無くんば、亦此道を見ることを得可からざるなりと。」（巻四全丹）、また、「夫、陰陽の術は、高きも以て小疾を治む可く、次に以て虚耗を免る可きのみ。……俗人は、黄帝が千二百の女を以《ひき》いて天に昇るを聞きて、便ち黄帝は単に此事を以て長生を致したりと謂《おも》い、而して黄帝の荊山の下、鼎湖の上に於て、飛九丹成りて乃ち龍に乗り天に登りしものなる

を知らざるなり。黄帝にして自ら千二百の女有る可きのみ。単行の由る所に非るなり。」（巻六微旨）、更に「抱朴子答えて曰わく、要道は煩わしからず、為す所鮮きのみ。……昔、黄帝は四海の任を荷えしも、鼎湖の挙を妨げず、」（巻八釈滞）、「夫道を体して以て物を匠《つく》り、徳を宝として以て生を長くする者は、黄老是なり。黄帝は能く世を治め太平を致し、而して又昇仙せるものなれば、則ち未だ之を尭舜より後ると謂う可からず。」（巻十明本）、「黄帝は、先づ世を治めて而る後に登仙す。此は是れ、偶〻能く兼ねるの才有る者なり。古の帝王の泰山に刻せるもの、……独り黄帝のみ仙を記する者、其の審に然ること知る可きなり。……人の情として、紅顔、豔姿、軽体、柔身を愛せざるもの莫し。而るに黄帝は、篤醜の嫫母を悦び、陳侯は、憎む可きの敦洽を怜《あわれ》むあり。」（巻十二弁問）、「昔、黄帝は、生まれながらにして能く言い、百霊を役使す。天授自然の体なる者と謂いつ可きなり。猶復、端坐して道を得ること能わず。故に王屋に陟りて丹経を授かり、鼎湖に到りて流珠を飛ばし、崆峒に登りて広成に問い、具茨に之きて大隗に事へ、東岱に適きて中黄に奉じ、金谷に入りて涓子に諮《と》い、道養を論じては則ち玄素の二女に資り、推歩を精しうしては則ち山稽力牧を訪い、占候を講じては則ち風后に詢い、体診を著しては則ち雷岐に受け、攻戦を審にしては則ち五音の策を納れ、神奸を窮めては則ち白沢の辞を記し、地理を相しては則ち青烏の説を書し、傷残を救うては則ち金冶の術を綴れり。故に能く畢く秘要を該《か》ね、道を窮め真を尽し、遂に昇龍を以て高く躋り、天地を罔極に与《とも》とす。然るに神仙の経を按ずるに皆云ふ、黄帝及び老子は、太乙元君に奉持して、以て要訣を受くと。……或ひと曰わく、黄帝は仙を審にする者なるに、橋山に塚あるのは、又何の為ぞや。抱朴子答えて曰わく、荊山経及び龍首記を按ずるに、皆云う、黄帝、神丹を服するの後、龍来りて之を迎うるや、群臣追慕……葬りて之れを守れりと。列仙伝に云わく、黄帝は自ら亡日を択び、七十日して去り、七十日にして還れり。……黄帝仙すと言う者、道書及び百家の説に見えたる者甚だ多し。……今の世にも、君長遷転するや、吏民思恋して、徳頌の碑を樹つる者、往往にして有り、此も亦黄帝に廟墓有るの類なり。」（巻十三極言）、「抱朴子曰わく、天地の情状、陰陽の吉凶は、茫茫乎として其亦詳にし難し。吾も亦必ずしも之を有すとも謂わず、又、亦敢て其無をも保せざるなり。然れども、黄帝、太公の皆信じて仗《よ》りし所にして、近代の達者、厳君平、司馬遷も、皆拠り用いし所なり。……抱朴子曰わく、昔、円丘に大蛇多かりしが、又、好き薬を生ぜり。黄帝将に焉《これ》に登らんとするや、広成子、之をして雄黄を佩ば教《し》めしに、衆蛇皆去れり。」（巻十七登渉）

などと、非常に多く見出される。そして、これらに続いて巻十八の地真篇の黄帝に関する文が続くのである。

三

『史記』の黄帝本紀には、ただ、「治五気。」とだけあり、『史記集解』に「王粛曰、五行之気。」とあり、『史記索隠』は、「謂春甲乙木気、夏丙丁火気之属、是五気也。」と注解を加えている。『広黄帝本行記』においては、「天皇真一之経」とか「三一真気之要」などといわれる教法は、『広黄帝本行記』に拠れば、「金籙之首篇、上天之霊符、太上之宝文」であって、それを会得すれば、「白日昇天、飛歩虚空、身生水火、変化無常、」となる。これはまた「真一」とか「五牙之文」或は「三一」とか呼ばれており、保ち難いところの気をよく保って長生することを説く道術である。それが、『道枢』の黄帝問篇においては、上記の治気の術とは、甚だ異る道術となっている。治気の思想自体は、『史記』の黄帝本紀に由来していることは、上に見てきたように明らかであるが、それが次第に道教独自の道術に変化していく過程を見て取ることができる。では、『道枢』に現われている治気の術はどのようなものであろうか。

黄帝問篇に、双行の注をつけて曾慥は、この道術の由を簡略に要を得て述べている。すなわち、黄帝が崆峒で真人に会い、その教示に従って天真皇人を更に訪問し、その三一の教を究めて、微を知り真を知った、というのである。そして黄帝問篇の本文においては、甯真人のところで「九一之旨」を得てから、いよいよ天真皇人を訪ねるのである。皇人は、其意を浄め、内に神を安んじ、外は慾を去り、衆患が起こったならば気を以てそれを治めるようにと教えるのである。その衆患を治する方法は、

其小用水、其大用火。

というもので、それによって一切の患が治療できるというのである。そして鼻上に寸縷をたらしてそれを望む方法を用いて一種の禅定に入ることを説く。天真皇人が説くこれらの教説は、実は、『道枢』巻三十一の九仙篇と甚だ共通するところが多い。『道枢』の九仙篇は、唐僧一行・羅公遠・葉法善の三師が注釈を加えた『天真皇人九仙経』の節録なのである。そもそもこの『天真皇人九仙経』は、出現時期やその撰者について疑問の多い教典であるばかりではなく、それは既に、亡んでしまったとか、或は、「道蔵」（第一一二冊）に収載する『真龍虎九仙経』と同一のものである、とかいわれてきた教典なのである。しかし『天真皇人九仙経』は、既に完全に消滅してしまった典籍でもなければ、今日見ることのできる『真龍虎九仙経』とも、全く同一のものではないのであって、そのことについては、後述の九仙篇と天真皇人の章で詳しく検討する。

今ここに問題として取り挙げている『道枢』の黄帝問篇は、『天真皇人九仙経』の経文の節録ではないかと思われる。『道枢』巻三十一の九仙篇は、その篇名の下に曾慥の双行の注がついていて、そこには、

皇人析微、三士頤隠。輿者得轂、裘者振領。

とあるように、皇人の教義を、一行と羅公遠と葉法善の三師が解明した注文を中心に、節録したものなのである。一方、黄帝問篇の方は、崆峒より帰った黄帝がどうしても理解できない真一の文と三一の教義を、皇人の導きによって

はじめて会得したことを記す経文に重点を置いて書かれたもののようであり、いわば、『天真皇人九仙経』の経文そのものの節録ではなかろうか。以下、両者を対照して、そのことを明らかにしてみよう。九仙篇は、三士の注が中心であり、経文は、三士の注の中でしか引用されていない。しかし、僧一行の注を欠落している『真龍虎九仙経』は、都合のよいことに、経文を独立させてまず示し、次に羅・葉二士の注を引く形をとっているので、『真龍虎九仙経』から経文だけを抜き出して次に示してみよう。

天真皇人語黄帝曰、子欲修其身、先須静其意。無散乱、無煩怒、無起著、無妄想、無貪愛、無邪婬、無放逸。内安其神、外去其慾。当修其事、若衆患起、以気理之。黄帝乃問天真曰、凡修其道、豈有患乎。天真曰、凡人有遇道晩矣已。泄其真気、気虚敗也。帝曰、如何気理。天真曰、少用水、大用火、一切大患、無能拒於火也。若学道、瞑目鼻上望寸糸、亦不得想離其本腔、趄之即為定趄者不進也。諸境不得逐、抽掣何模様。次入眉間、観白毫光業現。眉上力極、移入頂中、三件定実、功乃騰矣。無心無著、外想不入、衆禍不加、従九至九、錬七至七。若愛来与去、久隠在世間、当想開頂門、黄霞満天地。冥心細想、内自有神、用意行之、去来自在、欲離其腔、黄霞重蓋。或帰住本体、或離入他身、或別従初起、或奪他安己、或令他離体、或方便相救、或広施安隠、或自利損他。罰著身必墜。此法実無虚、永劫只如是。此法為小術、自利自家、修久住於世間、自在常出没。一投胎、二移舎、三旧居、四奪位。若修分身法、須待陽数興、冥心坐静室、分明錬五神。頂上蔵太陽、四十五数足。眉下五輪旋、還在定中起。火中有木神、水内有金気、水火五臓交、来往不離土。然後想真精、両腎合一気、心血下結成、方成嬰児象。土上有黄芽、方為己之命。日初入照水、百度日践影、両腎日月光、各出赤曰気。夜夜七七出、頂門自有応、十月与身等、冥冥為地仙。錬腎臓之気、出入於耳中、如斯一百日、方住江海内。錬精華為剣、巡遊四天下、能報恩与寃。是名為烈士。錬五臓之精、各満九九数。金鼎収其気、身騰而昇天。聖身離俗塵、綿綿而默默、定中却投胎、再修還再結、一紀変四身。漸漸準前化、現之応無尽、方号真変易、此法皆順成、断無逆化也。此経非人勿伝。

真龍虎九仙経終[7]

「出赤曰気」は、「出赤白気」であろう。右の経文を本稿の第五章に掲げた『道枢』巻五の黄帝問篇と比較すると、曾慥の方が、節録とはいいつつ幾つかの点で前者より優れており、前者を補う資料として貴重なものである。ということは、『宋史』芸文志が「僧一行天真皇人九仙経一巻」と記し、『郡斎読書志』や『通志』芸文略や『文献通考』など、全て唐僧一行との関係を明示している『天真皇人九仙経』から、一行の注を全面的に除いている『真龍虎九仙経』の後出性や蕪雑さを明示している、といえるであろう。一行と道教の結合を後世の偽託とすれば、結論は異る。

次に、上記以外の黄帝或は黄帝に関係深い天真皇人に関する記録を『道枢』より引用してみることとする。

四

『道枢』巻三には、「陰符篇黄帝之経、蔵于神嵩。李筌得之、発世之蒙。」とあり、巻四玉芝篇には、

黄帝曰、吾有還丹、其品七焉。津也、髄也、血也、唾也、精也、気也、神也。故指水火鉛汞以論焉。津為汞、精為鉛。水処乎脳中、火居于臍下。運鉛以制汞、錬汞以投鉛。来往帰源、水火正矣。太極者、天地万物之終也。……。

などと記されている。

巻五には、上掲の黄帝問篇の記載がある。同篇には続いて、軒轅問篇があり、そこには、

軒轅問曰、天何以清、地何以寧。子崔子曰、一者天之清也。軒轅曰、時有十二、十二之間、子午変動、陰雲霞霧、不能常清何也。子崔子曰、……故生死万物、非天不清、所生万物、非地不寧。軒轅曰、寧者、生万物何也。子崔

子曰、……。軒轅曰、人之生何如哉。子崔子曰……。軒轅曰、何為而死歟。子崔子曰、……。軒轅曰、不死亦可致歟……子崔子曰、……外境不入、内境不出、気定則可不死矣。……。軒轅曰、如之何可以入定無心、水火相交、純陽不死乎。子崔子曰、……則用火守其陰、久則純陽、而陰柔不生矣。斯道之全也。軒轅曰、善。

と記される。巻六に入ると虚白篇があり、そこには、

夫能抱一守中、則神気不散、名真人矣。昔者、黄帝得天皇真一之経、而不達其旨。乃見皇人于峩眉之山、而問焉。皇人曰、真一者、在北極太淵之中、其前有明堂、其下有絳宮。於是、華蓋金楼、左杓右魁、龍虎分衛焉。不奪不与、一安其所。不遅不疾、一入其室、能暇能豫、一乃不去、守一居真、乃得通神、節飲約食、一乃留息。故知一者、非難也。守之而勿失者、為難也。……黄帝曰、還丹百数、其要在乎神水華池。

と見える。巻十九の洞真篇には、

想定黙祝曰、太上玄一、九皇吐精……五老奉符、天地常寧、……禍害滅平、上朝天皇、還老返嬰……。

の語がある。次に巻二十三の金丹泥金篇に、

「二腎之中有鼎焉。鼎有嬰児、其名曰天皇元君焉。……立于五彩之雲、於是、下降以扳其天皇、而内交焉。……。

と見える文を、関係する資料として挙げることができる。また巻二十四の「九転金丹篇人之得一、是為元火。錬于三田、神気為佐。」にも、関係する記述が見える。すなわち、

其下有水輪、既済之象也。三陽之気自虚皇之降精者也。東方者、震也。天真九皇、少陽木之真気、生于水中。其応于肝、肝以甲為兄、……天真九皇、火之真気、生于風中、其応于心、心以丙為兄……天真九皇、三陰土之真気……天真九皇、少陰金之真気、……天真九皇、太陽金之真気、生于水中、而為乾焉。北方者、坎也。天真九皇、陽明水之真気、……天真九皇、三陽土之真気、生于水中、而為艮焉。其上赤、其下黒、其左青、其右白、其中央黄、

而蔵乎一気。其色赤者也。中央者、坤也。其応于脾。脾以戊為兄、……少陽之精、太陽之正者、天真九皇金真之一気也。太陽之精、少陽之正者、天真九皇火真之二気也。陽明之精、少陽之正者、天真九皇土真之五気也。少陰之精、太陰之正者、天真九皇木真之三気也。太陰之精、厥陰之正者、天真九皇水真之四気也。厥陰之精、少陰之正者、天真九皇之六気也。三陽之正、太虚之精者、天真九皇之七気也。三陰之正、太虚之精者、天真九皇之八気也。於是、以中宮置鼎、収奪八方之妙気、配土合和、錬而不散、而後成九鼎之神丹。其丹九色青紅白黒黄紫緑碧赭比九色也。昔者、黄帝錬劔鋳鼎、乗火龍、而升天者、諭内也。……九鼎者、九宮之用也。丹田者、真一之鼎也。是為九鼎大会之府者也。体一気而為真、錬九気、而成神。九気者、何也。……内応于丹田、陰中有陽、応感而生嬰児天皇之神。……冬至之後十有六日至月之終、其陽明応于艮、其神見龍、其気天真九皇金真之一気也。……自冬至三日有一日、至四旬有五日、其太陽応于零、其神亢龍、其気天真九皇金真之一気也。……夏至六起火、亦与冬至同焉。五日一候、十五日一気、一月一鼎、四十五日一節、同此。故自夏至午之時一刻、由少陰起功焉。其応于離、其神潜龍、其気天真九皇木真之三気也。

この篇は、巻五の黄帝問篇や巻三十一の九仙篇に説くところと甚だ共通する。すなわちそれは、唐僧一行等が注釈を加えた『天真皇人九仙経』と深く係わっている、ということに外ならない。『天真皇人九仙経』に説く道術の解明には、なお『道枢』の各篇との関連も考慮しなければならないので、ここでは触れず後日論ずることとする。しかし、巻五の黄帝問篇に見える「小用水」「大用火」についてだけ触れておくことにする。その前に、『道枢』に見える黄帝及び天真皇人の記述の引用を更に二三挙げておく。その一つは、既に示した巻三十一の九仙篇の、

天真皇人言、頂上蔵太陽者、四十五数足。何謂也。

の語である。また、巻三十八の会真篇には、

黄帝修養于崆峒而無功。広成子教以錬外丹、以補久虚積陽之損。後人因之、欲餌無情金石者、誤也。……天皇聖

胎、上法也。遠磨胎息、中法也。扁鵲辯霊枢之篇、葛洪釈胎息之説、因胎生息。因息就胎、下法也。

と記されている。巻四十一の伝道下篇には、青帝、赤帝、白帝と並べて、

脾為土、其于戊巳、其位中央之黄帝者也。

と、黄帝の名を出し、北を黒帝とする。

本章を終えるに当って、天真皇人の教法としての「小用水」と「大用火」について述べることとする。これは、上文で少し触れたように、治病の術である。光弁天師すなわち道士葉法善はそれを、『道枢』巻三十一の九仙篇で次のように解釈している。

水火者、古先聖人之大薬也。不在于外、而在吾身焉。心火也。……故造金丹者、須憑龍虎水火者也。……於是、交之有度、用之有数。下心之火焚之、可以治衆疾、補虚損矣。病之微者、自頂至踵、以腎之水、洗之可也。病之大者、自足至踵、以心之火、焚之可也。

すなわち、「大用火」とは病の重い人に対する治病の方法であり、「小用水」は、病の軽い場合のそれであることが判る。この点に関して、唐僧一行禅師すなわち六通国師も、次のように説いている。

患小用水者、不欲犯腎蔵也。当守一以謹之、七日則諸疾除矣。患大用火者、火従心発、下入于左右足、上至于左右臂、以及首目、九九発之、一息皆周焉。此所謂周天之火也。

治病のためには、腎水と心火を用いる内丹の法であるからこそ、『道枢』の巻五の黄帝問篇には、

皇人曰、其小用水、其大用火。一切有患、無有能拒水火者也。

というのである。この天真皇人の道術を後世に伝えているという上掲の『真龍虎九仙経』では、右の「一切有患、無能拒水火者也。」の一句を、「一切大患、無能拒於火也。」としている。この治病の方法は、光弁天師葉法善の解釈で

も心火を中心とし、それに重点を置いている傾向が見て取れるので、心火だけでもよいかもしれないが、『道枢』の黄帝問篇が「無有能拒水火也。」としている方が正しいであろう。これをもってしても、曾慥の『道枢』の引用の正しさを知ることができるであろう。

注

（1）小倉芳彦外訳（顧頡剛著）『中国古代の学術と政治』、四六頁。

（2）銭穆『黄帝』一七頁。

（3）安居香山「道蔵に於ける黄帝伝の考察――特に広黄帝本行記を中心として――」（『東方宗教』第13・14合併号）。

（4）道蔵、第一三七、『広黄帝本行記』、第一～第八。

（5）守一と玄一と三一とについては、拙論「曇鸞法門と道教思想の一考察」（大正大学『中国学研究』第3号――吉岡博士追悼号――）、「葛洪の老子批判について」（『東方宗教』第五十六号）参照。

（6）石島快隆訳注『抱朴子』に、主として、拠る。

（7）道蔵、第一一二、第一～第十四。

第六章　悟真篇について

一

曾慥は、『道枢』の巻十八に悟真篇の項を置いて、

悟真篇行于黄道、陰剥陽純。玄珠有象、太一帰真。

張平叔名伯端天台人曰、道有二焉。……

と筆を進めている。因みに「行于黄道」は、後に続く文の中に「追二気於黄道」の一句があることによって、その意味も理解されるであろう。張平叔の『悟真篇』の名については、『修真十書（雑著指玄篇）』巻六に白玉蟾が、

謝張紫陽書　　白玉蟾

某稽首百拝上覆

祖師天台悟真先制紫陽真人張君……[1]。

と記すところからも明らかなように、張平叔の号を採ったものであろう。

『道枢』巻十八の悟真篇について考える場合、同巻には、ほかに契真篇・修真篇があり、巻十九・巻二十に「真」

の字を含む諸篇が集中しておりその一連の「真」に関する一篇として悟真篇も扱うべきであろう。これらの篇はもちろん『道枢』では「心」が重視されており、至游子曾慥が禅仏教に関心を持ちながらも、金丹の道術を通して養生論人身論を展開していることを思えば、彼の道術と「心」との関係は、禅的宗教論とは別に、養生論人身論の見地から特に考えられるべきであろう。(2)しかしこれらのことどもは、すべて後日に譲り、今は悟真篇の一篇だけに考察を加えようと思う。

至游子曾慥は、号を子游子字を端伯という。一方、天台道士張平叔は名を伯端という。彼此類似していて混同し易い両者ではあるが、曾端伯子游子については、『四庫全書総目提要』の『類説』の項では、上述のように、次のように記している。

南宋之初、古籍多存。慥又精於裁鑒。故所甄録、大都遺文僻典、可以裨助多聞。又毎諸雖経節録、其存於今者、以原本相校、未嘗改竄一詞。

と。すなわち曾慥の扱った典籍は、古籍に属するものであり、かつ、彼自身の引用には改竄の行為がなかった、というのである。この表現をもし『道枢』にも当て嵌めることができるならば、そこに引用された各種の典籍の抜萃は、今日において洵に珍重すべきものであろう。この意味において、天台道士紫陽真人張伯端の『悟真篇』を論ずる場合、『道枢』悟真篇の存在は、無視できないものである。

張平叔の『悟真篇』は有名な作品であり、『悟真篇』そのものについては、既に先学の研究も発表されている。すなわち、今井宇三郎に「悟真篇の成書と思想」があり、今井博士の論文では扱われなかった現行『悟真篇』の序文（前序）にいう「歌頌詩曲雑言三十二首」（「禅宗歌頌」等を「道蔵」所収の『修真十書（悟真篇）』に見えるとする福井文雅の「『悟真篇』の構成について」もある。(3)しかし『道枢』悟真篇には、「歌頌詩曲雑言三十二首」等が全く見出せないだけではなく、曾慥の頃の『悟真篇』に含まれていたらしい「西江月」という詞十八首が後人の偽託である、と曾慥は批判すらしているのである。従来、拙論において以下に取り挙げるように、紫陽真人張平叔の『悟真篇』と至游故曾慥の『道枢』の悟真篇とを比較対照して考察を進めたものは、管見の及んだところではないようである。また一方、紫陽真人の『悟真篇』との対比を通して『道枢』の性格や構成を論じたものもなかったようである。ここにおいて、一つは張平叔の『悟真篇』の研究のために、一つは曾慥『道枢』の研究のために、拙論を記したわけである。大方のご示教を切に乞うものである。

二

まず、『道枢』悟真篇の本文と張平叔の『悟真篇』とを対照する。『悟真篇』のテキストは、先学の指摘のように、金丹正理大全本・道蔵系本・道蔵輯要本・道蔵精華本がある。因みに、「道蔵精華」の中には、「悟真」の語を含む各種のテキスト或は関係書が見出される。ここでは、上段に『道枢』悟真篇の文を引き、下段に張平叔のそれを、引いて対照するが、下段のテキストは道蔵本『紫陽真人悟真篇註疏』「悟真篇序」を利用する[4]。また上段と下段の引用文の区切りは、両段の対比のために、適宜改行してある。

『道枢』悟真篇……

張平叔名伯端天台人曰、

『紫陽真人悟真篇註疏』　悟真篇序

嗟夫人身難得、光陰易還、罔測短脩、安逃業報。不自及早省悟、惟只甘分待終、若臨期一念有差、立堕三塗悪趣、則動経塵劫無有出期。当此之時、雖悔何及。故老釈以性道有二焉。

夫錬五芽之気、服七曜之光、注想按摩、納清吐濁、誦経持呪、飲水呑符、扣歯集神、絶肉辟穀、存神閉息、補脳還精、及夫餌草木鍛金石、是為幻化有為之用。所謂易遇

命学、開方便門、教人修種、以逃生死。釈氏以空寂為宗、若頓悟円通、則直超彼岸。如有習漏未尽、則尚徇於有生。老氏以錬養為真、若得其枢要、則立躋聖位。如其未明本性、則猶殢於幻形。其次周易有窮理尽性至命之辞、魯語有毋意必固我之説、此又仲尼極臻乎性命之奥也。然其言之常略而不至於詳者何也。蓋欲序正人倫、施仁義礼楽有為之教、故於無為之道、未嘗顕言、但以命術寓諸易象、以性法混諸微言故耳。至於荘子推窮物累逍遙之性、孟子善養浩然之気、皆切幾之矣。迨夫漢魏伯陽、引易道陰陽交姤之体、作参同契、以明大丹之作用。唐忠国師、於語録首叙老荘言、以顕至道之本末如此。豈非教雖分三、道及帰一。奈何後世黄緇之流、各自専門、互相非是、致使三家宗要、迷没邪岐、不能混一而同帰矣。且今人以道門尚於修命、而不知修命之法。

理出両端、有易遇而難成者、有難遇而易成者。

如錬五芽之気、服七耀之光、注想按摩、納清吐濁、念経持呪、噀水叱符、叩歯集神、休妻絶粒。存神閉息、運眉間之思、補脳還精、習房中之術、以致服錬金石草木之類、

而難成者也。

況夫閉息者、入定出神。其理属于純陽、其舍難固不免。用遷移之法未得、所謂自然無漏之果。豈能回陽、換骨、而升天者哉。

吾有九転金液還丹之道、在乎究陰陽、達造化、追二気於黄道、会三性於元宮、攢簇五行、和合四象、龍吟虎嘯。夫唱婦随、玉鼎湯温、金炉火起。於是、始得玄珠、有象太一帰真矣。其用功也、蓋斯須焉。至若防危慮険、在謹於逆順抽添而已。

皆易遇難成者。

己上諸法、於修身之道、率皆滅裂。故施功雖多而求効莫験。若勤心苦志、日夕修持、上可辟病免其非横。一旦不行、則前功漸棄。此乃遷延歳月、必難成功。欲望一得永得、還嬰返老、変化飛昇、不亦難乎、深可痛傷。蓋近世修行之徒、妄有執著、不悟妙法之真、却怨神仙謾語。殊不知成道者皆因錬金丹而得、恐泄天機、遂託数事為名、其中間。

惟閉息一法、如能忘機息慮、即与二乗坐禅相同。若勤而行之、可以入定出神。奈何精神属陰、宅舎難固、不免常用遷徒之法、既未得金汞還返之道。又豈能回陽換骨、白日昇天哉。

夫錬金液還丹者、則難遇易成。須要洞暁陰陽、深達造化、方能追二気於黄道、会三性於元宮、攢簇五行、和合四象、竜吟虎嘯、夫唱婦随、玉鼎湯煎、金炉火熾。始得珠玄成象、太乙帰真。都来片餉工夫、永保無窮逸楽。至若防危慮険、慎於運用抽添。

養正持盈、在謹於守雌抱一而已。如是、復陽生之気、剥陰殺之形、節候既周、脱胎神化矣。

而学者乃以鉛汞為二気、五蔵為五行、心腎為坎離、肝肺為龍虎、神気為子母、津精為鉛汞。不知浮沉賓主之理。何以異乎以他人為親者哉。是殆不知金木相克之幽微、陰陰互用之要妙。

於是、使日月失道、鉛汞異炉、欲望還丹之成、不亦難歟。

観夫群書、

皆云、日魂月魄、庚虎甲龍、水銀朱砂、白金黒鉛、坎男離女、凝成金液、不知真汞為何物也。

今掇其詩五篇

（一曰、伏錬三黄及四神、……。二曰、人人尽有長生薬、……。三曰、不識玄中顛倒顛、……。四曰、要知産薬川

養正持盈、要在守雌抱一。自然返陽生之気、剥陰殺之形、節気既周、脱胎神化、名題仙籍、位号真人、此乃大丈夫功成名遂之時也。

今之学者、有取銘汞為二気、指蔵府為五行、分心腎為坎離、以肝肺為竜虎、用神気為子母、執津液為鉛汞。不識浮沉、寧分主客。何異認他財己物、呼別姓為親児。又豈知金木相尅之幽微、陰陽互用之奥妙。

是皆、日月失道、鉛汞異炉、欲結還丹、不亦難乎。

僕幼親善道、渉躐三教経書、以至刑法、書筭、医卜、戦陣、天文、地理、吉凶、死生之術、靡不留心詳究。惟金丹一法、閲尽群経及諸家歌詩、論、契、

皆云、日魂月魄、庚虎甲竜、水銀丹砂、白金黒錫、坎男離女、能成金液還丹、終不言真鉛真汞是何物也。

又不説火候法度、温養指帰。加以後世迷徒、恣其臆説、将先聖典教、妄行箋註、乖訛万状。不惟紊乱仙経、抑亦惑誤後学。僕以至人未遇、口訣難逢、遂至寝食不安、精神顦顇。雖詢求偏于海岳、請益尽於賢遇、皆莫能通暁真宗、開照心腑。後至熙寧巳酉歳、因随竜図陸公入成都、

源処、……。五曰、三五一都三箇字、……。）
平叔以為未尽。又為短章。復掇其要焉。
（其一曰、日居離位反為女、……。其十七曰、赫赤金丹一日成、……。其十八太一曰、女子著青衣、……。）

以夙志不回、初誠愈恪、遂感真人授金丹薬物、火候之訣。其言甚簡、其要不繁。可謂指流知源、語一悟百、霧開日瑩、塵尽鑑明。校之仙経、若合符契。因謂世之学仙者、十有八九、而達其真要者、未聞一二。僕既遇真詮、安敢隠黙、罄所得成律詩九九八十一首、号曰悟真篇。内七言四韻一十六首、以表二八之数。絶句六十四首、按周易諸卦。五言一首、以象太一之奇。続添西江月一十二首、以周歳律。其如鼎器尊卑、薬物斤両、火候進退、主客後先、存亡有無、吉凶悔吝、悉備其中矣。及乎篇集既成之後、又覚其中惟談養命固形之術、而於本源真覚之性、有所未究。遂翫仏書及伝燈録、至於祖師有撃竹而悟者、乃形於歌頌詩曲雑言三十二首。今附之巻末、庶幾達本明性之道、尽於此矣。所期同志覧之、則見末而悟本、捨妄以従真。時皇宋熙寧乙卯歳旦、天台張伯端、平叔序

三

前章の対照によって、『道枢』悟真篇と張平叔の『悟真篇』の、特に張真人の撰とされる序文（前序）との一致及び不一致の部分が明らかになったであろう。特にその差異が大きな意味を持つところは、上記の引用の上段『道枢』悟真篇の末尾の（　）内に示した「其詩五篇」と「短章」の「其一曰」から「其十八曰」に至る部分、『悟真篇』巻七の「西江月」十二首と『修真十書』の「禅宗歌頌」やその中に引く「西江月」十二首など、至游子の『道枢』悟真篇が無視している部分である。そのことどもを次の対比を通して示してみよう。なお前章の対照によって明らかになったことは、『道枢』悟真篇の末尾の（　）内に示した部分以外が、すべて今日、張平叔の撰とされる『悟真篇』の（前）序（これは煕寧乙卯の撰。元豊元年に再び書かれたといわれる序は、後叙とか再序とか呼ばれる）を土台にしている、ということである。そしてその部分が終わると、次に「其詩五篇」（これは『悟真篇』の諸テキストが「七言四韻」十六首と称する七律と関係している）が続き、次に「短章」（これは『悟真篇』の諸テキストが、「五言四韻」一首と呼ぶものと「絶句」六十四首として載すものと関している）が続いて『道枢』悟真篇の全文は終了する。

以下『道枢』悟真篇と張真人の『悟真篇』の比較を更に続けて示すが、その表は、今井及び福井両氏の対照表を参照しつつ、拙論では最下段に『悟真篇闡幽』（『道蔵精華』第三集之四）の順位をも加えてみた。『悟真篇』の諸本の異同は、多くの後人の改竄を経ていることを暗示するであろう。諸テキストの間に見られる文字の異同も多多あるが、今は触れないでおく。

（『道枢』悟真篇……）

	巻一　七言四韻　十六首	不求大道出迷途、……	人生雖有百年期、……	草木陰陽亦両斉、……	陽裏陰精質不剛、……	巻二	不識真鉛正祖宗、……	学仙須是学天仙、……
道蔵系本（『紫陽真人悟真篇註疏』）		1※	2	3	4		5	6
金丹正理大全本		1	2	12	9		15	3
（『修真十書（悟真篇）』本）		1	2	12	9		15	3
（道蔵精華本『悟真篇闡幽』）		1	2	5	6		15	3

（※　1は第一首目を示す）

二曰、人人尽有長生薬、……

一曰、伏錬三黄及四神、……
三曰、不識玄中顛倒顛、……
四曰、要知産薬川源処⑥、……
五曰、三五一都三箇字、……

其十八、太一曰、女子著青衣、……
其十七曰、赫赤金丹一日成、……
其十三曰、月纔天際半輪明、……

此法真中妙更真⑤、……
人人自有長生薬、……
虎躍竜騰風浪麤、……
巻三
黄芽白雪不難尋、……
好把真鉛著意尋、……
休錬三黄及四神、……
不識玄中顛倒顛、……
要知産薬川源処、……
万巻仙経語総同、……
三五一都三箇字、……
五言四韻　一首
女子著青衣、……
巻四
絶句　六十四首
赫赫金丹一日成、……
日月三旬一遇逢、……
月纔天際半輪明、……

3	2	1			16′		16	15	14	13	12	11	10		9	8	7
18	35	55			16′		14	16	7	13	8	10	11		5	6	4
21	35	55			△5⑦		14	16	7	13	8	10	11		5	6	4
37	48	38	64′				14	16	10	12	8	14	13		11	7	9

其一曰、日居離位反為女、……

其三曰、嚥津納気是人行、……

其四曰、華嶽山頭雄虎嘯、……

其八曰、竹破還将竹補宜、……

其七曰、西山白虎性猖狂、……

其十四曰、偃月炉中玉蘂生、……

先把乾坤為鼎器、……
離坎若還無戊巳、……
日居離位反為女、……
震竜汞出自離郷、……
嚥津納気是人行、……
華岳巌前雄虎嘯、……
調和鉛汞要成丹、……
竹破須将竹補宜、……
薬逢気類方成象、……
西山白虎正猖狂、……
安炉立鼎法乾坤、……
俗謂常言合至道、……
異名同出少人知、……
黒中有白曰丹母、……
偃月炉中玉薬生、……
未練還丹莫隠山、……
縦織朱砂及黒鉛、……
四象会時玄体就、……

4	5	6	7	8	9	10	11	12	13	14	15	16	17	18	19	20	21
1	14	15	17	5	19	6	8	54	20	2	5	41	43	4	7	27	45
1	14	15	17	5	20	6	8	54	19	2	△5	41	43	4	7	27	45
27	22	20	21	29	34	45	17	35	35	28	無	7	31	40	18	30	59

其二曰、卦中設象、、像儀形、……

其五曰、不識陽精、及主賓、……

其六曰、用鉛不得用凡鉛、……

其九曰、雪山一味好醍醐、……

始於有作人争覓、……	22	42	42	63
恍惚之中尋有象、……	23	44	44	32
歐治親伝鋳劔方、……	24	52	52	44
巻五				
用将須分左右軍、……	25	23	23	10
休泥丹竈費工夫、……	26	3	3	41
玄珠有象遂陽生、……	27	31	31	49
要知錬養還丹法、……	28	47	47	54
兎雞之月及其時、……	29	34	34	43
否泰纔交万物盈、……	30	36	36	56
卦中設法本儀刑、……	31	37	37	57
未練還丹須急錬、……	32	61	61	55
取将坎内中心実、……	33	16	16	26
不識要陰及主賓、……	34	50	50	8
用鉛不得用凡鉛、……	35	9	9	16
道自虚無生一気、……	36	12	12	1
雪山一味好醍醐、……	37	49	49	52
前弦之後後弦前、……	38	32	32	42

其十曰、八月十五翫蟾輝、……

其十一曰、玄牝之門世莫知、……

其十六曰、華池宴罷月凝輝、……

其十二曰、須将死戸為生戸、……

姹女遊従各有方、……	39	26	26	25
八月十五翫蟾輝、……	40	29	29	46
一陽纔動作丹時、……	41	30	30	47
弦牝之門世罕知、……	42	40	40	6
巻六				
坎電烹轟金水方、……	43	13	13	53
要得谷神超不死、……	44	39	39	5
長男乍飲西方酒、……	45	33	33	33
華池飲罷月澄輝、……	46	46	46	50
金公本是東家子、……	47	25	25	24
赤竜黒虎合西東、……	48	21	18	36
天地盈虚自有時、……	49	38	38	58
虚心実腹儀倶深、……	50	10	10	19
陰符宝字逾三百、……	51	58	58	12
先且観天明五賊、……	52	22	22	9
但将死戸為生戸、……	53	62	62	3
火生於木木蔵鋒、……	54	24	24	23
三才相盗食其時、……	55	57	57	11

其十五曰、夢謁西華到九天、……

万物芸芸各返根、……	56	51	51	2
契論経歌講至真、……	57	28	28	13
夢謁西華到九天、……	58	11	11	15
釈氏教人修極楽、……	59	4	4	無
鑑形閉息思神法、……	60	3	3	無
投胎奪舎及移居、……	61	2	2	無
大道修之有易難、……	62	56	56	61
饒君聡彗過顔閔、……	63	59	59	14
修行混浴且和光、……	64	64	64	64
			△51〜△1	
巻七				
西江月　十二首				
外薬還如内薬、……	1	1	1	
若要真鉛留汞、……	2	4	5	
白虎首経至宝、……	3	3	3	
二八誰家姹女、……	4	5	6	がこの部分に入る）

牛女情縁道本、……	5	12	7
七返朱砂返本、……	6	6	4
此薬至神至聖、……	7	2	2
雄裏内含雌質、……	8	7	8
天地纔経否泰、……	9	8	9
冬至初陽来復、……	10	9	10
不辯五行四象、……	11	10	12
徳行修逾八百、……	12	11	11
（四序花開四照亭、……）（七絶）	12′	無	無
巻八			
読周易参同契		有	有
贈白竜洞劉道人歌		有	
石橋歌		有	
絶句（五首）			
休施巧偽為功力、……	1	48	48
敲竹喚亀呑玉芝、……	2	53	53
饒君了悟真如性、……	3	1	1

（異なる「西江月」十二首頌」と「西江月」十二首が後序の前まで続く）……

禍福由来互倚伏、……	4	63	63（「禅宗歌
了了心猿方寸機、……	5	60	60
西江月（一首）			
丹是色身至宝、……		無	
悟真篇後序			後叙←……

四

以上の対照表から明らかなように、『道枢』悟真篇が引用した文章は、もし紫陽真人張伯端の『悟真篇』からの抜萃であったとしても、その引用の順序が道蔵本その他のテストと著しく異なっている点には注意しなくてはならない。『道枢』をもって曾慥の撰として、現行本を一応の基準とした場合、『道枢』悟真篇引用の張真人『悟真篇』の部分の順序は、曾慥が手にし、目観している『悟真篇』の順序に従っている、と考えるのが妥当であろう。

更には、諸テキストの著しい順序の違いや、「西江月」十二首が『道枢』悟真篇にはまったく無いことや、「禅宗頌歌」などにも触れていないことをみると、曾慥の時に有ったのは、「平叙以為未尽。」として作った「短章」其一から其十八ではなかったかと疑われてくる。そのような疑問を支えてくれるのが、曾慥の『道枢』巻三の容成篇の次の文である。

世所謂善一作喜御女而得其効者、宜無踰寿光、寿光且死、則是道也。悪足以語長生久視之理也哉。彼方士以採戦之方、以惑学士大夫。懼其言之不足取信也。則窃古先至人以名其書。故称、西華有二十有四篇、則曰鍾離雲房所作

> 也。西江月十有八篇、曰張平叔所作也。指女子為偃月鉔、以童男女為真鉛汞、取穢濁為刀圭、肆情極欲、一旦溘然而逝。其名曰桶底脱(8)。

ここにいう「西江月十有八篇」がどの詞を指すかは判然としない。既に対照比較した諸テキストに載せる「西江月」は、合計すれば二十四篇以上の数になる。その内容の穿鑿は別にしても、「西江月」の名のもとに集められていた詞篇が曾慥の頃に張平叔の撰とされていたのである。曾慥は「西江月」「十有八篇」としか記していないが、このことは、今日張平叔撰として伝わる『悟真篇』に、後人の手が加わっているのではないかとの危惧を抱かせる。

そこで、一番困難な問題に当面するのがいわゆる『修真十書（悟真篇）』の末尾に見える「禅宗歌頌」と称せられる一連の作品である。禅仏教の悟りの境地を説いて、深い宗教性が濃厚に表出している部分は、丹道を説く『道枢』では触れる必要がなかったのかもしれない、と一応は解釈されよう。一応というのは、『道枢』の中でも、仏教や禅に関する記述は幾つか見出されるからである。例えば上掲の巻三容成篇の文は、更に続いて、

> 或問曰、無漏果位者、当豊其源、而嗇其出。故蓮華不生高地平原、而生淤泥、何謂也。至游子曰、道家者流有八漏、竺乾之法有諸有漏。豈爾所謂漏者乎。司馬子微曰、志之漏也、形趨于后土。念之漏也、神趨于鬼郷。吾所謂無漏者、無此漏也。豊入嗇出、養気則然矣。達磨之胎息是也。淤泥之蓮、易壊者也。未若松柏産於陵岡、而不凋者也。吾亦有蓮焉。盖嘗発於烈火之中矣。或者聞其説而疑、以問至游子曰、……

と、竺乾の法や達磨の胎息について述べているからである。しかし、曾慥は、達磨の胎息に関していえば、それを必ずしも最上のものとは思っていないのである。この点に関しては、既に本論第一篇第三章で論じているので詳しくはそれに譲るが(9)、今簡単に触れるならば、すなわち『道枢』巻三十八の会真篇において、

> 天皇聖胎、上法也。達磨胎息、中法也。扁鵲辯霊枢之篇、葛洪釈胎息之説、因胎生息、因息就胎、下法也(10)。

と批評している。では曾慥は、仏教に対して冷淡であるかといえば、そうではない。『道枢』巻三十一の九仙篇には、六通国師一行の名も出ているし[11]、巻三では、

碎金篇漆園之玄、竺乾之空。均乎正心、世儒同功。

竺乾氏以復性為要。切勿求其證、而證自知矣。

竺乾氏為円覚之説曰、心息相依、息調心浄。吾観其理殊同帰歟[12]。

などと、頻りに禅や仏教について語っている。因みに『修真十書（雑著捷径）』巻二十二と二十三には、「（王）紹之教授見和勧道歌、深明至理、復歌元韻　曾慥述」（本文は略す）、「慥三用韻」（詩は略す）、「臨江仙」（詞は略す）と曾慥の詩文が続き[13]、巻二十五では、

至游居士座右銘

即心是道道不離心与即心是仏同　以下為基修養究竟、在於還精補脳、当以丹田為基本、故曰、高以下為基也。　如人飲水、冷暖自知三田之内、冷処欲其暖、暖処欲其冷。他人何与焉。独己自知身。　不愁念起、只怕覚遅一念起如速覚癟。即念随覚滅念、捷不自覚悟即殆矣。　懲忿窒慾、銘諸肝脾修養所戒者、忿慾二事損失真炁、其害甚大。懲忿銘諸肝者、以怒属肝也。窒慾銘諸以脾主意也。

詠道詩

九転神精返上元　河車般載運周天

大道不離方寸地　一条径路過三田

と、至游子曾慥に居士の称号を付した銘が載せられている[14]。また、『道枢』の書名も上述の如く『荘子』等に由来するが、道枢の語は『荘子』を媒介にして禅宗においても用いられる語である[15]。

紫陽真人の『悟真篇』の前序には[16]、

又覚其中惟談養命固形之術、而于本源真覚之性、有所未究[17]。遂翫（一本作按）仏書及伝灯録。至于祖師有撃竹而

悟者、乃形於歌誦詩曲雑言三十二首。今付之巻末。……

とみえる。すなわち、仏書を繙き読むうちに、『伝灯録』に竹を打つ音で悟を得たものがいたのを知り、その精神を歌頌等の形式で示したというのである。もしこれを張平叔の真撰とするならば、張真人を高く評価し、かつ、禅仏教に関心を持っていた曾慥の心を打ったに違いない。しかし今判然とその証拠を示すことはできない。ただ至游子曾慥には『類説』六十巻があり、その巻二十には『伝灯録』が載せられており、撃竹のことがある。そこには、「従自心来」「身心倶定」「心無所希名之曰道」「性空」「本来無一物」「安心偈（安心掲慧）」「即心是仏」「無去無来」など九十一項目など（更に厳一萍氏の補録するもの十一項目）がある。いまその中の一二を示してみよう。すなわち、

撃竹作声

香厳智閑禅師、因山中芟除草、人以瓦礫撃竹作声、廓然省悟。

一念修無漏道

楚南禅師曰、諸子設使解得三世仏教如瓶注水、吸得百千三昧。不如一念修無漏道、免被人天因果繋絆。

などとある。『伝灯録』は、宋真宗景徳元年の道彦或は道原或は道元の撰といわれる。

『類説』巻五十には、「仏書雑説」に「三教」の項目があり、そこでは、三教一致を説き、「無漏法門」の項目では、

仏者、人弗為悪也。仙者、如山之不動也。人弗為悪、通乎昼夜之道、而即所謂円覚也。退蔵於密、釈氏所謂無漏法門也。

として、三教に上下のないことを述べている。無漏及び漏については、『道枢』巻三容成篇において曾慥も触れていることは、既に記した。

以上、『道枢』悟真篇を紫陽真人張平叔の『悟真篇』と対比しながら考察を進めてきたのであるが、結論として、

次のことがいえるのではなかろうか。すなわち、『道枢』悟真篇が張平叔の禅宗歌頌や後序に触れていない理由としては、曾慥が『道枢』を撰述した時にはそれらが無かったか、有ったにしても曾慥はそれらを無視したなどのことが考えられる。「西江月」については、曾慥は張真人のものとは認めなかった。最もはっきりしていることは、曾慥が張平叔の『悟真篇』を宗教書としてではなく、あくまでも金丹道の仙術を説く書としてそれを取り挙げていたことである。『道枢』悟真篇は、南宋初期に張平叔の『悟真篇』を金丹道教の書として評価する人物がいたという事実を示すものとして、その価値を後世に残すもの、といえよう。

注

（1）道蔵、第一二二、『修真十書（雑著指玄篇）』、六巻、第一。

（2）「西江月」其十二の後に、偽作と思われるが「宋紫陽真人曰、此詞恐学道之人、独修金丹、不通性地、則運心不普、物我難齐、又焉能究竟円通、迴超三界。…故悟真篇中、先以神仙命脈、誘其修煉。次以諸仏妙用、広其神通。終以真如覚性、遣其幻妄。斯頓超究竟円通之彼岸矣。天台張平叔自跋」（『道蔵精華』第三集之四、『悟真篇闡幽』、二五九頁）とある。

（3）『東方宗教』、第十九号（今井論文）、『東方宗教』、第七〇号（福井論文）、その他、柳存仁「張伯端子悟真篇」（吉岡博士還暦記念『道教研究論集』、七九一頁）、吾妻重二「悟真篇の内丹思想」（『中国古代養生思想の綜合的研究』、六〇〇頁）があるが、皆、曾慥には触れていない。

（4）道蔵、第六一、『紫陽真人悟真篇註疏』、序、第十三〜六二、後序。

（5）この詩の一部は、『道枢』巻七の甲庚篇に「張平叔詩曰、」として引用されている。

（6）注（5）と同じ。

（7）道蔵本巻四以下、所謂「絶句六十四首」と称する詩群が終った後に、修真十書本は「又絶句五首」を置き、その第六番目に「五言」として一首がくる。ここでは「又絶句五首」を1から5で示し、この「女子著青衣」の詩を5とした。

（8）道蔵、第六四一、巻三、第六。

（9）拙論「『道枢』の一考察」（『東方宗教』第六十三）が初出で、本論の第一篇第三章参照。

（10）道蔵、第六四八、『道枢』、巻三八、第一八。

（11）道蔵、第六四六、『道枢』、巻三一、第五。

（12）道蔵、第六四一、『道枢』、巻三、第二・三。

（13）道蔵、第一二五、『修真十書（雑著捷径）』、巻二二、第二以下、及び巻二三、第一。

（14）道蔵、第一二六、『修真十書（雑著捷径）』、巻二五、第五・第六。

（15）『伝灯録』、付録、宏智疏、「道枢中虚、理不我、取其名像、霊機内発」（『新版禅学大辞典』、九三二頁）。

（16）『悟真篇集註二種』（「道蔵精華」第六集之一、三七四頁）。

（17）「遂翫」以下、修真十書本（道蔵、第一二六、巻二六、第四）は別文を引用する。（注3）の福井論文、二六頁参照）。

第七章 九仙篇について

一

僧一行（六八三―七二七）[1]については、真言天台禅律の諸学を修めて、特に真言宗伝持八祖の一人に加えられる高僧として、仏教研究者による各種の研究がある一方、『大衍暦』による唐代新暦の創唱者或は天文学地理学の学者として、科学史研究者の側からの研究が数多く刊行されている。[2]従って一行については、特に新しく論ずべき資料は既に出尽くして、殊更に紹介すべきものは何もないかのように思われる。しかしながら彼には、陰陽術数讖緯に関する、道家道教学者としての側面があるにも拘らず、道家や道教の研究者による研究は、従来殆んどなされていなかった。このような意味において、道教文献の上から一行禅師に考察を加えてみると、今日まで見過ごされてきた貴重な資料が、南宋初期の道士曾慥の『道枢』に見出されるのである。

『道枢』は、上述のように「道蔵」太玄部（篤字号――美字号）に収められており、当面の僧一行に関する記録は、その巻三十一の九仙篇に見出される。それは、六通国師の名を示して、割注として、「一行也。[3]」すなわち一行禅師その人である、としている。『道枢』九仙篇のこの表現は、従来の僧一行の研究書が、彼の姓字や称号について、俗名は張、名は遂、諡号は大慧禅師などとするほかに、一行阿闍梨と呼んだりしているのとは、全く異る国師号があったことを伝えている。『宋高僧伝』巻第五には、「唐中獄嵩陽寺一行伝」があり、そこに、

　天師一行和尚至。僧号天師、始見於此。言天子師也。[4]

という記述がある。すなわち僧一行は、天師一行和尚と称せられたこともあることを知るのであるが、そこにも六通国師の称号はない。

　このように見てくると、『道枢』巻三十一の九仙篇にある「六通国師一行也。」とされる人物が、上来問題にしているところの大慧禅師・一行阿闍梨・天師一行和尚その人であるとするならば、『道枢』は、僧一行に関する真に貴重な資料を後世に伝えている文献として、高く評価されなければならない。

　そもそも道士曾慥の撰述した書についていえば、『道枢』[5]が僧一行の貴重な伝記資料を後世に残しているだけではなくて、[6]『道枢』以外の彼の撰述したものとされる『類説』や『高斎漫録』などの書についても、同様のことがいえるのである。[7]曾慥の伝が「正史」に見出せないこともあって、従来、道教研究者においても、曾慥について或は『道枢』についての研究は、上述のように無視されはしなかったが、軽視されてきたようである。

　さて、当面の曾慥の『道枢』は、『四庫全書総目提要』も触れていないように、その価値が注目されることは少なかった。しかし、『類説』や『高斎漫録』が『四庫全書総目提要』で評価されているように、[8]曾慥の学人らしい態度は、当然、『道枢』においても発揮されていると考えるべきであろう。このような観点から、『道枢』に引用されている僧一行の『天真皇人九仙経』に加えられた注の文を考察し、それを彼に関する新しい資料として紹介して、『道枢』の研究とともに僧一行の研究の一助としたい。

二

『宋高僧伝』の一行の伝には、彼が書物を一読しただけで、再覧することなくして暗誦してしまったとか、玄宗皇帝が一行の才能を問うたのに対して、「略能記覧、他無所長。」と対えたことが記録されている。[9] これらはつまり、僧一行の記憶力の抜群であることを示すものである。従って、そのように優れた学僧一行の撰述と称せられる作品や書名もまた、当然のこととして数多く伝えられている。[10] 長部和雄は、「大正蔵経」と「大日本続蔵経」所収の書目の真偽を辯別された上で、

今日逸して書名のみ伝っているものには、『旧唐書』の「方伎伝」に見える『大衍論』三巻・『摂調伏蔵』十巻・『天一太一経』一巻・『太一局遁甲経』一巻・『釈氏系録』一巻・太素撰『後魏書』一百巻の「天文志」・次に『宋史』の「芸文志」に載せる僧一行『天真皇人九仙経』一巻・僧一行『開元大衍暦議』十三巻や、『通志』の「芸文略」に見える一行『六定露謄訣』一巻等は一行に名を借りた偽托の疑いが強い。

とされている。[11]

右の書物の中で、僧一行の『天真皇人九仙経』一巻については、宋の晁公武の『郡斎読書志』をはじめ、多くの目録にその記載がある。ピエット・ヴァン・デル・ルーン（Piet van der Loon）は『宋代収蔵道書考』において、「天真皇人九仙経一巻」として、『崇文目』『通志略』『宋志』『衢本郡斎志』の諸目録を挙げた後に、

按九仙興廃記云、此経黄帝留峨眉山石壁。漢武帝時得之、大中嘗禁断。参道蔵（一二一七）真龍虎九仙経。按葉法静疑当作葉法善葉静能。

と記している。因みに、『道枢』巻五の黄帝問篇には、「（黄帝）崆峒より帰りて、復た皇人を訪ねて、その三一を究め、微を知り、真を知る。」と、[12]『天真皇人九仙経』の由来を説いている。

今、当面の『九仙経』を後世に伝えている書を時代順に整理してみると、次のようになる。まず「正史」の上においては、後晋の劉昫等編するところの『旧唐書』芸文志にも、また、宋の欧陽脩等編するところの『新唐書』芸文志にも記録されずして、元代（一三四五）に托克托等が編纂した『宋史』芸文志（四）に至って、はじめて、

僧一行天真皇人九仙経一巻

と載せている。因みに、南宋の高宗の紹興六年（一一三六）に、曾慥の『類説』が完成している。

さて「正史」以外では、北宗の仁宗の景祐元年（一〇三四）頃の王尭臣が撰述した『崇文総目』巻四、道書類一に、

天真皇人九仙経一巻

とあり、南宋の高宗紹興二十一年（一一五一）に晁公武が撰した『郡斎読書志』には、

天真皇人九仙経一巻

と記載し、「一行・羅公遠・葉法静、注」とする。同じく高宗の紹興三十二年（一一六二）に鄭樵が著わした『通志』巻六十七、芸文略第五、道家二には、

天真皇人九仙経一巻唐葉静能撰、羅公遠僧一行注。

と記録されている。また、南宋も末の咸淳年間（一二六五—一二七四）の進士馬端臨の『文献通考』巻二百二十四、経籍五十一には、これまた上述のように、「一行・羅公遠・葉法静、注」として、

天真皇人九仙経一巻

と、書名と巻数を記している。明に入っては、焦竑の『国史経籍志』巻四、上に、

天真皇人九仙経唐葉静能撰、羅公遠僧一行注。

と見える。『宋史』芸文志が僧一行の名のみを経の上に冠するのに対して、他の書では、僧一行の名の外に、葉・羅二人の名を加えている。『通志』芸文略第五の記録に付けられている注では、『宋史』芸文志の記載とは異なり、撰者を僧一行とはしないで、葉静能とし、羅公遠と一行が注を加えたものとしている。

撰者についての記録とその検討は、一応上に述べた程度に止めて、以下において、『天真皇人九仙経』が偽託であるのかどうか、或は、その経が亡佚してしまったものなのかどうか、或は、その経典が今日、「道蔵」洞真部（珠字号）に収められている『真龍虎九仙経』と同じものなのかどうか、などについて考察を加えてみたい。

まず、最後に挙げた『真龍虎九仙経』から検討を加えることにする。この経の標題は、「道蔵」本においては、

真龍虎九仙経

羅葉二真人註

となっていて、僧一行の名はそこには見えない。従ってこの経典をもって、『宋史』芸文志にいう「僧一行天真皇人九仙経」であるとすることもできないし、『郡斎読書志』等の書目にあるように、僧一行のほか羅・葉二者の注をもった『天真皇人九仙経』そのものであるとすることもできない。次項以下において詳細に比較対照するように、この『真龍虎九仙経』は、僧一行と羅・葉二真人の合計三者の注の中から仏教者一行の注を、仏教者であるという理由からか、一行に偽託されたものと考えられたためなのか、或は何らかの理由で除外して作られたもののようである。

それでは、本来存在したであろう『天真皇人九仙経』の僧一行の注はどのようなものであったのであろうか。この疑問を一挙に解決してくれるのが、上述の曾慥の『道枢』九仙篇なのである。そして、『天真皇人九仙経』が僧一行に偽託された書であるのかどうかの問題についても、少なくとも南宋の初期の道士曾慥は、『天真皇人九仙経』とい

う名称は用いてはいないが、それを、僧一行と羅公遠と葉法善の注を伴った経典と信じていたことが判然とする。
以下、僧一行の注を発掘することを中心としながら、『道枢』九仙篇と『真龍虎九仙経』とを対照比較してみよう。

三

A本『真龍虎九仙経』「道蔵」
洞真部（珠上）（第一一二冊）
羅葉二真人註

天真皇人語黄帝曰、子欲修其身、先須静其意。
葉公曰、凡修長生久視者、先忘意、無七件事、方始得成。故曰、先須静意。
無散乱、無煩怒、無起著、無妄想、無貪愛、無邪婬、無放逸。

B本『道枢』巻三一、九仙篇「道蔵」太玄部（誠上）
（第六四六冊）皇人折微、三士頤陰。輿者得轂、褻者振領。
光辯天師葉法善也曰、修長生者、勿散乱、勿煩怒、勿起着、勿妄想、勿貪愛、勿邪淫、勿放逸、而後可成也。

A本では、葉公が「七件事」としている内容が、次の経文に出ている。しかるにB本では最初の経文の解説と思われる部分に、A本の第二番目の経文の字句が入っている。A本は、右の第二番目の経文の直後に次に示すように、羅真人の注が続く。B本には、右の注のあとに、次に示す羅公遠の注と思われるものがくるのであって、僧一行の注はここでは記されていない。以下、B本に関していえば、「六通国師曰、」「光辯天師曰、」「永元真人曰、」の語がない時は、B本にはA本に見える注はないのである。

羅公曰、凡修道、散乱其意不堅、何時得就。……
　内安其神、外去其慾。
　　葉公曰、内安其神者、黄庭経云、……
　　羅公曰、安神者、叩歯、想於三魂、作仙真之形、人
　　身之福神也。……故衆神不安、人則患生、神散曰死。
　　故外去其欲也。

永元真人羅公遠也曰、学道者、先叩歯、以集其神、而後
想其三魂、作真仙之形。此吾身之福神也。其神不安
則患生、其神散乱則死矣。

A本にある葉公の語がB本にはなくて、B本では葉法善の注の直ぐ後に羅公遠の注がきている。文章の内容は、B本の方が読み易く判り易い。右の「安神」の法は、『太清服気口訣』の「勑身神呪」などに通ずるものがある[13]

　当修其事、若衆患起、以気理之
　　葉公曰、此者是天真皇人、故引黄帝問也。

右のA本の葉公の注は、本節の冒頭の葉公の注と同じく、前の経文に対するものというよりも、その次にくる経文に深く関係している。冒頭の葉公の注もここにある葉公の注も、むしろ、それぞれ後の経文に付した方がよいのかもしれない。

　黄帝乃問天真曰、凡修其道、豈有患乎。天真曰、凡人
　有遇道晩矣。已泄其真気、気虚敗也。
　　葉公曰、未遇之前、多施泄也。
　帝曰、如何気理。天真曰、少用水、大用火、一切大患、
　無能拒於火也。

因みに、施肩吾の『西山群仙会真記』に、

九仙経曰、病小用水、病大用火。……

の語がある。[14] これは、『九仙経』の経文として貴重なものといえよう。更にA・B両本の対比を続けよう。

葉公曰、夫水火者、古聖大薬也。不在於外。凡人身上有水有火。雖互説不同、其帰一也。心為火応離、腎為水応坎。凡修道造金丹、須憑龍虎水火也。先静地戸、如水後下。龍虎交之有度、用之有数。下心火焼、能理衆病。虚者補顔如童。故曰、龍虎金丹大薬也。故諸患皆愈也。又有患少者、以法水洗、従頂至足、用腎水洗之也。又有患大者、従足至頂、用心火焼之也。又有大患、乃為無常至用火拒煞鬼。法度並見下注。

光辯天師曰、水火者、古先聖人之大薬也。不在于外、而在吾身焉。心火也、応于離。腎水也、応于坎。故造金丹者、須憑竜虎水火者也。先之浄其坎戸如水、而後下竜虎焉。於是、交之有度、用之有数、下心之火、焚之可以治衆疾、補虚損矣。病之微者、自頂至踵、以腎之水、洗之可也。病之大者、自足至踵、以心之火、焚之可也。

A本の葉公の注が非常に長いが、その全文を記したのは、それをB本の注と対照比較することによって、A本とB本の注の文の性格が明らかになると考えたからである。また、右の文中に「自頂至踵」とあるが、この「踵」は何処を指すのであろうか。『荘子』大宗師に、「真人の息は踵を以ってす。衆人の息は喉を以てす。」とあり、焦竑の『荘子翼』に引く盧陵羅勉道の『荘子循本』では、この語を解して、「息之深者、如蔵于足。息之浅者、如出于喉。」とする。[15] すなわち「踵」は古来、「かかと・くびす」を指すものとされてきた。[16] しかし道教では、必ずしもそのようには考えていないようである。上文でも少しく触れたが、『胎息精微論』では、「踵猶根也」[17] とするが、『陳虚白規中指南』では、「踵は、その息深深の義にして、神炁交感は此れその候なり。」とする。[18] A本では、病軽き者の場合は、「頂より足に至らしめる」のであり、病い重き者の場合には、「足から頂に至らしめる」のである。これをB本において見るに、「病の微なる者は、頂より踵に至る」のであり、「病の大なる者は、足より踵に至る」ように、「心の火」を以て病を焚いて治愈せしめる、となっている。この最後の「自足至踵」の場合は、大病を治すため足より足のかかとに至るでは意味を成さない。そこで思い起こされるのが、『道枢』巻之十八の契真篇で曾慥は、「棲真子曰、……至人息于神踵、踵者首也非臍下（非臍下。）」という説を引いていることである。これは、B本の「自足至踵」の解釈に参考になるばかりではなく、踵足の研究に寄与するところが大きいと思われる。A本では、右の文に続けて、「葉公曰」となるのであるが、B本では、右の文の後に直ちに、注目すべき僧一行の注文を記している。それはいうまでもなくA本には欠落する文である。

六通国師（一行也）曰、患小用水者、不欲犯腎蔵也。当守一以謹之、七日則諸疾除矣。患大用火者、火従心発、下入于左右足、上至于左右臂、以及首目。九九発之、一息皆周焉。此所謂周天之火也。夫火有四。有曰焚身火者、想従心之下、至于関鎖。其光焔焔、満九九之数、可以去三虫焉。有曰敵陰火者、想従陰之下而起、偏焚其身、満三三之数。有曰霊亀火者、三火従其下、至于坎戸、分為二路左右、従其足内、至于足指五路、尽出相合、左旋三匝、漸大至于腰之下。於是、敵陰之火、引霊亀之火、合而右旋三匝、漸大至于頂、則九点其首。挙前法者九過。有曰降魔火者、大病将死、則定息而坐、如霊亀之法、而左旋以焚諸魔。

以上がB本にのみ見出される僧一行の注である。この後、A・B二本には、次のような注記が続いている。

羅公曰、凡用水火理病患、皆一息内也。用水想腎蔵両条黒気、如烟直上至頂、如烟満泥丸宮、化為水。──

永元真人曰、用火者、心火也。下至左右足上、至于手及其頂。一息之中、九過者也。用水者、想二腎之自泥丸洗下之、至臂洗之了。入五臓六腑、及至足了。挙足起以意想之、帰本腎宮。若患癰疽等病、想入大腸、自然転動也。若用火者、心下火至左右足上、至手及頂、一息之中、九壮其気、病自除。熱則用水、冷則用火。

若学道、瞑目、鼻上望寸糸、亦不得想離其本腔、趄之即為定（趄者不進也。）

葉公曰、以本意在鼻上曰玄牝《ママ》門。諸事俱捨、不挂寸糸離其本念、定息趄其来去、不出不入也。為之定法。

羅公曰、玄牝門者、鼻也。与肺合其出入息。今為定法、鼻上住息、一意堅守為定。故曰守一也。

黒気、如煙直上至于頂門、満于泥丸、化而為水、以洗之、下至于腎、入于五蔵、至于其足、既巳則挙其足、以意想復帰于腎。癰疽者、則先入大腸、自然転動矣。

光辯天師曰、冥本意在鼻之上寸糸、不掛于心玄牝之門、諸事俱捨、離其本念、定息不出不入焉。

永元真人曰、玄牝之門者、其鼻与肺合、其出入息、宜堅守、以定者也。

A本にもB本にも、「守一」の語があるが、ここにいう「守一」は治病のために行うものであって、上引の『太清服気口訣』の「老君治身守一法」に類似するものである。(19) また「雲笈七籤」第五十六巻の「元気論」には、羅公遠の「三岑（峰）歌」があり、そこには、「歌云、樹衰培土、陽衰気補、含育元気、慎莫失度。」と記されている。さて、A本にはこの、経文が二ヵ処に亘って引用される。すなわち、その経文の一つは、

諸境不得逐、抽掣何模様。次入眉間、観白毫光業現。

であり、その注は、

羅公曰、如鼻上定、則観諸境、不動如亀毛兎角。抽掣自然、向眉間想之、白毫光明、見三世事。以定力故、切不

在著諸境。必観之在眉間倶現。

となっている。因みに『道枢』巻三十七に「三業」を精・気・神とする。さて、他のもう一つの経文は、

眉上力極、移入頂中、三件定実、功乃騰矣。無心無著、外想不入、衆禍不加。従九至九、錬七至七。

である。因みに、『西山群仙会真記』巻一に引く『霊宝内観経』に「外境不入、内境不出、神識自守。……」とある。[20]

さて右の経文に対する注文は、

羅公曰、従九至九一度、鼻至眉、眉至鼻、鼻却至頂、皆三度曰九。従九至九、毎日造九度。乃九九八十一矣。造作至四十九日、必自定矣。一伏時不出不入。葉公曰、定力得者、必成真仙也。

となっている。A本の経の文章の中でも、仏教的な表現が顕著なところである。この仏教に関係深い羅公の注文は、B本にない。しかしながら、二つの羅公の注の文のうち後出の注文は、B本では右の「永元真人曰、……宜堅守、以定者也。」の文に直ちに続いている。なお、A本の末尾の「一伏時不出不入。」の語はB本では割り注になっているし、A本のその後には、直ぐ、「葉公曰、定力得者、必成真仙也。」の文が続くのに対して、B本の方は「葉公曰、」の文はなくて、その代りに注目すべき僧一行の注が入る。

若愛来与去、久隠在世間、当想開頂門、黄霞満天地。

羅公曰、此法修之、隠跡遁世也。従脾上起、黄雲撞

六通国師曰、既有定法、則修想其本、霊冥在于金堂玉闕之中、如吾之形。偏観既已、然後想開頂門有黄雲焉。従脾之上、而起向于頂門、撞開其額者、凡一息之内、為之七過者三焉。左辺開上、右辺開下、故曰、黄雲満天地矣。

永元真人曰、其黄雲之起而撞也。男子則撞左掩右焉。

頂、男左掩右、女右掩左。男修之、黄雲挙起撞左、想左辺高、然後聖身出時、用手圧右令下也。女修之、黄雲撞右辺、想聖身出、用手圧左畔下、然後方出。
葉公曰、虚無也。此法黄雲遍満内外、感応体上、倶黄也。修此法、起黄雲、毎日撞於頂門、一息之内、撞三七度。凡毎日、如斯作二十一遍也。如斯二十一日也。能出黄気。故曰、黄霞満天地也。

女子則撞右掩左焉。高想聖身之出也。用手圧其右、使之下焉。女子則圧其左焉。
光辯天師曰、一息三十七撞、日為之二十一過、至二旬、乃能出黄雲矣。

この後、B本にはまたしても彼の僧一行の注文が続くのである。そして僧一行の注に対応する注が、A本では羅公の注なのである。次に、

冥心細想、内自有神、用意行之、去来自在、欲離其腔、黄霞重蓋。

とA本の経文が入る。それに対するB本にのみ見える僧一行の注は次のようなものである。

六通国師曰、吾想、其霊冥乗其黄雲而起、開其頂門、坐于雲内、極力帰于頂門内、閉其頂、復入于金堂玉闕。想其出入、如此者数過。方離其身、則留黄雲、覆其頂門、乗其雲而出、下視其身。修之不懈、至四旬有九日、当有形見 形如水。墨者 十旬有八日、自然去住、自如其既開也。開其頂門、而入于身、上下倶煖矣。

次にA本にのみ見える羅公の注文を示す。

羅公曰、冥心細想、身上霊冥、坐在金堂玉闕之内。用意想、此霊冥乗黄雲起来、開頂門、乗黄雲坐、力極帰頂門、内閉頂門、却入金堂玉闕、又想出入、如此数凡四十九度也。故経云、六時行道四十九遍也。凡離身之時、須留黄雲一朶、蓋頂門。然後、乗黄雲一朶下了、廻面看本身也。但修行無間断方成。至四十五日、当有水墨形現也。諸人亦見一百八十日。自然去住自在、凡去時、身上下倶如冰雪也。廻来時、還開頂門帰身、上下倶暖也。

そして、A・B両本が対照できる注文が来る。

葉公曰、仙家睡法、臥而為之、亦如羅公所説也。不論年月多少。去時如睡也。廻時如睡覚也。

光辯天師曰、可以臥而為之。其名曰睡法。其去如寝、其来如寤焉。

或帰住本……（以下次の第四項に示す文に続く）

右の文中の「冥心」については、「雲笈七籤」第六十一巻の「諸家気法」に「冥心無思」を説く「延陵君錬気法」がある。また上掲の『西山群仙会真記』巻一には、『霊宝内観経』を引いて、「君火を下田に降して、黄雲を四大に布く。」という記述がある。[21]

さて、右も文中で注目されるのは、A本では「当有水墨形現也。」とあり、B本では、「当有見形如水。墨者。」とある語である。これは羅公遠や僧一行が見ているテキストの経文の中にこれらに類する語があったのであらう、と想像させる。

因みに「水墨」の語は、後でA本に、「第八鬼侠、人不見其形本。修神仙、水墨形。水墨劔也。出入往来、如気不殊」[22]。と見える。次に右のA・B両本の比較の中で、A本では「一百八十日」となっているところが、B本では「十旬有八」となっている。また注意されることは、A本には、「葉公曰く、仙家の睡法は、臥もまた、羅公の説くところの如し。」などとあることである。すなわち、A本『真龍虎九仙経』は、羅公遠の注を見つつ、葉法善が注を加えているように思われる。因みに、「羅公曰、」に始まる羅公だけの注の文が記されている例は、六条であり、「葉公曰、」で始まる彼だけの注は三条に過ぎない。しかも「羅公曰、」の注の後に「葉公曰、」の注があるのは、十三条であり、「羅公曰、」が先にくるのは、わずかに二条である。この事実は葉公が羅公を尊重している証左或はこの経における羅公の注の重要性を示すものといえよう。このことは、『真龍虎九仙経』の羅公と葉公の注の成立過程を想像したものであるが、更に重要なことは、『道枢』九仙篇を見る限り、羅真人・葉天師の注を導くものとして、六通国師一行の注が先行していた、と想像されることである。少なくとも曾慥が見ている『天真皇人九仙経』は、そのような構成になっていたのではなかろうか。曾慥は、『天真皇人九仙経』を、僧一行の注を中心として、それに、羅公遠・葉法善の注が付けられたものとして扱っている。曾慥が、『道枢』において九仙篇として纏めるための根本になったテキストは、右のような形式になっていたのであろう。このように考えるならば『宋史』芸文志が、

僧一行天真皇人九仙経一巻

と僧一行の名を経典に題している意味も理解できるように思われる。

以下、これらのことどもを明らかにするために、六通国師一行の注を『道枢』より引きつつ、曾慥が見ていた『九仙経』の構成を探ってみたい。

四

右のB本の引用文の最後の光辯天師の語句「其来如寤焉。」に続いて、

修道必待陽数之興、而勿施泄。令陽気作用焉。故当一陽之生、則修之於静室、諸縁倶捨、而存想其五臓諸神。所謂青龍白虎朱雀玄武也。所謂恍惚杳冥之中者也。天真皇人言、頂上蔵太陽者、四十五数足、何謂也。此呑日月華之法歟。……永元真人曰、日者魂也。属于陽。故真仙無影純陽也。……

という文章が入っているがこれを前章B本の末尾に続く文であるからとて、直ちに光辯天師葉法善の語として、果たしてよいであろうか。それは、曾慥の解説の文とも考えられるが、むしろ僧一行の文と考えた方がよいのではなかろうか。今再度A本『真龍虎九仙経』の本文と対比して、A本に相当するところに、撰者不明の文を充当してみよう。A本の文は前節の末尾の「廻時如睡覚也。」の次に、経文が、第三項上段で示したように、一字上がって、仏教的な表現を混じえながら、次のように記されている。すなわち、

或帰住本体、或離入他身、或別従初起。或奪他安己、或令他離体、或方便相救。或広施安隠者、或自利損他。罰著身必墜。此法実無虚、永劫只如是。

そして一字分下げた注文と一字分上げた経文が続き、

羅公曰、此者神仙也。……

葉公曰、神仙之作用也。……

此法為小術、自利自家、修久住於世間、自在常出没、一投胎、二移舎、三旧居、四奪位。若修分身法、須待陽数興、冥心坐静室、分明錬五神。

となる。曾慥が見ている『天真皇人九仙経』では、恐らく「六通国師曰、」というような語を伴って、今日葉法善の注とされている前節末尾のB本「其来如瘖焉。」に続く注が、左に示す「羅公曰、凡修身、……」の注に先位って入っていたのではなかろうか。そう考えた方が、文章の流れや内容の繋がりが良いように思われる。伝写の誤りが惹起したものだとも推測されるが、もしそうだとすると、九仙篇の僧一行の注は一条増えて十条となる。

以上を整理すると、B本は次のようになる。

（六通国師曰？）修道必待陽数之興、而勿施泄。令陽気作用焉。故当一陽之生、則修之於静室、諸縁倶捨、而存想五蔵諸神、所謂青龍白虎朱雀玄武也。所謂恍惚杳冥之中者也。

そしてA本は、

羅公曰、凡修身、須近一陽生方動功也。夫金丹大薬、皆在冥心。心若一著、無有不成。若蒙至人伝訣、依法修之、切在戒慎、分明静室、息諸事、想恍惚之中、有神曰霊冥也。錬五臓気方成大道。故道徳経云、恍恍惚惚、其中有物、杳杳冥冥、其中有精。葉公曰、夫大道不遠、只在人身、恍惚杳冥、皆自習学。故老君云、吾本学習、非自然也。先須習於前来定法、後待一陽、冥心静室、乃錬五臓之精気、方為修道也。

因みに、『雲笈七籤』第五十六巻の「諸家気法」の中の「胎息口訣」では、静室において胎息を行うべきことや、身中の朱雀・玄武・青龍・白虎について説いている。また『西山群仙会真記』巻一には「火上負陰、恍恍惚惚、為真一之水。」とある。[23] さて、次のA本の経文である「頂上蔵太陽者、……」の語を正しく受けたものがB本の葉法善の注に混入している僧一行の注ではあるまいか。経文が注解の冒頭にくるのが、B本の体裁と考えられるからである。かくして、A本の経文である。

頂上蔵太陽四十五数足、

に応ずるB本の僧一行の注文と推定されるものが入ることになる。それは、

（六通国師曰？）天真皇人言、頂上蔵太陽者四十五数足、何謂也。此呑日月華之法歟。平旦日之初出、東向而坐、想其日如車輪、漸漸来至于口、則呑之、凡七十有二。嚥入于臍之下、用河車転之、拗起入于頂門。如此七旬有二日之後、可以採月華矣。毎月八日、上弦之後、向月瞑坐、想其月華入口、呑之凡八十有一嚥、二旬有三日。下弦之後乃止。俟其次月上下弦、再為之、八旬有一日即止。是為載日挟月者也。吾又有一法焉。於卯之時、東向想其日如明鏡、漸漸而至、以鼻接之、自玄牝而入、至于其腹、用河車拗起焉。至午之時、西向想其日如懸鏡、仰首以接鼻、於玄牝之中、復以河車拗起焉。日之西也、西向想其日来至、以鼻接之、入于精海、復以河車拗起、入于頂後、二月八月至夜、則想其月如鏡焉。下入于鼻、至于精海焉。或於日之出、東向存想。以鼻接之、而勿搐恐冷気。毎月為之四十九過、此九五之数也。以河車拗起、而為枕焉、用日不用月者、不用陰也。

となり、次に続く。

羅公曰、日者魂也、属陽。月者魄也、属陰。故真仙無影純陽也。亦呑日華、諸家互説不同。唯有鼻接而不搐者妙也。有一方不用河車、便自玄牝入、直至頂門、三点仰之、即頂後如円光也。此経不言河車定不用也。日四十五度、至四十五日、自一陽至立春也、陽之数也。

永元真人曰、日者魂也。属于陽。故真仙無影純陽也。若夫鼻接而不搐者、斯妙矣乎。或不用河車、自入于玄牝、直至頂門、三点首仰之。日為之四十五過。至四旬有五日、自一陽生、至子立春、此陽之数也。

右のA文の「日華を呑むこと、諸家互に説は同じからず。」の一句が示すように、「日華を採る。」とか「月華を採る。」などと呼ばれる道術には、諸説があるが、古く『登真隠訣』巻中に、「常に日を存すること心に在り、月を存することと泥丸の中に在り。夜は月華を服すること、日を服するの法の如し。[24]」などと見える。

葉公曰、日魂月魄、凡日為陽数、乃陰数之八九七十二也。月為陰数、乃用陽数也、九九八十一也。今此法純陽、故使四十五数也。不使河車、順天道左転、自玄牝随定至頂後也。凡四十五度、至四十五日、共計二千二十五数也。

光辯天師曰、日陽也。乃用陰数八九七十二焉。月陰也。乃用陽数九九八十一焉。此法純陽。故用四旬有五日焉。不用河車者、順天道左転、自玄牝之門、至于頂後矣。

以上のように、まずはじめに六通国師僧一行の解説文があって、次に永元真人羅公遠の注と、更にそれに、光辯天師葉法善の注が続く体裁が、少なくとも、南宋初期の道士曾慥が手にしているところのテキストの体裁であったのである。次のことは、一層そのことを明らかにさせるであろう。そしてその事実がまた、右の類推の確率を高めてくれるものである、ということができよう。因みに、服気と季節の関係は、医書『黄帝内経』などにも見られるが、『延陵先生集新旧服気経[25]』など、多くの道教典籍でも触れていることがらである。

眉下五輪、旋還在定中起。——

右の経の本文に対して、羅・葉二真人の注しか載せていないA本は、直ちに羅公の注を続けるのであるが、『道枢』においては、まず六通国師僧一行の注を載せて、次に永元真人羅公遠や光辯天師葉法善の注を記すのである。すなわち、次のようになっている。

——六通国師曰、眉之下五輪者目也。其名則有血輪気輪水輪金輪瞳輪之別焉。還在定中而起者、謂息入定中而作也。

因みに『道枢』巻三十七に「何をか五輪と謂ふ。曰く吾の目なり。」とある。(26)

羅公曰、五輪眼也。定中運水火於目中。故云、還自定中起也。

——永元真人曰、定中運水火於目也。

火中有木神、水内有金気、水火五蔵交、来往不離土。——

ここでもA本では、はじめに「羅公曰、」という注文がくるのであるが、B本はまず、六通国師僧一行の注で始まるのである。

六通国師曰、龍虎太丹有三焉。其一、則以其津液、一嚥而為虎気、一嚥而為竜気、入于精海、上于泥丸、下心之火、以焼之、拽脾之土、以蓋之。是存四神之丹又名二気龍虎丹、小還丹、白金丹。可以補下元壮気海矣。其二、嚥之送至于臍之下精海水面之上。丸如弾子者三過、縦心火焼之、用脾土蓋之。凡一丸用三龍三虎三火三土。其十二過、応于十二時、九九応于九州。是為一百八十之数也。其三、如前定息、目内一閃、自有津出、如氷雪、然入于其口、初従口之角而下者、想之為虎焉。復于定中、閃其目、則火星撤下、想之為龍焉。故龍従火出、虎従水生矣。五臓交者、先令虎在于口、而後発火龍、何謂也。下火呑従其左、而下至于脾、化而為龍、従肝之右出、入其左、而下至于脾、右遶三匝、是為耕其脾也。下水従其右、呑之至于肺、化而為虎。従脾之左出、入其右、而下至于脾之右一匝、種在脾土。是為往来不離土者也。

僧一行の注を欠くA本は、「羅公曰、」として次のような注から始まるのである。

羅公曰、真龍虎者眼為五輪。王火有五輪……

——永元真人曰、目之五輪有王火王水焉。惟水難得、故

葉公曰、青龍昼先行、白虎後去、属陽也。……

然後想真精、両腎合一気、心血下結成、方成嬰児象。

羅公曰、真精内津也。身象鼎也。……

土上有黄芽、方為己之命。

葉公曰、精暖、血熱、結之為胎。如婦人交感亦因精血成胎也。……

日初入照水、百度日践影。両腎日月光各出赤曰（白?）気。

先閃……光辯天師曰、青竜者、昼先下焉。白虎者、夜後行焉。……

永元真人曰、吾之身象鼎焉。……

光辯天師曰、聖胎者不自外求、想其腎出精気、入于血海、凝結而成者也。

この経文に対応するB本の一行禅師の注は次のようなものである。

六通国師曰、錬聖者有法焉。想其左腎以為日、而出白気。右腎以為月、而出赤気。於是、白気入于精海、復変為赤火之象焉。赤気入于精海、復変為白水之象焉。日月之気、以成聖身、至于海中。彼日之赤気如火而上至于脾、照其身。既已乃翻身、入于精海、而坐復想自月中起、而如前焉。又乗聖身而起、発光以照之。復翻身入于精海。如此、自卯至午。足践日影者百過。凡一息一為之。是為胎息之気者也。

この後、A・B両本は次のように続く。

羅公曰、凡結聖胎後、須錬聖身、毎日日出卯時、冥心静坐、想右腎為月。月出赤気、……漸漸挙起、至金堂玉闕、……

葉公曰、聖胎毎日、自卯時錬之、至午前一百度也。……

永元真人曰、所謂左右日月之気、漸漸挙起、至于金堂玉闕……

夜夜七七出頂門、自有応十月与身等、冥冥為地仙。

羅公曰、聖身就夜夜自精海中、乗紫雲起来、至金堂玉闕中、……

葉公曰、地仙者勝神仙也。……

錬腎臓之気、出入於耳中。如斯一百日、方住江海内。

六通国師曰、昼錬神、夜則出之。

永元真人曰、此聖身既就也。則夜自精海乗紫雲而起、至于金堂玉闕……

光辯天師曰、其出也、自一歩至十歩、以至二十歩四十歩百歩、可行万里。是為地仙者也。

これに続いて、B本にのみ見える僧一行の注は、

六通国師曰、定息錬腎之気百日、於卯之後午之前如前法、為之百過。夜則想腎左右有黒気二道、入于精海、化為黒雲、嬰児乗之、上至于左耳、出于右耳。凡一息則一出入焉。夜則三十六過百日、斯為水仙矣。

となっている。

右の文中に見える、服気による治病や五臓と五色の関係などは、上掲の『諸家気法』にも記されている。同じく上に引いた『太清服気口訣』の「分別外気元気訣」の治身守一の法においては、人身の耳について、「耳には各々二神あり、字は嬌女、身を治むる神。」という記述がある。次に、A本は、

羅公曰、水仙者当定息錬気、想腎為黒雲、出入於耳内、来往一百日後……

葉公曰、水仙雖功少一百日、見不如於地仙也。

錬精華為劒、巡遊四天下、能報恩与寃。是名為烈士。

羅公曰、列仙侠有九等不同。第一天侠……

となり、次にA・B両本が対比できる形に続く。

　葉公曰、錬劔者、先収精華、後起心火、肺為風鞴……
錬五臓之精、各満九九数、金鼎収其気、身騰而昇天。

光辯天師曰、神仙之劔何謂也。先収日月之精華、後
起心火……

因みに『西山群仙会真記』巻五に『九仙経』を引いて、「神剣金槌を錬るは、以て五蔵の気に本づく。」と記している。

次にB本には、一行禅師の注がくる。

六通国師曰、夫錬五蔵之精者、先自腎宮、想其有黒気、欝然而起。従耳而出、其大如蓋。息極復帰于腎宮、昼夜為之十一過。於是、八旬有一日、而後錬肝。肝有青気、想之出于頂門、亦如蓋焉。其色碧、息極復帰其蔵者、八十一過。於是八旬有一日、而後錬心、心有赤気、其数如前。而後錬脾、脾有黄気、其数如前。而後錬肺、肺有白気、其数如前。於是五蔵倶足、則五気倶興、斉出于頂、其気五色、光照一室、可以升騰于天矣。

一行禅師の注はここで終わり、A・B両本の対比できる注が次に続く。

　羅公曰、夫錬五臓気、凡秋七月、水生、方錬腎、……
　葉公曰、凡修此五臓気、……

永元真人曰、錬之者在夫七月水生、可以錬腎十月……

次にまたA本のみの経文と注文が来る。

聖身離俗塵、綿綿而黙黙、定中却投胎、再修還再結、一紀変四。身漸漸準前、化現之応無尽、方号真変易、此法皆順成、断無逆化也。

　羅公曰、不逆化者、謂不焚身、並不降三尸九虫也。……
　葉公曰、順者、為大限至……

此経非人勿伝

羅公曰、恐後不暁而図於後。……

以上で、A本すなわち『真龍虎九仙経』も、B本すなわち『道枢』九仙篇も終わっている。本論の第二項に示した『郡斎読書志』や『国史経籍志』の記載のように、『天真皇人九仙経』は『一行羅公遠葉法静』(『道枢』九仙篇は、葉法静ではなく葉法善とする)とか「唐葉静能撰羅公遠僧一行注」とかになっている。一方『崇文総目』等は撰人を示さないのに対して、『宋史』芸文志は、その書に僧一行の名を付して『天真皇人九仙経』としている。今、南宋初期の道士曾慥の『道枢』九仙篇によって、佚亡したといわれる『天真皇人九仙経』の僧一行の注を発見することができたわけで、その注を「道蔵」洞真部に収められている『真龍虎九仙経』に加えることによって、「唐葉静能撰羅公遠僧一行注」とか「一行羅公遠葉法静注[27]」とか記録されながら、亡佚してしまったとされてきた『天真皇人九仙経』が完全なものといえないまでも復元できるのである。その内容は、繰り返すことになるが、曾慥の依拠しているテキストでは、僧一行の注が経文に対してまず付いており、次に羅公遠のそれが続き、そして最後に葉法善のそれが記されているものであった。本稿では一応、現行の『真龍虎九仙経』を後出のものと推定した。

以上の考察を通して、『天真皇人九仙経』は、この地上から完全に消失してしまったものでもなく、また、現行の『真龍虎九仙経』が、従来「僧一行天真皇人九仙経」などと称せられてきた書物そのものでもなかったことが明らかにできたと思う。

因みに、『天真皇人九仙経』の中から、仏教僧一行の注を除いて『真龍虎九仙経』を作ったのは、反仏教者とされる葉法善か、或は、葉法善のそのような伝説を利用した道教徒ではなかったろうか。一つの仮説として提示したい。

僧一行が深く関わっている『天真皇人九仙経』については、なお多くのことを論ぜねばならないのであるが、本章では、僧一行の注とされる文章の発掘に重点を置いた。従って、僧一行等の注を通して考えられる仏教と道教との関係或は養生思想或は天真皇人という神格、更には『道枢』の巻五に収録する黄帝問篇との比較対照に基づく九仙篇と黄帝問篇との思想については、更めて別に論ぜられねばならないが、まず、天真皇人について、次章で検討することとする。

注

(1) 注(2)の春日論文による。ニーダムの『中国の科学と文明』巻三、四七二頁では、「六七二―七二七」とし、任継愈主編の『宗教詞典』(上海辞書出版社)一頁では、「六七三―七二七」となっている。

(2) 一行の仏教思想については、長部和雄『一行禅師の研究』があり、春日礼智「一行伝の研究――支那古今人物略(四)――」(『東洋史研究』第七巻第一号)や、厳敦傑の「一行禅師年譜」(『自然科学史研究』三―十一)に基づく藪内清「唐僧一行について」(『仏教와諸科学』)が、彼の生涯をよく纏めている。また、仏教或は天文学に関するものとして、吉田宏晳「一行阿闍梨の思想」(『牧尾良海博士頌寿記念論集 中国の宗教・思想と科学』)や岩佐貫三「唐代・雑密教と中国陰陽家者流との思想的習合過程における一考察――唐僧一行の天文思想を中心として――」(『中央学術研究所紀要』第二十五号)がある。その他一行流罪のことなど、偉大な人物にまつわる伝説は、織田得能『仏教大辞典』(五十九頁)に見える。

(3) 道蔵、第六四六、『道枢』、巻三十一、第五。

(4) 大正、五〇、七三二、c。

(5) 本稿を含む本論第一篇第一章より第九章を参照。

(6) 『四庫提要』巻一百二十三、子部三十三、雑家類七。「南宋之初、古籍多存、慥又精於裁鑒。故所甄録、大都遺文僻典、可以裨助多聞。又毎書雖経節録、其存於今者、以原本相校、未嘗改竄一詞。」

(7) 陳国符『道蔵源流考』、下冊、二八七頁、及び今村与志尾訳『酉陽雑俎』5(『東洋文庫』、四〇四)、一七九頁以下参照。

（8）『四庫提要』巻一百四十一、子部五十一、小説家類、二の「堂斎漫録一巻」の項で、「類説自序、以為小道可観、而帰之於資治体助名教供談笑広見聞。其撰述是書、亦即本是意。上自朝廷典章、下及士大夫事蹟。以至文評詩話詼諧嘲笑之属、随所見聞、咸登記録。……其微引叢雑、不無瑣屑、要其可取者多。固遠勝於遊談無根者也。」と記す。

（9）大正、五〇、七三三、a及び七三二、c。

（10）春日礼智は、多くの一行のものとされる著作の中から、仏教に関するものとしては、『大日経疏』二十巻を、仏教以外のものとしては、『開元大衍暦』一巻を挙げる（前掲書、四一頁）。

（11）長部前掲書、一四頁

（12）道蔵、第六四一、『道枢』、巻五、第三。

（13）道蔵、第五六九、『太清服気口訣』、第七。

（14）道蔵、第一一六、『西山群仙会真記』、巻四、第三。

（15）「漢文大系」、九、巻之三、大宗師第六、五頁。

（16）石田秀実「踵息考」（坂出祥伸編『中国古代養生思想の総合的研究』、八〇頁）参照。

（17）道蔵、五七一、『胎息精微論』、第四。

（18）道蔵、一一四、『陳虚白規中指南』、巻下、第六。

（19）守一については、拙論「曇鸞法門と道教思想の一考察」参照。また、従来の守一に関する研究に関しては、宮川尚志「シャマニズムと道教」（『東海大学紀要文学部』、第四十八輯、四十二頁参照。

（20）道蔵、第一一六、『西山群仙会真記』、巻一、第四。

（21）道蔵、第一一六、『西山群仙会真記』、巻一、第四。

（22）道蔵、第一一二、『真龍虎九仙経』、第一二。

（23）道蔵、第一一六、『西山群仙会真記』、巻一、第四。

（24）道蔵、第一九三、『登真隠訣』、巻中、第十七。

(25)　道蔵、第五七、『延陵先生集新旧服気経』。
(26)　道蔵、第六四七、『道枢』、第一。
(27)　葉法善については、丁煌に詳しい研究がある（『国立成功大学歴史系歴史学報』第十四号）。

第八章　天真皇人について

一

六通国師とは、上述のように、真言宗伝持の第六祖とされている天文学者一行の国師号である。かの有名な唐僧一行に、このような国師号があることは久しい間知られていなかったようである。しかるに南宋の初期の道士曾慥の『道枢』九仙篇には明瞭に、一行禅師をもって六通国師その人である、と記載されている。因みに道教における六通とは、『皇経集註』と『太上洞玄霊宝往生救苦妙経』とに、

張紫陽云、六通、視通、聴通、神触通、神会通、夙神通、預照通。即仏家所謂天眼等六通也。

六通者、耳眼鼻身舌心是名六通。

とある。(1) 仏教においては、神境智証通、天眼智証通、天耳知証通、他心智証通、宿命智証通、(宿住随念知証通)、漏尽智証通のいわゆる六種の神通力をいうのであって、(2) 六通国師という国師号は、博学多才の一行にこそ相応しい称呼といえよう。

さて当面の六通国師唐僧一行は、前章で述べたように『天真皇人九仙経』の撰者であるとか注解者であるとか、古

来いわれてきた。すなわち『宋史』芸文志には、「僧一行天真皇人九仙経」と記されている。一方『通志』巻六十七芸文略第五道家二には、「天真皇人九仙経一巻唐葉静能撰、羅公遠僧一行注。」と記載されている。葉静能は、葉法善が正しい、と思われる。いずれにしても従来この書は、既に散佚したものとされる一方、「道蔵」洞真部（珠字号）の『真龍虎九仙経』がそれであるともされてきた。しかし上述のように、南宋初期の道士曾慥の『道枢』九仙篇及び黄帝問篇を通して検討してみると、『天真皇人九仙経』は全く亡くなってしまったものでもないし、また『真龍虎九仙経』が同一の書でもないことが判然とする。『道枢』九仙篇は、『天真皇人九仙経』の経文とそれを解釈した光辯天師葉法善・永元真人羅公遠・六通国師一行の注文を中心としたものであり、『道枢』黄帝問篇は、真人が姿を変えた牧馬童子から授けられた天真皇人所説の経文そのものを節録したものである。以上のことどもについては、既に考察を加えたので[3]、ここでは主として、天真皇人という神格について論ずることとする。

二

明の浮雲山聖寿万年宮道士趙道一編修の『歴世真仙体道通鑑』には、天真皇人について次のように記されている。

天真皇人不知其得道之始。然是前劫修真極道人之也。身長九尺、玄毛被体、皆長尺余。黄帝時在峩嵋絶陰之下。蒼玉為屋、黄金為座。張華羅幡、然百和香。侍者仙童玉女、座賔三人、皆称泰清仙王。黄帝再拝問道、授以五牙三一之文。又在峩嵋山、以太上霊宝度人経、授黄帝。又授帝嚳於牧徳之台。一云蜀岷山。江北有慈母山、天真皇人修錬之所。山有龍池、池中有金銀銅鉄魚、各従其色。得食者味同乾薑。服之可以長生。謂之肉芝。龍池一在山中、一在空中。澄潔如鏡。纖芥不汙、或乾条槁葉、飛堕其上、即有五色、凡鷲啣去[4]。

ここでは、黄帝と天真皇人の関係が中心として記載されているので、『広黄帝本行記』(5)を再度繙いてみよう。そこに、

（黄）帝問（甯）先生真一之道。先生曰、吾得道、始仙耳。非是三皇天真之官賓、不解此真一之文。近皇人、為扶桑君所使領峨嵋山仙官、今猶未去、可往問之。帝乃到峨嵋之山、清斎三月、得与皇人相見。皇人者不知何世人也。身長九尺、玄毛被体、皆長尺余、髪纔長数寸。其居乃在山北絶巌之下。中以蒼玉為屋、黄金為牀、然千和之香、侍者皆衆仙玉女、座賓三人、皆称太清仙王。方見皇人、飲以丹華之英、漱以玉井之漿。黄帝匍匐既至、再拝稽首而立、請問長生之道。皇人曰、子既官四海、……。

とある。(6) 皇人の姿については、『三洞珠嚢』にも、

五符云、皇人身長九尺、玄毛被体、皆長尺余。髪纔長数寸、居在峨眉北絶巌之下。

とある。(7) また『太白経』には次のような記述がある。

黄帝聖記経曰、黄帝元年寅月寅日、斎於首山、方明力牧従黄帝、以上具茨、謁大隗君、授以黄帝神芝霊図十二巻、金銀方十九首。黄帝又登王屋山、開石函、発玉笈、得九鼎神丹飛雪鑪火之道。黄帝復到峩嵋山、見天真皇人、礼請神仙之道。皇人曰、子豈不知、天有玄一生於太陽、名為流珠、為衆妙之門。得而修之、可令子長生、昇雲飛朝玉帝。黄帝拝受於荊山、鋳金鼎、修合流珠、大還神丹。令伝後人、而於鼎湖、服而上昇。時有大臣七十二人、得丹服者亦従黄帝上昇。(8)

以上の文献に見出される真一玄一或は三一の道術は、天真皇人と深く関わっているものである。三一を説く経は多いが、『太極左仙公説神符経』の経文と注には、次のように見える。

仙公時居華陽洞天、静守三一。一者道也。三者泥丸絳宮丹田也。太上説三一経、以存於身。故仙公時守三一、静通神時也。(9)

『上清道類事相』の次の文も、天真皇人が守三一の道術との関係を示している。

皇人守三一経曰、峩嵋山皇人、以蒼玉為屋、黄金為局脚牀也。五色為垣也。(10)

また『太清玉碑子』には、「軒轅於峩嵋山、授皇人三一法」の項があり、それは、楚辞の形式を借りて、

心不妄兮神自安。魂魄伏兮鬼無縁。至薬成兮道自玄。霜雪凝兮保万年。火曰炎兮飛九天。不在霊符隠化全。千日伏兮老少顔。内守一兮心寸間。外景覓兮得命難。三品丹兮絶妙言。得一真兮無両般。受吾法兮天地円。仙路成兮在目前。不染着兮離世間。応法勢兮莫与言。論道長兮為定原。依至薬兮道皆玄。陰陽交泰兮生連綿。胎息成兮象法牽。薬至存兮心湛然。白液金兮不忘言。子若得兮同太玄。昼夜思兮保命全。如此福兮昇九天。

と記されている。(11)ここでは、皇人の三一の法をもって至薬としている。因みに『種芝草法』には、次のように説かれている。

黄帝問曰、敢問、石室之文、種芝法可得聞乎。曰種芝、第七経内有老子曰、沓爾、非人知生之為楽、死之為悪、而莫知其所以自生也。千術万薬入兆身、止可得老寿千年巳。還数百年巳上。終不能使飛行登仙、上朝天皇也。(12)

この天皇は、天真皇人のことである。また『道門経法相承次序』では、『霊宝経』の「八会之字」について述べてから更に、

今伝霊宝経者、則是天真皇人、於峩嵋山、受於軒轅黄帝。又天真皇人受帝嚳於牧徳之台。夏禹感降於鍾山、闔閭竊闚於句曲。其後有葛孝先之類、鄭思遠之徒、師資相承、纒聯不絶。

という。(13)この受の字は、授としてもよいであろう。『霊宝経』と天真皇人の関係は、後にも触れるが、『道教義枢』に、

洞玄是霊宝君所出、高上大聖所撰。今依元始天王告西王母太上紫微宮中、金格玉書霊真文篇目、十部妙経、合三十六巻。按太玄都四極明科曰、洞玄経万劫一出。今封一通於太山、一通於労盛山。昔黄帝登峨嵋山、詣天真皇人、請受此法、駕龍昇天。帝嚳之時、九天真王駕九龍之輿、降牧徳之台、授帝此法。帝後封之於北鍾山、夏禹所感之、

経出没有異。按真一自然経云、太極真人夏禹、通聖達真、太上命鈔出霊宝、……

とあり、以下、徐来勒、葛玄、鄭思遠、孫権への傳承が記されている。[14] 峨嵋山に関係するものとしては、後にも触れるが、『天皇至道太清玉冊』の巻末に数目紀事章という語彙集があり、匡廬山・五台山に併せ記して、

霊光三山

峨嵋山　天真皇人之宮在焉。五胡賊李雄入蜀称帝奪為胡廟。

とある。[15]

さて上掲の『道門経法相承次序』には、更に次のような記述が見出される。

唐天皇於中岳逍遙、問三一法。潘尊師答曰、謹按皇人守一経存三守一之法、先心思存両眉間却入三寸、為上丹田之中、一神名赤子字元先、一名帝卿人長三寸、赤幘赤衣赤履、次思心中丹田之中、一神名真人字子丹、一名光堅……

ここに見える唐天皇は高宗であり、天師潘師正との問答である。[16] 唐の語に因んで、『天皇至道太清玉冊』には、

唐八仙

天真皇人　　広成子　　洪崖先生

籛鏗　　赤松子　　甯封子

馬師皇　　赤将子輿

皆黄帝時人也。至唐尭之時、八人游於終南人見之。以唐尭之世故、称唐八仙。後世以唐李氏之朝、洞賓等為八仙。

とある。[17] 右の書は、道教の百科辞典のような性格を有し、かつ道仏二教のことに触れてもいて、上掲の『皇経集註』と共に今後の研究に価する文献である。その宮殿壇墠章には、

祠　道家古聖之祠、自峨嵋山天真皇人之祠始之。古有三山祠是也。蜀之峨嵋山昔天真皇人之宮在焉。潯陽匡廬之

天池及虎渓有大明君二祠在焉。晋之五台山有二祠。一祠紫府鴈門君之宮財焉。一祠乃主《ママ》子晋之弟眉寿修道之宮在焉。(18)

などと記されている。その奉聖儀制章には、天神尊号の項があり、下鬼と「上天之神尊」を天尊と称することについて述べたあと、

元始天尊　造化之主、生物之始也。莫得其名。老子強名曰道。乃立其神之名曰元始。(19)

と規定している。天楽儀伏章には、

天真皇人曰、昔元始天尊、演法霊宝玄妙、超度法門、会集群仙於虚星天宝之台。諸天隊仗紛紜、日月星宿、璇璣玉衡、霊獣鸞鳳、丹輿緑輦、幡蓋霓旌、来朝。夫行道之士、開建壇陛、亦遵上天之儀、以度下世兆民者也。(20)……

とあり、旛播等の図が示される。その中には、「九皇万齢之縷」一対や「天真命魔之幢」などがある。

三

上掲の諸資料によって、天真皇人が『霊宝経』或はその経に説く守三一の教法と堅く結びついていることを知った。従って『霊宝経』の展開に伴って、天真皇人の活躍の場も拡がるのである。従って天真皇人の考察には、何よりも『霊宝経』を中心としなければならない。すなわち、上掲の諸資料だけでは、天真皇人が黄帝に『霊宝経』を授けたことは明らかにされてはいても、元始天尊が『霊宝経』をどのようにして天真皇人に授与したかについては、十分に説明されているとはいえないからである。従って、ここで直ちに『霊宝経』及び「霊宝」の名を冠する道典の検討に入るべきではあろうが、それらの経典資料は分量が比較的多いので、論述の便宜上から、いましばらく、それらとは別の諸資料を先きに調査することとする。いうまでもなく、そこに記されていることどももまた、究極的には『霊宝

経』の記述に由来しているのである。すなわち、『金籙十廻度人晩朝転経儀』の

請称法位

具位臣某大謝謹同誠上啓

太上無極大道虚無自然元始天尊妙無上帝玄皇高聖太上玉晨大道君霊宝天尊……十方無極至真大神飛天神王長生無量度人君天真皇人妙行真人霊宝三師……。

と述べているのなどがその例といえよう。[21]『無上秘要』真文品の次の文も同様であろう。

是時雲霧鬱勃、四景冥合、三日三夜、玄陰不解、……俄頃之間、天旡朗除、冥闇豁消、……忽有天書、字方一丈……霊書八会、字無正形、其趣宛奥、難可尋詳。天既降応、妙道宜明、便可法筆、解其正音、……天真皇人稽首作礼、上白、……。[22]

同様に、『傳授三洞経戒法籙略説』にも、

天真皇人曰、天書玉字、凝飛玄之炁、以成霊文、合八会以成音、……天真皇人曰、度授諸天内音自然玉字、当依明真典格、以朱書白素上、……露文中壇、三日三宿、不遇風雨、文無飛揚、合真以伝。天真皇人曰、修飛仙之道及滅度之法、……当朱書。

と記されている。[23]

更にまた『道教義枢』の青渓道士孟安排[24]の序にも、

凡有八字、尽道之奥、謂之天書。字方一丈、八角垂光、光彩照曜、驚心駭目。雖諸天仙、不能省視。天尊之開劫也、乃命天真皇人、吹転天音、而辯析之。真人已下、至于諸仙、展転節級、以次相授、諸仙得之、始授世人矣。

霊宝経云、元始天尊、以龍漢之年、出法度人、滅過去後、天地破壊、……

と見える。[25] 一方『一切道経音義妙門由起』では、次のようになっている。

洞真経云、九霊館在崐崘山、西王母及真仙女之所遊処、太微館太微天帝所居、素霊館九霊金母太素三元君所居。清微館元始天王結飛玄之気、以歴頌三天之所。月上館元始天王出皇人譜録之。[26]

さて『元始洞真決疑経』には、天尊と皇人の問答が見出される。すなわちそこではまず、「元始天尊、在協晨霊観崚嶒之台、与太上道君及十二億高真上聖、倶坐白玉獅子之座。」とあり、[27] 次いで、

天尊曰、道本无言。亦无文字。但為世間无明、衆生愚痴、触壁懸心、寘道无由悟解、故立世典、漸啓童蒙、乃寄語言、宣示正道。仮借文字、著述経図、語字乃同、非復流俗。子欲識者、当一心聴有十二印、印我正法。若諸教中、有此法印、即是正経、无印者即是邪説。

と記されている。この文の後でその十二印のことがきて、その教を奉ずることが命ぜられる。そこで太極真人は稽首して天尊の垂教を奉ずるのである。太極真人や妙行真人については別に検討したいが、元始天尊の説法の場における天真皇人の役割りは格別である。続いて、

天真皇人避席稽首上白、
天尊我於今日、欲有所問、惟垂聴許。
天尊告曰、善哉善哉。恣随所問、
皇人啓曰、不審初学未入定位、何所修習、以為階梯。
天尊曰、善哉、皇人乃能為諸未悟衆生、作如是問、末世男女当得其恩。夫為学者、初修十事以為階梯。如人沿梯、従初一桄、至第二桄……。

と述べてから、十事について語る。以下の天尊と皇人の問答は次のようになっている。

皇人又問、云何名為修習正観登頂之相。
天尊答曰、始学之人、精修十行、……

と天尊の答えが一行十七字で十九行に亘って記される。次には、

皇人復問、若諸大士、於悪濁世、欲教衆生、先以何法、而成熟之。願垂告誨、得兼利益。
天尊告曰、譬如良医善知治術、然後能治一切病苦、如此経者、即世良医、能示衆生治煩悩病之要術。……

この天尊の答は三十八行に亘っている。その文の後に、上相青童君が十種十法の階梯について質問して、天尊がそれに答える。続いて、

皇人又問云、何名為修習正観登頂之相。

という問いの文があって、前掲と同じ天尊の答えが重複して記されている。そして上掲の「皇人復問若諸大士……利益。」の皇人の質問があって、天尊が答える。前述のように天尊の答えは、三十八行に亘っていたのであるが、同文が繰り返されるそこでは、

天尊告曰、譬如良医……如此経者、即世良医能示衆生治煩、

という文章に続いて、その次には、「事明師」の三字があるだけである。しかし、『元始洞真決疑経』と同文を載せている『太玄真一本際経』(28)には、上述の、上相青童君の質問のところから「事明師」の三字までの間には、上相青道君の質問が合計三回も入っている。以下は両本ともに同じである。

次に『陰符経三皇玉訣』を取り挙げよう。その序には、

今峨嵋山有一高聖天真皇人、深暁此経義理。広成子同去侍、見天真皇人、朕問此陰符経、天皇地皇人皇、陰陽造化治国治家治身、長生不死、復升於天界、如何修道。朕聞高聖広成子先生説、高聖天真皇人答、朕当時深暁陰陽

造化成道之理。

と見え、本文においては次のように記されている。すなわち上巻では、

黄帝曰、万化生乎身者、何謂也。天真皇人曰、万化者神也。精不散而神不離。神室者万神聚会之郷、在崑崙之中、

……

となっている。以下黄帝と天真皇人と広成子の問答が続くのである。例えば、右の文に先立つ文で示すならばそれは、

黄帝曰、天皇者何也。広成子曰、天皇者。……黄帝曰、地皇者何也。天真皇人曰、地皇者……。

のようになっているのである。(29) この形式は、下巻においても同じである。

四

易の思想に関連して記述されている天真皇人は、『上方大洞真元陰陽陟降図書後解』や『三才定位図』などに見出されるであろう。前者においては、次のようになっている。

抑又言、其震為足。巽為股、艮為山為手、亦為鼻。鼻者面之山也。鼻開似口、口鼻通気。故山沢通気是巳。次言、兌為沢為口。昔者黄帝受天真皇人口訣於荊山、鋳鼎。鼎分三足、所為精気神足、以登雲霄。経云、混化一気、練而変仙。(30)

後者においては、まず以下のような記録から始まっている。

三才定位図篇目

通奉大夫守尚書右僕射兼中書侍郎上柱国清河郷開国公食邑二千九百戸食実封九百戸張商英　進

上篇

霊枢経曰、……清微天蓋、九皇降気、肇有陰陽、神通変化、物我受楽、即此天也。虚皇天者、此天真九皇所以降気於上風下沢而造世界也。

下篇

易之八卦蓋祖乎天真九皇之気也。……。

虚皇天

天真九皇虚皇玄老虚皇玄帝虚皇玄尊虚皇玄君。

以下、「玉清天」「上清天」「泰清天」が続いて、

八卦降炁

道言太一之先、其形自然。

太一者、元一之気、始生於太虚之中也。在無極無窮之内、居無形無象之初。故曰、太一者也。上曰風。下曰水。二気停沢也。太虚之上有玉京之天、乃玉京山也。含蓮謂六元之気、感天真九皇之神而降、分混沌之象、一炁始化列朴、而成風水之輪、二炁停沢。玉京之上、東南西北、各有八天三十二天三十二帝也。……三清之天上有虚皇十天。其間乃虚皇元老虚皇元君虚皇元帝虚皇元尊与天真九皇真人、而居其中。天真皇人降天真九炁、分六元為混沌之象也。少陽応乾。其象曰金、降天真九皇金真之一炁、而生水中。状如戯藻、変其象、上赤下黒、左青右白、其中央黄、運之中而蔵是気也。少陰応巽、其象曰木、降天真九皇木真野二炁、而生風中、状如戯藻、変其象、上黒下赤、左白右青、其中央黄、運之中而蔵是炁也。太陽応坎、其象水徳、反火。降天真九皇水徳火真之三炁、而生水中。状如抱卵(31)……

となって五行の土に至って、「故濁陰為地、余炁融結為山川。金石始出、自然之正道也。」となる。因みにこの文は、曾慥の『道枢』の巻二十四の九転金丹篇にも見える。『三才定位図』の文はなお、「玉京天玉京山通明殿」「易有之門」「紫微垣」の項を説き、「紫微垣」の項には「天皇大帝紫微帝君北斗七星君」の語が見える。そして、「酆都六宮」で終わり、図に入る。それは、「三清之天上有虚皇十天……虚皇元尊与天真九皇真人、而居其中焉。」の文に続いて、虚皇元尊や天真九皇の図、更には東方北方西方の各八天の図が入って終わる。図の下の方には、「南方八天」の文字が入るべきであろうが、欠落している。

右の文中には、天真皇人が天真の九炁を降した真人であり、別名天真九皇真人とされている。ここにおいて、唐僧一行の『天真皇人九仙経』の題名の天真皇人と九仙との結合の由来が理解できる。その上、気との関係から、『道枢』会真篇や『西山群仙会真記』において、天真皇人と九仙は胎息法とも関連を持ってくるようになる。『道枢』会真篇では、「天皇の胎息は上法なり[32]」と称讃されているのである。更に僧一行との関係においては、天真皇人と九炁が日月星辰の天界に連なっていく点で、一行に結び付けられてくる必然性が生じたのであろう。なお九炁に関しては、『太上三天正法経』に、

九天真王与元始天王、倶生始炁之先。……清炁高澄、濁混下布。九天真王元始天王、稟自然之胤、置於九天之号。九天真王、元始天王、始皆生於九炁之中。気結而成形焉。九炁玄凝、成於九天図也。日月星辰於是而明。

とある[33]。九炁丈人九天真王に因んでは、『五嶽真形図序論』にも、

蓬丘蓬莱山也。対大海東北岸山周廻三千里、其外別有円海遶山。円海水正黒色、謂之溟海也。無風而洪波百丈、不可得往来。上有九炁丈人九天真王宮。唯飛仙能有到其処耳。

と記されている[34]。同じく九気丈人に関しては、『紫陽真人内傳』は、真人が皇人に遇った様子を、

乃至合梨山、遇皇人、受八素真人経太上隠書。乃登景山、遇黄台万畢先生、受九真中経。乃登玄龍羽野、遇玉童十人九気丈人、得白羽紫蓋、服黄水月華法。乃到桑林、登扶広山、遇青真小童君。受金書秘字。……。

と記している。[35]なお、この後文にも、「皇人八素真経太上隠書、(在合梨山中。)」と記されている。天上の九炁と結合した天真皇人が、雷と関係を持つようになるのは、当然といえよう。『雷法議玄篇』には、雷法と天皇真人のことが記録されている。

真王上帝、於溟涬未分之前在飛玄真境之上、布梵炁於碧霄紫漢之間、結成龍章鳳篆。光英十方、震動六合、即命天皇真人、依規按筆、乃書成章、

元始上帝、於龍陽明宮授付。[36]

この天皇真人も、天真皇人そのものか、或は、天真皇人が変容したものであるといえよう。このほか天皇大帝とか天皇上帝とか天皇元君なども天真皇人とどのように関係づけられるものなのか今は判然としない。天皇大帝に関しては『太上洞玄霊宝天尊説羅天大醮上品妙経』では、元始天尊の名はあるが、元始天尊と関係の深い天真皇人の名はなくて、天皇大帝の名が出ている。[37]南極天皇については、「南極至真、炎火之祖。」などと『法海遺珠』に記されている。[38]この天皇大帝に付いている「勅呪」は、『道法会元』[39]の天皇呪と同じである。

ここで、神呪に関する天真皇人の記録を探ってみることとする。まず『太上洞淵神呪経』には、皇人の次のような頌がある。

天真皇人頌曰

三洞流演　神兵駆除　愚者不信

自招禍余　聖人歎念　嗟世頑夫

悠悠三界　徘徊天衢　不知求道
陞仙天厨　病苦緜緜　乃覔生徒
先身不善　今世且殂　心口自責
割己又無　賤身慕安　入道自舒
虔請口奏　以聞太虚　建斎祈福
衆悪消除　青童玉女　仙人下娯
三十六天　天女同倶　三五七九
二十四元　一時行道　万悪消除
志誠六拝　善福有余[40]

また、『太上三十六部尊経』の中の『太清境洞淵経』には、

天真欣悦、衆法和美、如斯功徳、永臻福慶。而説偈曰、
浄為法果　大可称揚　浄為法薬　救一切病
浄心為最　安楽為至　浄厳等一　無有辺際
世間道法　消除衆毒　先救饑渇　化彼衆生
令得成就　了断諸惑　常存好事　得法深重

と書かれており[41]、その次に「洞淵経霊符」十二種を載せて経は終わっている。因みに、同じく『太上三十六部尊経』の中の『上清境按魔経』には、

是経乃名為不可思議。其功徳力亦不可思議。於是諸天仙衆、無量天真至真大聖、無量無辺諸天大神、無鞅数衆、

倶聞是語、皆生歓喜。……

とあり、続いて説偈と按魔経霊符がついて終わっている。

次に、神通品と神呪品と題する部分に、天真皇人の名が引かれている『皇経集註』を示そう。この道書には、元明代の人名が入っているのでそう古いものではない。まず「清微天宮神通品第一」に、

爾時　元始天尊

爾時者、無極分景之初、太玄開化之始。万聖良縁妙際、此経将演之時也。元大也。首也。始初也。万聖闡化、肇端於元始、故曰元始天尊。

……

とあり、その後の神通品七章に至って、次のように記されている。

是時　帝光遍照諸天、下燭十方無極世界、同玄都境。凡彼人間、上近九天、通按交連、至親至邇、凡彼下方無極世界、山陵坡坂、溝澗渓谷、緬平如掌、六合至邇、三境非遼、天宝台殿、星羅人間、瓊瑰羅列、朗耀雲衢、七宝欄楯、以界道路、玉樹仙花、蒨燦珠実、景秀丹田、芝草綿覆。

天真皇人云、是時玉帝之光、自此世界三十六天、遍照及三千大界之諸天、下照燭尽十方無極量之世界、倶皆光明、同於玉帝所居玄都境界。凡彼各法界人世間、承此光照、無有隔礙。上近於九陽妙化之天、天地人間、通明相按、交互合連、極其親近。凡彼各下法無極世界、高大山陵、崎嶇坡坂、汚下之溝澗渓谷、緬然平正、如人手掌、尽上下四方之六合、聯属至近、三清境界、亦非遼遠、天上珎宝之台閣殿宇、如星辰明密、羅布於人間、瓊瑶瑰玉、張羅陳列、朗然光耀於雲空衢路、七宝妙成之欄楯、以分界道路、玉枝宝樹、仙瑞奇花、蒨燦珠珎之実、妙景秀輝、丹田瑞芝霊草、綿結覆蔭。石杏林考義云、……。

これは、経文の解説集註としてのこの書の体裁上から、経文に天真皇人の語を引いてきたものである。[42] また、巻六の神呪品十六章に、

玉帝昔授五老上帝、是時五帝跪捧其章、秘題霊都之館、天真皇人、昔書其文掌之於上清真境、太玄玉都、寒霊丹殿、紫微上宮。

とある。なお巻八の「護持品一章」「高上玉皇本行集経巻下　天真護持品第四」には、上方天皇大帝の名があり、護持品三章には、「十方天真大聖、十方諸天、衆真大聖也。」と記されている。[43]

五

上掲の諸資料を通して、天真皇人がその性格と名称とを次第に変化させてくる可能性を若干ではあるが探ることができたように思う。『道門定制』には、

聖号　奉道具位姓某状奏謹封

羅天等醮聖号

黄籙羅天一千二百分聖位

…………

第十三状五分　天真皇人衆真

自然大仙天真皇人　九老仙都君

九炁丈人　天帝君

と、一百状余りの聖号が記されている。(44) この中に天真皇人の名もあるわけであるが、これらの諸神は、天真皇人の変容に関わる神格として注意しておくべきであろう。

更に、前掲の『天皇至道太清玉冊』をみると、

開闢天地、始肇万有者、必其神、莫淂其名。乃強名曰元始。故有元始天尊之名、為開天闢地之祖。按洞元霊宝真誥元符経、其略曰、昔天地未分、陰陽未判、溟涬大梵、寥廓無光。太上以三炁、化生三境、至老君。而伝経伝教。然後万範開張。天真皇人見八角垂芒、経文麗天、九霄煥爛、則而写之。科始有伝、歴古迄今、道教所以垂万世、而無窮焉。凡帝王之所受天命者曰天子。是以子之事天、以天為父。……又曰上天眷命。又曰奉天承運、是皆奉天也。故其殿曰奉天門。曰奉天承天、未嘗不以天言也。是以道之為教、以天為主。故曰奉天之道曰道教。

と記されている。(45) このあと「上三皇」「中三皇」「下三皇」の説明に入る。天皇こと天真皇人と三星との関係は複雑であり後考に俟つ。しかし天皇と天真皇人は本来は別なものであって、天真皇人は真の九品に属するものである。『道門経法相承次序』には、中巻において、「仙有九品、真有九品、聖有九品、合二十七品、列之如左。一至仙、二霊仙、三玄仙」と述べて、下巻において次のように分類している。(46)

真有九品。一上真、二高真、三大真、四神真、五妙真、六天真、七仙真、八霊真、九至真。大乗学洞真、得道成真。

聖有九品、一上聖、二高聖、三大聖、四神聖、五玄聖、六仙聖、七真聖、八霊聖、九至聖。

三皇、天地人是三皇。

天真皇人が、他の神格と混同して理解されるのと同じように、『霊宝経』において、元始天尊の説法の場に必ず顔を出していた天真大神、上聖高尊、妙行真人、王元道君、十方無極至真大聖無鞅数衆の諸神人も分解してしまう現象が

生じて、それぞれの経典がそれぞれに適した神格を元始天尊に配置することとなる。経典によっては、妙行真人に重点を置くものも出現するのである。[47] 次の『上方大洞真元妙経図』は、天真皇人の特異な記録といえるであろう。この経典は図を有するものであって、はじめに「虚無自然之図」として奇妙な図が画かれた後で、次のように記されている。

其始無首、其終無尾、其上不皦、其下不昧、縄縄兮不可名。復帰於無物、是謂無状之状、無物之象、是謂惚恍。迎之不見其首、随之不見其後、執古之道、以御今之有、能知古始、是謂道紀。所謂人法地、地法天、天法道、道法自然者、廼虚無之自然歟。経云無、無曰道、義極玄。玄言人非虚無自然、則弗能生也。頌曰、

太虚無中体自然　　道生一気介十焉

罔極大化乾坤域　　龍馬亀書正理傳

茲者与夫天真皇人昔署太虚雲篆、詎可同日而語哉。[48]

この文によって、天真皇人の道典における扱われ方も、実に様々であることが理解できるであろう。

今後の研究課題としては、『抱朴子』遐覧篇の『九仙経』との関係や「雲笈七籤」における『霊宝経』と天真皇人の関係や『隋史』経籍志道経叙録の皇人筆受と書芸術などの問題がある。扱う道典としては、『霊宝无量度人上品経』や、『太上洞玄無量度人上品経法』『太上霊宝諸天内音自然玉字』『霊宝無量度人上経大法』『霊宝无量度人上品妙経符図』『太上霊宝五符序』『太上洞玄霊宝投簡符文要訣』『霊宝玉鑑』、『霊法浄明大法万道玉章秘訣』『上清霊宝大法』『霊宝錬度五仙安霊鎮紙黄絵章法』などがあり、そこに登場する天真皇人の検討をしてみたい。

注

（1）道蔵、第一〇六〇、『皇経集註』、巻二、第六。また、第一八、『太上洞玄霊宝往生救苦妙経』、第六。
（2）望月『仏教大辞典』、五巻、五〇六〇、諸橋『大漢和辞典』等参照。
（3）第七章の「九仙篇について」や第五章の「黄帝問篇について」参照。
（4）道蔵、第一三九、『歴世真仙体道通鑑』、巻四、第一。
（5）安居香山「道蔵に於ける黄帝伝の考察――特に広黄帝本行記を中心として――」（『東方宗教』第13・14合併号）参照。
（6）道蔵、第一三七、『広黄帝本行記』、第五。
（7）道蔵、第七八二、『三洞珠嚢』、巻八、第二〇。
（8）道蔵、第五九八、『太白経』、第一。
（9）道蔵、第七五九、『太極左仙公説神符経』、第一。
（10）道蔵、第七六五、『上清道類事相』、巻一、第三。
（11）道蔵、第五九七、『太清玉碑子』、第一〇。
（12）道蔵、第五九七、『種芝草法』、第一。
（13）道蔵、第七六二、『道門経法相承次序』、巻上、第四。
（14）道蔵、第七八三、『道教義枢』、巻二、第五。
（15）道蔵、第一一一一、『天皇至道太清玉冊』、巻八、第四。
（16）道蔵、第七六二、『道門経法相承次序』、巻上、第九。麥谷邦夫「道と気と神――道教教理における意義をめぐって――」（『人文学報』、第六三号）参照。
（17）道蔵、第一一一一、『天皇至道太清玉冊』、巻八、第一六。
（18・19・20）道蔵、第一一一〇、『天皇至道太清玉冊』、巻五、第六、第一〇、第一八。
（21）道蔵、第二六七、『金籙十廻度人晩朝転経儀』、第二。

(22) 道蔵、第七七〇、『無上秘要』、巻二四、第二〇
(23) 道蔵、第九九〇、『伝授三洞経戒法籙略説』、巻上、第一〇。
(24) 『道教義枢』については、吉岡義豊『道教と仏教』(第一)参照。
(25) 道蔵、第七六三、『道教義枢』、序、第二。
(26) 道蔵、第七六〇、『一切道経音義妙門由起』、第一二。
(27) 道蔵、第三一、『元始洞真決疑経』、第一と第五以下。
(28) 道蔵、第七五八、『太玄真一本際経』、第一一。
(29) 道蔵、第五七、『陰符経三皇玉訣』、序第三と巻上、第七と第二。
(30) 道蔵、第一九七、『上方大洞真元陰陽陟降図書後解』、第七。
(31) 道蔵、第六八、『三才定位図』、篇目第一～第五。
(32) 道蔵、第六四八、『道枢』、巻三八。
(33) 道蔵、第八七六、『太上三天正法経』、第一。
(34) 道蔵、第一〇〇五、『五嶽真形図序論』、第一二。
(35) 道蔵、第一五二、『紫陽真人内伝』、第十。
(36) 道蔵、第九九七、『雷法義玄篇』、第三。
(37) 道蔵、第八七五、『太上洞玄霊宝天尊説羅天大醮上品妙経』、第一。
(38) 道蔵、第八二六、『法海遺珠』、巻九、第七。
(39) 道蔵、第九〇一、『道法会元』、巻八一二、第一二。
(40) 道蔵、第一七二、『太上洞淵神呪経』、巻一四、第九。
(41) 道蔵、第一九、『太清境洞淵経』、第一〇。
(42) 道蔵、第一〇六〇、『皇経集註』、巻二、第二、第一一。

(43) 道蔵、第一〇六一、同右、巻六、第八。第一〇六二、同右、巻八、第六。
(44) 道蔵、第九七三、『道門制定』、巻三、第六と巻三・第一〇。
(45) 道蔵、第一一〇九、『天皇至道太清玉冊』、巻一、第二二。
(46) 道蔵、第七六三、『道門経法相承次序』、巻中、第二〇、巻下、第三。
(47) 例えば、『太上元始天尊説北帝伏魔神呪妙経』では、妙行真人が中心となって、元始天尊から法を授けられている。そこには、「会中一真人名曰妙行、福徳充備。」とある（道蔵、第一〇五三、巻一、第一）。また、『元始天尊説東岳化身済生度死抜罪解寃保命玄範誥咒妙経』では、大慈大悲妙行真人が会中の四大真人の一人となっている（道蔵、第一〇六三、第一）。
(48) 道蔵、第一九六、『上方大洞真元妙経図』、第一。

第九章　達磨の胎息と『道枢』の諸篇について

一

中国禅宗の初祖達磨は、中国宗教思想史上、無視できない重要な人物であり、道教徒においても、彼に対する関心は甚だ強い。しかしその関心は、必ずしも彼の思想をそのままに容認するものではない。達磨の存在が偉大であればあるほど、道教の側において、その名声や教法を利用しつつ、更には、それを凌加する道教の教法を樹立して、それを誇示することは当然過ぎるほど当然な成り行きといえるであろう。ここにそれらの端的な例を、北宋末から南宋初期に生存していた道士曾慥の『道枢』を中心に検討してみようと思う。すなわち『道枢』巻三十八の会真篇には、次のような表現がある。

天皇聖胎、上法也。達磨胎息、中法也。扁鵲辯霊枢之篇、葛洪釈胎息之説、因胎生息、因息就胎、下法也。(1)

達磨は、達摩とも書き、同一人物であるにはしても、そこにはそれなりの相違があるようであるが、(2)『道枢』においては、どの篇を見てもすべて、達磨の語を用いている。

『道枢』全四十二巻は、その中に少くとも一一八篇を収めていて、検討すべき多くの問題を含んでいる。例えば、曾慥の思想と道術の分析、或は『道枢』に現われた儒・道・仏三教思想の解明などが挙げられよう。[3] しかし今ここでは、『道枢』においてしばしば言及されている達磨の胎息論について検討を加えてみることとする。

至游子曾慥は、『道枢』巻十四に、胎息篇の一篇を置いて、篇題の下に、「綿綿若存、以運元気。壁観九年、乃明茲事。」と記している。そして本文の冒頭に、

身毒之国有至人、曰宝冠、能胎息之方、故其形未嘗衰。菩提達磨聞而往問焉。

とあるのを見れば、この一篇が、達磨の胎息に関するものであることは明らかである。達磨の胎息を伝えていると思しい文章は、道教関係の典籍に散見している。就中、一篇の表題に、達磨の名を冠するものとしては、『雲笈七籤』巻五十九の「諸家気法」が引く「達磨大師住世留形内真妙用訣」や「道蔵」第五七〇冊の『諸真聖胎神用訣』が収載する「達磨禅師胎息訣」などが挙げられる。因みに、『諸真聖胎神用訣』に含まれる諸真人は、『道枢』の中にも、しばしば、その名が現われる。

さて、『道枢』巻十四の胎息篇は、表題には、達磨の名はないにしても、上述のように達磨の胎息を伝えるものであって、全文を達磨の説とするならば、『雲笈七籤』の妙用訣が約一千二百二十字程度であるのに対して、『道枢』のそれは、三百三十字余りも分量が多い。両者を比較してみると、冒頭において、『黄帝内経素問』や『黄帝内経霊枢』の岐伯と黄帝の問答に似せて胎息を伝える意味を述べる部分が共通するほか、一致する部分も一致しない部分もあって、両者の関係は複雑である。しかし、曾慥の達磨の胎息に対する認識は、『道枢』巻十四の胎息篇に集中的に示されているから、まずそれを根本資料とすべきである。

至游子曾慥が、その撰になる『道枢』の中に達磨の胎息篇の一章を立てたことは、彼の達磨の胎息に対する関心の、なみなみでないことを示している。従ってこの一篇のみならず各篇で、彼は達磨に触れている。すなわち、それは、

次のようなものである。

莊子坐忘、達磨壁観、始学者不能知也。而乃入于放昿、豈其旨哉。（巻二、集要篇）

司馬子微曰、志之漏也、形趨于后土。念之漏也、神趨于鬼郷。吾所謂無漏者、無此漏也。豊入嗇出、養気則然矣。達磨之胎息是也。（巻三、容成篇）

故内観之法、以浄心為本、以絶想為用。下心之火於丹田、不計功程。盖如達磨所謂一念不漏、自然内定、而結元神焉。（巻十、華陽篇）

故胎息者自然也。善乎達磨之言曰、人之気日有走失。莫若内観諸世界、游于身之天宮、超于清虚之妙境、貴乎無漏而已。故一念不生、一意不動、無毫髪走失者。是乃真胎息也。（巻三十八、会真篇）

このように、達磨の胎息についてその効用を説きながらも、曾慥は、また、上掲のように、

天皇聖胎、上法也。達磨胎息、中法也。扁鵲辯霊枢之篇、葛洪釈胎息之説、因胎生息、因息就胎、下法也。（巻三十八、会真篇）

とか、

二気相合積、而生五蔵之液。積液還元、則気之生滋多矣。此達磨胎息、小成者也。（巻四十二、霊宝篇）

と述べている。曾慥が強い関心を抱きつつも、達磨の胎息をもって、中法や小成に位置せしめた理由は、どこにあるのであろうか。ここで注目されるのが、彼が聖胎の上法とする天皇の法である。天皇については、『周易参同契』（陰真人長生註）巻上に、「稽古当元皇、関睢建始初。」とあり、その註に、「稽考也。元皇天皇也。考上古天皇之時、男女不求而自合。自黄帝已後、男女非求而不成。即関睢之義也。」とする一方[4]、『道枢』の巻三十二、参同契上篇には、次のような説がある。

黄帝曰、金丹之要在乎神水華池、何謂也。以陰一而制陽一者也。天老曰、白者金之精、其所謂陽一歟。黒者水之基、其所謂陰一歟。水者道也。三一之義也。三一者三丹田也耶。吾能守之、則乘龍軿游于上清矣。三者俱得乎一者也。夫能知焉、則吾之薬已過半矣。是以、金由水而生、水由金而長。金水合度、其薬茲至。人必窮水火。水火内五行也。非外水火也。此道也、三皇以之垂範焉。

これによれば、曾慥が尊重する道術は、繰り返すように、魏伯陽の『周易参同契』や『黄帝陰符経』に基づくものであり、外丹の仙術の語を用いて、実は、内丹の道術を説くものなのである。もちろん、『周易参同契』と同じように、『道枢』にも、外丹説は多少は見出すことはできるのではあるが、中心は、胎息など内丹説にある。しかし、曾慥の仙術は『周易参同契』の所説をそのまま伝えるのではない。彼は上掲の参同契上篇において天皇について次のように述べている。

古之上升者、素服下丹。故遇上薬而獲升天、蓋本有之也。昔者、黄帝鋳九鼎于荊山之野、以象九州焉。一宮者冀也。二宮者荊也。三宮者青也。四宮者徐也。五宮者豫也。六宮者雍也。七宮者梁也。八宮者兖也。九宮者揚也。各占其方之吉凶、非至薬之用也。惟其出世之薬、其祖三皇。三皇者、何謂也。曰天皇。曰地皇。曰人皇。三皇嘗有遺文。言三門焉。三門有三鼎。三三者九也。於是、有上仙之上薬、中仙之上薬、下仙之上薬。此九転還丹者也。次之、有金液之道、亦還丹之理也。捨是其小。小者止、可已疾而已爾。故三皇之大丹者、出世之根本也。丹之中有三丹焉。応乎三天三五三光三才者也。

これは、『天真皇人九仙経』の天真皇人の水火龍虎の内丹思想に通ずるものであり、曾慥が達磨の胎息として示した、『道枢』胎息篇には、全く見られないものである。達磨の胎息を尊重しつつも、中法以下とする曾慥の態度は、彼の仏教に対するそれと揆を一にしている。彼は、

漆園之玄、竺乾之空。均乎正心、与儒同功。（巻三、砕金篇）

至游子曰、……仏家謂之胎息、道家謂之太一含真気、儒家謂之養浩然之気。殊途而同帰也。（巻三十五、衆妙篇）

と述べる一方で、

彼沙門入定久而昏、寂止于陰、神出穀而已。道家坐忘久而頑、着神気、豈能成就哉。（巻十、華陽篇）

葛仙公曰、釈子滞于頑空、儒者執于見在、不知先聖之道、存于一心也。……霊宝内観経曰、外境外入、内境不出、閉目内視。降君火于下田、布黄雲于四大、笙簧車騎、羅列往来。後人因之、身如槁木、心若死灰、失于昏寂、陰霊出于天門、止于投胎、就舎者誤也。於是、又有開頂縮亀住山識性焼錬読誦布施供養、皆無益也。殊不知己之水火焉。（巻三十八、会真篇）

とする。そして、曾慥のいわんとするところは、

純陽子知其然、故好性宗、修乎天爵、而棄人爵、鄙乎頑空、而悟真空焉。此不可以不識道者也。（巻三十八、会真篇）

の発言からも推察できるように、純陽子すなわち呂洞賓の道術をこそ高く評価したいのである。

二

曾慥が、道仏二教に通じていた人物であったことは、特別珍しいことではないのであって、道教史の初期からして、両教の深い関係があったことは既に指摘されているところである(5)。このような道仏二教の関係の中で、達磨のみならず、達磨と同じく『高僧伝』にその伝記が収載されている曇鸞も仏教と道教に深い関わりのある人物であることが注

目される。曇鸞は、はじめ、江南の陶隠居（陶弘景）に従って、仙経（或は仙方）と称する書十巻を授けられて治病に利用したらしいが、後に、洛陽に至って菩提留支三蔵に逢って、『観経』を受け、これこそ大仙の方と諭されて、仙経（仙方）を焚いて仏門に帰依した、とされている。曇鸞は、仙経（仙方）を持って浙江に入る時、江波が静まったとか、仏教に帰依する時に、その経典を焚いたとかいわれているが、このことは陶弘景の『真誥』巻十九、翼真検第一に見える孔黙と王興の記録の焼き直しのように思われる。(6) 仏教者と道教者の関係については、『真誥』巻十四、稽神枢第四に興味ある記載がある。

裴真人有弟子三十四人。其十八人学仏道。余者学仙道〓応作牖字・弟子劉顕林・辛仲甫・趙子常。

周真人有十五人弟子。四人解仏法入室弟子、王瑋達・李建道・泉法堅。

桐栢有二十五人弟子。八人学仏入室弟子、于弘智・竺法霊・鄭文成・陳元子。此当略挙標勝者耳。辛・泉・竺、皆似胡姓也。当是学仏弟子也。(7)

この文を通して、道教と仏教は、確執の時代もあったが、激しく対立することのない友好の時代もあったことを知ることができる。中国人自身も、二つの宗教に対して、どちらも、道を説く教えであるから、道教と称し、どちらも、精神についての道を説くものであるから神道と呼んでいた時代もあったのである。(8) 今、「道蔵」を見ると、その中には、曇鸞大師服気法や達磨大師胎息法が入っているが、それも、両者の関係の親密さを示すものとして把握することができるのであろう。しかし、幾度かの両教の間に生じた角逐の歴史に重点を置いて見るならば、道教側からは、仏教者の服気法や胎息法は、道教教理を利用したものと見做されるであろう。しかし今、『道枢』に記載されている達磨の胎息法に対する評価は、上述の二つの見方を綜合したような立場に立っている、というべく、すなわち、仏教の止観や禅観に最大級の讃辞を与えつつも、更にそれを超える道教の内丹法の価値を、達磨という偉大な仏教者の胎息法を挺として、宣伝するかのようである。因みに、道教が曇鸞服気法を自家のものとしているのも、同様の意味がある。難易二行を代表する仏教者二人を道教に包含してしまうところに、道教の強かさを見る。

三

曇鸞法師の服気法は、「道蔵」の洞神部、方法類（命字号上）、『延陵先生集新旧服気経』の中に、鸞法師服気法の名で収録されており、「雲笈七籤」巻五十九には、「諸家気法部（四）」の中に、曇鸞法師服気法の名で載せられている。次に論述の便宜上、「道蔵」の関係部分の項目を列記してみよう。

洞神部、方法類、命上。[9]

A　『延陵先生集新旧服気経』

桑楡子評

修養大略・張果先生服気法・曇鸞法師服気法・李奉時山人服気法・蒙山賢者服気法・王説山人服気新訣・大威儀先生玄素真人用気訣・胎息口訣并序・胎息精微論・胎息雑訣・秘要口訣・用気神集訣・錬気法・委気法・閉気法擁塞気候不調即為之。

ここには、達磨の服気法とか、胎息法とか称するものは見当らない。「道蔵」は、この次に『諸真聖胎神用訣』を載せる。その内容は、次のようになっている。

B　『諸真聖胎神用訣』

まず序文に類するものがあり、それは、

「師曰」、とか、「劉公秘旨曰、」とか、「経曰、」「先生曰、」「師曰」「経云、」「尹真人曰、」という語で始まる文で

ある。そして次に、

御炁之法・海蟾真人胎息訣・玄葫真人胎息訣・袁天綱胎息訣・于真人胎息訣・徐神公胎息訣・煙蘿子胎息訣・達磨禅師胎息訣・李真人胎息訣諱子明・抱朴子胎息訣・亢倉子胎息訣・元憲真人胎息訣・何仙姑胎息訣・玉雲張果老胎息訣・侯真人胎息訣・鬼谷子胎息訣・黄帝胎息訣・陳希夷胎息訣・逍遙子胎息訣・張天師胎息訣・郭真人胎息訣・中央黄老君胎息訣・柳真人胎息訣・驪山老母胎息訣・李仙姑胎息訣・天台道者胎息訣・劉真人胎息訣・朗然子胎息訣・百嶂内視胎息訣・曹仙姑胎息訣

ここには、達磨禅師胎息訣と称する短い文があるが、曇鸞に関するものはない。以下に更に、「道蔵」の配列を示す。

C　『胎息抱一歌』

D　『幼真先生服内元気訣』

ところで、宋の天禧三年（一〇一九）に、張君房が『大宋天宮蔵』四五六五巻を編成してから、その精要万余条を撮って撰述した「雲笈七籤」[10]一二二巻の第五十六巻から六十二巻までに、諸家気法部がある。そのうち、第五十九巻は次の諸家を収録している。

E　「雲笈七籤」巻之五十九　諸家気法部

延陵君修養大略・赤松服気経序・神仙絶穀食気経・太旡先生服気法・墨子閉気行気法・太清王老口伝服気法・曇鸞法師服気法・達磨大師住世留形内真妙用訣・項子食気法。張果先生服気法・申天師服気要訣・王真人気訣・大威儀先生玄素真人要用気訣・王説山人服気新訣・崇山李奉時服気法。

右の文中の第七番目に曇鸞法師服気法があり、第八番目に達磨大師住世留形内真妙用訣がある。このうち曇鸞の服気法は、Aの鸞法師服気法と同文であるのに対して、達磨のそれは、Bの達磨禅師胎息訣とCの達磨大師住世留形内真妙用訣とはそれぞれに独立した別文であり、特に後者は長文である。

達磨が偉大な人物であり、特に胎息や気功と関係の深い禅者として評価されればされるほど、達磨の名を付した気法胎息の術を説く文章や文献が現われることはいうまでもないことであろう。従って、そのどこまでが達磨に直接関係があるものなのかを決定することは甚だ困難である。むしろ、そのすべてが達磨の名を利用して後人が作り上げたものといってもよいと思われるのではあるが、重要なことは、それらの文献の中で、それが出現もしくは存在した時代を確定していくことにあると思われる。『道枢』引用の文献がその意味で重視されるのでもあるが、明の羅念庵（一五〇五―一五六四）と同時代か少し後人とされる尹真人弟子手筆とされる『性命圭旨』にも、達磨祖師胎息経がある。[11]次にそれを示してみよう。

F　『性命圭旨』　亨集　胎息訣――歴代諸真胎息訣要

袁天網胎息訣・太始氏胎息訣・達磨祖師胎息経・張景和胎息訣・王子喬胎息訣・許棲巌胎息訣・王方平胎息訣・赤肚子胎息訣・性空子胎息訣・幻真先生胎息銘。

このうち、達磨祖師胎息経は、次のようなものである。

胎従伏気中結。気従有胎中息。気入身中為之生、神去離形為之死。知神気可以長生、固守虚無、以養神気。神行則気行。神住則気住。若欲長生、神気相注、心不動念。無来無去、不出不入、自然常住。勤而行之、是真道路。

因みに、B『諸真聖胎神用訣』の達磨禅師胎息訣とG『修真十書（雑著指玄篇）』の達磨胎息論とを次に示す。

夫錬胎息者、錬旡定心是也。常息於心輪、則不著万物、旡若不定、禅亦空也。旡若定、則身無病、禅道双安。修業之人、因不守心、元旡失了、不収道怎成矣。古人云、旡定心定、旡凝心静。是大道之要、又名還丹。道人無諸掛念、日日如斯、則名真定禅観。故三世賢聖修行皆在此訣。名為禅定双修也。

G『修真十書（雑著指玄篇）』巻八

達磨胎息論曰、凡服食須半夜子後、牀上瞑目盤坐、面東呵出腹内旧気三両口、然後停息。便於鼻内、微納清気数口、舌下有二穴、通腎竅、用舌柱上腭、存息少時。津液自出、灌漱満口、徐徐嚥下、自然潅注五蔵。此為気帰丹田矣。如子後丑前不及、但寅前為之亦可。臥中為之亦可。但枕不甚高可也。(12)

右に引用したF本達磨祖師胎息経とB本達磨禅師胎息訣は、曇鸞の服気法がA本E本所収がそれぞれ同一であるのに対して、E本の達磨の妙用訣と対比して見ると、B本E本F本G本それぞれ、多少の類似はあっても、別のものであることが判る。ただ、G本のみ『道枢』に関係するところが少しある。それでは、『道枢』に引用されている達磨の文はどのようになっているのであろうか。それが次の問題となる

四

上述のように、古籍がなお多く存在していた南宋初期の頃に、曾慥が、達磨のものとして収録するのは、「達磨禅師胎息訣」の文でもなければ、「達磨禅師胎息経」でもない。その前半は「達磨大師住世留形内真妙用訣」に合致し、後半はそれには見出せない内容の胎息法が記載されている。そこで次に、『道枢』巻十四胎息篇を、「雲笈七籤」が収載する「達磨大師住世留形内真妙用訣」と比較することとする。因みに住世留形とは『抱朴子』内篇巻三、対俗篇に、次のようにあるのに基づくのであろう。

拘朴子答曰、聞之先師云、仙人或昇天、或住地、要於倶長生、去留各従其所好耳。又服還丹金液之法、若且欲留在世間者、但服半剤、(13)……。

さて『道枢』巻之十四は、まず、「心境篇四黄八石、非薬之真。五彩三花、抜類離倫。」として、玄和子と魏伯陽と『参同契』等を引く。そして次に、「胎息篇綿綿若存、以運元気。壁観九年、乃明茲事。」として、達磨の胎息を載せている。『道枢』巻十四には、この二篇があるだけである。

その胎息篇は、本文の字数が約一五五〇字である。一方「雲笈七籤」の文は、一二二四字である。しかし、『道枢』の文章は「雲笈七籤」の文の全体に対応するのは、約半分であり、後半の部分は、上述のように、「雲笈七籤」の達磨の文とは関係がないように思われる文章が記載されている。今はそれを判り易く示しつつ、内丹法をも含めて、先学の研究とは重複することをなるべく避けて(14)、達磨の胎息法の検討を進めていくこととする。

甲、『道枢』巻十四胎息篇

身毒之国有至人曰宝冠。能胎息之方。故其形身未嘗衰。菩提達磨聞而問焉。曰震且《ママ》諸国其人不任寒暑、以損其真気、以致滅亡。吾将東游。願得胎息之方、以振之。宝冠安坐、吾語汝。夫人之始生、本乎胎息者也。神識与精合和而凝結焉、日月変化而成形。其形初成、則神依形而住。故神無形則不住、形無気則不変、気無形則不立。故知神形者受気之本也。気者養形之根也。三者和合、然後出処于世矣。方其居于母胎、偃伏于臍之下、混沌三月、玄牝《ママ》具焉鼻也。

乙、「雲笈七籤」巻五十九

達磨大師住世留形内真妙用訣

吾昔於西国、授得住世留形胎息妙（訣）(15)。師名宝冠、伝吾秘訣。問曰、今欲東遊震旦及諸国土、弘伝心地密法。其諸国土人、多遇寒暑、為灾患所傷、例皆死喪。意欲擬向此土、弘伝心法、願求留形、不為灾患疫疾所侵、長能住世留形不死。不知得以否。師云得。又問云、如何即得。師云、夫所生之本、始胎息。即是神与精気相合、凝結、能変化為形者、即是為受之本。本気是人有之根、気因神而生、形因気而成。形不得気、無因得成、気不得形、無因為主。原其所稟之時、伏母臍下、混沌三月、玄牝具焉。

玄牝者口鼻也

この後、甲文には、父母の養育の恩に報いよ、というような説教調の語句はない。しかしなお、乙文と相出入するような語が続く。乙文に関しては、この後、世人が母の養育の恩を忘れがちであるから、釈迦はそれを知らしむべく、父母への孝養を説くのである、として文を続ける。なお乙文に関しては、「混沌三月、玄牝具焉。」とか、「主心不動念、无来无去、不出不入、湛然常住。」の語句があるが、『陳虚白規中指南』巻下に同様の文が見出される(16)。

凡人之呼吸、出乎咽喉之中、聖人之気息存乎気海。
気海者在臍之下二寸。其名曰子宮、元気之根本也。……
鄙夫者根境相対、而生情愛、乃鶩於淫欲、精気下泄、
身乃枯朽。故日無涓滴之益、而時有畎浍之決、喪其
性命之宗。

則凡人呼吸、与聖人殊。凡人息気、出入於嚨喉。聖人息
神気。常在気海。気海即元気之根元也。……
凡夫之人、二境相観之後、即情欲動。即精気悉下降於茎
端、而下洩之。皆為情欲所引、制御不得、遂有畎浍之憂、
哀喪其本也。

甲文乙文ともに、その最後の部分は、房中術と関係する表現である。ところで、乙文は、ここで終了するのであるが、これまでの表現の中には、「返本還元」などと『参同契』や『古文龍虎経』に関係ある語が見える。一方、甲文も『参同契』や『古文龍虎経』に関係ある語が見出されるのは、内丹を説く文として当然のことである。以下、甲文を続けて示すこととする。

惟神与気合、子母相守、随其呼吸上下、而散補三宮、則精魂不散。是故定者不死之根也。心者気之主也。故気者従心者也。心行亦行、心運亦運、乱則乱、定則定、憂則傷、煩則謝。是以聖人、不体不用、不役不住、不定不乱、

自適其適。内妄悉除。此長生之本也。如是、常思受父母之遺体、名曰胎息。既而具乎六入眼耳鼻舌身意。五蔵六府、骨肉筋脉、皆資乎胎息、而得増長焉。胎息之根源、不出不没、状如雞子、色猶水精、由念而有動転之時、内気不出、意因其発而有去来、掩心引頸。如是為主、去来之外形者也。其名曰鶴形焉。亜腰実腹、是為動転之内形者也。其名亀形焉。以意引之、勿由吐納、勿在握固。二者玄牝之門、常宜閉之、使気周于身焉。先入静室趺坐、猶入定焉。身不動揺、想其胎息、如雲霧、如燎炉之煙、如蓮本之糸、以意引之、周于四天、息脉条暢。次引其気、灌於泥丸、復引其気集於舌上、搏而錬之、想如雞子呑入于腹、不可差焉。使五蔵六府、承其津気、而悉堅固。於是、其体光潤、此胎息游遨于其身之中者也。如其飢渇、則時噍之、以意送之、莫計其数可也。飽則休息焉。病痛所在、以意攻之、既癒則已焉。行止寝坐、常存乎胎息。胎息不散、或五三年、功乃大成。若夫気下則勿止之。止之則成疾矣。其功既成、不必静室、任意修錬、常想其身、猶如蹴踘焉。内気充満、則四支軽健矣。於是、又観吾身也、吾心也、吾胎息也。漸至于長大、同于太虚、其初想吾身、如月焉。坐一室、則光満一室矣。居一城、則光満一城矣。游一国、則光満一国矣。至夫周乎十方虚空、而不見五身、吾心与呼吸、胎息純一虚空、無想無念、湛然寂滅。如是観已。復如前観、由国至城、由城至室、漸復成小。於是、加精進焉。欲游于他方、則惟一念而已。欲隠其形、意発則隠矣。生死自如。食与不食、不相為患、斯道之成也。故調神如嬰、怡怡如如、寒暑枯栄、而形神自平矣。息与神合、如瑠璃器中有金像、金像者法身也。瑠璃者根形也。故鏡明而、法自形矣。水清而影自停矣。天食者滋神者也。地食者滋形者也。含霊抱実、神気斯自霊乎。雪山之妙薬、自頂而生者也。行一空昧、体軽神怡、於是、血化為乳、骨化為瓊矣。故曰、天道之精、杳杳冥冥、神不見神、形不見形。即心無心、即形無形。心尚不有、而況于外哉。

右の『道枢』胎息篇の方にのみ見出される胎息法は、仏教の用語たとえば、六入・精進・法身、雪山などのほか、仏教の教義に基づく思想が至る処に示されていて、『道枢』巻十四の胎息篇の冒頭に菩提達磨の語があるのを受け続ける文として、この篇の中に収録されていると考えるべきであろう。また、この文中に見出される「動転之内形」「亀形」と名づけられる胎息法は、碧眼の胡僧と深い関係があるようである。『太上九要心印妙経』と宋王常集とされる『真一金丹訣』とに次のような文がある。(17) まず前者には、

胎者形中気之子、息者形中神之母、形中子母、何不存守。存守者、存其神而守其気。其気在坎離。爽中円如杵臼、又象伏亀。故曰神亀。亀含黒水、水中有気、名曰神気、又曰碧眼胡僧。号曰真人。人之根蔕俱在此焉。十二時中、天門借気、緊閉地関。神室内守、自有神亀呼吸、有名無形、有動無名、…………外気升而内気降。内気降而腹自納。鼓納之機、天地之槖籥也。槖籥者天地動作之気、真陰真陽也。内気為陽、外気為陰。内気不出、外気不入、神符気定。外気符即為至宝。内気符即成金丹。金丹者純陽之物、浩然之真。直指天機、帰根之道尽矣。……

とある。同様のことは、『真一金丹訣』にも次のように記されている。

禀太虚之始、錬元気為母、母号先天、能会五神、不散於形中。一身之国、乃心為君、精気為民、民安国泰、謂之富国安民、神仙抱一為清虚自然之道。成胎息、錬元気、為命。是復本還元之法。気来入身、為之生神、所以通生謂之道。気者神之母、神者気之子、以母為神為天、真交会子母。兼神不離於気、気不失於神、神不相離。精神内守、臍元有主、形乃長存。若施心気、湛於丹田、由易長生、不亦遠乎。心気既住、則丹田有主、五神内守、万聖朝元。……木金皆随戊己為中央之土、土乃沈之命源、天霊黒水、所化成泥、内固命源、黒水為鼎地之機。乃乾坤之首、宇宙之基、造化之源。源者在子身中、有一腰眼、謂之明堂淵骨。骨大而円穴、穴乃深淵、名天霊黒水。北海有一海亀、名碧眼胡児、金晴猛獣、運動霊泉、……三元在其中也。……

胎息節要

欲得長生、当修所生。所生之本、始於精気、精気結而為形。……是以変化不測、混合陰陽、大包天地、細入毫芒。……

至人以神宰御、呼而下統、吸而上衝。上至泥丸、下至陽端。二景相通、可救老残。若能息息、神炁常合、則胎従伏炁中結、炁従有胎中息、可謂胎気内結、求死不得。若能御気、則鼻不失息、斯言至矣。又曰、化而欲作、吾将鎮之、以無名之樸、則胎息妙用矣。又曰、専気致柔、能如嬰児乎。是為胎息之真。反精為神、其文畢矣。

因みにここで、注目すべき二三のことについて触れておきたい。すなわち、『道枢』胎息篇の中で、「達磨大師住世留形内真妙要訣」と対応する部分が終了して、『道枢』胎息篇独特の文が続くが、そこには、「静室」の語や「病痛所在、以意攻之、既癒則已焉。」などとあること。次に『太上九要心印経』の引用文の冒頭の部分に、「神亀」「神室」の語があること。『真一金丹訣』には、「神亀」「黒水」などの語があること。これらのことどもは、また、すべて『道枢』の、例えば、九仙篇に関係のある語であり。それはまた、当然に、『真龍虎九仙経』とも関連する語であり思想であるということになる。(18) そのことは、曾慥の『道枢』の多くの部分で触れている西山浄明道の道流や鍾離権や施肩吾の内丹の道法と、密接に関係しているということである。そしてそれはまた、『道枢』胎息篇の達磨の胎息やそれに続く文章が、それら内丹の法と関連する作品であることを示すものである、といえるであろう。これらのことどもを確認し把握した上で、次に、『道枢』巻三十八の会真篇の検討に入ることにする。

五

『道枢』巻三十八の会真篇は、「道蔵」の「清虚洞天華陽真人施肩吾希聖撰。三仙門弟子天下都閑客李竦全美編」と

するところの『西山群仙会真記』五巻[19]の節録である。因みに、「道蔵揖要」所収（翼集九）本は、「……施肩吾希聖撰、……李竦全美編」として巻を分けない。『西山群仙会真記』は、先学の研究によると、既に散佚してしまった『西山記』を、ほぼ、全巻にわたって引用しているものである。西山とは、洪州すなわち江西省南昌府の地名であり、浄明道の聖地として有名である。『西山記』は、十世紀から十二世紀の中頃までのものとされており、『西山群仙会真記』一巻或は五巻の書は、その撰者や成立過程には多くの疑問のある書であるとか「怪誕不経」とかされている。[20]その書について、早く、『四庫全書総目提要』巻一百四十六、子部五十七、道家類存目には、次のような評価が示されている。

西山群仙会真記五巻両淮塩政採進本

旧本題華陽真人施肩吾撰。肩吾字希聖、洪州人。唐元和十年進士。隠洪州之西山、好事者以為仙去。此書中引海蟾子語。海蟾子劉操、遼時燕山人、在肩吾之後遠矣。殆金元間道流所依託也。其書凡五巻。巻各五篇、曰識道識法識人識時識物、曰養生養形養気養心養寿、曰補内補気補精補益補損、曰真水火真龍虎真丹薬真鉛汞真陰陽、曰錬法入道錬形化気錬気成神錬神合道錬道入聖。其大旨本於参同契、付会周易、参以医経、戒人溺房帷餌金石、収心歛気、存神固命。有合於清浄之旨、猶道書之不甚荒唐者。[21]

右の文中の元和十年は西暦八一五年であり、海蟾子劉操は、西暦九一六年から一一二五年まで生存した人物とされている。彼については、曾慥も『道枢』の中でしばしば触れているが、その事に関しては、また後で触れることとする。因みに『西山群仙会真記』について、近来の研究には、「李竦生平不詳。陸游『謂南集心鑒跋』謂其高祖曾見施肩吾、故『文献通考』巻二二五以為施肩吾「似有二人」。……按是書与施肩吾編著之『鍾呂伝道集』内容大体一致、北宋末曾慥輯『道枢』亦摘録是書、題曰『会真篇』、故此編不晩于北宋。」と評している。[22]

さて、『西山群仙会真記』五巻（以下西本とする）を節録する『道枢』巻三十八の会真篇は、次のようになっている。因みに、『道枢』巻三十八は、会真篇の一篇のみを載録している。

会真篇張皇幽経、揚厲玄言。明示来今、入道之門。

華陽子施肩吾也曰、水火金木土、五行也。相生而為子母、相克而為夫婦。挙世皆知也。明顛倒之法、知抽添之理者鮮矣。上中下、精気神三田也。挙世皆知也。得返復之義、見超脱之功者鮮也。明五行之顛倒、然後可以入道、……

吾観夫得道而超脱者、西山十余人而已。其要蓋二十有五焉。……

右の文は、現行『西山群仙会真記』にはない。因みに『大丹直指』巻下に、「西山十二真人曰、」として、「凡流開口論天機、只能狂説不能知、世上衆生無鑑識、及至逢真説道非。」の句がある。(23) また、『啓真集』巻中に「西山隠者相訪」と題する詩がある。(24)

さて、以上の前言に続いて「曰識道……曰錬道入聖」の二十五項目名が続く。会真篇と西本とを比較すると、西本は、冒頭からして、まず項目がきて本文に入るが、会真篇は、右に示したような前言の後に、二十五項目の項目名が羅列されて、最後の項目名「曰錬道入聖。」の後にすぐ地の文が続いてしまう。従ってその地の文が、『西山群仙会真記』のどの項目に属する文の節略であるのかを一つ一つ確認する作業が必要である。次に、その作業を試みることとする。因みに、二十五項目の配列の順序の中で、『西山群仙会真記』では、「識道」「識法」以下「識物」までが巻一に、「養生」以下「養寿」までが巻二に、「補内」以下「補損」までは巻三に、「真水火」以下「真陰陽」までは巻四に、「錬法入道」以下最後の「錬道入聖」までは巻五に入っている。そしてその巻三が、「補内」「補炁」「補精」「補益」「補損」の順に収録しているのに対して、会真篇の冒頭の二十五項目の項目名のみの排列が、「補内」「補精」「補気」の順となっており、かつ、炁の字が会真篇の方ではすべて気の字となっている。

以下、『道枢』会真篇を引きつつ、西本と対照して、解説を加えることとする。会真篇には段落はないが、便宜上、適宜に段落を区切って示すこととする。

『道枢』巻三十八　会真篇

……曰真陰陽、曰錬法入道、曰錬形化気、曰錬気成神、曰錬神合道、曰錬道入聖。葛仙公曰、釈子滞于頑空、儒者執于見在。不知先聖之道存于一心也。純陽子知其然、故好性宗、修乎天爵、而棄人爵、鄙乎頑空、而悟真空焉。此不可以不識道者也。

ここまでが、西本では識道としている文の一部の抜粋である。因みに、西本には見られないが、純陽子とは、呂洞賓のことである。西本では、右の文の後に「西山記曰、」の文が続き、その次には、「葛仙翁曰、」の一条が引かれている。しかしそれらは、会真篇にはない。西本の「葛仙翁曰、」以下には、次のように、儒仏道三教の優劣が記されている。

葛仙翁曰、以五常言道、止得其緒余。用三乗見性、難窮其根帯。是知道不疎於儒釈、儒釈自疎於大道。歴古及今、聡明有識之士、莫不留心清虚、而志在玄元也。迨以安楽延年、次以長生不死。黙盗天機、当為己用。自人昇仙而為天官、何止儒者之虚栄於当年。由百歳延而及万年。何同釈子之因報于後世。修真者、邪正不可不辯也。欲識大道、三教中太上為先。一身之外、更何求也。

として、儒釈二教を後位に定めている。更に会真篇の文を続けて、解説を加えていこう。

太上隠書曰、三千六百法而養命者数十家、三千六百者十年之期也。数十者、天一地二、天三地四、天五地六、天七地八、天九地十。五行陰陽之数也。

西本の識法に引いている「太上隠書曰、」の文はなお続くのであるが、会真篇は、右の文で終わっている。

……昔者、華他《ママ》謂、久逸而気滞血凝。……

これは、西本では「西山記曰、」としている文である。

……容成子教黄帝房中之方、恐其走失真気、而虧修養之宜。……

「容成子」以下は、西本では、改行して、容成子を広成子に統一している。会真篇は容成子と広成子が混在している。

……黄帝修養于崆峒、而無功、広成子教以錬外丹、以補久虚積陽之損。後人因之、欲餌無常金石者誤也。肩鵲釈霊枢之篇、謂鼻引清気、口吐濁気、留之二十有四息、為火一両。

「黄帝……」と「扁鵲釈霊枢之篇……」以下は、西本では改行されている。扁鵲と『霊枢』については、別に検討を加えてある。[25]

以之錬真鉛、如戯蘂、其名曰陽胎。以之錬真汞、如含蓮、其名曰陰胎。胎在則息住、息住則神存。積而入聖、後人因之、以多入少出、為閉息之法、聚気為胎者誤也。九仙経曰、大病用火、小病用水、用火者納気、而升于身、使真気、遍于四大、以却陰邪。……

「九仙経曰、」以下は、西本では行を換えて始まる。「九仙経」が僧一行と『真龍虎九仙経』とに関係深いことについては別に論じた。[26]

……通玄経曰、守無為之道、得自然之理。清而不濁、静而不動。後人因之、持静絶迹者誤也。霊宝内観経曰、外境不入、内境不出、……後人因之、身如槁木、心若死灰、失于昏寂、陰霊出于天門、止于投胎就舎者誤也。於是、又有開頂、縮亀、住山、識性、焼錬、読誦、布施、供養、皆無益者也。殊不知己之水火焉。……

右の文の「通玄経曰、」と「霊宝内観経曰、」と「又有開頂……」以下は、それぞれ改行されて、文の冒頭に示されている。なお、『霊宝内観経』についていえば、『道枢』巻六、虚白問篇に『内観経』の引用があるが、それは「道蔵」の『太上老君内観経』の文である。そして虚白問篇の『内観経』の前には、『老君内丹経』があるが、これも「道蔵」

の『太上老君内丹経』の文と通ずる。[27] ここにいう『霊宝内観経』については、今のところ判然としない。因みに、鍾離権撰とされる『（秘伝正陽真人）霊法畢法』がある。[28] そこには、小乗・中乗・大乗三法門を説き、大乗を超凡入聖法として、内観や禅僧の入定に触れている。再び本文に戻る。

……学道者必有師、張夢乾三遇海蟾子、得三成之道。解志一見許旌陽、授九転之功。王猛見長寿大仙、而識大道。梅福遇大洞真仙、而尽天機。然師者或自隠而不言、或盛徳若不足焉。黄帝求赤松子、半年止得中戒経、以防外失。劉安従王導厚、終年而得一小法、不及修養。故陰長生、不以馬明生久病、而怠其業。葛稚川不以鄭思遠家法而誨于人。然則師者豈易識哉。

右の「学道」以下は『道枢』では改行していないが、西本は改行し、「識人」の文に「西山記曰、」として引く文の中にある。西本はこの文の前に、もう一つ、「上清玄裕曰、」の文が引かれている。

……夫春生夏長也。而梅艶菊芳矣。秋収冬蔵也。……

「春生」以下の文の前に、西本では、「識時」の見出しが入り、「洞玄経曰、」の一文が入っていて、次に「西山記曰、」として「春生」以下の文が入っている。

……若夫錬形住世、則以気為先。用五行相尅之時、錬気超凡、則以時為先。……

「識時」と題する以上の文には、『黄帝内経』にも見られる医学思想が多く加味されている。次の文もまた同様である。

……正陽子曰、心者天也、賢者地也。肺者月也。肝者日也。崔玄真曰、腎之気者嬰児也。心之液者姹女也。

「正陽子曰、」の文は、西本では、「識物」の見出し語の次に『洞天語録』の一文が来て、次に「西山記曰、」として、「鍾離秘訣」「崔玄真秘訣」が引かれているが、右は「鍾離秘訣」の文である。鍾離とは、『道枢』巻五の百問篇に、

「純陽子（呂洞賓也）読丹経玄書。其旨淵深、懼後世莫測焉。於是、以問于正陽子（鍾離雲房）曰、……。」とある他に、巻十九、修真指玄篇には「正陽真人（鍾離雲房）」と見え、巻三十九以下には、鍾離のことが頻りに見出される。

……太白真人曰、五行顛倒術、龍従火内出、五行不順行、虎向水中生、何也。華陽子曰、龍者東方甲乙也。何以出于火中歟。盖心液正陽之気也。

「太白真人曰、」の文については、『道枢』巻三の陰符篇の太白真人の文や、巻七の甲庚篇で「太白真人歌曰、」とする文とほぼ同じである。華陽子は、施肩吾のことであり、巻十の華陽篇に、「返老還童之方」として触れられている。その他、彼のことは巻九の頤生篇や巻十九の修真指玄篇に見え、巻三十の三住篇には、はっきりと、「華陽子（施肩吾也）」とし、巻三十五の衆妙篇では「棲真子（施肩吾）」としてある。二人の施肩吾については、後日検討したい。

……陰真君曰、北方正気為河車、可也。華陽子曰、人之身、万陰之中有一点元陽焉。

陰真君は、『道枢』巻三十五の衆妙篇に、「陰真君（名長生）」とあり、「北方……河車」の文は、巻十六の運火篇にもある。「華陽子曰、」の語は西本にはない。

……広成子教黄帝錬丹于崆峒、鉛在五金、而為黒金、就黒金而取銀焉。……

広成子以下は、西本では、改行している。

……於是、三百日胎全而真気生。養其真気、而錬之則生神矣（三花聚頂、五気朝元。）……

西本では、右の割り注の文が、地の文となっている。金真篇の割り注は以下にも二三見出されるが、すべて西本では地の文になっているので、それについての説明は省略した。

善養形者、先寒而衣、勿頓多焉。先暖而解、勿頓少焉。……

「善養形者、」以下は、西本では、「西山記曰、」の文として引く。しかもその前に「養形」の見出しがあり、次に

「玉華霊書曰、」の一文があってから、『西山記』の文に続く。

……夫禽之一沖、其制在気。故履空如実焉。松柏之気堅、故常茂焉。鶴亀之気住、故不悴焉。……

「夫禽之一沖、」以下の文は、西本では、「養気」の見出しの次に『太上隠書曰、』の文がまずあって、その一部分に入っている。ここに天より気を受けた、その気の強さで寿命が決定しているのは、曾慥や、施肩吾等が卑下している葛洪の『抱朴子』内篇塞難篇の思想に基づいており、それは古くは『論衡』にまで及ぶものであろう。(29)

喜怒過度、則傷矣。汲汲所欲、則傷矣。戚戚所懐、則傷矣。

これらも、医書『霊枢』の百病始生第六十六や『素問』の陰陽応象大論篇第五に通ずる思想が見出される。

……人以形為舎、心為主。心者火也。……

「人以形」以下は、西本では養心の見出しの次に「通玄経曰、」として引く一文の中にある。

……是以従道受生謂之命。自一稟形謂之性。……

「従道」以下は、西本では『西山記曰、』として引く文である。

……無心以除其有也。定心令不動也。……又在乎少思、少念、少欲、少事、少語、少笑、少愁、少楽、少喜、少怒、少好、少悪、使霊光不乱、神気不狂、而後可入道也。……

右の少思以下の十二項は、十二事として『漢武内伝』にも見出される。

……集霊資道、神気相合、而為寿。大者二千歳、中者一千二百歳、下者一百二十歳。……

「集霊資道、」以下は、西本ではまず、「養寿」の標題の次に続く「三清真録曰、」の文の中にある。

……男之右腎、先生焉。盖外精内血、以陰為裏者也。

「男之右腎」の前に、西本では、「補内」の見出し語があり、次に「九天秘籙曰、」の文がまず入っていて、「男之右腎」以下の文は、次の「西山記曰、」の文にあるが、その中には、西本の「九天秘籙曰、」の文の一部が混入している。男女の腎については、『修真十書』の中の「金丹大成集」「鍾呂伝道集」「雑著捷径」等にも見える。

……伝送余気于脾、静室閉気、多入少出、以養其脾、一旬則体光華、而経絡暢矣。若夫修錬下功者、則於五蔵、不必如是焉。此吾所以補内者也。心腎肝肺脾、五蔵也。……

「伝送」以下は、西本では、「補炁」の項目に続いて記されている「玉華霊書曰、」の文の中にある。また、「心腎」以下は、「補精」の見出しの後に続く「太上玄鏡曰、」の文中の語である。

……淫邪禍乱之走精、如析薪釜下、補之之道。惟房中所当先絶者也。精者何自生乎。万物受天地純粋之気、……対境生心、心之火下、逼于腎、気不能上升。左旋右盤、如急風震雷、透過于膀胱、変為精華。……

「万物」以下は、西本では、「西山記曰、」として引く文中にある。「如急風」以下は、西本にはなくて、房中を説く前掲の文に続く文として、曾慥が記入しているのである。

……地中陽生、自陰中来、天中陰降、自陽中来、並無走失、而有震動傾側之愆。況夫腎者水也、水之中生気、其微如縷、而六欲傷於外、七情傷于内、重楼先失于上、金亀抛泄于下。譬猶漏網包風、能無損乎、則悪可不知補気之道哉。天皇聖胎、上法也。達磨胎息、中法也。扁鵲辯霊枢之篇、葛洪釈胎息之説、因胎生息、因息就胎、下法也。此吾所謂補気者也。補益之道亦多矣。起臥有四時之早晩、……

「地中」以下は、再び西本の「西山記曰、」の文に合致する。「起臥有四時」以下は、西本では、「補益」の見出しの次に、「洞神真経曰、」とする文中にある。因みに、葛洪の胎息に関しては、本稿第三項のB文「(『諸真聖胎神用訣』)に、「抱朴子胎息訣」がある。

……午之前、可以錬乾焉。午之後、可以錬坤焉。

「午之前、」以下は、西本では、「西山記曰、」として改行した文中にある。

……五日一浴、十日一沐、気王之時、勿動。血王之時、忽息。此補益于気者也。……

「此補益」以下の文の前には、西本では、房中術についての文があるが、それは、房中術の研究上、注目される。房中のことは別に論ずることとして、『道枢』会真篇の方では記されていないが、右の文の後で、劉綱真人・趙真人の例を記す。劉綱真人は、『道枢』巻九、頤生篇に、「劉真人綱名」とある。

……男之気八百一十丈、九九八十一、純陽之数也。女之血、三石六斗、六六三十六、純陰之数也。……

「男之気」以下については、西本ではまず、「補損」の項目があり、次に「十洲雑記曰、」として引く文があり、それが終わって、改行されて、「西山記曰、」の文が始まり、その中に「男之気」以下の文がある。この文の後には、養生上の禁忌についての記述がある。[30]

……大薬未就、尚有飢渇、一日三飡、不可飽也。朝不虚、暮不実、上也。……

「一日三飡」の文は、『修真十書（鍾呂伝道集）』巻十六「論魔難」に見出される。[31]

……腎水也。其中生気、則為火矣。心火也。其中生液、則為水矣。冬至地中陽生、及夏至而至于天、積陽而生陰、其陰感陰、而陰得不耗焉。……

右の「腎水」以下の文は、西本ではまず、「真水火」の見出しがあって、次に「中黄秘訣曰、」で始まる文があり、その中に入っている。しかし、「冬至地」以下は、西本では改行されて「通玄論曰、」とする文中にある。

……故人有三火八水焉。水者以一気、伝一気。積気生液、而五蔵各有液焉。……

「人有三火」以下は、西本では、「西山記曰、」とする文中にある。

……海蟾子曰、両曜殿成七宝鋳、一渠流伝八瓊漿、此玉液還丹也。……

「海蟾子」は、西本では、劉海蟾となっている。海蟾子については、『道枢』の巻七の坎離篇に、「昔、海蟾子以謂五行四象者即坎離之訣也。……馬自然……行年六十有四、遇海蟾子。於是灑然而悟。」と、巻九の頤生篇には、他に「劉真人名海蟾曰、……」と、巻十三の指玄篇には、「海蟾子曰、火神不可使之飛也。……」とある。巻九の頤生篇には、他に「劉真人名剛」「劉真人名可道」、巻十二の還金篇には、「海蟾子劉昭遠燕人」とあり、巻二十一の修真要訣篇には「王子劉海蟾弟子王庭揚」とある。因みに、上述の「道蔵」のB『諸真聖胎神用訣』には、既に示したように海蟾真人胎息訣があり、それは、「夫元炁者、天地之母、大道之根、陰陽之質在物名淳利之。炁在人、名元炁者也。乃性命也。凡一昼一夜、一万三千五百息、常常口鼻中、泄了真炁、聖人久錬胎息者、常納於丹田。故微微出入定、自身安而得長生。長生者、乃心与神炁相合、与道同真也。[32]」と説くものである。

さて、会真篇に戻って、上来の検討を続ける。

……純陽子曰、水火都来相間作。卦候飛成地天泰、一升一沈、陽錬陰、陰尽方知此理深、此水火既済也。消遙子曰、法水能朝有秘関。……

西本では、「純陽子曰、」は、「呂公言、」となっており、「水火都来」以下は、西本では、「都来相作間。赴候飛成地天泰。」となっている。消遙子については、上掲の「道蔵」のB『諸真聖胎神用訣』に消遙子胎息訣があり、そこには、「久而行之、結成聖胎、乃真胎息也。」と記されている。[33]

……其名曰焼丹、其火升之上起、復過于三関、其名曰河車。其升之前起、上過于重楼、其名曰錬形。其前後倶起、偏満四大、其名曰焚身。焚身者入于静室、散髪披衣、閉目冥心、……

「曰焼丹」以下は、西本で、「曰焼錬丹薬、火之升上起後、過双関、而曰河車……」となっている。「入于静室」以下は、西本では、行を改めて、「九仙経曰、」とする文に引かれている。その「九仙経曰、」の文の中には、「釈教降魔火、道家焚身火。」とも記されている。

……行此者、須嗜欲久絶、丹元堅固、而後可也。此吾之真水火者也。純陽子曰、因看崔公入薬鏡、令人心地転分明。……

「純陽子曰、」は、西本では、改行して「呂公曰、」とし、この語の前には、「龍虎真丹経曰、」の一文があり、その前に、「真龍虎」の見出し語がある。「龍虎真丹経曰、」の文中には、「太白真人曰、五行顛倒術龍従火裏出。五行不順行。虎向水中生。」の文が入っている。太白真人については、『道枢』巻三の陰符篇と巻七甲庚篇に、「太白真人曰、五行不順行者、龍従火出、虎従水生矣。」と、同文が見られる。また、巻三十の三元篇には、「太白真人曰、人有三元、……」とある。

……腎之気伝于肝気、肝気乃生矣。………及夫下火加減有時、抽添有数、以心気合于腎気、是為龍交于虎者也。若夫下関透矣。起于尾閭、左升者為龍。……

右の「腎之気」以下は、西本では、「西山記曰、」の文中に出る。「若夫下関透矣。」は、西本では、「若以下関透而起自尾閭穴左昇者、……」となっている。

広成子以朱砂錬乎九転、而為神丹。……劉安以童便錬之七転、而為還丹。……

「広成子」以下は、西本では改行して、「西山記曰、」の文中にあり、「劉安」以下は、西本では、「劉安以童小便、」となっている。

以腎水合于心腎之上、使正陽之気凝結于黄庭、是乃真鉛也。……既済一過、而還于下丹田、是乃真汞也。此吾所謂真鉛汞者也。腎水也。水中生気、其名曰真火焉。……

「以腎水合……」は、西本では、「以腎水合心液之上、正陽之炁凝結於黄庭。」となっており、「是乃真汞也。」の下に、西本には、「元皇君訣」や呂公の言を引いている。「腎水也。」以下は、B本では、「西山記曰、」の文の中に入っているが、「西山記曰、」の前に、真陰陽の見出しがあり、それに続いて「九天秘籙曰、」の文があり、その後、改行されて、「西山記曰、」の文が始まる。

……聖胎訣曰、当降心火于下田、外境不入、狂慮泯絶、一気聚于気海、腎気不能上升、則其息漸少矣。……

「聖胎訣曰、」以下は、西本では改行して「玉皇聖胎訣曰、」となっている。西本巻四の「玉皇聖胎訣」の文中には、

故後聖有自然胎息矣。及達磨胎息至理言、人之旡升、自有走失。莫若内観諸世界、遊翫自己天宮、超清虚妙境。其法貴乎無漏。一念不生、一意不動、無漏則善果成。不動而真聖見。而面壁九年、気無毫髪走失、陰霊自外、而身有身。東人不悟、乃擲鉢西帰。故聖人曰、真胎息也。及扁鵲解霊枢、以冬至之後、真鉛積之一分、状如戯藥、……及葛洪註胎息論曰、凡胎息之要、如在母腹中、母呼即呼、母吸即吸。今人不達妙理、縦能閉之少時、随手出之、喘息不已、非止不能留所閉之息、而又元旡損虚、……

と、達磨と扁鵲及び『霊枢』と葛洪のことが記されている。『道枢』会真篇にも、葛洪のことを除いて同様のことが簡単にではあるが、記されている。西本は、右の文に続けて、

故得奪住其旡積而神形清爽、可以除療百病。曲留強住、亦非自然、所以為下等。胎息真仙上聖而有三品之論也。鼻引口吐、……

と、葛洪の胎息観を下等として、上中下三品の胎息のあることを指摘している。達磨の胎息を直接は取り挙げてはいないが、西本のこのところの前後の文章は、胎息法の上中下三等の評価について考える際、重要なものである。会真篇には、

……定乎百息、関通而疾除矣。定乎千息、則気血不交、而陰陽自合矣、定乎万息、則気住神蔵、道斯成矣。此吾

　所謂真陰陽者也。昔有以冬至之後陽生、及春分之後、余寒入于腸胃、成傷寒之疾、……

という記述があるが、百息千息万息のことは西本になく、「昔有以冬至」以下は、西本では「錬法八道」の見出しの後に改行して、「西山記曰、」とする文の中にある。

　……形者気之舎也。気者形之主也。故錬形非真気不可也。彭真人曰、子之前錬乾、午之後錬坤、自寅至子午、乃外身静坐、……

「形者気之舎」以下は、西本では、「錬形化炁」という標題の後に、改行して始まる「西本記曰、」以下の文中に見える。また、彭真人については、『道枢』巻九の頤生篇に、「彭真人名亀年曰、吾嘗有目疾、昼夜睜目注視、以去其昏、閉之少頃、而再行焉。積功可察秋毫矣。」とあり、巻十二の大丹篇には、「易成子彭仲堪天台人也。」という記述がある。

　……密想心宮、如夫婦之儀、久則長生矣。元真人名舫《ママ》曰、自辰而起、不語。而以其舌、攪于上腭下腭、悪濁之津嚥之、……夫自子至午者、気生之時也。可以用聚気、還丹焉。……

右の「元真人」以下は、西本では改行されて、「昔元昉真人訣曰、」とする文の中に含まれている。『道枢』巻九の頤生篇に、「元真人名谷曰、未仙之日、絶食于眩谷、惟茹草木、則鼓腹、以衡五蔵之凝滞、……」と記されている。また、「夫自子至午者、」以下は、西本では改行して、「西山上聖、知其子時腎炁生、」の文の中に入っている。

　……百日薬力全矣。二百日聖胎堅矣。三百日胎仙全、而真気生矣。気中有気、可以錬気而成神焉。斯採気之法也。自午而至乎子者、気散之時也。可以用収気、錬丹焉。二十四息為火一両、夏至之後、以巽之卦、天罡之運二十有五度、行之錬真汞為陰胎矣。……

右の「斯採気之法」の処は、西本では、「故鍾離曰、昔有三真頌金丹六訣矣。……又曰採薬之法也。」となっている。また「二十四息為火一両。」は、西本では、「惟扁鵲解霊枢、以鼻引清炁、入而留之。四息為一銖、二十四銖存一両火。

夏至之後、……」となっている。

……至于胎成息住、自然不飢不渇、無寒無暑。可以留形長生、斯進火得時而已。非聚気之法也。戌之末、亥之初、気随真液還丹之際、……

右の「戌之末、」以下が、B本では「西山有頌曰、」と改行した文に出る。

……故古先上聖、於離採薬、於乾進火、三百日而内丹成矣。此吾所謂錬形化気者也。以気錬其形、則其形化気、体骨軽徤《ママ》、……

この「以気錬其形、」以下は、西本では、「錬炁成神」の項を挙げて、次に改行して冒頭に「西山記曰、」とする文に入っている。

……丹既就、而真気生、則以真気、錬其五蔵之気。惟一小運、応日閉息錬気、……壬癸則錬腎其詳具霊宝篇中。十日一錬、……

右の「錬五蔵之気、」の次に、西本では、「九仙経云、錬神剣金槌、本以五蔵之炁。中黄経云、閉之千息、以錬五蔵、……西山有練炁之法、妙且立矣。」とある。

……気満功盈、五気朝于元、三花聚于項、血凝気聚、……海蟾子曰、陽神欲出、……正陽子曰、静坐内観、如登七級宝台、……定之中出其陰神、而不能返、其名曰戸解、非道也。此吾所謂錬神合道者也、功成神遷、已棄其殻、……此吾所謂錬道入聖者也。

以上で会真篇の文は終了するが、右の引用の文のうち、「気満功盈、」以下は、西本では、「錬神合道」の項目の次に改行して、「西山記曰、」とする文の中にある。「正陽子曰、」の語は、西本では、「鍾離公功満数足、静坐内観」となっている。「純陽子曰、」の文は、西本では、「呂公出法、……」となっている。この「錬神合道」の項目の中に、西本には、注目すべき語がある。それは、「世祖禅師、雖無火候、而陰霊亦不散、方在内観、……此止可出而不見入法也。

昔達磨六祖禅師、雖是陰神出殻、始以形如槁木、心若死灰、……直過三十三天、化楽天宮、如道家之在上宮也。……西山上聖、功満数足、其出也、雖不離内観中起大歌楽中過門。……」と記すものであって、達磨の胎息は、道家に近いが、なお西山上聖の胎息に及ばないものであることを明記している。次にまた、会真篇の文にもどると、「功成神還、」以下の文は、西本では、「錬道入正」という見出し語の後に、改行して、「洞天語録曰、」とする文中にある。以上で西本と会真篇の対照を終える。

六

達磨に関する『道枢』引用の諸文を、主として胎息篇と会真篇とにおいて検討したのに続いて、『道枢』のこの二篇以外の諸篇において考察することとする。

まず巻三の冒頭にある集要篇が注目される。この篇には、古先至人の言として、晁文元公や裴休の文が引用される。前者の文の末には、

故不畏念起、惟畏覚之遅也。覚速止速、此其妙用者歟。吾嘗謂、心息相依、息調心静、念起即覚、覚之即無、此最道之権輿也。

とある。裴休の文末では、次のようになっている。

夫未能無念、即用観空、未能頓空、即用対治、三策次第而用之。荘子坐忘、達磨壁観。始学者不能知也。而乃入于放昿。豈其旨哉。吾嘗端坐、念実相、而見魔王加趺之像、且怖矣。況入道者、端坐不傾動者乎。

次に同じく巻三に砕金篇がある。そこには、

晁文元公曰、教豈有異哉。吾嘗貫三道為一焉。夫儒家者流、以正身為要。切勿求其功、而功自成矣。竺乾氏、以復性為要、切勿求其証、而証自知矣。……施肩吾既聞道、而著三住銘曰、心常御気、気与神合、竺乾氏為円覚之説曰、心息相依、息調心浄、吾観其理殊同帰歟。天下有三楽。儒家者流曰、顔氏子箪瓢陋巷、不改其楽。道家者流曰、荘氏子栖遅一丘、天下不易其楽。竺乾氏曰、生滅滅已、寂滅為楽。三者自外及内、由浅至深者也。幻意諸病、吾以理功之可也。…文玄公曰、……調暢太和之気、適悦天真之味、研覃微密之言、依游上妙之道、蒙荘高情、師友造化。竺乾妙旨、澡錬神明、非理外至、……勿恃格獣之勇、非理内起。当如探湯、即時而止、……

と記されている。文中の「三住銘」は、巻三十に三住篇として引かれている。

また巻三の容成篇には、曾慥自身の、道家者と仏教者への痛烈な批判が載せられている。それは、次のようなものである。

是知学道以清浄為宗、内観為本者也。於是、深根固蒂、使純気堅守、神不外馳。至於坎離交際、而大薬可成矣。善乎荘子論之曰、必浄必清、無労汝形……。至游子曰、道家者流有八漏。竺乾之法有諸有漏。豈爾所謂漏者乎。司馬子微曰、志之漏也。形趨于后土、念之漏也。神趨于鬼郷。吾所謂無漏者、無此漏也。豊入嗇出、養気則然矣。達磨之胎息是也。游泥之蓮易壊者也。未若松柏産於陵岡而不凋者也。吾亦有蓮焉。盖嘗発於烈火之中矣。

上掲の集要篇や砕金篇では三教一致論者としての晁文元公等の説の節録を載せているが、この容成篇には、他篇とは趣を異にして、至游子曾慥自身の見解が示されている。彼はやはり、達磨の気法或は内観法をもって、中法に属するものとしている。彼の立場は、『道枢』巻三十三の参同契中篇に、「蓮出于火中矣。」とあるような、或は巻三十一の九仙篇に見出される「(病)患小なるときは、水を用い、(病)患大なるときは火を用う。」という天真皇人の内丹法のような、胎息内観の法をこそ最上のものとするのである。

このような治病術と仏教における止観等による治病とは、改めて比較検討される必要があろう。因みに、本稿第三項で触れた、Ａ『延陵先生新旧服気経』に、「王説山人服気新訣」があり、そこには、「釈氏止観、其有用気療疾法。是知気之与易遁相通潤也。」と記されている。また、紫陽真人張平叔撰とされる『玉清金笥青華秘文金宝内煉丹訣』の巻中に、「若釈氏之所謂真心、則又異焉。放下六情、了無一念、性地廓然、真元自見。一見之頃、往来自在、蓋静之極、至于極之極。故見太極、則須用一言半句之間、如死一場、再生相似。然後可以造化至機、而為不生不死之根本。豈易窺其門戸耶。」とある。(34) また一方、『還丹秘訣養赤子神方』では、「若一向万境、倶忘諸縁頓息、神属陰静。此乃禅伯之流也。」とされている。(35)

次に巻十の華陽篇にも、道家と達磨のことが、華陽子の説く気法の中で比較されている。華陽子こそ、巻三十の三住篇に、「施肩吾也。」と記されている人物である。その華陽篇にいう、

然未若一日而錬五気、十日而結大丹、絶念以守真息、留気以養元神、始在五蔵、次余一宮。気中生神、錬神合道者也。周天火候之理、蓋不一焉。……善錬丹者、以三昧之気、依乎周天之運、……内観者何也。観己不観物、観内不観外者也。吾有観心之法、一念不生、如持盤水、湛然常清焉。…吾有観鼻之法、常如垂糸鼻上、升而復入、降而復升焉。内観之至也。則気入泥丸、神超内院矣。彼沙門入定、久而昏寂、止于陰神出殻而已。道家坐忘、久而頑着、神気豈能成就哉。故内観之法、以浄心為本、以絶想為用。下心之火於丹田、不計功程。蓋如達磨所謂一念不漏、自然内定、而結元神焉。

と。ここに見える垂糸の法などは、九仙篇や『天真皇人九仙経』や『真龍虎九仙経』に見出される気法である。そこでは、概して仏教者は批判の対象とされるのであるが、達磨だけはやや尊敬されている。

次に『道枢』巻二十四の九転金丹篇を見ると、亢龍子すなわち西蜀青城山方士段昊なる人物や天真九皇なる神格に

よる内丹説に合わせて、「心者絳宮玄霊之府也。其内有螣蛇、呼吸真気。……」という記述がある。その螣蛇には、「又名碧眼胡児、太素魔士、玉女真魔。」と注が付けられている。碧眼胡児は、丹薬の名とされたりもするが、やはり、達磨に関係する語であり、彼の胎息法は中法に属するものとはされながらも、彼の名は色々に利用されていることを知る。次の諸例もまた、そのことを示していよう。たとえば、『紫陽真人悟真篇註疏』巻七に、「若要修九転」の本文の句に、象川無名子翁葆光が注を加えて、「九転九年也。在十月胎円、脱胎之後、達磨面壁九年、隻履西帰、蓋有由矣」とする。[36] その前の巻六においては、「鑑形閉息思神法……」の本文の句に対して、戴起宗は次のように疏を加えてもいる。「鑑形者、懸鑑于室、存神於中而出。閉息者、閉一身之気、如人未生在胎之時、以鴻毛著鼻上、毛不動能十二息為小道、能一百二十息為大道、能至於千、去仙不遠。如達磨胎息論、智者修出入息儀二乗坐禅法、禅定而出、思神者、[37]……。」と。この文の次の本文の句の注疏に於いて翁葆光や戴起宗は、仏教者に対して、「執空之徒」とか「右、道釈小乗」などの評を加えている。

以上によって、天皇の聖胎は上法にして、達磨の胎息は中法にして、扁鵲や葛洪は下法の徒であるとする意味が明らかになったであろう。すなわち、同じ気を用いる胎息法にしても、治病のために、身中の心火と心水とを用いることを説くことがない胎息法は、上法とは称し得ないのである。

注

（1）　道蔵、第六四八、『道枢』、巻三八、第一八。

（2）「古くは達摩と書き、伝統的には達磨と書く。近代の学者は祖師としては磨、歴史上の人物としては摩を用いている。」（『新版禅学辞典』八三二頁）とか、「達摩は古い用法で、達磨は新しい用字」（宇井伯寿『伝心法要』三頁）とか宋以後の用字（関口真大『達摩大師の研究』）とか説かれている。

（3）『道枢』、巻二八、太清養生上下篇における気法と『抱朴子』及び『雲笈七籤』、巻五十八、「諸家気法」のそれらとの比較は、陳国符の『道藏源流続考』、四九四頁にある。

（4）道蔵、第六二一、『周易参同契』、巻上、第一四。小柳司気太は『周易参同契』を、「或は神丹を煉ることとなし、或は体内の陰陽調和を説きしものとなす。余は今仮りに前者を内丹説と名づけ、後者を外丹説となす。参同契には、この両者を含んでいるやうである。」（『老荘の思想と道教』、二九九頁）、或はまた、「かの魏伯陽の参同契は、胎息を論じたるものである。」（同上、三六一頁）としている。また、福井康順は、『参同契』を、「それの意味している還丹とは、具体的なここにいわゆる黄白の術ではなくて、抽象的に情性の上に金丹を論じている別の方術であることが注目される。」という（『神仙伝』、四九頁）。『四庫全書総目提要』は、巻一百四十六、子部五十六、道家類の『周易参同契通真義三巻』において、その要旨を「今案其書多借納甲之法、言坎離水火龍虎鉛汞之要。以陰陽五行昏旦時刻為進退持行之候。後来言炉火者、皆以是書為鼻祖。」と記している。

（5）常盤大定『中国における儒仏道三教交渉史』、福井康順『道教の基礎的研究』。

（6）道蔵、第六四〇、『真誥』、巻一九、第一一。拙論、「道教の寿命論」（那須博士米寿記念『仏教思想論集』）。

（7）道蔵、第六三九、『真誥』、巻一四、第七。

（8）拙論「陶淵明の「子供を詠める詩」をめぐって」（『中国哲文学会報』、第三号）、福永光司『道教思想史研究』。

（9）道蔵、第五七〇、『延陵先生服気経』、第一～第二六。曇鸞については、拙論「曇鸞法門と道教思想の一考察」（『中国学研究』、第三――吉岡博士追悼号――）、拙論「玄中の語義を中心とした陶弘景・曇鸞・道綽論」（『中国学研究』）、第六号）参照。

（10）『中国大百科全書』（宗教）、五〇九頁。

（11）『性命圭旨』（上海古籍出版会「気功・養性叢書」）。

（12）道蔵、第一二二、『修真十書（雑著指玄篇）』、巻八、第七。

(13)「住留」は、『太平御覧』では、「去留」に作る（石島快隆『抱朴子』、四一九頁）。
(14) 坂内栄夫「『鍾呂伝道集』と内丹思想」（『中国思想史研究』、第七号）等参照。
(15)『中国気功大成』、三四八頁。
(16) 道蔵、第一一四、『陳虚白規中指南』、巻下、第九。
(17) 道蔵、第一一二、『太上九要心印妙経』、第七と『真一金丹訣』、第二と第六。
(18) 本論第一篇の天真皇人の章参照。
(19) 道蔵、第一一六、『西山群仙会真記』。
(20) 小柳司気太『東洋思想の研究』、三一六頁。秋月観暎『中国近世道教の研究』、四六頁。
(21)『中国気功経典』は、『西山群仙会真記』を「金元朝部分」（下）に収めていて、「金元気功家の托するところ」（二〇一頁）とする。上海古籍出版社『気功養性叢書』の『西山群仙会真記』（三七頁）の「錬神合道」は「錬道入聖」の誤りである。
(22)「道蔵提要選刊（上）」（『世界宗教研究』、一九八四―二、四頁）。『道蔵提要』、一七七頁。
(23) 道蔵、第一一五、『大丹直指』、巻下、第一五。
(24) 道蔵、第一一七、『啓真集』、巻中、第八。
(25) 本論第二篇の『類説』の医学資料の章参照。
(26) 本論第一篇の『道枢』九仙篇の章参照。
(27) 道蔵、第三四二、『太上老君内観経』と『太上老君内丹経』の節録。
(28) 道蔵、第八七四、『霊宝畢法』の節録。
(29) 大淵忍爾『道教史の研究』、一五六頁。
(30) 禁忌については、拙論「中国の食の禁忌――道教を中心として――」（中山時子監修『中国食文化事典』、五八頁）参照。
(31) 道蔵、第一二四、『修真十書（鍾呂伝道集）』巻一六、第一三。
(32) 道蔵、第五七〇、『諸真聖胎神用訣』、第三。

(33) 道蔵、第五七〇、同右、第一一。
(34) 道蔵、第一一四、『玉清金笥青華秘文金宝内煉丹訣』、巻中、第一九。
(35) 道蔵、第一一二、『還丹秘訣養赤子神方』、第一。
(36) 道蔵、第六二、『紫陽真人悟真篇註疏』、巻七、第六。
(37) 道蔵、第六二、同右、巻六、第一七。

第二篇　『類説』の研究

第一章　『類説』の価値と構成

一

曾慥の『類説』の価値について、『四庫全書総目提要』巻一百二十三、子部、雑家類七は、まず漢の馬総の『意林』五巻との比較から筆を起こして、

其書体例略仿馬総意林、毎一書各刪削原文、而取其奇麗之語、仍存原目於条首。但総所取者甚簡、此所取者差寛、為稍不同耳。

という。馬総の『意林』の体裁に倣うとはいえ、曾慥の採摘は範囲が広い点に特色があるとしている。更に続けて、『類説』の真の価値が那辺にあるのかを解説している。すなわち、

南宋之初、古籍多存、慥又精於裁鑒。故所甄録、大都遺文僻典、可以裨助多聞。又毎書雖経節録、其存於今者、以原本相校、未嘗改竄一詞。

と。南宋の初、曾慥在世の頃は、古籍が多く残っていたので、博学で知識欲旺盛な曾慥が千載一遇のチャンスを活かして、精力的に貴重な文献の節録に精進したのであった。ただ、曾慥が「未嘗改竄一詞。」というのは、次の例のよ

うな場合はあるにしても、いささか誇張といえよう。曾慥の摘録の態度が極端に評価される根拠には、次のような事例が注目されているからである。『四庫全書総目提要』は、

如李繁鄴侯家伝下有註云、繁於泌皆称先公、今改作泌云云。即一字之際、猶詳慎不苟如此。

という。これは、明の天啓本の巻二にある、『鄴侯家伝』に関するものであるが、問題の部分は今のテキストにはない。しかし『提要』の文は更に続き、

可見宋時風俗近古、非明人逞臆妄改者、所可同日語矣。

という。曾慥という人物が、南北両宋の交に出現して文筆活動に従事したことは、天の配剤というより、いいようのない、人類文化にとっての幸運であった。しかしながら、人類にとっての幸運も、曾慥自身が、

可以資治体、助名教、供談笑、広見聞。如嗜常珍、不廃異饌。下箸之処、水陸具陳矣。覧者其詳択焉（紹興六年四月、曾慥「類説序」）。

と述べているような、人間の営みのすべてに、顧みる必要もなく破棄するようなものは何もないという、人間の文化に対する絶対の信頼があったからである。

次に曾慥の『類説』を高く評価するものとして、『類説』を明の天啓六年丙寅（一六二六）に校訂刊行した山陽の岳鍾秀の「訂刊類説序」の文を示す。岳鍾秀は『類説』の価値を認識していたからこそ訂刊したわけであって、当然ながらそこに付せられた彼の序は、ある程度は割り引きして考えられなくてはなるまい。しかしながら彼の文には、彼がいかに曾慥が『類説』の一書を世に送った意義に賛同の気持ちを抱いていたかがよく出ているのでその一部を記すことにする。

計六十巻。名之曰類説者、非如事文類聚、合璧事類等書、取資帖括之為類也。上自紫蓋黄壚、下及昆虫草本、無

不包羅焉。内而修身養命、外而経国字甿、無不該徧焉。食息起居之節、怡情玩物之宜、無不冥捜而駢集焉、若是乎弗類也者。独其取類極博、而択類極精、珠匯璧萃、語語会心、事事中解。雖云無遠弗届乎、与彼荒唐俶詭之書弗類也。雖云無細不備乎、与彼凡庸俚俗之書弗類也。無問人之見与未見、総為人間世不可少者、類与不類、相与為類、則其説也長而其為類也大矣。粤稽古人淹貫霊通、多是神明寄会、或不借照於記事之珠。乃今勝士韻流、往往寓聡明於耳目。倘按籍而有獲焉、則平日用之不誤、問之不知者、一旦印証於斯編、寧不触類而称快也哉。此晦昔曾先生編輯之初心、而亦康荘先生参閲之美意也。

天啓本は、明の馬之騏康荘が『類説』を参閲して岳鍾秀が訂正して刊行したのであって、その両人の心意気が充分示されている。

『類説』が、散佚亡失してしまった古典籍を、今日にまで伝えている功績は、道教の貴重な文献を残してくれている『道枢』と同様である。次に『類説』についてそのことを、若干の例を引用して示すこととする。伯玉翁が、「題類説目録後」に、『類説』について、『紺珠集』に比較して、「引用則倍之矣。」といっているように、伝記小説など古書二百六十一種を摘録している『類説』は、伝記小説の研究には不可欠の存在である。例せば、唐末の陳翰の『異聞集』の研究に『類説』が頻りに引用されるし[1]、『酉陽雑俎』の逸文が『類説』の巻四十二に見出されることや[2]、『教坊記』が『類説』巻七に十七条残っているとか[3]、『太平広記』の『玄怪録』にはない伝奇が、『類説』の同系統の伝奇を伝える『幽冥録』にだけ入っていること[4]、或は、明皇説話の『明皇十七事』との関係[5]、また、程毅中の『古小説簡目』に見出される多くの小説伝奇のテキストが、『類説』を根拠としていることなど、枚挙に暇もない。『永楽大典』でも医学資料に『類説』は引用されており、それらについては今後、折に触れて論述していく積りであるが、ここでは、そのことをもって『類説』の存在価値の一端として、概略的に示すものである。文学・思想・宗教・医学など、中国学研究を志すものは、曾慥の『類説』を避けて通ることはできない。

二

曾慥が自らの撰著『類説』に付した序は、南宋の高宗の紹興六年丙辰（一一三六）四月に記したものである。すなわちその一部分は上に示したが、全文を引用するならばそこで彼は、

類説序

小道可観、聖人之訓也。余喬寓銀峯、居多暇日。因集百家之説、採摭事実、編纂成書、分五十巻、名曰類説。可以資治体、助名教、供談笑、広見聞。如嗜常珍、不廃異饌。下箸之処、水陸具陳矣。覧者其詳択焉。

紹興六年四月望日、温陵曾慥引。

と述べている。テキストによっては、右の「分五十巻」の四字が無いところから、『類説』は、はじめ、五十巻には分かれていなかったのではないか、と疑われている。南宋の理宗の宝慶二年丙戌（一二二六）八月に記されている葉時（原文は時を魯に作る）の「類説序」には、「余旧蔵麻沙書市紹興庚申（一一四〇）年所刊本、字小而刻画不精云々」とあり、清の常熟の瞿鏞字子雍の『鉄琴銅剣楼蔵書目録』巻十六の『重校類説』五十巻旧鈔本にも「書成於紹興六年（一一三六）、刊於庚申（一一四〇）、重刊於宝慶甲戌（丙戌の誤り）（一二二六）、有葉時序。云々」とあり、曾慥も書物を一応、書き終えてから四年後に刊行しているのであって、この間に、何らか変更があったかもしれない。厳一萍も、『類説』は、当初五十巻に分巻しないで、「且麻沙書坊在建陽、与銀峯相去不遠。此時慥或尚在銀峯、故其変更篇次、分巻五十、或即出自曾慥本人之意。」と推測している。

更に五十巻という巻数自体についても、南宋の初期の人で、曾慥の『道枢』巻三の集要篇と砕金篇及び曾慥の『集仙伝』に関係する晁迥の子孫である晁公武の『郡斎読書志』巻十三小説類では、五十六巻となっている。王先謙は『郡斎読書志』のその文について、案語を入れて、

類説五十六巻案通考作五十巻　先謙案袁本六作類記六十巻旧鈔作五十巻

右皇先謙案旧鈔宋朝曾慥編、其序云、閒居銀峯、因集百家之説、纂成書。可以資治体、助名教、供笑談、広聞見。

と述べている。(6) 孫猛の『郡斎読書志校證』は、右の文について、

〔一〕類説五十六巻　袁本作「類記六十巻」、臥雲本、経籍考巻四十四作「類説五十巻」。按書録解題巻十一、宋志巻六類事類皆同臥雲本。諸家書目著録有五十巻者、如愛日精盧蔵書志巻二十五有旧鈔本、鉄琴銅剣楼蔵書目録巻十六有旧鈔本、郘園読書志巻六有明配元鈔本、其源蓋出宝慶丙戌葉時郡斎本、又有作六十巻者、如明天啓六年岳鍾秀刊本、四庫総目巻一二三著録本、儀顧堂続跋巻十又有宋建陽麻沙清思軒刊本五十巻、陸氏詳計篇目、実六十四巻。愛日精盧蔵書志巻二十五別有宋刊残本、云自序「編纂成書」下、直接「名曰類説」、無「分五十巻」四字、則慥之原本、本不分巻。瞿氏亦云。拠此、慥書分巻殆出後人之手、故諸目著録参差如此。袁本「記」当「説」之誤。

〔二〕供談笑　袁本、臥雲本、経籍考作「供笑談」。

と注解を加えている。(7) 曾慥の『類説』もそれなりの変遷があるのであり、『四庫全書総目提要』巻一二三、子部、雑家類七には、次のようにいう。

類説六十巻両江総督採進本

……成於紹興六年（一一三六）。取自漢以来百家小説、採掇事実、編纂成書。其二十五巻以前為前集、二十六巻

以後為後集。其或摘録稍繁、巻帙太鉅者、則又分析子巻、以便検閲。書初出時、麻沙書坊嘗有刊本、後其版亡佚。宝慶丙戌（一二二六）、葉時為建安守為重鋟、置於郡斎。今亦不可復見。世所伝本、則又明人所重刻也。

すなわち、麻沙本はすでになく、宝慶本もまた見ることができなくなっている、というのである。今日通行の『類説』のテキストは、明の天啓丙寅六年（一六二六）に、馬之騏と岳鍾秀によって世に出た天啓刻本である。今、『中国文言小説書目』を見ると、

類説六十巻　存

（宋）　曾慥編

『郡斎読書志』・『直斎書録解題』・『文献通考』均入子部小説家類、衢本『郡斎読書志』作五十六巻、袁本『郡斎読書志』題作『類記』六十巻。『宋史芸文志』入子類雑事類、作五十巻。『四庫全書総目』入子部雑家類。

明天啓丙寅六年岳鍾秀刊本　一九五六年古籍刊行社影印天一閣刻本。

と記されている。(8)一方、書目文献出版社から一九八八年に刊行された「北京図書館古籍珍本叢刊」六十二、子部、雑家類の『類説』には、

拠明天啓六年岳鍾秀刻本影印原書版框高一八二毫米寛一一四毫米。

と書かれている。一九五五年に文学古籍刊行出版社による洋装五冊本『類説』は、北京図書館の珍本に拠っている。その洋装五冊本の第一冊目冒頭の刊記には、

現在、我們用天啓刊本重印、原本有少許破損処、以無它本可拠、暫仍其旧。又北京図書館蔵宋本二巻、為現存類説最早刻本的「一鱗」、現在把它一併影印出来。

と、そのテキストの貴重なことを讃えている。しかし、天啓本も欠陥のあるテキストであることは、後に述べるが、

その前に、陸心源の『皕宋楼蔵書志』巻五八、雑家類四に、

類説六十巻　明抄本　秦酉巌旧蔵

宋曾慥撰

とあり、このあとに、曾慥自身の序文と宝慶丙戌のテキストの葉時の序文が付せられている。更に次に続けて、

重校類説五十巻　旧抄本　秦酉巌旧蔵

宋曾慥撰　　巻首有酉巌山人印記

自引

葉時序

とある。また、『四庫全書大辞典』には、

明天啓丙寅刊本、昭文張氏有秦酉巌旧抄五十巻本、許氏有旧抄本、宋板十行、行十六字、不分巻。

という指摘がある。

次に、『類説』の版本の問題について、深く研究を進めている昌彼得と厳一萍の『類説』の版本に関する見解を示すこととする。

『類説』が、刊行の当初からして分巻不分巻の問題などを有していたことを含めて、昌彼得は次のように『類説』の版本問題に言及している。すなわち、『国立中央図書館蔵類説題識』において、

類説一書、……其体例実仿朱勝非紺珠集而更詳、有異於馬総意林・陶氏説郛之全段整録也。曾氏纂集之種数、各家著録之本、互有歧異。直斎書録解題著録五十巻、陳氏云、「所編伝記小説、古今凡二百六十余種」、皕宋楼蔵清思軒抄本、陸氏謂為伝録自宋紹興麻沙本者、拠儀顧堂続跋云、「毎巻有目、連属篇目、采書二百五十九種、拾遺

総類所采四十余種不与焉」。又陸氏跋所蔵影宋宝慶葉時刊本、未言采書種数、但云、「分巻既不尽合、去取微有参差」。瞿氏鉄琴銅剣楼蔵旧抄本、云、「凡纂輯説部自穆天子伝至酒譜二百六十一種……猶存宝慶本之旧」。明天啓六年新野県刊馬之騏校本、前載総目、列書二百五十一種。

ということの昌彼得の言及のうち、『類説』が、その体例において、『紺珠集』と『意林』に対比されているのは、明の嘉靖癸丑（一五五三）年に伯玉翁が「題類説目録後」に『紺珠集』と比較し、『四庫全書総目提要』が「其書例略仿馬総意林。」と記しているところに基づいている。昌氏は、右の文に続けて、国立中央図書館に天啓刻本の外に四部の抄本があることを記している。(9) その全体は、『国立中央図書館善本書目』子部雑家類の五種のことである。(10)

類説五十巻二十冊　宋曾　慥撰　明嘉靖間藍格精鈔本
類説五十巻三十冊　宋曾　慥撰　明山陰祁氏淡生堂藍格鈔本
類説存八巻二冊　宋曾慥撰　明會稽鈕氏世学楼鈔本　清王端履手校并跋　存巻十八至巻二十一・巻四十七　下至巻五十
類説六十巻三十二冊　宋曾慥撰　明天啓六年新野知県岳鍾秀刋本
類説六十巻三十冊　宋曾慥撰　清文瀾閣四庫全書本配補鈔本　巻十三至巻十五・巻十七至巻二十四・巻三十九至巻六十凡三十三巻十二冊鈔配

この五種のうち、最初の『類説』五十巻二十冊の解説において、このテキストには、「後有題記云、」として、嘉靖癸丑孟夏既望北泉伯玉翁書」を引いて、

伯玉翁里籍未詳、唯所言抄於弘治癸丑、而跋於嘉靖癸丑、相距一甲子、如非筆誤、其人必耄耋大寿也。

と述べている。因みに、伯玉は、人名としては、よく見る名である。すなわち、曾慥には、宋詞の雅なるものを集め

た『楽府雅詞』三巻補遺一巻があり、清の秀水の朱彝尊（一六二九——一七〇九）が跋文を寄せて次のようにいう、

楽府雅詞跋

呉興陳伯玉書録解題、載端伯所編楽府雅詞十二巻拾遺二巻。予従蔵書家、遍訪之、未獲也。……

と。これは、宋の陳振孫のことであり、唐の詩人の陳子昂も字伯玉である。

次に、昌彼得の考察を続けて引用することとする。

按類説一書、宋代雕版、今可考者、凡経三次。一為紹興庚申（十年）麻沙書坊刋本、一為宝慶丙戌（二年）建安守葉時刋本。紹興麻沙本即葉時序所謂「字小而刻劃不精、且多舛誤」者、皕宋楼蔵清思軒抄本、半葉十一行、行二十二字、陸氏謂即従麻沙坊本伝録。葉時刋本、拠陸氏蔵影抄本、為半葉十行、行十八字。今此二刻原本均已不存。別有一伝世之宋刋残本一冊、刋年不詳、即百宋一廛賦所謂「類説一鱗」者、為汲古閣故物。毛氏称為「類説真本」、後逓経黄氏士礼居、張金吾愛日精廬・瞿氏鐵琴銅劒楼収蔵。瞿氏曾収入其所印宋本書影中。此刻僅残存首冊、不分巻次、計所存為仇池筆記・遯斎閒覧・東軒雑録三種、首有紹興六年曾慥自引。毎半葉十行、行十六字、板刻甚精、就字体覘之、亦閩中所刻。其曾氏自引「編纂成書」句下、無「分五十巻」四字、逕接「名曰類説」、与流伝自紹興寶慶本所出各本之自引不同。且其本所載三種之順序、亦与伝本異。按仇池筆記、五十巻本載於巻十、六十巻本分載九・十両巻、遯斎閑《ママ》覧見五十巻本之巻四十、六十巻本之四十七、東軒雑録見五十巻本之巻十四、六十巻本之巻十六、先後懸絶、而不相連。考今伝之本均収有無撰人硯譜一種、其書中引有鄭樵之説。按鄭樵卒於紹興三十二年、年五十九、見宋史巻四三六本伝、時代視曾氏稍後。而硯譜引鄭氏之説、其書著成時代応更晩、当非紹興六年曾氏纂成類説時所及見、則是今伝類説已有後人所増益也。由是推之、殆曾氏原本不分巻、其所纂集種数不詳、残宋本或即紹興六年原刻。至十年麻沙書坊重刻、始分為五十巻、収書二百五十九種、唯南宋初晁氏読書志

載五十六巻、不悉拠何本著録、疑即麻沙本、而「六」字為衍文。寳慶二年葉時拠麻沙本校訂重刊、種類増至二百六十余、即直斎書録解題著録之本。其後伝録者所収種数逓有増加、究竟何者為曾氏原纂？何者為後人所増入？已無従考弁矣。是書元明之際未再刋刻、迨天啓間馬之騏拠抄本校訂、始再付梓、其後未見重印者。天啓本改編為六十巻、已失宋人旧次、復於毎書題下所註撰者、多所刪削。且所収種数、既減於宋、已録之書、亦頗有欠脱、実非善本、故見訢於蔵家也。四庫即拠其本著録、雖於天啓本之訛奪処頗多校正、如巻二十九天啓本将霊怪集・雞跖集之文混入麗情集中、而脱二集之名、四庫文瀾閣本已分別釐正、而校勘未謹、復有新増之欠脱、然視天啓本為善。唯補抄之巻、欠漏纍纍、殆所拠之本有脱葉也。伝世抄本亦互有訛奪、良以宋刻不伝、乏善本可拠、輾転伝抄、魯亥滋生、唯抄本尚可推尋其迹、差勝明刻耳。故欲治是書者、非広羅衆本校勘、無以竟其功也。

以上が昌彼得の曾慥の『類説』版本問題に関する見解である。この説に全面的に依拠して更に説を展開しているのが厳一萍であり、彼は『校訂類説』十冊を芸文印書館より刊行している。彼は、その「校訂類説序」において、

明天啓刻本、雖分六十巻、其所拠抄本、亦出麻沙。惟抄手較差、譌挩較多。而近年流伝之明刊本、為繆芸風所蔵、尚有闕葉、亦非善本。至於今所見伝鈔本類説、自以明嘉靖伯玉翁旧鈔本為最善、本書即拠此本校訂。所収書与明刻本互有闕脱、旧鈔本有目無書者、四十五種……明刊本有文而闕書名者三種……目与書全闕者二十種……旧鈔本所標艾子之文、実為乾膜子文、因中間有闕佚、致行款有空間、与次頁不相連、抄者誤以為前頁乾膜子已終、而総目有艾子之名、遂於次頁之文、加標艾子之名。又明刻本之炙轂子、共収五十二条、則全為淮南子之文（其中僅沐髪一条未査出）。

と述べている。明刊本にも旧抄本にも欠点はあるのであって、それをふまえて厳一萍は、『校訂類説』十冊を刊行したのである。次にその目次に従って『類説』の構成の一端を示すことにする。なお、『類説』の概要については、本

篇の第二章第三節の『集仙伝』の項でも触れる。なお総目と本文と対比し、かつ、王汝涛校注本の記述は（　）内に入れた。

校訂類説総目

校訂類説序　厳一萍
明刊本類説原序一　馬之騏
明刊本類説原序二　岳鍾秀
寶啓本類説序　葉　時
類説序　曾　慥
巻一
穆天子伝　晋侍中荀勗和嶠等校　郭璞註
漢武帝内伝　唐終南玄都道士游岩（班固撰）
趙后外伝　漢河東都尉伶玄撰
楊妃外伝（宋楽史撰）　旧鈔有目無書
列女伝　漢劉向撰　旧鈔有目無書
巻二
高士伝　旧鈔有目無書
逸士伝　晋皇甫謐撰　旧鈔有目無書
襄陽耆旧伝　晋習鑿歯撰
鄴侯家伝　唐亳州刺史李蘩撰
（嘉祐）名臣伝　宋著作郎張唐英撰
以上為明嘉靖旧鈔本巻第一　以下簡称旧鈔
巻三
列仙伝　漢劉向撰　旧鈔有目無書
神仙伝　（晋）葛洪撰
続仙伝　（唐）沈汾撰
王氏神仙伝　杜光庭撰
高道伝　賈善翔撰
以上旧鈔巻第二
巻四
西京雑記　葛洪撰（漢劉歆撰）　旧鈔有目無書
両京雑記　（唐）韋述撰
秦京雑記　唐元澄撰
番禺雑記　唐摂南海主簿鄭熊撰

大業雑記　唐杜宝撰
玉箱雑記
青箱雑記　宋呉処厚撰
巻五
燕北雑記　武珪纂
　以上旧鈔巻第三
洞冥記　東漢光禄大夫郭憲撰
十洲記　漢東方朔撰
拾遺記　晋王嘉撰　梁蕭綺叙録
冥祥記　王琰
斉諧記　南宋東陽元（无）疑撰
巻六
続斉諧記　梁奉朝請呉均撰
　以上旧鈔巻第四
荊楚歳時記　梁吏部尚書宗懍撰
秦中歳時記　唐膳部郎中趙郡李綽撰
洛陽伽藍記　後魏撫軍府司馬楊（羊）衒之撰
南部烟花記　又名大業拾遺記顔師古以旧南部烟花記重集

平陳記　旧鈔有目無書刋本全脱
河洛記　唐劉仁貴撰
（国朝）伝記　唐劉餗撰
　以上旧鈔巻第五
景竜文舘記　唐修文舘学士武甄撰
御史台記　宋馮潔己撰（唐韓琬撰）
封氏見聞記　唐封演撰
開天伝信記　唐吏部員外郎鄭棨（綮）撰
盧陵官下記　唐段成式撰
海物異名記
　以上旧鈔巻第六　以上第一冊
巻七
唐宝記
水衡記
名画記　唐張彦遠撰
教坊記　著作佐郎（唐）崔令欽撰
廬山記　宋陳令挙舜兪撰
諸山記

海棠記　沈立撰
　以上旧鈔巻第七
献替記　唐李徳裕撰
東観奏（漢）記　唐右補闕裴庭裕撰
金鑾密記　唐翰林学士韓偓（渥）撰
原化記　皇甫氏
捜神記　晋干宝撰
　以上旧鈔巻第八

巻八
述異記　梁新安太守任昉撰
広異記　唐戴孚撰
集異記　唐薛用弱撰
録異記（五代杜光庭撰）　案旧鈔録異記在集異記前
卓異記　唐檀渓李翶（或陳翶）述
乗異記（或宋張君房撰）　旧鈔脱書名
　以上旧鈔巻第九

巻九
仇池筆記上　東坡居士蘇軾子瞻撰

巻十
仇池筆記下
　以上旧鈔巻第十

巻十一
幽明録　南宋劉義慶撰
幽怪録　（唐）牛僧孺撰
芝田録　（唐）丁用晦撰

巻十二
紀異録又名洛中紀異　嵩陽叟秦再思撰
定命録　（唐）呂道生撰
唐余録　宋王皞奉詔撰
稽神録　（五代）南唐徐鉉撰
異人録　（宋）呉淑撰　旧鈔有目無書
龍城録　唐柳州刺史柳宗元撰　刋本脱書名
　以上旧鈔巻第十一　以上第二冊

巻十三
樹萱録　□元撰或云（唐）劉燾無言所為
北戸録　唐万年縣尉段公路（璐）纂

瀟湘録 柳祥撰陳氏曰唐校書郎季隠撰
羯鼓録 唐婺州刺史南卓撰
琵琶録 国子司業（唐）段安節撰
帰田録 （宋）欧陽修撰 旧鈔有目無書
花木録
使遼録
茶録 宋蔡襄君謨撰
以上旧鈔巻第十二
巻十四
啓顔録 （唐）侯白撰
因話録 唐水部員外郎趙璘撰
巻十五
談賓録 唐朝（胡）璩子温撰
劇談録 唐進士康駢撰
賈氏（談）録 賈黄中 南唐清輝殿学士張洎編集
晋公談録 宋参政丁謂謂之撰
先公談録 李昉宗諤撰 案旧鈔此書在晋公談録前
侯鯖録 （宋趙令時撰）旧鈔有目無書

以上旧鈔巻第十三
巻十六
松窓雑録 唐九華山人杜荀鶴（或唐李濬）撰
明皇雑録 唐校書郎鄭処晦撰
楽府雑録 唐国子博士段安節撰
見聞雑録 宋康靖公趙概撰
倦游雑録 宋張師政撰
巻十七
東軒雑録 宋臨渓魏泰撰
沂公筆録 宋王旦著（或王文正公筆録）
集古目録 宋欧陽脩集
以上旧鈔巻第十四 以上第三冊
巻十八
江南野録（宋龍袞撰）
湘山野録 呉僧（釈）文瑩撰
雲斎広録 宋李献民撰
以上旧鈔巻第十五
巻十九

異聞録　李玫撰
駭聞録　尚書虞部員外郎李畋纂
見聞録　宋胡汭撰
　以上旧鈔巻第十六
三朝聖政録　宋石介進
春明退朝録　（宋）宋敏求撰
幕府燕閑録　宋畢仲詢撰
吉凶影響録　宋岑象求撰
　以上旧鈔巻第十七
巻二十
伝灯録　（宋釈）道元
　以上旧鈔巻第十八
巻二十一
漢武帝故事　漢班固撰（王倹撰）
開元天宝遺事　（五代）王仁裕撰
明皇十七事　唐賛皇公李徳裕記
大中遺事　柳玭続事付　（宋）令狐澄著
大唐遺事　（唐馬聡撰）

南唐近事　宋鄭文宝編
巻二十二
荊湖近事　（宋）陶岳撰
金坡遺事　宋銭惟演撰
東斎記事　（宋）范鎮撰
　以上旧鈔巻第十九
巻二十三
博物志　晋張華撰
続博物志　林登撰（或宋李石所撰）
物類相感志　賛寧撰（或蘇軾或林登）
宣室志　張讀撰（或唐張読）
　以上旧鈔巻第二十
巻二十四
博異志　（唐）谷神子纂
独異志　（唐）李沆纂
狙異志　（宋）聶田撰
括異志　宋太常博士張士旦（正）纂
　以上旧鈔巻第二十一

南越志 宋武康令呉興沈懐遠撰
北里志 唐翰林学士孫棨撰
翰林志楊矩旧規張著盛事付 李肇撰
続翰林志 翰林学士承旨中書舎人蘇易簡撰
洞微志 銭希白撰
雑志 宋江鄰幾撰名休復
以上旧鈔巻第二十二 刊本全欠
金楼子 梁湘東王蕭繹撰
抱朴子 葛洪稚川撰
以上両種在旧鈔巻第二十三 刊本全欠 以上第四冊
巻二十五
炙轂子 唐王纂
玉泉子
金華子 唐（五代）劉崇遠撰
乾譔子 刊本全欠
艾子 刊本脱書名
淮南子 （漢）劉安撰 旧鈔目在玉泉子前有目無書

以上旧鈔巻第二十三
巻二十六
国史異纂（唐劉餗）（纂異は誤り）
国史補 唐李肇撰
後史補 前進士高若訥撰
五代史補 宋陶岳撰
以上旧鈔巻第二十四
巻二十七
逸史 唐盧蔵用（盧肇）撰大中時人
唐宋遺史 宋詹玠撰
南唐野史 宋長沙孟琯撰
外史檮杌 宋張唐英次公撰
史遺
以上旧鈔巻第二十五
巻二十八
異聞集 唐将仕郎尚書屯田員外郎陳翰編
巻二十九
麗情集 張唐英撰（宋張君房撰） 旧鈔有目無書

霊怪集（唐張薦撰）
鶏跖集（未詳撰人或宋王子韶撰）
資暇集　隴西李済翁撰（唐李匡文撰）
巻三十　旧鈔全巻有目無書
新序　劉向撰
説苑　劉向撰
　　以上旧鈔巻第二十六　以上第五冊
巻三十一
世説（南朝宋）劉義慶撰　旧鈔有目無書
続世説　宋孔平仲穀父撰
　　以上旧鈔巻第二十七
巻三十二
伝奇（唐）裴鉶撰　旧鈔有目無書
語林　裴榮期撰（或宋王説撰）
　　以上旧鈔巻第二十八
巻三十三
真誥　華陽隠居（南朝梁）陶弘景撰
　　以上旧鈔巻第二十九

巻三十四
摭言　唐進士（五代）王定保撰
摭遺（宋劉斧撰）
　　以上旧鈔巻第三十
巻三十五
爾雅　周公撰　旧鈔有目無書
集韻　宋翰林学士丁度知制誥李淑等奉勅撰
本草　旧鈔有目無書（宋唐慎微撰）
事始　唐呉王諮議行太子洗馬弘文館（孝孫）学士劉存奉勅撰
意林　唐馬総撰
迂書　宋司馬温公撰
　　以上旧鈔巻第三十一
巻三十六
戦国策　旧鈔有目無書
風俗通（漢）応劭撰　旧鈔有目無書
甘沢謡　唐祠部郎中袁郊撰
古今註　馬縞撰（或晋崔豹撰）　旧鈔有目無書
蜀本記

斉職制

以上旧鈔巻第三十二　以上第六冊

巻三十七　旧鈔全巻有目無書

内経

難経　（戦国）秦越人（扁鵲）撰

黄庭経

神異経　（漢）東方朔撰

山海経　伯益撰

相馬経　伯楽撰

相鶴経　浮丘公撰

相牛経　寧戚撰

以上旧鈔巻第三十三

巻三十八　旧鈔全巻有目無書

孔子家語

韓詩外伝　（漢初）韓嬰撰

以上旧鈔巻第三十四

巻三十九　旧鈔全巻有目無書

（七書）孫子　孫臏撰

呉子　（戦国）呉起撰

尉繚子

司馬法　（春秋斉国）穣苴撰

（黄石公）三略　黄石公撰

六韜　太公望撰

李衛公問対　（唐）李靖撰

以上旧鈔巻第三十五

巻四十

稽神異苑　南斉焦度編

朝野僉載　唐司馬員郎博陸張鷟撰

三輔黄（皇）図　旧鈔有目無書

巻四十一

南部新書　宋銭（易）希白撰

雲渓友議　（唐）范攄撰　旧鈔有目無書

以上旧鈔巻第三十六

巻四十二

酉陽雑俎　（唐）段成式撰　旧鈔有目無書

巻四十三

北夢瑣言　荊南黄州刺史葆光子（五代）孫光憲撰
幽閑鼓吹　唐張固撰
法苑珠林　西明寺沙門（唐）釈道世撰
酔郷日月　唐皇甫松（嵩）子奇撰
文心雕龍　（斉梁）劉勰撰　旧鈔有目無書
　以上旧鈔巻第三十七　以上第七冊
巻四十四
顔氏家訓　北斉黄門侍郎顔之推撰
蘇氏演義　前進士（唐）蘇鶚撰
杜陽雑編　前進士（唐）蘇鶚撰
斉民要術　後魏高陽太守賈（思）勰撰
　以上旧鈔巻第三十八
巻四十五
尚書故実　唐趙郡李綽撰
南楚新聞　（唐尉遅枢撰）
嶺表録異　唐広州司馬（唐）劉詢撰
三水小牘　唐皇甫牧（枚）遵美撰
大唐新話　唐劉蕭撰　刊本脱書名

大唐伝載
聖宋掇遺　宋欧陽靖編（或作者不詳）
　以上旧鈔巻第三十九
巻四十六
青瑣高議　北宋劉斧撰
続青瑣高議（劉斧撰輯）
巻四十七
遯斎閑覧　宋陳正叔（敏）撰
巻四十八
墨客揮犀　宋蜀彭乗撰
　以上旧鈔巻第四十
巻四十九
地理新書
神仙脩真秘訣　顥陽子撰
漢上題襟　唐段成式纂与温庭筠唱私詩及書柬
籍川笑林　呉取善撰一云何自然撰
　以上旧鈔巻第四十一
殷芸小説　宋（梁）殷芸撰

盧氏雑説　唐盧言撰
巻五十
仏書雑説　旧鈔有目無書
孔氏雑説　宋臨江孔平仲毅父撰
縉紳脞説　宋張唐英君房撰
以上旧鈔巻第四十二　以上第八冊
巻五十一
古楽府（唐呉競撰）
楽府解題　呉競撰
本事詩（唐孟棨撰）
津陽門詩　唐鄭嵎撰
詩品（南朝）梁征遠将軍記室鍾嶸撰
詩苑類格　宋翰林学士李淑奉勅撰
続金針格　宋学士梅尭臣聖兪撰
以上旧鈔巻第四十三
巻五十二
紀聞談　唐潘遠撰（或唐牛粛撰）
桂苑叢談　厳子休撰（唐馮翊撰）

戎幕閑談　唐巡官韋絢撰
秘閣閑談　宋呉淑撰
牧豎閑談　宋玉壘山閑吟景渙撰（五代景煥号閑吟牧豎）
翰府閑（名）談　（宋）劉斧撰　旧鈔在灯下閑談後
国老閑談　夷門隠叟（宋）王君玉編
灯下閑談　無名氏
以上旧鈔巻第四十四
巻五十三
談藪　北斉（隋）秘書省正字北平楊玠松撰
談苑　宋翰林学士楊億大年記江夏黄鑑唐卿纂（或宋宋庠撰）
夢渓筆談　沈括撰　旧鈔有目無書刊本全欠
以上旧鈔巻第四十五
巻五十四
隋唐嘉話　唐右補闕劉餗鼎卿撰
劉賓客（禹錫）佳話　劉禹錫撰（或唐韋絢撰）
茅亭客話　江夏処士黄休復記（宋黄休復撰）
玉堂閑話　（五代）王仁裕撰
巻五十五

玉壺清話　杭（宋）僧文瑩撰
雑説　旧鈔脱書名（宋趙辟公撰）
冷斎夜話　宋僧恵洪撰
大（文）酒清話
漁樵閑話　宋蘇軾撰
　　以上旧鈔巻第四十六
巻五十六
古今詩話　（宋李頎撰）
欧公詩話　六一居士（宋）欧陽修永叔撰
温公詩話　迂叟（宋）司馬光君実撰
劉貢父詩話　公非先生（宋）劉攽撰　（以上第九冊）
巻五十七
王直方詩話（宋王直方撰）
陳輔之詩話（宋陳輔撰）
西清詩話　（宋）蔡絛撰
　付菊坡叢話
　　以上旧鈔巻第四十七
巻五十八

墨藪　（唐）韋続撰
書断　（唐）張懐瓘撰
書法苑　周越撰
画品　南斉謝赫撰
続画品　（陳姚最撰）
画後品　李嗣真撰
画断　翰林学士呉郡朱景玄撰（或張懐瓘）
法帖釈文　宋承議郎劉次荘撰　旧鈔在法書苑後
　　以上旧鈔巻第四十八
巻五十九
文房四譜　翰林学士（宋）蘇易簡撰
硯譜
香譜　刑部侍郎沈立撰（或宋洪芻）
香後譜
酒譜　（宋）竇（苹）子野撰
　　以上旧鈔巻第四十九
巻六十
拾遺類総

三蔵法師伝　唐沙門恵立本釈彦悰述　以下刋本全欠
高僧伝
法顕伝　東晋沙門法顕自記遊天竺事
弘明集　梁釈僧祐撰
歴代三宝記　隋翻経学士費長房撰
大唐西城記　唐法師玄奘訳沙門辯機撰
衆経音義　唐大慈恩寺翻経沙門玄応撰
翻経《ママ》名義　趙宋景徳寺普潤大師法雲編
諸方問頭

以上旧鈔巻第五十
付宋刋類説
巻一
仇池筆記　蘇東坡
巻八
隠斎閑覧　陳正敏撰
巻九
東軒雑録　臨渓魏泰撰　以上第十冊
第類説目録後（嘉靖癸丑孟夏既望北泉伯玉翁書）

王汝涛等校注の『校訂類説』は、巻六十「拾遺類総」百四十条で終わっている。文字の考異は、ここでは、王氏とはなるべく別の資料を用いた。

注

（1）方詩銘「『異問集』考補」（『文史』）、第一一輯）。
（2）今村与志雄『酉陽雑俎』（東洋文庫、五、一七九頁）。
（3）斎藤　茂『教坊記』（東洋文庫、一二頁）。
（4）大塚秀高「張生煮海説話の淵源再考」（『東方学』、五六、八五頁）。
（5）周勛初『唐人筆記小説考索』、一九〇頁。昌彼得「明皇雑録」（『説郛考』、六四頁）。
（6）『中国歴代書目叢刊』、第一巻、下、六七九頁。

（7）孫猛『郡斎読書志校証』、五九六頁。

（8）袁行霈・侯忠義編『中国文言小説書目』、一五五頁。

（9）昌彼得『類説題識』、七六頁。

（10）『国立中央図書館善本書目』、五九九頁。一九九三年、上海古籍出版社から「四庫筆記小説叢書」の一冊として、文淵閣本『類説』が出版されている。そこには、曾慥の『類説』の重要な序文（「小道可観……紹興六年四月望日云々）がない。

第二章　道教資料としての『類説』の価値

第一節　『穆天子伝』と『漢武内伝』について

一

『穆天子伝』と『漢武内伝』を、『類説』を通して検討を加えるに当って、道教資料という表現の概念規定について述べておくことにする。ここに道教資料とは、どの範囲までを指すかといえば、まず、「道蔵」に収載されている書物であること、次に、その撰述者が道教に関係の深い人物と看做されていること、その第三には、その書の内容によって判断することによる。非常に雑駁な分け方であるが、一応、このような観点から『類説』所収の文献を取り上げることとする。右の第三についていえば、『神仙伝』などは、抱朴子葛洪の撰とされていて、道教文献としては避けて通ることのできない文献であるにもかかわらず、「道蔵」には収録されていないので、第三のような規準を適用せざるを得ないのである。特に第二第三の規準は、道教との関係について、意見が分かれるところである。しかしながらこのような規準で『類説』をみると、開巻冒頭に、まず、『穆天子伝』『漢武帝内伝』があり、巻三には『列仙伝』をはじめとして『神仙伝』『続仙伝』『王氏神仙伝』が並んでいる。因みに、上記の諸伝は、「道蔵」の第九九二冊から第九九五冊までに収録されている『三洞群仙録』の処々に引用されている。仙伝に関していえば、曾慥自身が仙伝に触発されて撰述した『集仙伝』があり、先人の著作の摘録である『類説』には、当然のことながら収録されてはいないが、曾慥の仙伝を論ずる際には避けて通れるものではない。このほか、「道蔵」には入っていない『西京雑記』も、『類説』の巻四に、「葛洪撰」として入っていれば、やはり、道教資料として考慮しなくてはならないものである。このほか、巻三十三には『真誥』があり、巻二十四には『抱朴子』、巻三十五には『本草』、巻三十七には『黄庭経』、巻五十には顗陽子撰『神仙修真秘訣』などが入っており、広義の解釈からすれば、曾慥自身が養生道術に深い関心を持っていた人物であったから、『類説』の殆んどが、道教関係の資料としての価値を有するものであるといえよう。

今、ここでは、上記の資料のいくつかを取り挙げて卑見を開陳することとする。文字の異同は、王汝涛等の『類説校注』も参考になる。

二

まず『穆天子伝』は、「道蔵」第一三七冊にあり、『類説』では巻一に収められている。(1)「道蔵」を中心に異同を検討してみよう。(　)は『類説』で省略されているところであり、「……」は「道蔵」にはあるが、『類説』には全く記されていないか、あるいは相違の甚だしいところを示す。

穆天子伝序

侍中中書監光禄大夫済北侯臣荀勗撰

この撰者について、『類説』では、

汲冢古文晋侍中荀勗和嶠等校郭璞註

となっている。

（序古文）穆天子伝者、太康二年汲県民（不准盗）発古塚所得書也。……王好巡守得盗驪緑耳之乗、造父為御、以観四荒、北絶流沙、西登昆侖。見（西）王母……皆是古書、頗可観覧。謹以二尺黄紙写上、請……付秘書、……蔵之中経副在三閣。謹序。

右の圏点をつけた文字であるが、得は、『類説』は獲。守は狩。絶は渉。昆侖は崑崙。特に……は大いに異なり、『類説』は単に、「竹簡素糸」となっている。序は啓。

次に『類説』には、『四庫全書総目提要』に指摘するように原目がある。すなわちまず、

①七萃之士

と。これは「道蔵」本巻一の第一丁にある文の節録である。なお、巻六第三丁に、「七萃之士抗者即車挙棺以就車。」とある。

②玉果璿珠（見上）

これは、「道蔵」本巻一の第三丁に出る。

③八駿　　巻一第四丁の節録。

④金鹿銀麕　　巻二の第三丁の節録。

⑤策府　巻二の第四丁。
⑥楽池　巻二の第五丁。
⑦食苦　巻二の第六丁。
⑧王母觴于瑶池　巻三の第一丁。
⑨木禾　巻四の第一丁。
ここで急に『類説』は道蔵本巻一にもどる。
⑩天子之弓　巻一第三丁。
⑪造父三百　巻一第四丁。
⑫左佩華　巻一第五丁。
⑬大木碩草　巻二第一丁。
⑭珠沢　巻二第一丁。
⑮懸圃　巻二第二丁。
⑯穄麦　巻二第三丁。
ここまで来てまた巻四にうつる。これは曾慥の見ていた本と「道蔵」本の相違を示すものといえるのであろうか。
⑰白鶴之血　巻四第三丁。
⑱与井公博　巻五第二丁。
⑲馬歕玉　巻五第四丁。
⑳黄竹歌三章　巻五第四丁。

㉑盛姫璧台　　　巻六第一丁。

次に、第⑯䅉麦は、右に示したように、「道蔵」本の巻二の第二十三丁に見えるものであるが、「道蔵」本と『類説』を比較すると、

赤鳥（烏）之丌、好献女于天子（「道蔵」）

赤鳥（烏）之人、亦献二女子（『類説』）

となり、明らかに『類説』の文が理解し易いことが判然とする。『穆天子伝西征講疏』で『穆天子伝』の詳細な研究を行った顧実は、『類説』をば利用しないで、次のように、

㊀好献、程（栄撰『漢魏叢書』）本如是、（明）范（欽撰『二十種奇書』四部叢刊本）本倒作献好、則与郭（璞）注不合。

として、「好献」の次の「女」（『類説』の二女）については、

㊁二、原脱、（清）洪（頤煊）校拠芸文類聚引補。（清）翟（云弁）拠芸文類聚、（清）郝（懿行）御覧、均同。

とする。[2]そして、「道蔵」本では、その次にでるのであるが、『類説』では、その前の方に記録されている「④金鹿銀麕」について考えると、「道蔵」本では、

□黄金之鹿、銀□、今所在地中、得玉狏金狗之類、此皆古者以賂夷狄之奇貨也。

となっているのが、『類説』では、

賜金鹿銀麕。今有地中得銀狏、金狗之類。皆古賂夷狄奇貨。

となっている。顧実は、当面の句について、

白銀之麕、原作銀□、洪陳翟校（本）拠御覧諸書引、補。

として、「肶」の字については、次のように述べている。すなわち、

注肶、郝曰、「当為犺字之譌」。（国）金（蓉鏡『集解』）曰、「雲仙散録引作銀犺、可証為犺字之誤。」

と。[3] しかし、『雲仙散録』もさることながら曾慥は『類説』において「肶」字を「犺」と作っている。以上いずれにしても、曾慥が『類説』に残した節録が、非常に貴重なものであることが判然とする。

三

次に『漢武帝内伝』を検討することにする。「道蔵」の第一三七冊と『類説』の巻之一に収録されている。前者では標題が「漢武帝内伝」とのみなっているが、後者すなわち『類説』では、次のように記されている。因みに、厳一萍の『校訂類説』には、「据守山閣本」とある。

漢武帝内伝　唐終南玄都道士游岩

そして次に原目がある。ここでも原目の下に「道蔵」本の該当の丁数を示す。

①紫蘭室女　第一丁〜第三丁。王汝涛等の『類説校注』（上冊）は、紫蘭宮玉女とする。

「道蔵」本のかなり長文の節録である。

②命侍女鼓吹　第三丁。

③乞度世術　第四丁〜第八丁。

④上元夫人　第九丁〜第十丁。

⑤五性　第十丁〜第十一丁。

⑥尸解下方　第十二丁。
⑦五岳真形図　第十二丁～第十三丁。
⑧（六甲）十二事　第十四丁～第二十四丁。
⑨東方朔窺窓　第二十四丁～第二十五丁。
⑩雲林之璈（雲林璈歩玄曲）
　第二十五丁～第二十六丁。
⑪方朔乗龍飛去　第二十六丁～第三十一丁。

この⑪の後に『拾遺記』の文として、

火斉鏡

と記されている。

以上によって、「道蔵」本と『類説』の節略の原題は、その文の流れの順番に大きな差はない。しかし、処々に文字の異同があるので、その大体を纏めて次に示すこととする。

四

まず、①紫蘭室女のおいては、「道蔵」本第二丁の右の三行目の、「雲中」の前に、曾慥は「夜聞」の語を加える。
第二丁左、八行目の「精」に「饌」を加える。
②命侍女鼓吹の第三丁右の九行目の「震霊」を曾慥は震の字を取り去って、「霊虚」に作る。

③乞度世術の「曰徹武帝自称名」を「曰徹帝名徹」とする。
④上元夫人の第九丁右の七行目は、「視之徹了」を「視之見徹了」とする。第十丁右二行目は、「食頃夫人」とする。
⑤五性の第十丁左の七行目「祭山」は「登山」に、「女胎性暴胎性奢胎性」は「性」の下に「道蔵」は「淫胎性」の三字が入るほか「女」の上に「然」字なし。
⑧（六甲）十二事の第十九丁右の八行目の「詎宜以此術伝（泄於）行尸乎。」は、『類説』では「道蔵」の左の三行目の「不度世」の下に入る。
⑩雲林之璈（雲林璈歩玄曲）の第二十六丁左の三行目「於是」の下に「酒酣宴畢」の四字が入る。
⑪方朔乗龍飛去の第二十八丁右の三行目の、「太初元年……真形図」が、『類説』では「太初二年……真形図六甲五帝霊飛十二事霊光生経並焼失」となっていて、はなはだ注目すべき文となっている。二年は元年が正しいであろう。
さらに第七行目「授董仲舒」となっている原文があるが、これが問題の文である。清の孫詒譲の『札迻』をみると、次のようになっている。

漢武帝内伝銭熙祚校刊道蔵本。銭熙祚校勘記校。

「至四月戊辰、帝夜間居承華殿、東方朔、董仲舒侍。」銭校云「続談助「舒」作「君」。」案、晁引是也。董仲君、即後付録李少君伝之議郎董仲。此書雖偽妄、亦依付史事為之。漢書仲舒伝不云其嘗為議郎、則此非江都審矣。抱朴子論仙篇引董仲舒李少君家録亦董仲君之誤。広弘明集引桓譚新論、述方士董仲君事、即此。

右の二行目のところは、『類説』巻一の①紫蘭室女では省略されている文である。
しかしながら、董仲舒を董仲君とすることはまさに曾慥が正しいのであって、これによっても『類説』の価値が、また高められるであろう。董仲君は『神仙伝』巻十に見える。

注

（1）　厳一萍『校訂類説』。なお、マシューに『穆天子伝』、シッペールに『漢武内伝』の研究がある。
（2・3）　顧実編『穆天子伝西征講疏』、九九頁・一〇三頁。王貽樑等撰『穆天子伝匯校集釈』、一一八頁。

第二節　『列仙伝』と『神仙伝』について

一

各種の仙伝の筆頭に挙げられる劉向の『列仙伝』と、それを継ぐ葛洪の『神仙伝』とは、その来歴の古さ故に、撰者や版本などに関して、多くの問題を包含した書物である。『四庫全書総目提要』巻一百十四、子部五十六、道家類には、『列仙伝』と『神仙伝』について例えば、『列仙伝』は魏晋間の方士の作であるとか、『神仙伝』の版本のうち、「漢魏叢書」のテキストは完本ではない、などと記されている。『四庫提要』は、両書についてかなり詳しい考察を加えているが、不充分かつ不正確な点もあって、同時代或は以後の研究者によって、多くの疑点が解決されている。(1) いま一例として、『提要』の撰者紀暁嵐と同じ乾隆の進士王謨字仁圃の『神仙伝』「仙仏霊異叢書（編）」所収）の跋文を引用することとする。

今惟抱朴子神仙伝、伝世其自序謂、古之得仙者、秦大夫阮倉所記有数百人、劉向所撰有七十余人。今洪所録僅九十二人、而老子彭祖已見向伝者、復在其列。以言、神仙道家者流、必以老彭為之大宗也。至如淮南王劉安、事具史記漢書、而洪猶必力弁以為仙去、難乎免於誣罔矣。又洪与郭璞同時学道著書。故晋書以二人、合為一伝。璞之見殺、即果為兵解、無宜入洪書伝、而本書九巻目録中、乃有郭璞名、而不立伝。抑不知孰為刪之、則晋書之以洪為尸解得仙、殆未可信也。汝上王謨識。

ところで、『列仙伝』や『神仙伝』についての研究は既に述べたように、非常に多くなされてはいるのであるが、諸本の節録を後世に伝えている曾慥の『類説』の巻三に収録されている上記の二書その他の仙伝について、研究の対象として取り挙げたものは、管見の及んだ限りでは、殆んどないように思われる。これが、『列仙伝』や『神仙伝』を中心として、拙稿を草する所以である。

二

『類説』巻三の冒頭には、『列仙伝』中の諸仙人の節録がある。ここでは、そのそれぞれの節録の文のはじめに、叙述の便宜のため、アラビヤ数字の番号をつけることにした。引用の文は、原則として、厳一萍校訂の『類説』に拠っている。なお、『列仙伝』の版本は多く、王汝涛等校注『類説校注』は、『琳琅室叢書』本を用いるが、ここでは、比較の対象として、「道蔵」（第一三八冊）、洞真部、記伝類（海字号）所収の『列仙伝』[2]を利用する。これには、漢数字の番号をつけた。『類説』では、仙人の伝記の文を節録するに当って、まず、その節録文の中から抜き出した数語の標題を掲げている。

はじめに、現行（道蔵）本の『列仙伝』の仙人の配列を示すこととする。

『列仙伝』　巻上

一、赤松子　二、甯封子　三、馬師皇　四、赤将子輿　五、黄帝　六、偓佺　七、容成公　八、方回　九、老子　十、関令尹（喜）　十一、涓子　十二、呂尚　十三、嘯父　十四、師門　十五、務光　十六、仇生　十七、彭祖　十八、邛疏　十九、介子推　二十、馬丹　二十一、平常生　二十二、陸通　二十三、葛由　二十四、江妃二女　二十五、范蠡　二十六、琴高　二十七、寇先　二十八、王子喬　二十九、幼伯子　三十、安期先生　三十一、桂父　三十二、瑕丘仲　三十三、酒客　三十四、任光　三十五、蕭史　三十六、祝雞翁　三十七、朱仲　三十八、脩羊公　三十九、稷丘君　四十、崔文子

『列仙伝』　巻下

一、赤須子　二、東方朔　三、鈎翼夫人　四、犢子　五、騎龍鳴　六、主柱　七、園客　八、鹿皮公　九、昌容　十、谿父　十一、山図　十二、谷春　十三、陰生　十四、毛女　十五、子英　十六、服閭　十七、文賓　十八、商丘子胥　十九、子主　二十、陶安公　二十一、赤斧　二十二、呼子先　二十三、負局先生　二十四、朱璜　二十五、黄阮丘　二十六、女丸　二十七、陵陽子明　二十八、邗子　二十九、木羽　三十、玄俗

讃曰、……

『列仙伝』の仙人の数は、宋の宋炳の『明仏論』に七十四人とあり、梁の陶弘景の『真誥』では、孔門の弟子七十二人に一致させた人数である、としている。『史記』封禅書では、黄帝と共に昇天した家臣の教は「七十余人」としているが、『広黄帝本行記』では[3]、七十二人となっている。しかし現行本では、仙人は七十人となっている。もしも、第二十四の江妃二女を二仙人と数えると、全体で七十一人となる。そこから黄帝を除くと七十人となる。また、清の

王仁俊輯する『玉函山房輯佚書続編三種』の「経籍佚文」に引く『列仙伝』佚文には、

讃曰、歴観百家之中、以相検験、得仙者、百四十六人。其七十四人、已在仏経故、撰得七十。可以多聞博識者、遐観焉。世説文学篇注

とある。従って、仙人一百四十六者の中から、仏経に記録された七十四人を除く七十二人をば『列仙伝』に載せたことになる。右の『続編三種』は、更に、「七十。」は、七十二人の誤りであろうとして、次のように記している。

俊按孫氏志祖曰、七十下脱二人二字。蓋百四十六人、除七十四人外、尚有七十二人也。右従読書脞録輯録。

因みに、七十人の数については、『抱朴子』内篇極言に、「列仙伝云、黄帝自択亡日、七十日去、七十日還。」と記されていることなどが想起される。また、江妃二仙女については、右の『続編三種』の「玉函山房輯佚書補編」に引く『列仙伝』には、次のような文が載せられている。

江妃二女、珮両明珠。大如雞卵。游江漢之湄、逢鄭交甫。交甫説之、不知其神也。曰、願請女之佩。二女解焉。交甫去数十歩、二女忽不見、珮亦失。李瀚蒙求自注上

また、そこには、呂尚について、「呂尚冀州人也。……又得兵鈐於腹中。稽瑞」とある。

三

さて、右に記した現行本『列仙伝』に対して、『類説』の『列仙伝』はどのようになっているであろうか。はじめに特徴的な点を指摘すれば、現行本の上巻第一に位する赤松子のことが、『類説』節録の『列仙伝』十七条の中では第十一番目にある。また現行本の上巻第二の甯封子の節録は、曾慥の節録では第十四番目に置かれている。『類説』

の『列仙伝』の最初には、王子喬の伝があるが、現行本では王子喬の伝は、『列仙伝』の上巻の第二十八番目にある。これらの事実は、曾慥の節録が、彼自身目覩しているテキストの仙人の配列順に記録しているという前提に立つならば、洵に興味ある事実を示していることになる。その他の相違については、以下において、その都度触れる。

そこで次に、『類説』所収の『列仙伝』十七条を引くことにする。

『列仙伝』　劉　向　撰

1、吹笙作鳳鳴

王子喬、周霊王太子晋也。好吹笙作鳳鳴。遇浮丘公得仙、後語栢良曰、告我家、七夕待我於緱氏山東。乗白鵠而至。

これは、上に指摘したように、現行本の『列仙伝』との違いを示す格好の例である。白鵠は白鶴となっている。

2、弄玉吹簫

蕭史、秦人。善吹簫。秦王有女名弄玉、好之、遂妻焉。教弄玉吹簫作鳳鳴、有鳳至其室、乃作鳳台居之。一夕吹簫鳳集、乗之仙去。乃作鳳女祠。

この節録は、現行本の巻上の第三十五番目にある蕭史に該当する。唐末から宋にかけての天台山道士の王松年の『仙苑編珠』巻上にも、蕭史の伝がある。(4) また『玉函山房輯佚書続編三種』の「補編」では、

蕭史善吹簫。秦穆公有女、字弄玉、以妻之。教弄玉吹簫、作鳳鳴。鳳凰来止其室。公作鳳台、夫妻止其上。一旦皆随鳳飛去。故秦人作鳳女祠。又下

となっている。右の「又下」とは、「李瀚蒙求自注下」ということである。

3、尋偃月子

許碏徧遊名山、所至題云、尋偃月子到此。作詩曰、閬苑花前是酔郷、誤翻王母九霞觴。群仙拍手嫌軽薄、謫向人間作酒狂。書於酒楼、乗雲而去。

この節録は、現行『続仙伝』に見えるものと一致する。[5]

4、金床玉几

岱宗石室中、上下懸絶、中有金床玉几。

5、負局磨鏡

負局先生隠於磨鏡。

負局先生の伝は、現行本の『列仙伝』では、巻下の第二十三番目に記録されている。しかしここでは、『類説』の第7の稷丘君が、現行本『列仙伝』の巻上の第十九に出ている稷丘君の前にあることをもってしても、負局先生の伝の位置は、曾慥の時と現行本は異っていたことになる。

6、玉女洗頭盆

華山絶頂有石臼、号玉女洗頭盆。中有碧水、未嘗増減。

これは、『説郛』巻第七の「諸伝摘玄」にそのまま引用されている。『説郛』と『類説』の『列仙伝』『神仙伝』とについては、後の章でも触れる。

7、稷丘君

泰山下道士稷丘君、遇漢武帝東巡、擁琴朝謁。

これは、現行本『列仙伝』の巻上の終わりから二人目、すなわち第三十九番に出る文の節録である。

8、行玉子之術

太玄女行玉子之術、鬢髪如鴉。

曾慥の見ている『列仙伝』の当時のテキストには、太玄女の伝があったのであろうか。『神仙伝』の文とすべきところを、曾慥が誤って、ここに記入してしまったのであろうか。現行の『神仙伝』には、巻七に太玄女の記録があり、「少喪父《ママ》。」とか「得王《ママ》子之術。」とか記されている。また、唐末から宋初の天台山道士王松年の撰する『仙苑編珠』の巻上には、

玄女行厨、南極通霊。

神仙伝、太玄女者、姓頊名和、少喪夫。乃学道、治玉子之術。坐置行厨、変化無所不至。

と記されている。[6]また『説郛』巻四十三の『神仙伝』の目録には、

太玄女者、姓頊名和、得王《ママ》子之術。

とあり、『玉函山房輯佚書続編三種』の「経籍佚文」の『列仙伝』には、「太玄女、姓頊名和。」と見える。

9、玉城瑶闕

舜游南方、有国曰楊州。入千龍之門、泛昭回之河。有玉城瑶闕、曰九疑之都。

10、抜宅上升

許真君抜宅上升。惟車轂錦帳復堕。

11、服水玉

赤松子、神農時雨師、服水玉。

これは、既に指摘したように、現行本の冒頭に出ている赤松子の伝に対応するものである。

12、呼雞名

祝雞翁居戸郷北、養雞。雞皆有名字、呼名即至。

13、青鳥

呉真君遇大風、書符置屋上、青鳥啣去。風即止。

14、五色烟

甯封子為皇帝陶正。有人過之、為其掌火、能出五色烟、久則以教封子。封子積火自焼、能随気煙上下。

甯封子のことは、現行本の巻上に、赤松子に続く、第二の仙人として記載されている。

15、一丸泥封戸

方回為人所劫、閉之室中、従求道。回化而去、更以一丸泥封其戸、以方回印印之。時言、得回一丸泥封門戸、終不可開。

これは、現行本の巻上の第四に見える方回の伝の節録である。

16、漢江解佩

鄭交甫游漢江、見二女佩両明珠。交甫悦之、不知其神人也、下請其佩。女解佩与交甫、行数十歩、女忽不見。

これは、現行本の巻上の第二十四番目の江妃二女の伝記に基づいている。

17、鈎弋夫人

鈎弋夫人右手捲。武帝発其手、得玉鈎。尋害之。殯、尸不冷而香。一月、昭帝即位、更葬之。棺空、但有糸履、故名其宮、曰鈎翼。後避諱、改為弋。

これは、現行本の巻下の第三番に出る。現行本の巻下の仙人の中からは、ただ一人の仙人ということになる。これは、『説郛』巻第七の「諸伝摘玄」の『列仙伝』の文と殆んど同じである。「諸伝摘玄」については、第六項で再説する。

以上によって、曾慥が『類説』に残してくれた節録が、もしも当時の『列仙伝』の仙人の配列の順に従っているとするならば、それは、南宋の紹興六年（一一三六）頃の『列仙伝』の姿を今日に伝えている、といえるのではなかろうか。このように、仙人の配列の順の異なることといい、現行本に見出せない仙人の伝があることといい、これらのことどもは、現行『列仙伝』の成立時期や、『列仙伝』のテキストの変遷の研究などのために、『類説』が非常に貴重な資料を提供していることに他ならないのである。なお、現行本にある仙人伝と『類説』の文章とには、文字表現の相違も処々に見出されるが、ここでは、特に重要な場合を除いて、一一触れることはしなかった。

四

次に、『神仙伝』の検討に入るが、曾慥の『類説』巻之三では、『列仙伝』の節録が終わると直ちに『神仙伝』のそれに移る。既に『列仙伝』において行ったのと同じように、『神仙伝』の仙人に番号をつけた。その『神仙伝』のテキストは、清の王謨輯「増訂漢魏叢書」（八十六種本）第二冊別史所収のものや馬俊良編「龍威秘書」一集所収のものに拠る。因みに両者とも、目録では巻九の仙公（蘇仙公）の名を欠いている。なお、テキストとしては、『説庫』所収のものがある。また「道蔵精華」第五集之六十一『歴代真仙史伝』所収の『神仙伝』は、配列がやや異るので、比較しやすいように、そのテキストの仙人名を括弧内に示した。「道蔵精華録」下所収の『神仙伝』（守一子校正）も「道蔵精華」のものと同じである。ただ先きに汝上王謨の跋文で示した「仙仏霊異叢書」のテキストは、仙人の配列が甚だ異なり、『類説』と相似点も多いので、後に目録を全部示すこととした。この外、「五朝小説大観」第一冊の『神仙伝』の目次も興味を惹かれるが今は省略した。

『神仙伝』　晋　葛洪撰

巻一

一、広成子（盧敖・若士）　二、老子　三、彭祖　四、魏伯陽（華子期）

巻二

五、白石先生　六、黄（皇）初平　七、王遠　八、伯山甫　九、馬鳴生　十、李八百　十一、李阿

巻三

十二、河上公　十三、劉根　十四、李仲甫　十五、李意期　十六、王興　十七、趙瞿　十八、王遙　十九、李常在

巻四

二十、劉安　二十一、陰長生　二十二、張道陵

巻五

二十三、泰山老父　二十四、巫炎　二十五、劉馮　二十六、欒巴　二十七、左慈　二十八、壺公　二十九、薊子訓

巻六

三十、李少君　三十一、孔元方　三十二、王烈　三十三、焦先　三十四、孫登　三十五、呂文敬（呂恭）　三十六、沈建　三十七、董奉

巻七

三十八、太玄女　三十九、西河少女　四十、程偉妻　四十一、麻姑　四十二、樊夫人　四十三、厳清　四十四、帛和　四十五、東陵聖母　四十六、葛玄

巻八

四十七、鳳綱　四十八、衛叔卿　四十九、墨子　五十、孫博　五十一、天門子　五十二、玉子　五十三、沈羲　五十四、陳安世（付権叔本）　五十五、劉政

巻九

五十六、茅君　五十七、孔安国　五十八、尹軌　五十九、介象　六十、仙公（蘇仙公）六十一、成仙公　六十二、郭璞　六十三、尹思

巻十

六十四、沈文泰（付李文淵）　六十五、渉正　六十六、皇化　六十七、北極子　六十八、李修　六十九、柳融　七十、葛越　七十一、陳永伯（付増族）　七十二、董仲君　七十三、王仲都　七十四、離明　七十五、劉京　七十六、清平吉　七十七、黄山君　七十八、霊寿光　七十九、李根　八十、黄敬　八十一、甘始　八十二、平仲節　八十三、宮嵩　八十四、王真　八十五、陳長　八十六、班孟　八十七、董子陽　八十八、東郭延　八十九、戴孟　九十、魯女生　九十一、陳子皇　九十二、封衡

次に「仙仏霊異叢書」所収の『神仙伝』の目録と解説とを記すことにする。漢数字は、便宜的に付けたものである。

巻一

一、広成子（歴世真仙体道通鑑巻一・説郛曰、広成子者古之仙人也。居空同、黄帝造焉。）二、若士（歴世真仙体道通鑑巻四・説郛曰、若士者古之神仙也。莫知其姓名。燕人盧敖見之蒙谷山。）三、沈文泰（歴世真仙体道通鑑巻四・説郛曰、沈文泰者九疑人也。）四、籛鏗（漢魏叢書本神仙伝巻・説郛曰、彭祖者姓籛名鏗。帝顓頊之玄孫。至殷末世、年七百六十歳。）五、白石生《ママ》（歴世真仙体道通鑑巻四・説郛曰、白石先生者中黄丈人弟子也。至彭祖時、已年二千余歳。）六、黄山君（歴世真仙体道通鑑巻十二・説郛曰、黄山君者修彭祖之術、年数百歳、猶有少容。）七、鳳綱（歴世

真仙体道通鑑巻三十四　説郛曰、鳳綱者漁陽人也。）八、皇初平（歴世真仙体道通鑑五・説郛曰、黄初平者丹谿人也。金華牧羊者。）九、呂恭（歴世真仙体道通鑑巻十二・説郛曰、呂恭字文敬。採薬太行山、遇仙。）十、沈建（歴世真仙体道通鑑巻五・説郛曰、沈建者丹陽人也。）十一、楽子長（拠説郛補。文闕。）

巻二

十二、衛叔卿（歴世真仙体道通鑑巻七・説郛曰、衛叔卿者中山人也。）十三、魏伯陽（歴世真仙体道通鑑巻十三・説郛曰、魏伯陽者呉人也。）十四、沈羲（歴世真仙体道通鑑巻四・説郛曰、沈羲者呉郡人也。）十五、陳安世（歴世真仙体道通鑑巻十二・説郛曰、陳安世者京兆人也。）十六、李八百（歴世真仙体道通鑑巻十、説郛曰、李八百者蜀人也。莫知其名。）十七、李阿（歴世真仙体道通鑑巻十五・説郛曰、李阿者蜀人也。）十八、王遠（歴世真仙体道通鑑巻五・説郛曰、王遠字方平、東海人也。）

巻三

十九、伯山甫（按歴世真仙体道通鑑未録。今拠漢魏叢書本神仙伝巻二補・説郛曰、伯山甫者雍州人也。）二十、墨子（按歴世真仙体道通鑑未録。今拠太平広記巻五補・説郛曰、墨子者名翟。宋人也。仕宋為大夫。）二十一、孫博（歴世真仙体道通鑑巻五・説郛曰、孫博者河東人也。）二十二、劉政（歴世真仙体道通鑑巻五・説郛曰、劉政者沛国人也。）二十三、班孟（歴世真仙体道通鑑巻五・説郛曰、班孟者不知何所人也。或云、女子也。）二十四、玉子（歴世真仙体道通鑑巻十、説郛曰、玉子者姓章名震。南郡人也。周幽王徴之不起。）二十五、王剛（歴世真仙体道通鑑巻五・説郛曰、天門子者姓王名綱。）二十六、皇化（歴世真仙体道通鑑巻五・説郛曰、九霊子者姓皇名化。）二十七、陰恒（歴世真仙体道通鑑巻五・説郛曰、北極子者姓陰名恒。）二十八、李修（歴世真仙体道通鑑巻五・説郛曰、絶洞子者姓李名修。）二十九、離明（歴世真仙体道通鑑巻十、説郛曰、太陽子者姓離名明、本玉子同年之親友也。）三十、太陽女（歴世真仙体道通鑑後集巻二・説郛曰、太陽女者姓朱名翼。奉侍絶洞子。）三十一、太陰女（歴世真仙体道通鑑後集巻二・説郛曰、太陰女者姓盧名全。太陽子教以補道之要。）三十二、太玄女（歴世真仙体道通鑑後集巻五・説郛曰、太玄女者姓顓名和。得王子之術。）三十三、柳融（歴世真仙体道通鑑巻五・説郛曰、南極子者姓柳名融。）三十四、葛越（歴世真仙体道通鑑巻五・説郛曰、黄盧子者、姓葛名越。）

巻四

三十五、馬明生（歴世真仙体道通鑑巻十三・説郛曰、馬鳴生者斉国臨淄人也。本姓和字君賢。）三十六、陰長生（歴世真仙体道通鑑巻十三・説郛曰、陰長生者新野人也。）三十七、張道陵（按歴世真仙体道通鑑未録。今拠太平広記巻八補。説郛曰、天師張道陵字輔。漢沛国豊県人也。）

巻五

三十八、茅盈（歴世真仙体道通鑑巻十六・説郛曰、茅君者名盈字叔申。咸陽人也。秦始王時、学道後道成。治句曲山。君之弟名固字季偉。次弟名裏字思和亦得成真。）三十九、欒巴（歴世真仙体道通鑑巻十五・説郛曰、欒巴蜀郡成都人也。）

巻六

四十、劉安（歴世真仙体道通鑑巻五・説郛曰、漢淮南王劉安、高皇帝親孫也。）四十一、李少君（拠太平広記巻九補。説郛曰、李少君者斉人也。漢武帝時人。）四十二、王真（歴世真仙体道通鑑巻二十一・説郛曰、王真者上党人也。嘗見魏武帝謂年四百歳。）四十三、陳長（歴世真仙体道通鑑巻二十一・説郛曰、陳長者在紵嶼山。六百余歳。）四十四、劉綱（歴世真仙体道通鑑巻三十一、説郛曰、劉綱者下邳人也。初居四明山、後為上虞令。）四十五、樊夫人（歴世真仙体道通鑑後集巻四・説郛曰、樊夫人者劉綱妻也。）四十六、東陵聖母（歴世真仙体道通鑑後集巻四・説郛曰、東陵聖母者広陵海陵人也。適杜氏師事劉綱。）四十七、孔元方（歴世真仙体道通鑑巻十五・説郛曰、孔元方者許昌人也。）四十八、王烈（歴世真仙体道通鑑巻三十一・説郛曰、王烈者字長休。邯鄲人也。）四十九、渉正（歴世真仙体道通鑑巻五・説郛曰、渉正者字元真。巴東人也。）

巻七

五十、焦先（歴世真仙体道通鑑巻十五・説郛曰、焦先者字孝然。河東太陽人也。）五十一、孫登（拠太平広記巻九補・説郛曰、孫登者不知何所人也。）五十二、東郭延（歴世真仙体道通鑑巻三十四・説郛曰、東郭延者山陽人也。）五十三、霊寿光（歴世真仙体道通鑑巻十二・説郛曰、霊寿光者扶風人也。）五十四、劉京（歴世真仙体道通鑑巻十二・説郛曰、劉京者本孝文帝侍郎也。）五十五、帛和（拠漢魏本神仙伝巻七補・説郛曰、帛和字仲理。遼東人也。）五十六、厳青（歴世真仙体道通鑑巻十二・説郛曰、厳清者会稽人也。）五十七、趙翟（歴世真仙体道通鑑巻三十四・説郛曰、趙翟者字子栄。上党人也。　五十八、宮嵩（歴世真仙体道通鑑巻二十・説郛曰、宮嵩者瑯琊人也。）五十九、容成公（拠説郛補　文闕。）六十、中黄子（拠説郛補　文闕。）六十一、許由巣父（拠説郛補　文闕。）六十二、石陽（拠説郛補　文闕。）六十三、董仲君（歴世真仙体道通鑑巻七・説郛曰、董仲君者臨淮也。）六十四、清平吉（歴世真仙体道通鑑巻十二・説郛曰、清平吉者沛国人也。漢高時兵卒也。）六十五、王仲都（歴世真仙体道通鑑巻七・説郛曰、王仲都者漢中人也。漢元帝嘗見之。）六十六、程偉妻（歴世真仙体道通鑑後集巻五・説郛曰、漢旗門郎程偉妻、得道者也。）六十七、薊子訓（拠大平広記巻十二補・説郛曰、薊子訓者斉人也。）

巻八

六十八、葛玄（拠大平広記巻七十一補・説郛曰、葛玄洪族祖、字孝先。呉大帝欲加以栄位、玄不聴。）六十九、左慈（歴世真仙体道通鑑巻十五・説郛曰、左慈者字元放。廬江人也。）七十、王遙（歴世真仙体道通鑑巻五・説郛曰、王遙者字伯遼。鄱陽人也。）七十一、陳永伯（歴世真仙体道通鑑巻五・説郛曰、陳永伯者南陽人也。）七十二、太山老父（歴世真仙体道通鑑巻十二・説郛曰、太山老父者莫知其姓名也。漢孝文帝請之。）

巻九

七十三、劉根（抛太平広記巻十補・説郛曰、劉根字君安。長安人也。漢孝成帝時為郎中。）七十四、壺公（抛太平広記巻十二補・説郛曰、壺公者不知其姓名。費長房伝其道。）七十五、尹軌（抛太平広記巻十三補・説郛曰、尹軌字公度。太原人也。）七十六、介象（歴世真仙体道通鑑巻十五・説郛曰、介象者字元則。会稽人也。）

巻十

七十七、董奉（歴世真仙体道通鑑巻十六・説郛曰、董奉者字君異。侯官県人也。呉先主時得道。）七十八、李根（歴世真仙体道通鑑巻十二・説郛曰、李根字子源。許昌人也。）七十九、李意期（歴世真仙体道通鑑巻十五・説郛曰、李意期蜀郡人也。漢文帝時人。）八十、王興（歴世真仙体道通鑑巻七・説郛曰、王興者陽城人也。漢武帝時人也。）八十一、黄敬（歴世真仙体道通鑑巻十二・説郛曰、黄敬字伯厳。武陵人也。）八十二、魯女生（按歴世真仙体道通鑑未録。今抛漢魏叢書本神仙伝巻十補・説郛曰、魯女生者長楽人也。）八十三、甘始（歴世真仙体道通鑑巻十二・説郛曰、甘始者太原人也。）八十四、封衡（歴世真仙体道通鑑巻二十一・説郛曰、封君達者隴西人也。）

跋（汝上王謨識）

一方曾慥は、次のような配列で仙人の伝記の節録を掲げている。全部で、四十四条である。

『神仙伝』

1、五色雲母

衛叔卿服雲母得仙。其子名度世、偏游山海、求見其父、一日山中見之、与数人博戯、坐白石牀。度世問博者為誰。

曰、洪崖先生・許由・巣父・王子晋也。我有仙方在所居柱下。度世帰掘之、得玉函、封以飛仙之印、乃五色雲母也。度世服之、果仙去。

これは、現行本の巻八の衛叔卿の伝にある。衛叔卿の伝は、『説郛』巻第四十三の『神仙伝』の目録では、第十二番目にあり、「仙仏霊異叢書」と同じである。陳葆光の『三洞群仙録』[7]（一一五四年撰）の巻三にも、『類説』の文とほぼ同じ文が載せられている。

2、碧藕白橘

周穆王会王母於瑶池、食素蓮黒棗碧藕白橘。

『太平広記』巻第二の周穆王の記述には、「出仙伝拾遺」として「又觴西王母於瑶池之上。…進甜雪之味、素蓮黒棗、碧藕白橘。皆神仙之物。……」とある。

『三洞群仙録』巻三には、『神仙伝』の文としてこれと全く同文が記されている。思うに、『三洞群仙録』の文は、『類説』の孫引きではあるまいか。そうでなければ、両書とも、更に古い何らかの書の節録を引用したことになる。

3、琴高乗赤鯉

琴高既仙去、設祠奉之、時乗赤鯉来享。

琴高の伝は、現行本の『列仙伝』の巻上の第二十六にある。これは、その節録である。『三洞群仙録』巻四に、「琴高控鯉、黄安坐亀。」の標題のもとに『抱朴子』の文として、琴高の「控赤鯉上昇」のことと『列仙伝』の文として黄安のことを記している。[8]

4、颷車羽輪

崑崙圃、閬風苑、有玉楼十二、玄室九層。右瑶池、左翠水、環以弱水九重、洪濤万丈。非颷車羽輪、不可到。王母所居也。

『太平広記』巻第五十六の西王母の伝には、「出集仙録」として、類似の文が見える。

5、修本草

陶隠居遇神仙桓闓曰、君之陰功著矣、以所修本草、用虻虫水蛭輩為薬、功雖及人、而害物命。以此一紀後、方得解形而去。

これは、『説郛』巻第七に、闓を聞とするほかは同じ文で引用されている。また、『太平広記』巻第十五桓闓の記事とも合致する内容である。この記事は「出神仙感遇伝」となっているが、『説郛』の明鈔本では「出神仙拾遺」とされている。桓闓は、この記録に依る限り、梁代の陶弘景の時に現われた仙人ということになるであろう。(9)

6、与汗漫期《ママ》

盧敖見一士。深目而結喉、鳶肩而脩頸、豊上而殺下、踞亀殻而食蛤蟹。謂敖曰、吾与汗漫、期於九垓之外、不可久留。乃去。

盧敖の伝は、現行の「龍威秘書」所収の『神仙伝』にはない。特異な配列を伝えている「道蔵精華」本の『神仙伝』の巻一の冒頭に広成子に続いて記録されている。しかしながら、そこにも『類説』に曾慥が節録した右の文を見出すことができない。しかるにこの文は、唐の道士の王懸河の『三洞珠嚢』巻八に、

神仙伝第二云、若土《ママ》之相也、深目而玄準準者鼻也鳶肩而長頸、豊上而殺下也。彭祖之相者、面生異骨、体有奇毛。

と記録されている文と一致する。(10) これによって、曾慥が『類説』において、「盧敖見一士。」としている一士とは、若士であることが判然とする。重要なことは、今の『神仙伝』が、晋代の旧本ではなくして唐以後のものであると考えられており、しかも、唐以後のそれも、明代頃には、殆んど亡佚の書に近い存在となっていた点にある。現行の『神

仙伝』は、明末頃の成立ではないかとさえいわれているのである。[11] このような変遷を辿った『神仙伝』も、南宋の初期、すなわち紹興年間には、まだ、唐代の旧本の形式を伝えていたことを、曾慥の『類説』の節録は明示している。

因みに、『仙苑編珠』巻上には次のような文がみえる。

盧敖遊海、若士沖天

神仙伝云、盧敖者燕人也。秦時遊北海、至于蒙谷之山、見若士焉。方迎風而舞、顧見敖曰、吾与汗漫、期於九垓之上不可久。乃竦身、入雲中。[12]

7、一日九餐

青精先生千歳、色如童子、能終歳不食、亦能一日九餐。

青精先生のことは、現行本の巻一の第三番目の彭祖の伝にある。

8、白石為糧

白石先生煮白石為糧。彭祖問曰、何不服薬仙去。対曰、天上至尊、相奉甚難、更苦人耳。時号為隠遁仙人。常游行四方、治人疾。

これは、現行本の巻二の第五番目にある白石先生の伝の節録である。

9、採百草花

鳳綱生採百草花、煎九服之仙去。

これは、巻八の第四十七番目の鳳綱の伝からとられている。現行本は、鳳綱の次に衛叔卿の伝があるが、『類説』では、『神仙伝』の冒頭に引かれている。因みに『三洞珠囊』巻一には、次のような文が載せられている。

鳳綱口訣云、道士有疾、閉目内視。心使生火、以焼身、身尽存之。使精如髣髴、疾病即愈。是痛存其火也。甚秘

験矣。(13)

そして、この文を引く『正一法文修真旨要』では、それを「出神仙伝」としていることが注目される。(14)『三洞群仙録』巻三は、『太平広記』の文として、百草花を採る文を挙げている。(15)

10、碧落侍郎

沈羲将飛昇、忽有白鹿青龍車、羽衣持節、以青玉界丹玉版、拝為碧落侍郎。

沈羲のことは、現行本の巻八にあり、右はその節録といえる。しかし『三洞珠嚢』巻一に、「神仙伝第三云、沈羲者呉郡人也。学道於蜀中、但能消災治病、救済百姓也。」とある。(16)それはしかし、現行本にも、また曾慥の節録にも見出せない文章である。

11、十二玉壺

王遠字方平、嘗遊括蒼、住蔡経家、経忽身熱欲水。灌之、如沃焦状、因失其戸。後十余年、還家云、七月七日王君当来。其日果至。威儀如大将軍。持玉壺十二、皆以蝋封其口。遂以書与陳尉。其書廓落、大而不工。

王遠の伝は、現行本ではなんと巻二の第七に入っている。『三洞珠嚢』では巻八にあるが、文章はやや異る。『類説』の巻三には、杜光庭の『王氏神仙伝』があり、そこには、「総真真人」と題して、王遠字方平の記録がある。『王氏神仙伝』については、『説郛』や『三洞群仙録』が比較の対照として取り挙げられてきたが、それらと大いに異なる『類説』の文は、無視されてきたようである。

12、女笞老翁

漢使過河東、見一女子笞一老翁。翁受杖甚恭。問之、云此妾之子也。昔舅氏伯山甫、以神方教妾。妾使服之不精、致此衰老。故杖之。問其年、曰妾一百三十歳、児纔七十余年耳。

これも、現行本では、巻二の王遠の伝に続いて記されている伯仙甫の伝にある。「仙仏霊異叢書」では、巻三にある。

13、一人作千人

劉政有道術、能以一人作千人、千人作万人。又能嘘水興雲、聚壌成山、刺池成淵。

これは現行本の巻八の最後にある。そして、これは上掲の『説郛』巻第七にも、全く同文で記載されている。

14、赤丸起火

孫博以赤丸投軍中。須臾火起。更投以青丸、乃滅。又能引鏡為刀、屈之復為鏡。

これは現行本の八巻に見えるのであるが、現行本では、13の劉政の前にある10の沈羲よりも更に前に記録されている。

15、泥馬

章震号玉子。能以泥作馬、日行千里。其弟子号太陽子、好飲酒。或問之云、晩学俗態未除、故以酒自駆耳。

玉子の伝は、現行本では、巻八の沈羲の直前にある。

16、石髄

王烈得石髄。按仙経云、神山五百年一開。有髄出、食之、寿与天地等。烈先服白石。煮熟与人、味如芋。

王烈の伝は、現行本の巻六に出ているが、右の文の後半は、そこには見出せない表現である。

17、乗赤龍

茅盈乗赤龍登天。先是、童謡云、神仙得者茅初成。駕龍上天、升太清。時下玄洲戯赤城。継世而往在我盈、帝欲学之臘嘉平。

現行本の巻九のはじめには茅君の伝があるが、茅盈の文はない。『太平広記』巻第十一に大茅君盈のことが見えるが、そこでは、その記録をば「出集仙伝」としている。しかし、その文は異なる。『太平御覧』巻第五百七十二、楽部十、歌三には、「太元真経茅盈内紀曰、秦始皇三十年九月庚子、盈曾祖於華山之中、乗雲駕龍、白日昇天。是時其邑謡歌曰、神仙得者、茅初成、駕龍上昇、入泰清。時下玄洲、戯赤城。継世而往在我盈。帝若学之臘嘉平。始皇聞謡歌、乃有尋仙之志。因改行臘曰嘉平。」と記されている。また『説郛』巻第四十三には、天師張道陵の次に、

茅君者、名盈字叔申、咸陽人也。秦始王時、学道。後道成、治句曲山。君之弟、名固字季偉、次弟、名裏字思和、亦得成真。

とある。『重校説郛』の『神仙伝』では、盈の字が叔中となり、山名は句容山となっている。因みに、『太平広記』巻第五十六の西王母の伝に、「時叔申（茅盈字叔申）道陵侍太上道君、乗九蓋之車、控飛虬之軌。」とある。また「仙仏霊異叢書」の『神仙伝』巻五の茅盈の伝には、曾慥の『神仙伝』の節録17に挙げた文と似た文章が見える。

18、肘後丹経

張道陵弟子趙昇、七試皆通。乃授肘後丹経。

張道陵の伝は、現行本の巻四に載っているが、そこでは『肘後丹経』ではなくして、『昇丹経』となっている。『太平広記』巻第八の張道陵の記事においては、「出神仙伝」として「乃受昇丹経。」となっている。

19、劉安登仙

劉安請致術士、於是八公往見。化成童子、色如桃花。遂授丹経。安既仙去、薬器在庭、鶏犬舐之、皆仙去。

現行本では、劉安の伝は、巻四の冒頭にあり、次に陰長生の伝が続く。そして18の張陵道の伝へと続くのである。

20、九節杖

王遙遇雨。使弟子以九節杖檐簏、不沾湿。

これは、現行本の巻三に見える。

21、八百歳瞳子方

李根両目瞳子皆方。仙経云、八百歳則瞳子方。

これは、現行本の巻十にある。20の王遙の伝が巻三に見えるとすれば、この李根の伝とのあまりに近い節録は、曾慥の見ているテキストが現行本と甚だ異っていたことを示していることになる。『三洞珠嚢』巻八では、「神仙伝第十云、」として、同様の文が見える。その記録の仕方は、

神仙伝第十云、李根字子源。両目童子皆正方也。

按仙経云、八百歳童子方也。

となっている(17)。

22、九節菖蒲

九疑仙人見武帝云、聞有石菖蒲、一寸九節、可服食、故来採耳。

これは、現行本の巻三の王興の伝に見える。

23、二十三処見子訓

薊子訓有道術、至京師、諸貴人多邀、皆許某日日午当往。是日、二十三処皆見子訓、衣服論議如一。

これは、現行本の巻五の薊子訓の伝にある記述によるが、表現に若干の相違が見られる。

24、作丹

魏伯陽与弟子三人、作丹。丹成、先与犬、犬死。一弟子与先生同服之、亦死。二人下山、求葬具。伯陽即起、再以丹、納犬及弟子口中、皆起、仙去。

これは、現行本の巻一の魏伯陽の伝の節録である。

25、新宮銘

蔡少霞夢人託書、新宮銘曰紫陽真人玄卿撰。其銘云、碧砌鱗差、瑶堦肪截、珠樹規連、玉泉矩洩。仙翁鵠立、道師氷潔、三変玄雲、九成絳雪。

因みに『仙苑編珠』巻下に、紫陽真人周君伝がある。

26、六甲行厨

左慈召六甲、能役鬼神、坐致行厨。

左慈のことは、現行本の巻五に出る。

27、分杯

左慈謂曹公曰、今当遠適、願得分杯飲酒、慈抜簪以画杯。酒即中断、分為両向。

これも、現行本の巻五の左慈の伝に、26の文に続いて見出されるものであるが、『類説』では、今見るように二つに分けて記されている。なお左慈の伝は、現行本の巻五では、23の薊子訓の伝よりも前にある。

28、四百歳小児

李八百呼陟正為四百歳小児。

これは、現行本の巻二の李八百の伝にある。因みに、陟正の伝は、現行本の巻十にあるが、右のことは記されていない。

29、熟視石壁

帛和到西城山、事王君、令熟視石壁。初一年、無所見。二年、漸有文字。三年、得所刻神丹方及五岳図。

これは、現行本の巻七の帛和の伝にある。

30、落翮山

王次仲変篆為隷。始皇召之、不至、将殺之。次仲化為大鳥、振翼而起。使者拝曰、無以復命、恐見誅。乃以三大翮堕与使者。始皇因名落翮山。

これも、『太平広記』巻第五の王次仲の伝に「出仙伝拾遺」として同一内容の文が見えるほか、『説郛』巻第七には、全く同文で記録されている。

31、肉芝

蕭静之掘地得人手、潤沢而白。烹食之。人問何物、曰肉芝也。

『太平広記』巻第二十四の蕭静之の記録にもあるが、そこでは「出神仙感遇伝」とされている。曾慥はあくまでも、『神仙伝』の文と信じているのであろう。

32、彭祖喪妻

彭祖年八百歳、喪四十九妻五十四子。

これは、現行本の巻一の彭祖の巻一にある。しかるに『類説』の『神仙伝』の節録では、ここに見るように、全体の後の方に位置を占めている。この際、唐の王懸河の『三洞珠嚢』でも、その巻八に彭祖の伝が置かれていたことが注目される。

33、王母玉環

王母以白玉環授舞者、并献白玉琯。吹之以和八風。

『太平広記』巻第五十六の西王母の記載に、「王母遣使授舜白玉環。舜即位。又授益地図。遂広黄帝之九州為十有二州。王母又遣使献舜白玉琯。吹之以和八風。……出集仙録」とある。

34、老子僕徐甲

老子西度関、関令尹喜知其非常人。従之問道。老子大驚、吐舌聃然。故号老聃。老子耳有三漏、手握十文。其僕徐甲約日直百銭。自伝、随二百年、計欠七百二十万銭。甲詣関令、索所欠。令問老子。対曰、甲久応死。吾以太玄清生符、救之。得至今日。使甲張口向地、符出。丹書文字如新。甲立成一聚枯骨。令知老子神異。叩頭請命復、以符投骨上、甲乃復生。

これは、現行本の巻一の老子の伝にある。

35、玉女投壺

東王父与玉女投壺、毎一投千二百梟。設有不入者、天為嘈嘘。嘈呼監切、開口笑也。

ほぼ同文が、『説郛』巻第七の「仙伝拾遺」に見出される。梟は梟《げつ》（まと）か。その文は、次のようになっている。

木公与玉女、更投壺焉。一投千二百、梟設有入不出者、天為之嘈呼監反嘘貫閉口、而笑梟而脱誤不接者、天為之笑。

36、彭祖経

籛鏗即彭祖也。有導引之術。毎有疾、則閉気、以攻所患。其気雲行体中、下達指末。尋即体和。嘗云、上士別床。中士異被。服薬百裸。不如独臥。後人集其採納之術、号彭祖経。

これは、現行本の巻一の彭祖の伝に見える。右の文の最後に「後人集其採納之術、号彭祖経。」とあるが、これは、現行本の巻一の彭祖の伝に見出されると同時に、現行本の巻十の黄山君の末尾にも、「乃追論其言、為彭祖経。得彭祖経者、便為木中之松栢也。」とある。

37、未央丸

墨子居山、遇神人。授以素書・未央丸、長生不死。

これは、現行本の巻八にある墨子の伝に見出される。因みに「素書」については、『三洞珠嚢』巻一の「(神仙伝)第九云李常在……」の文に続く干君の伝に見える。干君のことは、同書の巻一の「神仙伝第九桂君」の伝にも記録されている。

38、月中人帯甲

君思晋人、正月十五夜、坐室中、遺児視月中有異物否。児曰、今年当水、月中有人、被簑帯剣。思出視之曰、非水也。将有兵乱。月中人帯甲仗矛耳。果如其言。

これは、現行本の巻九の尹思の伝にみえる。君は尹の誤り。

39、能理民則馴虎

郭文得道、能馴暴虎。晋帝召問其術。対曰、人無害虎之心、虎無傷人之意。何術之有。撫我則后、虎猶民也。虐我則讐、民猶虎也。能理民則能馴虎。

郭文の伝は、『三洞珠嚢』の巻一にあるが、右の文はない。しかし、『仙苑編珠』巻中の「郭文探虎」の文の方が『類説』の文に似る。

40、李常在

有人姓李。得道居山不老、人世世見之、不知其名、因号李常在。

これは、現行本の巻三の李常在の伝にある。

41、唾盤成鯉

劉綱唾盤成鯉。妻樊夫人唾盤成獺、食之。

これは、現行本の巻七の樊夫人の伝に見出される。

42、縮地脉
費長房遇壺公。有神術、能縮地脉、千里聚在目前、放之復如旧。

これは、現行本の巻五の壺公の伝に出ている。そこでは、「房有神術、能縮……」となっている。

43、仙朮
劉商居山、有鬻朮者。善価得之。後里人曰、劉君已賜仙朮、服之得仙。

44、亀杯
南極子柳融、取粉塗杯、呪之成亀。煮取其肉食之、呪其殻、復為酒杯。

これは、現行本の巻十の柳融の伝にある。「五朝小説大観」の『神仙伝』は目録と簡単な文だけであるが、「黄極子者、姓柳名融」となっている。なお現行本は、南極子柳融に先立って北極子陰恒のことをも載せる。『仙苑編珠』巻上にも、南極子の記録がある。先の43劉商の伝は、『続仙伝』巻中にあるが、右の文はない。『続仙伝』の検討は、後日に譲る。

45、一木上破天
王敦謀逆、夢持一木上破天、以問卜者。許真君時為旌陽令、因見敦解曰、此是未字、晋祚未終、公未可動耳。

五

往時の記録を集めて後世の研究者を裨益する文献の中に、明の陶宗儀の『説郛』や陶延の『重校説郛』『続説郛』がある。これらの書は、近頃、上海古籍出版社から「説郛三種」として公刊されたので、文献の比較研究上甚だ便利になった。ここでは、その書を利用して、曾慥の『類説』所引の『列仙伝』や『神仙伝』などとの対照をしてみたい。『説郛』巻第四十三に、現行の『列仙伝』の序と仙人の名と簡単なコメントを付した目録が収録されていることはよく知られている。『説郛』の同巻には、続いて、『神仙伝』の序と目録も載せられているが、それは、現行本と仙人の配列が異なっている。『重校説郛』にも、『神仙伝』の序や仙人の目録が記載されているが、これも、前述の『説郛』や現行本の配列と異っている。また、『説郛』巻第七には次のような記録がある。

諸伝摘玄

神仙伝

陶隠居遇神仙桓闓曰、君之陰功著矣。然所修本草、用䖟虫水蛭輩為薬。功雖及人、而害物命、以此一紀、後方得解形而去。

王次仲変篆為隷、始皇召之不至、将殺之。次仲化為大鳥、振翼而起。使者拝曰、無以復命、恐見誅。乃以三大翮墮与使者。始皇因名其山、曰落翮山。

劉政有道術。能以一人作千人、千人作万人。又能嘘水興雲、聚壌成山、刺地成淵。

これは、『四庫全書総目提要』(一二三巻、子部、雑家類七)の『説郛』の項にあるように、『類説』と同文である。『類説』では、5陶隠居、13劉政、30王次仲となっている違いはあるにしても、『説郛』巻第七の「諸伝摘玄」が、多く『類説』に拠っていることは明らかである。今は、『説郛』の構成を論ずることが主眼ではないので、より詳細な対比は後日に譲るとしても、『説郛』巻第七の「諸伝摘玄」と『類説』の関係について、以下に、簡単に触れておきたい。

『説郛』の巻第七の「諸伝摘玄」は、上述の『神仙伝』に続いて、『続仙伝』を挙げている。そこには、唐司馬承禎と夏侯隠と異人丁約の伝があるが、これもまた、『類説』の巻三に載せる『続仙伝』の文と同じである。特に司馬承禎についての文は、『類説』と同文であるにも拘らず、『三洞群仙録』巻四は、『神仙伝』の文として引いている。[18]これは、『王氏（神）仙伝』の文として引くべきところを『神仙伝』としているので、その例はほかにもある。『三洞群仙録』の杜撰なことは、夙に、先学も指摘している。[19]『説郛』巻第七は、『続仙伝』の次に『列仙伝』を載せて、

華山絶頂有石臼、号玉女洗頭盆。中有碧水、未嘗増減。

鉤弋夫人右手捲……但有糸履云。

と記す。これは、『類説』の『列仙伝』の6と17の文であり、17の方は、右の「但有糸履」以下に、「故名其宮、曰鉤翼。後避諱、改為弋。」の文が続いている。『説郛』は、更に続いて、『仙伝拾遺』を引いている。そこには、「木公与玉女……。」「楊什伍広漢什邡人、……。」の文がある。前者は、『類説』の『神仙伝』35の文と殆んど同じであることは、既に述べた通りである。因みに、『類説』巻六十には、

西涼観灯

唐明皇用葉法善術、上元夜自上離宮、往西涼府観灯、以鉄如意、質酒而還、遣使取之、不誣。仙伝拾遺

という文がある。葉法善とは、光弁天師のことであり、彼については、本論第一篇第七章で論じたが、[20]『三洞群仙録』にも、葉法善や張果についての記述が見出される。その巻七に、

張果撃歯

明皇雑録、張果者、明皇召見、一日嘗賜菫斟飲之。果遂挙三巵。醺然有酔色、顧謂左右曰、此酒非佳味也。即偃而臥。食頃方寤、忽覧鏡観其歯、皆班然燋黒、遽取鉄如意、撃其歯、尽堕。以薬傅歯、又寝久之。再引鑑視、其歯已生、堅然光瑩、愈於前也。

とあり、また、巻十では、

道元観灯

仙伝拾遺、葉法善天師、字道元。開元初正月望夜、明皇移仗上陽宮、以観灯焉。尚方匠毛順心結綵楼三十余間、金翠珠玉間厠其内、楼高百五十尺、微風所動、鏗然成韻。以灯為龍鳳螭豹騰擲之状、似非人力。上見大悦。師曰、影灯之盛、固無比矣。然西京今夕之灯、亦以如此。適自彼来上、異其語。今欲一往得乎。曰、此易爾。於是、令上閉目、俄而至焉。上称其盛者、久之。請廻復閉目、頃之已在楼下、而歌舞之曲未終、上於涼州、以鉄如意、貫酒。翌日命中使、託以他事、求如意、以還験之、非謬。

となっている。[21]『説郛』の巻第七の『高道伝』にも、葉法善に関する記録が収められている。それは、次のようになっている。

明皇問葉法善。張果何人。法善曰、混沌初分。白蝙蝠精也。果嘗乗一白驢、日行数万里外。即畳之、其厚如紙、置巾箱中、以水噀之、復成驢矣。

この記録の前半は、『類説』の巻三の『高道伝』と同じものである。ただ、『類説』の文は、「白蝙蝠精也。」で終了しているのである。

このような観点に立って『説郛』の巻第七の「諸伝摘玄」を見ると、既に触れたように、そこには、まず、『神仙伝』があり、以下、『続仙伝』『列仙伝』『仙伝拾遺』の節録があって、それらはすべて、撰者の名を記していない。しかし、その次の『王氏神仙伝』になると撰者に杜光庭の名を記録した上で、「王喬有三人、……」の文が続く。これを『類説』の巻三の「王喬有三」の文と比較すると、次のことが判然とする。まず、『類説』の文を示すと、

王喬有三

益州北平山上有白蝦蟇、謂之肉芝。非仙才霊骨、莫能致也。王喬食之、得道。今武陽有喬仙祠。王喬有三、同姓名。有王子晋王喬、有葉令王喬。今食肉芝王喬、乃蜀中神仙也。

となっている。一方、『説郛』巻第七の文は、

王氏神仙伝　杜　光　庭

王喬有三人、有王子晋王喬、有葉令王喬。有食肉芝王喬、皆神仙、同姓名。益州北平山上有白蝦蟆、謂之肉芝。非仙才霊骨、莫能致也。王喬食之、得道。今武陽有霊仙祠。

となっている。一読して、曾慥の『類説』の節録の方がよく意味が通ずることが判る。『説郛』の文は、『類説』に拠りながらも、何らかの理由で、混乱を惹起した文としかいえないのではなかろうか。次に『説郛』巻第七の「諸伝摘玄」には、『高士伝』の厳遵の伝一条を収載する。これを『類説』巻二の『高士伝』の文と比較すると、十ヵ処ほどの文字の異同を除いて、殆んど同一の文章といえる。両者の対比は、今後の更なる研究に期待が寄せられるが、以上のことどもによって、『類説』の重要性を確認するための一助としたい。

注

（1）『列仙伝』については、明胡応麟の『四部正譌』や清姚際恒の『古今偽書考』に簡単な記録がある。また「仙伝霊異叢書」の『神仙伝・列仙伝・疑仙伝』には、劉師培の「道蔵本列仙伝跋」、余嘉錫の『四庫提要辨証』、胡玉縉の『四庫提要補正』の『列仙伝』についての記載がある。『神仙伝』については、余嘉錫のほか周知のように、劉師培の「読道蔵記」がある。『列仙伝』と『神仙伝』の両書については、なお、張心徴編『偽書通考』も参考になる。本稿では、上記のほかに、福井康順の「列仙伝考」「神仙伝考」（いずれも『福井康順著作集』第二巻所収）、沢田瑞穂・高馬三良訳『抱朴子・列仙伝・神仙伝・山海経』（平凡社、「中国の古典シリーズ」4）、前野直彬『山海経・列仙伝』（集英社、「全釈漢文大系」33）、尾崎正治・平

木康平・大杉徹『抱朴子列仙伝』（角川書店、「鑑賞中国の古典」）、カルタン・マルク『列仙伝』亀田勝見「『神仙伝』再検討のために――諸本における仙伝の配列から見て――」（『中国思想史研究』、第一九号、一五五頁）等参照。

（2）道蔵、第一三八、『列仙伝』、巻二、第三。

（3）道蔵、第一三七、『広黄帝本行記』。本論第一篇の黄帝問篇の章参照。

（4）道蔵、第三二九、『仙苑編珠』、巻上、第六。

（5）道蔵、第一三八、『続仙伝』、巻上、第一〇。

（6）道蔵、第三二九、『仙苑編珠』、巻上、第一三〇。

（7）道蔵、第九九二、『三洞群仙録』、巻三、第一六。

（8）道蔵、第九九二、同右、巻四、第一四。

（9）山田利明「太平広記神仙類巻第配列の一考察」（『東方宗教』、第四三号）にも、桓闓の記録がある。

（10）道蔵、第七八〇、『三洞珠嚢』、巻八、第四。

（11）福井前掲書、第二〇三頁。『神仙伝』の葛洪以外の別系統の一本の存在については、中鉢雅量『中国小説史研究』（二七頁）参照。

（12）道蔵、第三二九、『仙苑編珠』、巻上、第五。

（13）道蔵、第七八〇、『三洞珠嚢』、巻一、第一二。

（14）道蔵、第一〇〇三、『正一法文修真旨要』、第五。

（15）道蔵、第九九二、『三洞群仙録』、巻三、第一三。

（16）道蔵、第七八〇、『三洞珠嚢』、巻一、第六。

（17）道蔵、第七八二、同右、巻八、第五。

（18）道蔵、『三洞群仙録』、巻四、第一四。

（19）福井前掲書、一七五頁。

(20)　本論第一篇の九仙篇及び天真皇人の章参照。また、葉法善については、丁煌「葉法善在道教史上地位之探討」(国立成功大学歴史系『歴史学報』、第一四)参照。黄公偉『道教与修道秘儀指要』(五四〇頁)に、唐葉法善の「上清隠書骨髄霊文」の検討がある。

(21)　道蔵、第九九二、『三洞群仙録』、巻一〇、第九。

第三節『集仙伝』と晁迥について

一

『類説』六十巻は、南宋紹興六年（一一三六）に完成しており、『集（神）仙伝』は、後にも示すように、紹興二十一年（一一五一）の成立ということが、曾慥自身の序文によって明らかである。曾慥のこの二部の著述以外の書の撰述時代は不明である。曾慥が、晩年、養生思想に心を引かれたというのは、紹興辛未の年（一一五一）に撰述された『集仙伝』の序文が、後に触れる『説郛』巻四十三に収載されていて、

劉向有列仙伝、葛洪有神仙伝、沈汾有続仙伝。予晩学養生、潜心至道。因采前輩所録神仙事迹、并所聞見、編集成書。皆有証拠。不敢増損。名曰集仙伝。

とあるのに基づくのである。

以上の二書は、『類説』については、五十巻とか六十巻とか五十六巻とか記録されてきているし、『集仙伝』については、元の馬端臨の『文献通考』経籍考においては、十二巻とするけれども、今日、『説郛』にその一部を残すだけ、となっている。曾慥の撰述書の中でも、撰述時期の不明な文献としては、『高斎漫録』や『楽府雅詞』若干巻の外に、

道蔵には『道枢』四十二巻がある。ただ、『道枢』については、やはり、曾慥が、「晩学養生、潜心至道。」と告白しているところから、彼晩年の撰述といえるであろう。『道枢』は、道教の諸文献の節録を収めているもので、上述のように、すでに亡佚した貴重な文献もそこに見出すことができるし、曾慥が特に関心を寄せている鍾離権や呂洞賓の内丹理論を見ることができる。

さて、『類説』については、本篇第一章で詳述した。更に今、それを先学の語をもって示すならば、袁行霈等は、

類説六十巻　存

（宋）曾慥編

『郡斎読書志』・『直斎書録解題』・『文献通考』均入子部小説家類、衢本『郡斎読書志』作五十六巻、袁本『郡斎読書志』題作『類記』六十巻。『宋史芸文志』入子類雑事類、作五十巻。『四庫全書総目』入子部雑家類。

明天啓丙寅六年岳鍾秀刊本　一九五六年古籍刊行社影印明天一閣刻本

『郡斎読書志』曰、「皇朝曾慥編。其序云、閑居銀峰、因集百家小説纂集成書、可以資治体、助名教、供談笑、広聞見。」『直斎書録解題』曰、「太府卿温陵曾慥端伯撰。所編伝記・小説、古今凡二百六十余種。」『四庫全書総目』曰、「慥字端伯、晋江人、官至尚書郎、直宝文閣。奉祠家居、著述甚富、此乃其僑寓銀峰時所作、成于紹興六年、取自漢以来百家小説、采撰事実、編纂成書。其二十五巻以前為前集、二十六巻以后為后集。」

と総括している。(1)しかし、なおこの外に、清の瞿鏞撰『鉄琴銅剣楼蔵書目録』巻十六雑家類には、

類説一巻宋刊残本

原本不分巻数。惟存仇池筆記・隠斎閒覧・東軒雑録三種、書名用大字、本文双行細字。板刻甚精、毎半葉十行、行十六字。旧為汲古蔵本巻首有毛晋朱記。

重校類説五十巻旧鈔本

宋曾慥編并序。凡纂録説部、自穆天子伝、至酒譜、二百六十一種。原書今有不伝者、猶得存其略。書成於紹興六年、刊於庚申、重刊於宝慶甲戌、有葉時序。明人刊本、多所刪節、此猶存宝慶本之旧云。旧蔵太倉王氏巻首有弇山堂蔵書朱記。

と記されている。

右の文の中に、「自穆天子伝、至酒譜、」二百六十一種。」とあることからも判るように、曾慥の関心の対象の幅の広さを示す文献が『類説』である。今日では、厳一萍の『校訂類説』が大いに参考になるが、そこには、『酒譜』の後に、更に、十種の文献の節録が加えられている。その上に、付録として、『鉄琴銅剣楼蔵書目録』の宋刊残本『類説』の解説にも見える『仇池筆記』（蘇東坡撰）や『隠斎閑覧』（陳正敏撰）や『東軒雑録』（臨渓魏泰撰）が入っている。

その『類説』の巻三には、

列仙伝　　劉向撰
神仙伝　　葛洪撰
続仙伝　　沈汾撰
王氏神仙伝　杜光庭撰
高道伝　　賈善翔撰

の五種の仙伝の節録が収められている。これらの中で、前の二つ、すなわち、『列仙伝』と『神仙伝』とについては、すでに検討を加えた。従って、本稿では、『続仙伝』『王氏神仙伝』『高道伝』について論ずべきではあるが、『王氏神仙伝』と『高道伝』については、厳一萍を除いて、曾慥との関係において全面的に考察を加えたものはないようである[2]。そこで、曾慥を中心に据えた研究を、『続仙伝』等をも含めて、今後の課題としておきたい。

ここでは、仙伝とはいえ、『類説』に収載されていないのは当然であるが、曾慥自身の編集する『集仙伝』を検討する。そして、その『集仙伝』に記載された仙人のうち、宋の晁迥（謚は文元）の著述作品が、曾慥の『道枢』巻三に記載されているので、晁迥についても、若干の卑見を述べてみたい。

二

宋の陳振孫の『直斎書録解題』巻十二には、

集仙伝　十二巻

曾慥撰。自岑道願而下一百六十二人。

と記されている。また、『四庫全書総目提要』、巻一百四十七、子部、道家類存目は、次のようにいう。

【集仙伝十五巻】江蘇巡撫採進本

不著撰人名氏。書録解題載集仙伝十二巻、曾慥撰。称其書記岑道願而下一百六十二人。今説郛所載、雖非完本、然与此書体例迥殊、知非慥作。焦竑国史経籍志載集仙伝十巻、亦不著撰人名氏。竑書鈔本刊本、皆多譌誤、豈十字下脱一五字歟。此書所載皆唐事、毎条各註出典、如太平広記之例、以広記核之、無不符合。蓋即好事者従広記鈔出耳。

この記述に基づいて、昌彼得は次のような解説を加えている。

集仙伝　十三巻

宋曾慥撰。慥字端伯、号至游子、晋江人、官至尚書郎直宝文閣、奉祠家居。按是書直斎書録解題・通考著録十二巻、陳氏云「曾慥撰、自岑道願而下一百六十二人」、与此本合。惟二者巻数異、不詳孰是。全書自明以来不伝。四庫存目著録有無撰人集仙伝十五巻、其書乃抄撮太平広記成編、所記者皆唐事、蓋別一書、非慥所著。焦竑国史経籍志載集仙伝十巻、亦不著撰人、当亦四庫存目著録之書。此本僅録唐五代岑道願等十六人、与宋代陳摶等一四六人之名氏・里籍及簡歴。前有紹興辛未自序云、「予晩学養生、潜心至道、因采前輩所録神仙事迹、並所聞見、編集成書、皆有証拠、不敢増損、名曰集仙伝」云云、重編説郛本載巻五十八、復自此節本刪削張士遜・王鼎・仵道人・栄陽、及篇末韓仙姑以下二十人、実載百三十八人。(3)

以上を要するに、『集仙伝』には、十二巻或は十三巻の曾慥の撰述したものと、曾慥には関係がない『四庫全書総目提要』存目の十五巻本『集仙伝』の二種があることになる。しかし、『歴世真仙体道通鑑』の序に、「宋朝王太初集仙者九百人、為集仙伝。」と記されているので同名の仙伝は幾つかあることになる。(4)

かくしてまた、先学はいう、

曾慥撰述甚富、明伯玉翁類説題記曰、

至淑子有道枢四十二巻、凡一百二十二篇、余得於道蔵中、亦伝録之。尚有集仙伝十二巻、自岑道願而下凡一百六十二人、詩選五十七巻、自冠莱公而下凡二百余家、楽府雅詞十二巻、拾遺二巻、凡三十四家、未得伝録。

清秦恩復楽府雅詞跋曰、

有類説六十巻、道枢二十巻、集仙伝十二巻、宋百家詩選一百巻、楽府雅詞三巻、拾遺二巻。存於今者、惟類説及雅詞而已。

昌彼得先生謂慥「所纂著除秦氏所挙者外、尚有高斎漫録二巻、至遊子二巻。今存於世者、有類説・楽府雅詞・至遊子・道枢四種。余如集仙伝、存有陶宗儀説郛節本、高斎漫録則有四庫館臣拠永楽大典輯本一巻、尚伝於世。」

見国立中央図書館刊新一巻第二期善本書志類説案集仙伝尚存於道蔵所収元浮雲山道士趙道一輯「歴世真仙体道通鑑」中。余嘗拠説郛所載一百六十二人之里貫、加以覈対輯録、共得五十八人、逾原書三分之一。

と。(5)

ところで、上で少しく触れた『歴世真仙体道通鑑』序には、

白海瓊先生曰、晋抱樸子作神仙伝、所紀千有余人。劉綱法師復綴一千六百、為続仙伝。宋朝王太初集仙者九百人、為集仙伝。宣和（一一一九－一一二五）間、考古校今、述所得仙者五万人。謂之仙史盛無哉。(6)

とある。ここにいう『集仙伝』はどのようなものであるのであろうか。『続仙伝』は、唐宋五代頃にかけての沈汾の撰とされるものが有名であるが、曾慥より二年後の人物陳葆光の『三洞群仙録』（一一五四年撰）に引く『集仙伝』を含めて、仙伝の綜合的研究が必要である。今は、曾慥の『集仙伝』に焦点を置いて検討をすすめることとする。『説郛』に収録されている『集仙伝』は『説郛』一百巻（商務印書館本）の巻四十三と『説郛』一百二十弓（宛委山堂本）の弓五十八とである。前者には、仙人の名前が一百六十二人が挙げられており、後者には、一百三十八人の名前がある。両者の仙人の数には、三十人近い差があり、仙人の配列の順にも相異がある。しかも、前者すなわち一百巻本の中には、曾慥こと至游子の文章が二条入っている。すなわち、第十六番目の張四郎の後で陳摶の前である。そこには、

至游子曰、自唐至五代、成道之士、僅得十有六人。独純陽子呂公、顕力広大。

とある。更に、次の一条は、最後の房州道人の後である。すなわちそれは、

至游子曰、予作集仙伝、凡一百四十有四人。不知姓者十有六人。幾成而敗者亦書之、以示前輩之戒。

というものである。この文に拠る限り、一百巻本の仙人の数がそれに匹敵していることになる。しかしながら、これ

だけをもって、曾慥の『集仙伝』が往時の形そのままに、今日に伝えられている、と速断することはできないようである。

曾慥がもし、紹興二十五年（一一五五）に卒したという『建炎以来繫年要録』一百六十八巻の記事を信ずるならば、ほぼ百年後の南宋の咸淳年間（一二六五－一二七四）に、四明（浙江寧波）に住していた志盤が撰述した『仏祖統紀』に、『集仙伝』の逸文がある。『仏祖統紀』は、その巻一の冒頭において、この書を撰述するのに当って利用した参考文献の目録を挙げている。それは、釈門や儒宗や道門などの諸分野にわたっているが、その中に、

道門諸書

老子　列子　荘子　老子内伝　老君実録　玄妙内篇　漢武内伝　洞冥記　十州記　雲笈七籤　天師家伝　劉向列仙伝　葛洪神仙伝　続仙伝　集仙伝　仙苑遺事　皇甫高士伝　真誥　悟真篇　林霊素伝(7)。

がある。志盤は、全ての書籍の原文に当って引用したのではなく、中にはいわゆる孫引きの文献もあるようではあるが、とにかく、そこに『集仙伝』の名が挙げられることが、まず、注意される。ところで、上述のように、『集仙伝』とはいっても、必ずしも、曾慥の撰したものかどうか疑問の残るところである。しかしながら、『仏祖統紀』の巻第四十二には、明らかに、「曾慥作集仙伝」の語が見出されるのである。それはすなわち、宋の建国の七年ほど前の、後周の世宗顕徳三年（九五六）の記事に関連するものである。そこには、

三年。帝召華山隠士陳摶、問以飛升黄白之術。対曰、天子以治安天下為務。安用此為。乃遣還山。詔州県常存問。四年七月。金陵清涼文益禅師示寂。江南唐後主持師礼、及終謚大法眼学者。号法眼宗見羅漢診師清源九世。○隠士譚景升居終南山。与陳摶為之友。著化書百十篇。窮括化原、久之仙去。嘗遊三茅山、至建業、見宋斉丘、謂其有仙脱道骨、出書示之。属為序於伝世。斉丘乃竊以自名。然未嘗悟道蘊也。斉丘相後唐二世

述曰、曾慥作集仙伝言、陳希夷称其友。譚景升作化書。又云斉丘、窃取以為名。世人不能知其妄。此殆与向秀注荘子、郭象竊之以自名。二事蓋相類。不幾於盗乎。(8)

と記されている。

右の『仏祖統紀』に引用されている曾慥の『集仙伝』の文は、今日伝えられている『集仙伝』のどこにも見出すことができないようである。志盤の勘違いでないとするならば、上掲の商務印書館百巻本に収められている『集仙伝』は、極めて省略されている記述といわざるを得ないし、それだけに『仏祖統紀』巻百四十二の曾慥の『集仙伝』の文の価値は、非常に高いものとなる。

次にまず、『集仙伝』の佚文について、『説郛』一百巻本の巻四十三の文をA本のものとし、『説郛』一百二十巻本の巻五十九に載録されている文をB本のものとして、両者を対比してみよう。

A本

集仙伝十三巻[1]　　宋　曾慥

道家者流、学黄老神仙之術。錬形成気、錬気成神。及臻厥成[2]、形神倶妙。遙興軽挙、浮游[3]蓬莱。変化超忽、将与山石無極[4]。其次、坐脱立亡。有所謂尸解者[5]。按真誥云、人死必視其形、足不青、皮不皺、目光不毀、無異生人、毛髪尽脱。但[6]失形骨者、皆尸解也。又云、尸解之仙、但不得御華蓋、乗飛龍[7]、登太極、

B本

1 十三巻の三字なし。

2 厥成の成字なし。　3 游は遊に作る。

4 極は及に作る。　5 者の字なし。

6 但は倶に作る。

7 竜は雲に作る。

遊九宮。其中有火解者、又有水解者。[8]要之、一性常[9]存、周遊自在。有道之士、[10]宿植根本、積行累功、[11]乃能飛昇。是以、三千行満、独歩雲帰。茲語信而有証。或者、[12]修心錬性、[13]自日益至于[14]日損、自有為至于無為、功[15]成丹就、住世成仙。故[16]自有次第。又或、[17]親遇至人、餌丹薬、得要訣、不仮修為、一超[18]直入神仙[19]之地、[20]繫于縁分如何耳。劉向有列仙伝、葛洪有神仙伝、沈汾[21]有続仙伝。予[22]晩学養生、潜心至道。因采前輩所録神仙事迹、并所聞見、編集成書。皆有証拠、不敢増損。名曰、集[23]仙伝。異代事得于碑碣者、姑以其世冠于巻首。其言[24]不可考者、次之。有[25]著見于本朝者、又次之。至于亡其姓名者、皆付之巻末。中有長生久視之道、普勧用[26]功、同証道果。浮生泡[27]幻、光景如流。生老病死、百[28]苦随之。事在勉強而已。覧者詳焉。紹興[29]辛未、至游子曾慥[30]。

岑道願、江陵人也。隋末已百余歳。

翟法言字乾祐、夔州雲安人也。唐天宝十四載、年四十一矣。

8又有水解者の五字なし。　9性は姓に作る。

10之の字なし。　11功は行に作る。

12者の字なし。　13性は往に作る。　14于は於に作る（以下同じ）。　15功の字なし。　16故は固に作る。

17或は云に作る。　18超は起に作る。　19神仙は蓬莱に作る。　20地の字の下に則の字あり。

21汾は份に作る。　22予は子に作る。

23集の字の下に神の字あり。

24言は年に作る。

25有は其に作る。

26用功は功周に作る。

27泡幻の二字なし。

28百の字なし。

29興は典に作る。　30慥の字の下に述の字あり。

（以下原文のみを示す）

岑道願、江陵人也。隋末已百余歳。

翟法言字乾佑、夔州雲安人也。唐天宝十四載、年四十一

王昌遇梓州人也。大中十三年成道。
揚雲外字慕仙、徐州人也。唐大中末抵万州。
楽子長、海陵人也。梁開平中昇仙。
爾朱洞字通微、不知何許人也。唐懿宗朝学道。
鍾離権字雲房、不知何許人也。唐末入終南山。
呂岩字洞賓、唐礼部侍郎渭之後、唐末挙進士不第。
施肩吾字希聖、九江人也。授真筌于洞賓。
張鼇、不知何許人也。唐末得道。
応靖、不知何許人也。唐僖宗時、為登封令。
屈突無為字無不為。世不知其牒。但云、五代時得道。
賀元、不知何許人。仕五代時、至晋為水部。
馬自然、不知何許人也。
黄損、不知何許人也。五代時、仕南漢、為尚書僕射。
張四郎、眉州人也。
　至游子曰、自唐至五代、成道之士、僅得十有六人。
　独純陽子呂公、顕力広大。
陳摶字図南、譙郡人也。唐長興中、挙進士不第。
郭忠恕字恕先、以字行、不知何許人也。漢湘陰公辟

矣。
王昌遇、梓州人也。大中十三年成道。
楊雲外字慕仙、徐州人也。唐大中末、抵万洲。
爾朱洞字通微、不知何許人也。唐懿宗朝学道。
鍾離権字雲、不知何許人也。唐末入終南山。
呂嵒字洞賓、又字希聖、九江人也。曾授真籙於正陽子。
応請、不知何許人。唐僖宗時、為封令。
屈突無為字無不為。世不知其牒。但云、五代時得道人。
張鼇、不知何許人也。唐末得道。
賀元、不知何許人。仕五代時、至晋為水部。
馬自然、不知何許人也。
張四郎、眉州人也。
黄損、不知何許人也。五代時、仕南漢為尚書僕射。
陳摶字図南、譙郡人也。唐長興中、挙進士不第。
郭忠恕字以先、不知何許人也。漢湘陰公辟以事。
王昭素、酸棗人也。開宝二年、召至講易。
趙霊運、不知何許人也。雍熙中、為睦州令。
穆苦拙、莫詳其牒。端拱中、為洛州肥郷令。

従事。
王昭素、酸棗人也。開宝二年、召至講易。
趙霊運、不知何許人也。雍熙中、為睦州令。
穆若拙、莫詳其里牒。端拱中、為洛州肥郷令。
張無夢字霊隠、鳳翔盩厔人也、真宗召見。
楊谷字虚白、太室山人也。真宗召之。
陳挙、蘇州人也。朝廷召至。
木生、奉天人也。
藍方字道元、亳州人也。仁宗召至。
劉聘字中明、澶州人。仁宗時。
張士遜字之順、光化人。
晁迥字明達、澶州人。仁宗時、以太子少傅帰老。
石延年字曼卿、其先幽州人。
劉凡字百寿、開封尹曄之子。
雷応本馮翊人。全家学仙。
鮮于先生、蜀州人也。嘗為司戸参軍。
劉誼字宜翁、湘州人也。少登進士科、官二千石。
王安国字平甫、臨川人也。神宗時入崇文館。

張元夢字霊隠、鳳翔盩厔人也。真宗召見。
楊谷字虚白、太室山人也。真宗召之。
藍方字道元、亳州人也。仁宗召至。
劉昉字中明、酸棗人也。
晁迥字明達、澶州人。仁宗時、以太子少保帰老。
劉凡字伯寿、開封尹曄之子。
雷応本、馮翊人。家全州。
鮮子先生、蜀州人也。嘗為司戸参軍。
劉誼字宣翁、湖州人也。少登進士科官至二千石。
王安国字平甫、臨川人也。神宗時、入崇文舘。
趙筆師、不知何所人也。
高存、不知何許人也。政和初、監泰州酒務。
石延年字曼卿、其先幽州人。
張大夫、魏州人也。亡其名、官至押班。
周従、泗州鼎族也。
馬宣悳、不知何許人。仕至宣伝悳郎。
田端彦、斉魯間人也。崇寧中、僉事荊南節度府。
傅霖林、青州人也。

高存、不知何許人也。政和初、監泰州酒務。
張大夫、魏州人也。忘其名。官至横班。
周従、泗周鼎族也。
馬宣徳、不知何許人也。仕至宣徳郎。
田端彦、斉魯間人也。崇寧中、僉書荊南節度府。
傅霖、青州人也。
劉希岳字秀峯、潼川人也。端拱中、為道士。
王江、考城人也。
李昊、剣州人也。
趙吉、代州人也。
張用成字平叔、天台人也。一名伯端。熙寧二年、遇異人。
水丘子、真州人也。
劉亦功、浜州人也。徽宗三召之不応。
劉生、穎州人也。
段穀、不知何許人也。
張継先、信州貴渓人。漢天師道陵三十代孫也。
武抱一、建康人也。

劉希岳字秀峰、漳川人也。端拱中為道士。
王江、考城人也。
趙吉、泰州人也。
張用成字叔、天台州人也。一名百端。熙寧二年、遇異人。
劉卞功、浜州人也。徽宗三召之不応。
劉生、棣州人也。
張継先、信州貴渓人。天師道陵三十代孫也。
武抱一、逮人也。
徐問真、濰州人也。
袁元、不知何所人也。
徐忍公、不知何許人。少為京都徐氏携養。
孫希齢、不知其里居。亦莫詳何代人。
李鑒、天下不知何人。太平興国初、来遊蓬州。
陳太初、眉川道人子也。蘇軾方八歳、与先生同学。
徐守信、海陵人也。人称為神翁、徽宗召之。
劉元真字子真、華原人也。
劉益、京兆藍田人也。徽宗召之。
景知常、鄧州人也。太宗時、従趙秥襖至闕下。

索子廉、衡山農夫也。
徐問真、濰州人也。
施無疾、不知何許人也。
袁亢、不知何許人也。
王鼎、襄陽人也。
徐忍公、不知始何許人。少為成都徐氏攜養。
孫希齢、不知其里居。亦莫詳何代人。
李鑒、天不知何許人。太平興国初、来遊蓬池。
陳太初、眉州市道人子也。蘇軾方八歳、与先生同学。
徐守信、海陵人也。人称為神翁。徽宗召之。
劉元真字子直、華原人也。
劉益京兆、藍田人也。徽宗召之。
景知常、鄧州人也。太宗時、従趙氈襖至轂下。
姚道真、合州人也。
張開光、中江人也。
楊杘、栄徳人也。
趙農、夏州人也。
塗定辞、蓬州人也。

姚道真、合州人也。
楊屒、栄悳人也。
塗辞、蓬州人也。
王鶴、不知何許人也。
趙筆師、不知何所人也。
張子完字無実、邵武人也。
趙元精、良山人也。
張先生、黄州人也。
張明永、静軍人也。
田三礼、不知何許人也。元豊中、教授洺州。
王老志、濮州人。徽宗召至。
陳舉、蘇州人也。
張士遜字順之、光化人。
率子廉、衡山農夫也。
木生、奉天人也。
水丘、真州人也。
叚穀、不知何所人也。
学昊、劒州人也。

李世寧字安道、蓬州人。
王鶴、不知何許人也。
張潤子、不知何許人也。
趙筆師、不知何許人也。
張風子、不知何許人也。
張子充字元実、邵武人。
趙元精、良山人也。
王山人、不知自何許来遊東都。
張先生、黄州人也。
晋道成、東平人也。
張明永、静軍人也。
趙先生、趙州人也。
田三礼、不知何許人也。元豊中、教授洺州。
王老志、濮州吏也。徽宗召至。
崔知吉、舒州霊仙観道士。
李五郎、汝州密人也。
馮五郎、永康青城人也。
賨道人、山東人也。

施無疾、不知何所人也。
王山人、不知何所来遊于東都。
李士寧字安道、蓬州人也。
張閏、不知何所人也。
張風子、不知何所人也。
張開光、中江人也。
越崔、夏州人也。
賨道士、山東人也。
梁公、趙州人也。
黄道覚、蓬州蕘牧童也。
晋道成、東平人也。
崔知古、舒州霊仙観道士。
李五郎、汝州密人也。
馮五郎、永康青城人也。
皇甫先生、唐州人也。
王先生、隠王屋山、常衣紙襖。人呼王紙襖。
房先生、不知始何許人。延安房氏養為子。
祝太伯、不知何所人。嘗為傭於信州貴渓。

梁公、趙州人也。
皇甫先生、唐州人也。
黄道覚、蓬州蕘牧童也。
王先生、隠王屋山。常衣紙襖、人呼王紙襖。
房先生、不知始何許人。延安房氏養為子。
祝太伯、不知何許人。嘗為傭于信州貴渓。
褚先生、不知何許人。嘗遊東都。
張先生、池州人也。
孫売魚、楚州人也。徽廟解衣衣之。
井柳、華州蒲城人也。
牛道師、不知自何許来。
趙道翁、蜀人也。
呂道者、鳳翔宝鶏人也。
呂大郎、大名成安人也。
周貫、不知始何許人也。治平熙寧間、往来南昌郡。
張世寧、太原人也。
潘谷、伊洛間墨師也。
董隠子、宿州人也。

褚先生、不知何所人。嘗遊東都。
張先生、池州人也。
孫売魚、楚州人也。徽廟解衣衣之。
焦覚、洛州人也。
趙道翁、蜀人也。
呉大郎、大名成安人也。
周貫、不知始何許人也。台平熙寧間、往来南昌郡。
潘谷、伊洛間人也。
劉野人、青州人也。
魏二翁、濮雷沢世農也。徽宗召至。
郝老[?]児、鄭州人也。
趙先生、趙州人也。
井柳、華州蒲城人也。
牛道士、不知何許人。
呂道者、鳳翔保鶏人也。
王帽師、居陪陵。
羅晏子少明、浪州人也。
袁処人、夔州雲安人也。

劉野人、青州人也。
王鞢師、思州人也。
魏二翁、濮州雷沢世農也。徽宗召至。
郝老児、鄭州人也。
王帽師、居涪陵。
郭竹師、汾州人也。
仵道人、綏徳人也。
羅晏字少明、閬州人也。
栄陽、東平人也。徽廟訪以所学不対。
曾志静、廬陵人也。
袁処仁、夔州雲安人也。
趙麻衣、不知何許人。唐禧宗時、道者避于終南山。
劉信、襄邑兵也。
孟徳、神勇軍之退卒也。
魏守清、鳳翔伝逓卒也。
朱有、荊州人也。少竄名伍符。
靳青、絳州伝置卒也。
杜摸鼇、冀州人也。

張世寧、太原人也。
董隠、宿州人也。
郭竹師、汾州人也。
曾志静、廬陵人也。
趙麻衣、不知何所人。唐僖宗時、道者避於終南山。
王履順、思州人也。
劉信、邑兵也。
魏守清、鳳翔逊卒也。
朱有、経州人也。少竄名五符。
杜模鼇、冀州人也。
石道人、斉州人也。坐法而黜。
覃道翁、開州鈐下卒也。
所清、絳州伝置卒也。
王吉、単州老兵也。
王友、秦中人也。嘗従軍。
覃道人、与覃道翁、倶隷州五符中人。
朱慶、開封人也。少隷尺籍。
袁青、潁州兵卒也。

石道人、斉人也。坐法而黥。
王吉、単州老兵也。
覃道翁、開州鈐下卒也。
王友、泰州人也。嘗従軍。
賈道人、与覃道翁倶隷開州伍符中。
来慶、開封人也。少隷尺籍。
袁清、隷州伍卒也。
何仙姑、零陵市道女也。
于仙姑、鳳翔人也、徽宗召至。
向端字東叔、文簡公之後。従仙姑学道。
何氏二女、秣陵人也。
張仙姑、南陽人也。
鄭仙姑、徽州人也。
徐道生、山陽軍婦也。
張姥、王氏獲也。
寇姫、晋寧人也。
劉妍、代州妓也。
侯道姑、兗州妓也。

孟徳、神勇軍之退卒也。
何仙姑、零市道女也。
于仙姑、鳳翔人也。徽宗召至。
向湍宇東叔。文簡公之後。以仙姑学道。
何氏二女、秣陵人也。
鄭仙姑、徽州人也。
張姥、王氏獲也。
劉妍、代州嫗也。
張仙姑、南陽人也。
徐道生、山陽軍婦也。
冠嫗、晋寧人也。
侯道姑、究州妓也。
韓仙姑以下なし。

韓仙姑、不知何許人也。往来成都道上。
華山老媼。　莫州女。
玉局異人。　紙炉道人。
隆和隠子。　泗浜丐人。
油桐子。　模著較。
長安傭者。　管城道人。
羅浮仙子。　茅山異人。
薬市道人。　方城高士。
河清丐人。　金山道人。
南岳棋仙。　南安異人。
房州道人

至游子曰、与作集仙伝凡一百四十有四人。不知姓名者十有六人。幾成而敗者亦書之、以示前輩之戒。

三

前章に示した『集仙伝』の一人一人について検討を加えることが要求されるのではあるが、当面は、晁迥一人を研究の対象とする。晁迥について、曾慥の『集仙伝』は、上記のように、非常に簡単に、

晁迥字明達、澶州人。仁宗時、以太子少傅帰老。

とだけ記している。曾慥の『集仙伝』の文は、本来は、単にこれだけではなかった、と考えられるが、今日では、上記の簡単な記録が残されているだけである。

晁迥の伝は、『宋史』巻三百五、列伝第六十四にあって、次のように記録されている。

晁迥字明遠、世為澶州清豊人、自其父佺、始徙家彭門。迥挙進士、為大理評事、歴知岳州録事参軍、改将作監丞、稍遷殿中丞。坐失入囚死罪、奪二官。復将作丞、監徐・婺二州税、遷太常丞。真宗即位、用宰相呂端・参知政事李沆薦、擢右正言・直史館。献『咸平新書』五十篇、又献『理枢』一篇。召試、除右司諫・知制誥、判尚書刑部。

……

仁宗即位、遷礼部尚書。居台六年、累章請老、以太子少保致仕、給全奉、歳時賜賚如学士。天聖中、迥年八十一、召宴太清楼、免舞踏。……既而献『斧扆』『慎刑箴』『大順』『審刑』『無尽灯頌』凡五篇。及感疾、絶人事、屏医薬、具冠服而卒、年八十四。罷朝一日、贈太子太保、諡文元。

迥善吐納養生之術、通釈老書、以経伝傅致、為一家之説。性楽易寛簡、服道履正、雖貴勢無所屈、歴官臨事、未嘗挾情害物。真宗数称其好学長者。楊億嘗謂迥所作書命無過褒、得代言之体。喜質正経史疑義、摽括字類。有以術命語迥、迥曰、「自然之分、天命也。楽天不憂、知命也。推理安常、委命也。何必逆計未然乎。」所著『翰林集』三十巻、『道院集』十五巻、『法蔵砕金録』十巻、『耆智余書』・『随因紀述』・『昭徳新編』各三巻。子宗慤。

晁迥が撰述した書物については、本伝においては、上記のように多くの数に達している。宋の陳振孫の『直斎書録解題』（徐小蛮・顧美華点校）では、次のようになっている。(9)

三朝国史、一百五十巻。

景徳四年、詔王欽若・陳尭佐・晁迥・楊億等修太祖・太宗正史、王旦監修。祥符九年書成、凡為紀六・志五十五・列伝五十九・目録一、共百一十巻。天聖四年、呂夷簡・夏竦・陳尭佐修真宗正史、王曾提挙、八年上之。増紀為十、志為六十、伝為八十。（巻四）

別書金坡遺事、一巻。

学士澶淵晁迥昭遠撰。因銭惟演寄示遺事、別書真宗侍遇恩礼三則於後。案「別書」以下原本闕、今抛文献通攷補八（巻六）。

耄智余書、三巻。

太子少保致仕澶淵晁迥徳遠撰。迥善養生、兼通釈・老書、年至八十四、子孫多聞人。（巻十）

昭徳新編、一巻

晁迥撰。「昭徳」者、京師居第坊名也。晁氏子孫皆以為称。（巻十）

法蔵砕金、十巻

太子少傅晁迥撰。（巻十二）

道院集要、三巻

戸部尚書三槐王右敏仲撰※。以晁迥法蔵砕金・耄智余書・刪重集粋、別為此編。

※盧校本「戸部尚書三槐王右敏仲撰」為「王古撰」。校注曰、通攷同。古官氏已見目録類。（巻十二）

これによれば、晁迥の本伝に記されている『道院集要』十五巻は、実は、『法蔵砕金（録）』と『耄智余書』の集粋ということになるようである。宋の尤袤の『遂初堂書目』の釈家類に、『法蔵砕金録』『晁文元耄智余書』『道院集要』の外に、『裴休問源禅師承襲図』など、晁迥の撰述した文献にその名が見出される裴休や『金剛経』『華厳経』『楞厳経』『円覚経』などの名称が多く記されている。また、『説郛』一百巻本の巻二十九に『昭徳新編』が九条あり、同じく『説郛』一百二十弓本の弓三十六に『法蔵砕金録』十八条が収載されている。[10]『説郛』収録の『昭徳新編』と『法蔵砕金録』の原文は、ここでは省略する。

晁迥については、早く、先学が『法蔵砕金録』を中心として、次のような見解を発表している。いささか長文ではあるが、貴重な一文であるので、次に示す。

法蔵砕金録

本書の著者晁迥字は明遠は、北宋の太宗皇帝太平興国五年（九八〇年）の進士より累官し太子少傅に至り、仁宗皇帝天聖の初年（天聖元年は一〇二三年）八十四を以て没す。（八十四歳説は宋史の説なるが、砕金録に、天聖六年七十八歳とあれば、仁宗の景祐元年に没したることとなる）文元と賜謚す。少にして学を王禹偁に受け、文詞に長じ、制作に与る。又遼の道士劉海蟾（劉海蟾の事については拙著道教概説八〇頁を見よ）に従ふて道教養生の術を聞き、旦釈典に通ず。人となり楽易寛簡、其の著には翰林集三十巻、道院集要三巻（道院別集の精選）、道院別集十五巻、法蔵砕金録十巻、昭徳新編三巻（別名迦談）、理枢一巻の数種あるが、四庫に著録せられ且自分が親しく閲読したるものは、昭徳新編三巻（総目一一七）、法蔵砕金録十巻、道院集要三巻（二種総目一四五）にして他の書の存佚は明かならず。なほ此の三書につき、唯法蔵砕金録十巻のみは、たま〳〵架上にあるから、之を標出して晁迥の思想を述べようと思ふ。他の二書も之と大同小異なれば、一斑を卜するに足る。（内閣の同本は板本なるが、自分のは写本で、魯魚の誤も多いやうである）

晁迥は仏教に於て宝積経、円覚経、楞厳経、楞伽経、維摩経、華厳経等を引證して、儒道両家の説を融合す。[11]

この文は、更に続けて、晁氏一族のことについて述べる。すなわち、晁迥の子孫には、晁説之や晁詠之、更には、

『郡斎読書志』の晁公武（字子止、号昭徳先生）などがおり、優秀な一族であったことが判る。『説郛』（一百二十号本）に「晁氏客語 晁迥」とあるが、『直斎書録解題』巻十のように晁説之とするのが正しい。

なお、程毅中主編『宋人詩話外編』（上）に、『法蔵砕金録』を載せていう、

晁迥（九四八－一〇三二）、字明遠、世為清豊（今河北清豊）人、后徙彭門（今四川彭山地区）。太平興国時挙進士、為大理評事、累官工部尚書、集賢院学士、屢請老、以太子少保致仕。謚文元。《宋史》巻二十九有伝。《法蔵砕金録》十巻、皆融会仏理、随筆記載、多論白居易之詩。此据《四庫全書》文淵閣本選録

と。[12]そして、その文に続いて、『法蔵砕金録』の中から、白楽天を中心として、詩人や隠者や禅者及び正史・史伝・詩集・釈典・詩偈など八十二条を記録している。

四

曾慥の『道枢』については、すでに検討を加えてきたが、宋代の『崇文総目』巻四に、『道枢』一巻を挙げているのは、特異な記録と考えられる。一方、同じ陳振孫の『直斎書録解題』の巻十二に、

道枢二十巻。

曾慥端伯撰。慥自号至游子、采諸家金丹・大薬・修練・般運之術、為百二十二篇。初無所発明、独黜采御之法、以為残生道云。

と見える。「初無所発明」という評価は、『道枢』の処々で自らの見解を示している曾慥には、酷な批判とも思えるが、

そのように評価されても致し方のない面もあるかもしれない。ただ彼が房中術を排除している立場は、葛洪以来、冦謙之が男女合気の術を排除したような、道教清整運動の伝統を受け継いでいるもの、といえよう。

『道枢』は、本節の冒頭に引用した一文で明らかなように、当時の道書を引くこと多く、早期の内丹説を含んだ唐宋道教の煉養術の小百科辞典のようなものである。明の道士白雲霽は、『道蔵目録詳註』巻四において、『道枢』四十二巻を四分割して、巻一から巻十二については、篤字号計十一巻として、

至游子曾慥集　玄軸篇五化篇
坐忘篇集要篇　倶言修真枢要。

とする。巻十二《ママ》から巻十四については、初字号計十二巻として、

指玄篇帰根篇呼吸篇心鏡篇胎息篇
聖胎篇元炁篇血脈篇、言性命双修。

という。巻二十五から巻三十三では、誠字号計九巻として、

日月篇玄枢篇太清篇養
生等篇、倶修養導引法。

となっている。最後の巻三十四から巻四十二については、美字号計九巻として、次のように記している。すなわち、

衆妙篇参同悟真等篇
并入薬鏡、言内外二用。

と。

右の白雲霽の論述によれば、『道枢』巻三に摘録されている集要篇と砕金篇については、集要篇についてのみ、「修

真の枢要を言う」ものとしている。砕金篇も、白雲霽は、ほぼ、同様に考えていた、と考えてよいであろう。『道枢』の集要篇は、篇名からも明らかなように、晁迥の『道院集要』に基づく節録である。そして『道枢』の砕金篇は、同じように、晁迥の『法蔵砕金録』からの摘録である。

次にその二篇を示すこととする。一応、番号を付けたのは、それに相当する『道院集要』と『法蔵砕金録』の原本の文章に対応する節録部分であることを示すためである。

道枢巻之三

至游子曾慥集

集要篇　古先至人、立言如林。以道博観、則鈎其深。(13)

1晁文元公曰、吾観夫浮世、其乃生老病死之郷歟、憂悲苦悩之窟歟。

2惟定明者、内覚其身心空、外覚其万物空。於是諸相既破、無可執無可争矣。

3諸有者夢幻也。

4夢中而人狎之。且曰、夢中摶必無傷也。豈非在夢知夢乎。吾嘗坐玉堂、見嚢人汲水。吾観空純熟、自無全人。観汲水者、惟一塊之空、自西而東。豈非在幻知幻乎。

5故曰、本無一物。随之視而起異端焉。

6学道者必先止念。念起則知之、如川之泄。簣土塞之、襄陵之勢可絶矣。如火之爇、杯水沃之、燎原之勢可滅矣。故不畏念起、惟畏覚之遅也。覚速止速、此其妙用者歟。

7吾嘗謂、心息相依、息調心静、念起即覚、覚之即無、此最道之権輿也。

8裴休曰、夫地水火風、仮合而聚散、非我見也。縁慮客塵虚妄乍起乍滅、非我心也。我有真身円満、空寂是也。

我有真心広大、霊和是也。万漚起而復破。然水之性、是嘗不存也。千灯明而有滅、然火之性、未嘗不在也。世亦知夫三象者乎。気動而清者、天之象也。心静而寧者、地之象也。知円而明者、日月之象也。三者和会則自然、見吾神霊之妙用矣。三象既明、而六審不可不知也。試嘗自審曰、妄念息乎、外縁簡乎、触諸境不動乎、黒白無差別乎、無夢不顛倒乎、方寸怡愉乎。於是可以測入道之深浅矣。吾嘗自警曰、了知起滅意決定生死根、不復随縁転。是名不動尊。夫未能無念即用観空。未能頓空即用対治。三策次第而用之。

9荘子坐忘、達磨壁観、始学者不能知也。而乃入于放曠、豈其旨哉。吾嘗端坐念実相、而見魔王加趺之像、且怖矣。況入道者、端坐不傾動者乎。

次に砕金篇を示す。

砕金篇　漆園之玄、竺乾之空、(14)均乎正心、与儒同功。

1晁文元公曰、教豈有異哉。吾嘗貫三道為一焉。

2夫儒家者流、以正身為要。切勿求其功、而功自成矣。竺乾氏以復性為要、切勿求其証、而証自知矣。

3吾始読南華之書、因斉物之理、而得一法。目之曰、逍遙大同観、而無一事可争。後読西方之書、因無我之理、又得一法。目之曰、平等大空観、而無一物可斉。由是知其深浅矣。

4施肩吾既聞道、而著三住銘曰、心常御気、気与神合。竺乾氏為円覚之説曰、心息相依、息調心浄、吾観其理殊同帰歟。

5天下有三楽。儒家者流曰、顔氏子箪瓢陋巷、不改其楽。道家者流曰、荘氏子栖遅一丘、天下不易其楽。竺乾氏曰、生滅滅已、寂滅為楽。三者自外及内、由浅至深者也。

6幻意諸病、吾以理攻之可也。已往吾勿追思。未来吾勿迎想。

7或曰、修行何以験乎。曰置白黒二棋。一念善、投白者一。一念悪、投黒者一。至夜較之、即知増減焉。文元公曰迂矣、吾則於昼夜四威儀中不計情境。惟量其力、常習静念而已。

8受辱而畏其勢忍之者、不可謂之忍也。無可畏之勢而能忍之者、斯真忍也。

9易曰、損曰懲忿窒慾、吾用之以為戒。易之繋辞曰、寂然不動。吾用之以為定。精義入神以致用。吾用之以為慧。

10或問、閑居何楽乎。曰、調暢太和之気、適悦天真之味、研覃微密之言、依游上妙之道。

11蒙荘高情、師友造化。竺乾妙旨、澡錬神明、非理外至、当如逢虎。即時而避、勿恃格獣之勇、非理内起、当如探湯。即時而止、勿縦染指之欲。

12外譲其身、如惜千霄茂樹、勿縦一斧之刃傷焉。内護其行、如惜渡海浮嚢、勿容一針之鋒破焉。

13心静則清、清而後明、明則照物、物無遁形矣、至人観之、得為心印者也。

14唐人有養鸜鵒者、能誦経、常不言不動。或問其故。対曰、身心倶不動、為求無上道、及其死焚之、有舎利焉。故知得道者、皆自燕寂中入者也。

15文元公曰、吾既耄也、弥覚聡警。耳有自然之音、如楽中簧、隠隠如雷初動、浩浩如潮将至。吾謂之三妙音焉。一曰幽泉漱玉、二曰金磐揺空、三曰秋蝉曳緒。

五

次に、『道枢』巻三の曾慥の節録である集要篇と碎金篇とを、晁迥の『道院集要』と『法蔵碎金録』とに対照させ、かつ検討を加えることとする。

（1）

まず、『道院集要』の原文の、どの部分を、どのように曾慥が摘録しているかを考察してみよう。

たとえば、曾慥の節録の第二条目は、原文『道院集要』巻一の冒頭の文に対応する。(15) 原文では、

至空至明

禅説……内覚身心空、外覚万物空。破諸相訖、自然無可執無可争。此是大明了也。惟有一真之性、即不空。…

となっている。この「至空至明」の原文は、以下なお右の倍以上の長文となっている。曾慥は、その一部を、曾慥の理解の範囲に基づいて摘録しているのである。

節録の第三条目についていえば、それは、『道院集要』の巻一にある、

縁起知空

一切諸有如夢如幻、一切煩悩是魔是賊。縁起之相、其体本幻、種種分別、無非妄見。勿留于心、止観純熟。

の文の、冒頭の一句の引用である。その引用もまた、完全な引用ではなくて、曾慥の主観を加えた文章となっている。

曾慥の節録の第四条目は、「明知夢幻」の項にある。

予曾夢中逢人、戯而搏之。且曰、夢中人必無傷也。豈非在夢知夢乎。禁林中与同僚李維、偶坐玉堂、見庖人詣西井亭汲水。予曰、観空純熟。目無全人、視汲水者、但見一塊之空、自西而来。李矍然曰、某所見常如此。豈非在幻知幻乎。

という原文からの引用である。この原文との対照によって『道枢』の節録に「自無」とあるのは、「目無」の方が好いのではないかとの判断が下せる。

節録の第五条目は、原文の「一真無分別」という長文の「本来無無一物、随眠起異端」の文に相当するようである。

節録の第六条目についていえば、

止念

念起即覚、如川欲泄、簀土可塞。襄陵勢絶、如火欲爇、杯水可沃、燎原勢滅。覚念止念、宜速而切、不怕念起、惟恐覚遅覚速、止速二妙相宜。

の文からの摘録である。

節録の第七条目の文は、「止念」よりかなり先に進んで原文にある「二法枢要」の文からのものである。すなわち、それは、原文の第二巻に入っていて、

二法枢要

心息相依、息調心静、入三摩地。茲尤簡径、念起即覚、覚之即無、入三菩薩、此最権輿。

と記されている。

節録の第八条目については、『道院集要』には見当らないようであり、裴休の名は、むしろ『法蔵砕金録』の巻一に、

唐相裴公休所作勧僧俗発菩提心、文各有条目、……

とあるが、『道枢』の集要篇のような文はない。裴休の伝は、『旧唐書』巻一七七と『新唐書』巻一八二とに伝があり、そのいずれも、彼が仏典に通じていたことを説いている。この引用は、裴休の研究の一つの資料となるであろう。[16]

集要篇の第九条の節録は、原文においては順序が前にもどって巻二ではあるが、冒頭の、

宴坐

荘子坐忘、達磨壁観、初学之人、誤会本意。便学大乗放眩、但恐失理過時。経偈有云、一切業障海、皆従妄想生。若欲懺悔者、端坐念実相、見画跏趺坐魔王、尚驚怖。何況入道人、端身不傾動。

という文に拠っている。曾慥は、鍾呂内丹南宗の人であり、鍾呂の伝統を尊重する。従って、達磨の壁観や胎息についても、直ちに、全面的に肯定しようとはしない。彼は、抱朴子葛洪の道術に対しても同様の態度を取っていることなどについては第一篇第九章で論じた

（2）

次に『道枢』巻三収録の曾慥の節録砕金篇について論ずることにする。[17]

砕金篇の第一条目の三教一致論は、厳密にいえば三教の間に多少の優劣を晃迥は置いているのではあるが、概略的にはこの第一条目のような「貫三道為一」の立場に立っている。従って、この文と同一のものはないにしても、主旨が一致するものは、次の第二条目の『法蔵砕金録』巻一の「定慧之法……」や巻七の「三家之言、同帰一真之理。吾当目之為会三帰一之智。」、巻八の「其理一也。」、「儒家之文雅、道家之清浄、禅家之宴寂、吾登耋耄之年、弥加楽欲之意、自喜性習之天然也、如此。」、巻九の「三法者闕一不可。」「内外同済、闕一不可。」「（儒・釈・老）亦不相防」、「（釈・老）彼我不亦謬乎。」、「知同帰之法、而能大和。」が相当するであろう。巻十では、「三際必同矣。」「予於三教之書、各取八字、統為法要。」などと記されている。

次に節録の第二条目は、原文の巻一にある

儒教之法、以正身為深。切勿求其名、而名自得矣。道教之法、以養生為深。切勿求其功、而功自成矣。仏教之法、以復性為深。切勿求其証、而証自知矣。是三者率以無心而然也。

に拠っている。

節録の第三条目は、『法蔵砕金録』原文の巻一の次の文に由来する。

姚秦時、釈僧肇初以荘老為心要。後見古維摩経。歓喜曰、始知所帰矣。予今信以為然。予初読南華真人之書、因斉物之理、自得一法、目之曰、逍遙大同観、且無一事可争。後読西方聖人之書、因無我之理、又得一法。目之曰、平等大空観、兼無一物可斉。由是省己之所学有増長、二家之書有浅深矣。

節録の第四条目には、施肩吾の『三住銘』を引いている。

施肩吾という人物は、同姓同名の人物が、唐の元和十五年（八二〇）頃に、進士登第していて、混乱を生じている。宋の陳振孫が早く、その点に関して、『直斎録書解題』巻十二で、

西山群仙会真記五巻

九江施肩吾希聖撰。唐有施肩吾、能詩。元和中進士也。而曾慥集仙伝称、呂巌之後有施肩吾者、撰会真記、蓋別是一人也。

と述べている。一方、現代の丁培仁もまた、

北宋内丹家多祖述鍾呂。尽管鍾離権・呂洞賓主要生活于五代、然而鍾呂金丹道作為道教最有影響的内丹派別、入宋始著于世。呂洞賓乃陳摶同時代人、卒于宋初。其弟子華陽子施肩吾字希聖、九江人（与中唐栖真子施肩吾同名異号、出生地点也不同）、生当宋初至仁宗朝。真宗・仁宗時好道之士晁迥曾提及他「既聞道而著『三住銘』」。他不僅是『鍾呂伝道集』・『西山群仙会真記』的編撰者、而且是鍾呂金丹道的基本教典『霊宝畢法』的伝人。曾慥謂其師事呂洞賓、得授真筌。

と、曾慥とも関連させて解説を加えている。[18] 卿希泰主編『中国道教』（一）も、施肩吾の章を立てて、

李竦作于大中祥符七年（一〇一四）之后的『指元（玄）図序』中有「僕游江南、于南京応天府遇華陽施真人肩吾希聖者」之句、仁宗時好道之士晁迥曾引及華陽子施肩吾的『三住銘』、而其本人所作『西山群仙会真記』不避「玄」字（真宗称宋室聖祖趙玄朗之諱）、又当在大中祥符六年之前。上述資料皆可作為其生活年代的佐証。……「白玉蟾跋『施華陽文集』云、「李真多以太乙刀圭火符之訣伝之鍾離権、鍾離権伝之呂洞賓、呂即施之師也。……」

と考証している(19)。

鍾離権から呂洞賓に伝えられたいわゆる太乙刀圭火符之訣などを受け継いでいる施肩吾を曾慥は、『道枢』の中で、しばしば登場させている。それが今、問題としている『法蔵砕金録』の節録である砕金篇である。砕金篇の文は、後に詳しく述べることとして、『道枢』の中で、曾慥が施肩吾に触れているのは『道枢』巻三の砕金篇に続いて、巻九の頤生篇の冒頭に「施真人曰、養生者以不損為本。」とある。巻三十には、三住篇があり、「華陽子施肩吾也曰、大易不云乎。精気為物、游魂為変。」などとある。『道枢』巻三十五衆妙篇では、「棲真子施肩吾曰、吾見学道者千数矣。孰知道之要、其在于神、留形住形、住則神留焉。……」と記されている。次に巻三十八の会真篇には、「華陽子施肩吾也曰、水火金木土五行也。相生而為子母。相克而為夫婦。挙世皆知也。」とある。

従って、曾慥の『道枢』における施肩吾は、『三住銘』の撰者としては、あくまでも、華陽子施肩吾であり、棲真子施肩吾は、『三住銘』とは関係がない人物である。曾慥が華陽子施肩吾に関心を抱いたのは、晁迥の書にも施肩吾の『三住銘』が引かれていたことと無関係ではあるまい。

さて、論を元にもどして、砕金篇の第四条目の節録は、晁迥の『法蔵砕金録』巻一の文であろう。それは、

施肩吾三住銘序云、心常御気、気与神合。円覚経円覚章注云、心息相依、息調心浄。予観両処之説、因知、道家言神仙之術、釈氏明禅那之法、其理大同矣。

となっている。この文では、「円覚経円覚章注云……」となっているが、曾慥は砕金篇の節録で「竺乾氏為円覚之説曰、…」としているが、仏教を指して竺乾氏という表現は、曾慥のみならず、よく用いられる表現である。

なお、注意すべきことは、晁迥が記述する施肩吾は、実は、栖真子施肩吾である、ということである。すなわち、『法蔵砕金録』巻九には、

唐中岳隠士栖真子施肩吾作三住銘及霊響詞、皆叙述習静而聞其妙音、謂之小兆。蓋言道家真応之朕兆也。…

とある。さてまた、『道院集要』巻二の初めの部分にある「円覚三根」の項に、

又拠唐中岳隠士棲真子施肩吾、述霊響辞序云、夫修錬之士、当須入三静関、淘錬神気、補続年命、大静三百日、中静二百日、小静一百日、即以開成三年戊午歳（八三八）……

という表現がある。因みに、この文の次の項「聞中入道光音天」に「施肩吾霊響音序述」の語がある。曾慥は、晁迥の文を見てそれを節録しているのであるから、曾慥は、棲真子施肩吾と華陽子施肩吾を同一人物と見ていたとも考えられる。

次に、第五条目は、『法蔵砕金録』の巻一の文に合致する。その原文は、

栄啓期三楽、則嘗聞之矣。予又別愛三楽、以儒家言之、予愛顔氏子箪瓢陋巷不改其楽。以道家言之、予愛荘氏子栖遅一邱天下不易其楽。以仏家言之、予愛釈氏子生滅滅已寂滅為楽。是三者由外以及内、自浅而至深矣

となっている。栄啓期と三楽は巻三にも見える。「栖遅一邱」は、「棲遅丘壑」であり、『法蔵砕金録』巻九の巻末の「読蒙荘之書……」の項に出ている。

次に第七条目は、『法蔵砕金録』の巻二の文に拠る。原文は、

有道友、嘗説考験修行功課之法。令置白黒二碁子、毎有一善念、投一白子入於一器中。毎有一悪念、投一黒子別

入一器中。至夜比較其数、即知善悪之念増減多少矣。予竊謂、此法太迂闊、誰能細砕致煩。予又自思、但性急耳。除有触境小忿、未能頓除外。且無故心造悪之念、不当如斯拘執筭数也。唯知務在静勝於動最為要切。宜於日夕四威儀中、不計情境、如何随分量力、常習静念而已、不可廃也。

である。

次に、第八条目の原文は、巻二の、

晋劉毅対武帝之言、比帝為漢之桓霊尤為不遜。……受人凌辱、畏其勢而忍之者、不足為忍。無可畏之勢而能忍者、真為忍也。

という文である。

第九条目の文は、巻六の次の原文に拠っている。

夫曲士束教不能宏達、子好和会敷演、庶有開悟焉。拠仏書楞厳経説、三無漏学謂戒定慧也。予於儒書周易中、各取一句、則象其理、亦無差別。今取損卦之文一句四字云、懲忿窒欲、用之以為戒。又取繋辞一句四字云、寂然不動用之以為定。又取繋辞一句七字云精義入神、以致用用之以為慧。唯変所適有何不可。

節録の第十条目は、巻六の、

或問予、閑居何楽。予対曰、条暢太和之気、適悦天真之味、研覃微密之言、依游上妙之道。以此為楽。此外之楽則不知也。

という文に拠る。

節録の第十一条目は、原文が判然としない。

節録の第十二条目は、『法蔵砕金録』巻十の「外護其身、……内護其行……」の文とほぼ全文同じ。第十三条目の原文も判然としない。

第十四条目の節録の原文は、巻二にもどって、先の巻二の第八条目の原文の直前の

阿育王経云、優波笈多宿世為獮猴。学縁覚坐禅、証阿羅漢果。又玄聖蘧廬心法篇云、東都有人養鸜鵒。以其慧甚而施於僧、僧教之能念経、往往架上、不言不動、問其故対云、身心倶不動、為求無上道、及其死焚之、有舎利。洛人為之作塔。予詳二者、得道皆自宴寂中入。夫如是、則華厳経云、心仏及衆生是三無差。別信不虚語矣。唯人為万物之貴者、苟不知此道、乃猨鳥之不若也。知之者、安可自軽棄乎。

という文に基づいている。

最後に、第十五条目の節録は、『法蔵砕金録』ではなくて、『道院集要』巻三の次の文に基づく。

澶淵晁公別録五事　　李淑

公少時、嘗聞方士之説人。耳有霊響、目有神光、自爾聴於静中、若鈴声遠聞。耆年之後、愈覚清澈。夜半睡覚、即鏗琤之響、益為繊亮。公自名之曰三妙音。一曰幽泉漱玉、二曰清磬揺空、三曰秋蝉曳緒。天禧後、常覚、目有神光如円銭、如片月、或隔帷箔光如電烻。後又有円光或紅或白、其中有一点、如鑑中照道装像、嘗自為文志其事。

右一

以下、「右二」より「右五」までの文があるが省略する。

六

曾慥が、『道枢』を撰述し、その巻三に、晁迥の『道院集要』と『法蔵砕金録』から、集要篇と砕金篇の抄録を収載したことについては、上述の通りである。そもそも、曾慥が『道枢』に、多くの道典の節録を残した意味は、何処

に求めることができるのであろうか。この問題は、単に『道枢』だけを対象として考察を加えても、解明できないように思われる。解明のためには、まず、彼が『道枢』に先立って著わした『類説』撰述の意義を探求することが必要であろう。恐らくそれは、宋学の格物致知・窮利尽性の哲学興隆の影響であろう。この時代背景の中で、六朝以来の博学多識の衒学性の顕示に加えて、宋初に『太平御覧』や『太平広記』などが作られたことを通して、神秘の世界にまで真理の探求を進めようとする傾向が強められたことが見えてとれる。曾慥が、『道枢』或は『類説』などにあのように大量の文献を引いているのは、この時代背景の問題を抜きにしては理解できないであろう。本論文の結論において、この点について更に詳述するように、曾慥のこのような傾向を導き出したところに曾慥における晁迥の存在意義があった。

注

（1）袁行霈・侯中義編『中国文言小説書目』、一五五頁。序論第二章の昌彼得「国立中央図書館蔵類説題識」参照。
（2）厳一萍『道教研究資料』、第一輯。
（3）昌彼得『説郛考』、下篇、二六五頁。
（4）道蔵、第一三九、『歴世真仙体道通鑑』、序、第一。『隋志』や『墉城集仙録』等にも曾慥のとは別本の『集仙伝』の名が見える（『道教事典』、二四七頁、遊佐昇稿）。
（5）厳一萍『校訂類説』、序、三頁。
（6）道蔵、第一三九、『歴世真仙体道通鑑』、序第一。
（7）大正、四九、一三二、a。
（8）大正、四九、三九二、c。
（9）『直斎書録解題』、一〇四頁、一七五頁、三五六頁、三五七頁（上海古籍出版社）。

(10)『説郛三種』、第一冊、五一四頁、第四冊、一六八八頁。
(11) 小柳司気太「三教相互に関する典籍の二三」(『東洋思想の研究』、五五〇頁)。
(12) 程毅中主編『宋人詩話外編』(上)、一六頁。なお、当面の文は、冀勤の執筆である。
(13) 道蔵、第六四一、『道枢』、巻三、第一。集要篇だけが、鎌田茂雄『道蔵内仏教思想資料集成』に引かれている(二八九頁)。
(14) 道蔵、第六四一、『道枢』、巻三、第二。
(15)『道院集要』は、四庫全書、子部十三、釈家類のテキストとに拠る。
(16) 楠雲華「裴休詩文研究」(『周紹良先生欣開九秩慶寿文集』、三四三頁)参照。
(17)『法蔵砕金録』は、註(13)『道院集要』と同じテキストによる。
(18) 丁仁倍「北宋内丹道述略」(『上海道教』、九一年第三期、一八頁)。
(19) 卿希泰主編『中国道教』(一)、三〇一頁。

第四節　『黄庭経』について

一　『黄庭経』と王羲之

道教は、人身のなかの黄庭と呼ばれる部分を中心に特別な人間学を開陳するが[1]、その場合、黄庭について語る『黄庭経』という典籍を避けて通るわけにはいかない。この書物は道教経典のなかでも非常に特色ある重要なものである。清代の乾隆年間の人董徳寧の『黄庭経発微』には、「道書の古きものは、『道徳（経）』『参同（契）』『黄庭（経）』である」と記されてすらいる。また、書聖といわれる王羲之がこの経典を書写して人に与えて、その代償として自分の好きな鵝鳥を手に入れたと伝えられていることも、『黄庭経』がいかに有名で価値のある道教経典であったかの証左となるであろう。

ところで、「王羲之は、字は逸少、司徒（王）導の従子にして、その筆勢は飄々として浮雲のごとく、矯として驚龍のごとしと人からいわれた」と記す『晋書』巻八十、列伝第五十の彼の伝記のなかには、「山陰の一道士のために『道徳経』を書写して鵝を手に入れた」と書かれている。すなわち、鵝と交換したのは『黄庭経』ではなくて、『老子道徳経』であったというのである。後にもふれるように、王羲之が書写して与えた『黄庭経』について少しく正確にいえば、その経典は『黄庭内景経』ではなくして、『黄庭外景経』であるとされている。さてこの経典は、前者も後者もいずれも七言の韻文の表現で記されていて、前者すなわち『黄庭内景経』の冒頭は、「雲笈七籤(2)」巻十一に載せる『上清黄庭内景経』と題するテキストでは、

　上清章第一

上清紫霞虚皇前、太上大道玉晨君、

閑居蕊珠作七言。

……………

となっている。一方の『黄庭外景経』は、同じく「雲笈七籤」所収本では、

太上黄庭経外景経

　務　成　子　註

　上部経第一

老君閑居作七言

……………

と、『黄庭外景経』は、老君（別本では老子とする）によって作られたことになっている。『黄庭外景経』も『道徳経』も、老子によって作られた経典であるところから、王羲之が書写した経典が『黄庭外景経』であるとか『道徳経』であるとかいわれるような混乱が生じたとも考えられる。

しかしながら、唐の詩人李太白の「送賀賓客帰越」（『李太白集』巻十七）の詩に、

山陰道士如相見

応写黄庭換白鵝

とあるし、また一方「王右軍」（『李太白集』巻二十二）には、

山陰遇（過）羽客

要（愛）此好鵝賔

掃素写道経

と詠われているのであるから、本来、王羲之は『黄庭経』と『道徳経』の二書を書写して、それぞれ鵝と交換していたことは間違いないことであるという説もある。(3)

ところで王羲之の書写した『黄庭経』にも、その拓本に趙孟頫旧蔵の宋搨本（心太平本）など数種ある。王羲之のほか、唐の褚遂良、宋の米芾や黄庭堅も書写しており、文字の異同もある。王書に六朝の頃からして偽蹟が少なくなかったらしい、ということは先学の指摘するところである。(4)いずれにしても、『黄庭経』が貴重な経典で、いかに世人にもてはやされているかを知ることができるであろう。

二　「上清経」と『黄庭経』

『黄庭経』は、上述のように重要な経典であるところから多くの研究者によって研究が進められているが、疑問点は依然として多く残されたままである。

今日一般にいうところの『黄庭経』のもっとも原初的なものと思われる経典は、晋の建武元年（三一七）頃の『抱朴子』内篇の巻十九遐覧篇に見出される。それは、当時存在していたと思われる道書の目録であって、そこには『黄庭経』の名が入っているい。同じく内篇の巻二十祛惑篇には『黄庭太清中経』の名も記されている。『抱朴子』のな

かには、今日の『黄庭経』に類似する表現も見出されるが、同一のものでないところから、葛洪が『抱朴子』に引いている『黄庭経』は、別のテキストというべきか、原初的形態の経典ではなかったかと推察される。そのことは、次に述べるようなこの経典の複雑な来歴を考えればよく理解できるであろう。そこでまず、先学の研究を通してその歴史を述べることとする[5]。

葛洪から五十年ほど後に、道教の宗派に上清派と呼ばれる一派が出現する。その宗団が発展していく上での中心経典となったのが一群の上清経典である。「上清経」には数多くの経典が含まれるが、それらを総称して「上清経」という。晋の哀帝興寧二年（三六四）、紫虚元君上真司命南岳魏夫人が下降して、弟子の楊羲におつげを述べる。そしてそれを、楊羲が隷書で記して、許謐（一名穆、護軍長史）と許翽（穆の息子、上計掾）の二許に伝えた。ちなみに梁の陶弘景の『真誥』（巻十九、第十）によると、上清の真経は多く伝わったが、それらは数伝していくうちに某某に窃まれて浙江の江上で沈んでしまって、『黄庭経』だけが残ったともいわれるが、これも『黄庭経』の価値を特に強調する表現であろう。

魏夫人というのは司徒魏舒の子女、名は華存、字は賢安。任城の人であるといわれる実在の人物である。清虚真人王君（王褒）の弟子となった後、晋の成帝の咸和九年（三三四）に仙化した。王褒も、漢の元帝の建昭三年（前三六）生誕の実在の人物であり、南極夫人や西城真人王君（王法平）のおつげを受けた人といわれる。王褒と魏夫人の間には二百八十余年の隔たりがあるから、両者が結びつくことは事実としてはあり得ないことで、宗教的な意味で作為された伝授関係であろう。いずれにしても、「上清経」は、魏夫人の降下を経て、楊羲によって広められたことになる。ちなみに、先に楊羲におつげが下ったと述べたが、それは「扶乩《けい》降筆」と呼ばれるものであって、直接の伝授ではない。

上述のように「上清経」と称する経典は、この経典を中心とする上清派の所依経典の総称であって、そこに含まれる経典は一百十数巻に及ぶといわれている。しかし、その中心となる経典は『上清大洞真経』三十一巻であり、そのなかには『大洞真経三十九章』を筆頭にして三十余種の道経経典が入っている。したがって、「上清経」のことを『大洞真経』とも呼ぶのである。『大洞真経』の他に、いわゆる「上清経」のなかで重要とされるものが、『黄庭経』『真誥』『王君伝』『魏夫人伝』とされている。『大洞真経』は、王褒が魏夫人に授けたとされるものであり、『黄庭経』は、景林真人が魏夫人に授けたものである。また『真誥』は、梁の陶弘景が上清派の真人の誥すなわちおつげを整理したものであり、彼は二許のいた丹陽句容の近くの茅山にいて活躍したところから、上清派は、茅山宗とか茅山派とか茅山上清派などとも呼ばれる。更に『王君伝』『魏夫人伝』は、上清派に関係ある著名な人物の伝記であるが、この他に周紫陽（周李通）の伝である『周君伝（周紫陽伝）』（華僑（嶠）撰）や華山仙人仇先生から涓子に紹介されて道を得た蘇林字子玄のことを記した『蘇君伝』（周李通撰）などがあり、上清派の経典のなかに入れられる。しかし、上清派の経典としては、やはり『大洞真経三十九章』『雌一玉検五老宝経』『太上素霊同玄大有妙経』が道教の「三奇」と讃えられているように、この三経を尊重しなければならないのである。ただ、そこに記されていることは、いわゆる「存神・誦経」とされる仙術であって[6]、それは上清派の経典に共通することであるにしても、その教法を端的に示しているという意味からも、『黄庭経』は、道教養生術の発展のなかで重要な地位を占めているのである。それは、茅山派の重要な道典であるばかりではなく、唐・宋以後の内丹道の経典として重視されるほか、全真道一派でも重視されるのである[7]。

三　『黄庭経』のテキスト

『黄庭経』は、『黄庭内景玉経』と『黄庭外景玉経』と『黄庭中景玉経』などと呼ばれる三部の書を指している。この三部の書のうち『黄庭内景玉経』は、後人の偽託によるもので、出現の遅い道書として『黄庭経』の議論から除外するのが一般的である。したがって、『黄庭経』という場合は、『内景経』と『外景経』の合称であり、また、簡称でもある。[8] 卿希泰は王明の説に依りながら、次のように説明している。すなわち、晋の太康九年（二八八）頃に魏華存が七言韻語の『黄庭経』の草本を得て、定本を撰述した。魏夫人の仙化する頃になって、『内景経』の主旨にそって、東晋の能文の士が編成したのが『黄庭外景経』である。しかし、宋の欧陽修の指摘（『集古録跋尾・黄庭経四首』）にもとづいて、『内景経』は『外景経』の義疏であるとの説があるが、今後の検討に俟つべきものであるとされている。[9] 卿氏のいうように、この問題はいまだ結論を得ないものであり、魏晋の際に天師道教徒の手で『黄庭経』が撰述されたとか、『内景経』は晩唐の頃に『外景経』にもとづいて書物の形態をとったかといわれる。また、陶弘景も『外景経』や『内景経』の区別をしていないことなどもあって、疑点は晴れないのである。李養正は、魏晋の間の道士王褒を外景の作者とし、魏夫人は王褒より『外景』を受け、魏夫人が外景によって『内景』の草本を創り、楊羲や許謐がその秘典を得て増飾完成したものであるが故に、『外景』は男性の煉養をいい、『内景』は女性の煉養を述べるのであるとされる。[10]

さて、道教経典を収録して、仏教の一切経に匹敵する「道蔵」には黄庭の名を冠する道典として、次のようなものがある。

1　『太清境黄庭経』（第一九冊）
2　『太上黄庭内景玉経』（第一六七冊）
3　『太上黄庭外景玉経』（第一六七冊）
4　『黄庭内景玉経註』（第一八九冊）
5　『黄庭内景玉経註』巻上・巻下（第一九〇冊）
6　『黄庭内外玉景経解』（第一九〇冊）
7　『黄庭内景五臓六腑補瀉図』（第一九六冊）
8　『黄庭遁甲縁身経』（第五八〇冊）
9　『上清黄庭養神経』（第一〇四九冊）
10　『太上黄庭中景経』（第一〇五〇冊）
11　『上清黄庭五臓六府真人玉軸経』（第一〇五〇冊）

以上のほかに、宋の張君房が編纂した「道蔵」のダイジェスト版ともいえる「雲笈七籤」巻十一（第六七九冊）以下にも『黄庭経』が見出される。すなわち、

『上清黄庭内景経』（第六七九冊）
『太上黄庭外景経』「推誦黄庭内景法」（第六七九冊）
『黄庭遁甲縁身経』（第六八〇冊）

が収録されている。以上のほか「道蔵」のなかには、『黄庭経』を引用する道典は多いが、比較の対象の第一に置かれているのが、『修真十書』巻五十四以下に収載されている『黄庭経』である。そこには、女性気功家として有名な

太白山見素女胡愔が唐の宣宗大中二年（八四八）に完成して[11]、後に触れるように、異本関係にある、

『黄庭内景五臓六腑図序』（第一三〇冊）

『黄庭内景五臓六腑図』（第一三〇冊）

があり、更に、

『黄庭内景玉経註』（第一三〇冊）

『黄庭外景玉経註』（第一三一冊）

もある。因みに、「蔵外道書」の『内景経』は単に第一章とし、『外景経』は上部経とする。

『修真十書』については、任継愈主編の『道蔵提要』では、「編者を署せず」として、収載する書は「両宋鍾呂金丹派南宋の作」としている。宋代の書であるから、そこには後に問題とする両宋の間の至游居士曾慥の「座右銘」も収録されている。李養正は、現存最早の『黄庭経』（『内景』と『外景』を包括する）伝本は「雲笈七籤」中に収録する梁丘子（中唐の白履忠）と務成子の注本であり、そこでは、『内景』は三十六章に分けられて『上清黄庭経内景経』と名づけられていて、『外景』は上中下の三つに分けられて『太上黄庭外景経』と名づけられる、とされる[12]。一方、虞万理は、「雲笈七籤」本（第六七九冊）と『修真十書』本（第一三〇冊・第一三一冊）とを『内景経』と『外景経』を包括した『黄庭経』の初期のテキストとしながら、後者が経の正文を伝えるものとして高く評価している[13]。これが曾慥の『類説』や『道枢』に引用されている『黄庭経』に密接に関係することに氏は触れておられない。すなわち、このことを第六章以下に詳しく述べるつもりである。なお、『修真十書』本とても完全なものではなく、誤りのあることは先学の指摘するところである[14]。しかし、劉師培の『読道蔵記』にも利用されているように、『修真十書』本は貴重なテキストであることはいうまでもない。ちなみに先学の指摘にもあるように、テキストと注とは、『道蔵精華

録』『道書全書』「道蔵輯要」などにも収められている。そして、『修真十書』本や「道蔵」本（第一八九冊）や「雲笈七籤」本などの梁丘子の注には相違がある。更に、蕪雑な面が見られるが、「道蔵輯要」子目初編巻一の尾二には、

『太上黄庭経内景経註』三巻諸真合註
『太上黄庭内景』一巻　蒋国祚
『太上黄庭経内景経註』三巻　蒋国祚
『太上黄庭経内景経註』三巻　梁邱子
『太上黄庭経内景経註』一巻　上清許命真人李千乗

と記されている。

次に、李遠国編『中国道教気功養生大全』の著作文献類に記載する『黄庭経』とその解説を引用する。

『黄庭篇』
宋の曾慥集。丹田、黄庭の秘奥、三要、黄庭修煉の要訣を説く。『道枢』巻七収載。

『黄庭経解』
清の劉一明撰。一巻。黄庭の内容および修煉の要訣を『黄庭経』全体の立場から解説する。黄庭図一幅あり。「道書十二種」収載。

『黄庭要道』
明の張三丰伝。一巻。静坐術の手順を詳述するほか、気功術の要点を適切に説く。「道蔵精華」第二集収載。

『黄庭経秘義』
明の冷謙撰。一巻。『黄庭内景経』の注解で要を得ている。「三乗秘密口訣」の一篇を終わりに付す。「道蔵精

華」第三集収載。

『黄庭内景玉経注』

①唐の梁丘子（白履忠）注。三巻。「道蔵」第百九〇冊、「雲笈七籤」　巻十一、十二、『修真十書』五巻五十五より五十八まで、「道蔵」第一八九冊に収載。

②金の劉処玄解。一巻。現存最古の『黄庭内景玉経』の注本。全真教北宗の清浄の教義で注解する。「道蔵」第一八九冊。

『黄庭内景経秘解』

明の李一元撰。二巻。内丹気功の要点をもって『黄庭経』内外二経を詳解する。明代の『黄庭経』の重要な注本の一つである。原本は台湾国立中央図書館収蔵。今、「道蔵精華」第十四集収載。

『黄庭外景経秘解』

明の李一元撰。一巻。明代の『黄庭外景経』の重要な注本の一つである。収録は『秘解』と同じ。

『黄庭遁甲縁身経』

編者不詳。北宋前の著作。今、二本ありて各々異る。一つは「道蔵」本（第五八〇冊）。一つは「雲笈七籤」本（巻十四）。後者は、その内容から『上清黄庭養神経』や『黄庭五臓六腑真人玉軸経』からの輯録と思われる。時に『黄庭内景秘要六甲縁身経』ともいう。

『黄庭内外玉景経解』

朝散大夫賜緋魚袋臣蒋慎修上進と題す。一巻。内容は残欠不完全で、「仙人章」「紫清章」「百谷章」があるのみ。「道蔵」第一九〇冊。

『黄庭内景五臓六腑図』

唐の太白山見素女胡素愔撰。一巻。唐の宣宗大中二年（八四八）に成る。「道蔵」第一九六冊の『黄庭内景五臓六腑補瀉図』の異本。『補瀉図』本には五臓神の図像があるが、前者にはない。しかし、胆臓の説は特に詳しいなど、内容文字に異りがある。『黄庭経』の内容についての新見解が多く、摂生修煉の経典となっている。『修真十書』巻五十四収載。

『黄庭内景五臓六腑補瀉図』については、方春陽主編『中国養生大成』も解説を加えて、「この経は『黄庭内景五臓六腑図』とも簡単に称し、……その学術の淵源は『黄帝内経』にまでさかのぼり、下っては司馬承禎と孫思邈に及ぶ。「長生不死」「白日昇天」の妄論を排除して、臓腑の生理や病理を経《たていと》とし、保健の修養・食物の禁忌と治病の薬法、呼吸、導引を緯《よこいと》とする実用書である」と断定している。(15)

なおシッペールの『黄庭経通検』は、「修真十書本」（梁丘子註、正統道蔵二六三号）、「道蔵経本」（正統道蔵三三二号）、「雲笈七籤本」（務成子注）、王羲之草本、経房本（涵虚子註、西湖慧空経房印造）等を利用している。

以上のほかに、『黄庭経』の文を引くものは「道蔵」に数多くあるが、『大洞真経』（第一八冊）、『太上洞房経』（第五九冊）、『四気摂生図』（第五三四冊）、『養生秘録』（第三三一冊）などは、それらの代表的なものといえよう。特に『四気摂生図』などは、『黄庭経』の解説書ではないかと思われるほど関係が深い書物である。『四気摂生図』については、後日、検討を加えたい。

四　『黄庭経』の思想

『黄庭経』は七言の韻文で書かれている。『内景経』『外景経』にも「作七言」という詞が見出される。王羲之の『黄庭経』といわれるものには、この七言の字はない。七言は本来、野卑な表現であった歴史的事実を考えると、七言の評価の高まりと関係する時期において作られたことを示すものであろう。また、七言に関しては傅勤家は、『黄庭経』の七言の声調は唐代にその名が見える歩虚声と関係があることを指摘されている[16]。

七言の韻文であることは、誦経の時に都合がよいであろう。道教の初期の教団では、『老子道徳経』を「都習」させたことは有名なことであり、『黄庭経』の中でも『内景経』には「推誦黄庭内景経法」などがついているのは、この経が天師道系教徒の手で撰述されたことをうかがわせる。王羲之が『黄庭経』を書写したことも、彼の伝によれば、「王氏は世々五斗米道に事う」という事実と結びつく行為といえよう。

仏教においても、原始仏教から大乗仏教の発展を考えると、それは一言でいうならば、難行道から易行道への展開といえる。道教においても教義の発展は同様な過程をとっていて、水銀などによる仙薬は、葛洪が『抱朴子』でいうように、難中の難である。ただし彼は、ひとたびその困難な金丹薬が完成すれば、その難行は易行に転ずるとする。しかし、彼は煉金術による製薬は、費用がかかり、場所を選んで作るなど、簡単にはできないことを告白している。金丹の正統的伝授者を自負する葛洪は、その立場上言いにくかったのであろうが、仙薬による中毒も製薬の困難さを増幅させていた。やがて上清派が出現する頃、仏教においても梁の陶弘景を訪問した曇鸞の主張するような称名念仏の易行道が一世を風靡しようとしていた。このような社会の風潮のなかで、上清派では経を誦む功徳の方を金丹を作って服薬する以上に強調する。葛洪が金丹の難行を認めつつ、それを成仙の第一としてしきりに強調するのは、道教界における誦経などの易行の盛行に対する金丹主張者としての危機意識の現われとも考えられる。

次に『黄庭経』で注目される思想は、金正耀の指摘されるように、存思通神の思想と服気積精の思想である。思うにこれらも誦経と同じように、金丹の大薬の作成よりは易行に属するものであろう。まさに「至道は煩ならず」（『内景経』至道章第七）と称せられるものである。金氏は、『黄庭経』について、

『黄庭経』全書用七言韻文形式写成、是一部宗教思想和医学養生知識相雑糅的道教内養派修道著作。他以古道書中人身臟腑有主神之説為義理基礎、結合秦漢医学的臟腑学説、闡述道教神仙養生的神学理論和修道方法。

とされ、人身の諸神を存思することと内丹修煉としての服気積精をその特色にあげられるのである[17]。この経典が、中国古代から伝わる『素問』『霊枢』の医学知識を吸収していることは、諸家も認めるところであるが、任継愈主編『中国道教史』では、『黄庭経』は科学的医書ではなくして、仙道方術に医学を糅じ合わせた宗教書である、と断定している。そうであるからこそ、医学とはまた一きわ異なる人間観がそこに見出されるのである。『黄庭経』における究極の目的は成仙にあり、近くは健康で幸福な人生を送ることにある。これは人間誰でもが持つ願望であって、その願望のもとに神仙思想と医学とが結合して、『黄庭経』のような思想が生まれてくる。

さて、黄庭とはどこを指すのであろうか。学者の説は一様ではない。梁丘子は、「黄は中央の色なり。庭は四方の中なり」として、天中人中地中・脳中心中脾中を指すとする。いわゆる上丹田・中丹田・下丹田である。「雲笈七籤」の『外景経』序では、「黄は二儀の正色。庭は四方の中庭。近くこれを身に取ればすなわち脾を主となす。遠くこれを象にとれば、天理自ら会す」という。五行思想からいうと黄は中央であり、五臓に当てると脾臓ということになる。因みに、道経や中国古典医書で説く五臓と西洋医学の説くそれとが完全に一致するものでないことは、注意されなく

てはならない[18]。五行思想は初期道教教団太平道でも活用されており、彼らは黄巾をつけて「黄天立つべし」と説いていた。したがつて、五臓思想によって黄庭を指す見解のなかでも、三丹田のうち脾臓のある下丹田を指す説が『黄庭経』を問題にする場合、有力になってくる。そして、その脾臓は五行思想では、天上の鎮星と連なるものである。その他の臓器も天界との連繫があると説くのが道教や中国古代思想における人間観であって、先の務成子の注に「遠くこれを象に取れば、天理自ら会す」と説くのは、天人合一の思想に立脚する人間観である。この『黄庭経』の天人合一思想を、陰陽二気の累気保精の立場から説くこともできる[19]。

黄庭をどこに決定するか。それは、『黄庭経』を読む者の見方で、三丹田のどれにするかで異るであろう。ちなみに『養生秘録』の中黄内旨では、

黄庭即玄牝即先天一気即玄関。一竅即至善之所。即黄極之道即允執厥中、在五行謂之土、在五臓謂之脾。在五常謂之信、薬物三気五神火候呼吸、尽在是焉。

という一方、その金丹問答では、

問黄庭正在何処。答曰在膀胱之上、脾之下、腎之前、肝之左、肺之右也。

としている。その他、内丹道においては鼎器の異名の一つに黄庭の名がある[20]。

いずれに黄庭を定めるにしても、この三丹田の三部に八景二十四真の神を想念するのである。これは、やはり初期道教教団の用いた『太平経』に由来する思想であり、ここに医学にはない道教の人間の体に対する観察上の特色を見出すことができる。八景についても光とするか神とするか、問題の表現である[21]。この身体観人間学は、『老子節解』の五臓神と比較すると『黄庭経』の方が複雑であるのは注目すべきことであろう[22]。人身を清浄なものとして、美しい名称を与えるのも、独特な人身観である。たとえばそこでは、唾液を華池といい、口を玉池というようなものである。

後に述べる霊根も舌などを指す。

黄庭を中心とする独自の成仙論を展開する上清派の教法のなかにあって、特に注目される成仙のための人間学を提唱する『黄庭経』の教法については、枚挙にいとまがないほどの先学の研究がある。それらとは異なる立場からの研究を進めることが要求されるのであるが、今は一応、先学の研究の一例をあげるにとどめる。許抗生は、『黄庭経』の養生修煉学説の内容を次の五点より説明している。[23] それを通して『黄庭経』の人間学をほぼ推察することができるであろう。

一、存　神――身中神を身中にしっかりと保持することによって益寿長生をはかる。
「六腑五臟神体精、皆在心内運天経、昼夜存之自長生」（『内景経』心神章）。

二、呼　吸――上述した積精蓄気である。
「呼吸廬間入丹田、玉池清水灌霊根、審能修之可長存」（『外景経』）。霊根は人の命根、心は神根、腎は精根。一説に舌本とする）。

三、断　欲――男女の欲望は人の精気を漏出させる最大のものである。
「長生至慎房中急」「急守精室勿妄泄」（『内景経』瓊室章・常念章）。

四、漱咽津液――口中の津液を身中に周らし百病を退け、若返る。
「玉池清水上生肥、霊根堅固老不衰」（『外景経』）。

五、清浄無為――感情を穏やかにして精神を乱さない。
「扶養性命守虚無、恬淡無為何思慮」（『外景経』）。

五　曾慥の『類説』の中の『黄庭経』について

曾慥については上来、各章節で拙論を開陳しているが、簡単に述べるならば、北宋から南宋にかけて生存していた人物で、宋代文化が思想的には朱子学をもって代表されるような性理学の大展開を果たした時代であり、格物致知の精神活動がこの時代の特色といえよう。したがって、唐代の『芸文類聚』や『初学記』といった類書の後を受けて、宋の太宗の太平興国三年（九七八）には、『太平広記』が李昉の奉勅撰で成立しており、同八年には、特に類書として優れている『太平御覧』が、李昉等の奉勅撰で出現している。『太平広記』を類書のなかに入れることには異議があるかもしれないが、四百七十五種の古書のなかから、神仙や伝奇に類する記録を集めたのは、やはり宋代の実証主義的な精神の現われと考えられるであろう。しかも、これらの書に記載された各種の古書は、その後散佚するものも多く、これらの類書的文献に記されたからこそ、後世の研究者もそれらの古書を読むことができるという稀有の恩恵に浴することができるのである。今、ここに『太平広記』や『太平御覧』について述べたこと、すなわちその出現の時代的動機と後世に残した文化的価値は、曾慥が集録して今日に残してくれた『類説』や『道枢』においてまったく同様に見出すことができるのである。

まず『類説』であるが、それは、神仙や道教に関する文献、医学文献、文学関係の文献、地誌や民俗に関する文献など、多種多様な文献の摘録ではあるが、曾慥によってそれらが後に伝えられている。その巻三十七に、今、問題にしている『黄庭経』の節録があるのである。

『類説』巻三十七は次のようになっている。

黄庭経

上有章

紫烟上下三素雲 上丹田中丹田下丹田、皆有日光之気。

これを甲本（「雲笈七籤」巻十一、『上清黄庭内景経』（第六七九冊）上有章第二と丁本（『修真十書』巻五十五、『黄庭内景玉経註』（第一三〇冊・第一三一冊）と比較すると、曾慥は明らかに後者と共通している。上記の二書には、例せば上有章第二というように、順番を示す第一第二……の語があるが、曾慥は『類説』では付けていない。ここに、甲本・丁本というのは、第三項で示した虞万里の分類を用いたものである。なお、曾慥の摘録である『類説』本は類本とし、『道枢』本は道本とした。

至道章

髪神蒼華、字太元　脳神精根、字泥丸

眼神明上、字英玄　鼻神玉壟、字霊賢

耳神空閑、字幽田　舌神通命、字正倫

歯神崿峯、字羅千 一面之間之皆有神

これは第七の文である。「髪神」が丁本では「髪与」、「玉壟」が「王隴」となっており、甲本では「隴」を「壟」とする。

心神章

これは甲本丁本が第八とするものである。「肺神皓華」が類本では「肺神元白」となっている。心・肺・肺神の後の一句は類本を除いて、腎・脾・胆で一応終わり、すぐ続けて甲本丁本が肺部章第九に入れる文を載せて、両方の五句分を除いて「急存白元和六気」の句に入る。そして、その注は甲本丁本と同じ一句である。次に甲本丁本の心部章第十の文であるが、「心部含華丹錦緋、常被玉羅在重闈、心色赤、上有炁如玉光」となっている。続いて甲本丁本の肝部章第十一に入る。「肝部之宮翠重裏、青錦披裳佩玉鈴」で中間に省略がある。甲本は「宮」を「中」に作る。次に甲本丁本の腎部章第十二に入る。「腎部之宮玄闕円、蒼錦雲衣舞龍蟠」とあり、中間は省略されている。「蟠」は甲本は「幡」と作る。続いて脾部章第十三に入る。「脾部之宮属戊巳、外応尺宅気秀芝尺宅、面也」と、中間や終わりが省略されている。次に胆部章第十四に入る。「胆部之宮六腑精、雷電八震揚玉旌」となっている。当然、中間と後半に省略がある。この類本は心神章の見出しのなかに他章の数句が入っている。

脾長章

甲本丁本の脾長章第十五とするもの、そしてそのなかに両本が霊台章第十七とする一句が入っている。すなわち、脾長章は「含潄金醴呑玉英、保灌玉廬以自賞玉廬、鼻也、霊台欝藹望黄野脾曰黄野」となっている。

三関章

これは、甲本丁本の三関章第十八である。「口為天関、手為人関、脚為地関」とするが、甲本は「天関」を「心関」とする。次に「足」がきて最後に「手」がくるが、丁本は類本と同じである。

若得章

これは、甲本丁本の若得章第十九の文である。類本では冒頭の一句のなかの「若得二官存玄丹」が、甲・丁二本では「三宮」となっている。「流珠」を類本では「涙珠」とする。「重楼中関十二環」は甲本では「重中楼閣十二環」とし、丁本では「重重中楼閣十二環」となっている。類本は、すなわち「若得二官存玄丹、太乙涙珠安崑崙、重楼中関十二環、自高自下皆真人、玉堂絳字尽玄宮、璇璣玉衡色欄干」となっている。「十二環」は甲本丁本ともに「蘭玕」

と作る。

瑷室章

これは、甲本丁本が第二十一とするものである。二本の冒頭の二句と同じ句を引き、中断して「寸田尺宅理生、外物不干泰而平　三丹田各有一寸」の二句で終わる。二本は「理生」を「治生」とする。注も特に二本と比して差異はないと思われる。

常念章

これは、甲本丁本が第二十二とする部分である。「存漱五芽不飢渇、神華執巾六丁謁　五芽者、五行之生気分配五臓、老君六甲将図云、……丁丑神、蔵文公。丁未神、石叔通。丁巳神、崔巨卿」で終わる。「老君」以下は注の文であるから細字とすべきものである。「丁丑」は甲本丁本とも「丁酉」とし、「蔵」は丁本は「蒋」とする。

五行章

これは、甲本丁本が第二十五とするものである。その全文は「伏牛幽闕羅品列　伏牛、腎象、腎為幽闕、父曰泥丸母雌一、口銜霊芒雲五星　口吐五色雲気」である。「口銜」は、実は次の高奔章第二十六の文であり、甲本は「携五星」とし、丁本は「携五星」とし類本と同じ。ただし、類本の「霊芝」は二本とも「霊芒」とする。

隠蔵章

これは、甲本丁本の第三十五とするもの。「子丹進饌肴玄黄、乃曰琅膏及玉霜」の二句のみ。甲本と丁本とは、「肴正黄」と「郁正黄」とする。

口為章

なんとこれは、甲本丁本が第三とするものである。二本の冒頭の四句を引くものであるが、最後の「却滅百邪玉煉顔」は、二本とも減は滅に、煉は錬とする。

以上で曾慥の『黄庭経』と題する摘録は終わる。甲本丁本とも第三十六をもって終わるが、曾慥はその第二、第七、第八、第九、第十、第十一、第十二、第十三、第十四、第十五、第十七、第十八、第十九、第二十一、第二十二、第二十五、第三十五、そして前にもどって第三の十八章から引用するのである。依拠するテキストとしては「雲笈七籤」本（甲本）を利用したか、『修真十書』（丁本）か或はそれに類するテキストを利用したか判然としないが、後者のニュアンスが強い。それを決定づけるのが、『道枢』における引用例である。

六　曾慥の『道枢』内景篇について

次に、『道枢』にも『黄庭経』の引用がある。それは、およそ三ヵ所に見出される。一つは、第二章第四節第三項において引用した『中国道教気功養生大全』の解説の最初にある黄庭篇である。「道蔵」第六四一冊に収録されている『道枢』の巻七に見える。他の二つは、『道枢』巻八にある内景篇と外景篇とである。篇として示される『黄庭経』の摘録は以上の三つであるが、『道枢』ではこれら以外の篇にも所所に『黄庭経』の経文を引用する。

以下順次、これらのことどもについて論じてみたい。

『道枢』巻七の黄庭篇と巻八の内景篇・外景篇が、集約的に『黄庭経』を曾慥が扱っている篇である。巻七黄庭篇は特殊な内容であるから、今は触れないこととする。したがって、ここでは巻八の二篇について検討を加える。

巻八には、まず崑崙篇があり、最後に内景篇・外景篇がある。合計で五篇から成立している。『道枢』は、全篇の標題の下に、多少の例外もあるが、四言四句の内容についての概述がある。すなわち、ここでは、

内景篇　一身之中、有神司之。心安神寧、形則不衰。

となっている。そして次に、

梁丘子曰、黄庭者、脳中心中脾中者也。

この表現について、甲本と丁本とを比較してみると、甲本すなわち「雲笈七籤」巻十一の『上清黄庭内景経』は、まず梁丘子注釈叙を載せ、その後に務成子注叙を記す。一方、丁本すなわち『修真十書』巻五十五には、まず、

黄庭内景玉経註　并序

梁　丘　子　撰

と記されて、次に甲本の梁丘子注叙にある文とほぼ同様の文の前半のみを載せる。そしてその文が終わると、甲本では務成子注叙として記す文を直接にその前半の文に続けてしまう。そして、甲本で、

釈題

黄庭内景

黄者中央之色、庭者四方之中也。外指事、即天中人中地中。内指事、即脳中心中脾中。故曰黄庭。……。

とする文を続けているのである。これは、丁本が務成子注叙をはずして、すべて梁丘子注で統一していることを示すものであり、『道枢』の内景篇はそれを受けているものであろう。であるからこそ、甲本では「一名太上琴心文、一名大帝金書、一名東華玉篇……」と記した後に、梁丘子の注釈である「黄者中央之色、庭者……脳中心中脾中……」を引くのに対して、『道枢』は丁本『修真十書』と同じ順で、

黄庭者、脳中心中脾中者也。経曰、琴心三畳舞仙胎何也。琴和也、畳積也。存三丹田使和積如一。胎仙者胎息也。猶胎在腹有気、而無息也。

と記しているのである。『道枢』内景篇が丁本と類似している証拠は、右に示した「経曰」の解説にも見出される。すなわち、甲本では当面の経文を、

　　琴心三畳儛胎仙

　琴和也。三畳三丹田、謂与諸宮重畳也。胎仙即胎霊大神、亦曰胎真居明堂中、所謂三老君為黄庭之主、以其心和則神悦、故儛胎仙也。

と記している。曾慥の引用は、ほとんど『修真十書』の『黄庭内景玉経註并序』の経文「琴心三畳舞胎仙」の注釈と共通するのである。曾慥の引用が『修真十書』と同じであることは以上でほぼ推察することはできるので、以下に『道枢』内景篇が『黄庭内景経』のどのような経文を引用しているかを示し、曾慥の関心の所在を示すこととする。特に注意しない場合は、その経文の解説は『修真十書』と同じである。ただ、次章の『外景経』のように、「雲笈七籤」本との差も顕著にはない。はじめの文はすでに引いているように、上清第一のものである。

　経曰、琴心三畳舞仙胎何也。（上清章第一）

「舞」の字は、甲本のみ「儛」に作る。

　経曰、七蕤玉籥閉両扉何也。（黄庭章第四）

丁本のみ、「蕤」を「莚」に作る。

　経曰、重畳金関密枢機何也。（同前）

甲本は、「畳」を「掩」に、丁本は「扇」に作る。

　経曰、霊台盤固不衰竭何也。（同前）

道本のみ、「永不衰」を「不衰竭」と作る。しかし、この文の注解では甲本も丁本も「体安不衰竭也」とする。

経曰、天中之岳精勤修何也。（天中章第六）
経曰、宅中有真裳衣丹、審能見之無疾患何也。（同前）
経曰、翳鬱道煙主清濁何也。（心神章第八）
経曰、心部之宮蓮含華、主適寒熱栄衛和何也。（心部章第十）
甲本丁本ともに、右の最後の文には、上句と下句の間に「下有童児丹元家」の経文一句がある。甲本の注では、「老子経云、躁勝寒、静勝熱、清静以為天下之正」とあり、丁本の注では、「老子経云、静盛寒、燥勝熱、清静為天下之正、是也」とあり、道本は、「老子所謂躁勝寒、静勝熱、清静為天下正者也」となっている。
経曰、外応口舌吐五華、臨絶呼之亦登蘇何也。（同前）
経曰、肝部之宮翠重裏、主諸関鏡聡明始何也。（肝部章第十一）
道本は、上句と下句の間に「下有童神公子」の一句を欠く。甲本は、「肝部之中翠重裏」とする。「主諸関鏡聡明始」の注は、甲本道本では「青陽之本始……」とし、丁本は「三月陽之本始……」とする。
経曰、摂魂還魄永無傾何也。（同前）
経曰、腎部之宮玄闕円、中有童子冥上玄、主諸六府九液源、外応両耳青液津何也。（腎部章第十二）
この経文の解説には、この経文の後の二句についている甲・丁両本の注文と共通のものを引用している。注文の「九液者九竅之津也」は「者」の字を除く外は、甲本と同じ。青液は、百液であろう。
経曰、二部水王対生門、使人長生昇九天何也。（同前）
甲本丁本は「二」を「両」に作る。以下同様。しかもこの注のはじめは、一つ前の経文についている注から始まっている。

経曰、含潄金醴呑玉英、遂至不死三虫亡何也。（髀長帝第十五）

甲本丁本では「有一女子」とするのを道本では「有姹女」とする点が大きな違いである。

経曰、常念三房相通達、存漱五牙不飢渇何也。（常念章第二十二）

この経文は、中間の一句が抜けている。そして注には、欠けた経文についている注の文が引かれている。そして経の文は、突然また前に戻る。

経曰、五岳之雲気彭亨、保灌玉廬以自償　玉廬鼻也。（髀長帝第十五）

三本とも同じ故に、次に進む。「玉盧」を、丁本は「玉旁」に作る。

経曰、五霊夜燭煥八区何也。（上覩章第十六）

注の文は、甲本も丁本も「与天地同休」とするが、道本は「……同体」とする。道本で意味が通ずる。

経曰、方寸之中念深蔵何也。（同前）

注の文は、経の次の一句の分までをも引用する。その丁本と道本の注の「方静円動」は、甲本では、「方止円動」と作る。

経曰、内挟日月列宿陳、七曜九元冠生門何也。（雲台章第十七）

注の文のはじめに、道本は「於子之時」の一句が加わっている。末尾の注は、次の経文の注である。冠は冠。

経曰、気亡液漏非己形、専閉御景乃長寧何也。（瓊室章第二十一）

丁本は「気之液漏」とするが、これは道本が正しい。

経曰、五行相催返帰一、三五合気九九節何也。（五行章第二十五）

丁本は「催」を「推」に作る。また第一句目の注に『老子』の名称を用いるのも、道本が丁本と共通していることの証左である。すなわち、甲本では『老子』といわずして、『道経』と呼んでいるからである。注の後半に三元のことを述べるところに、右の経文の次の経文の丁本の注が入っている。

経曰、高奔日月吾上道何也。（高奔章第二十六）

注文の後半は、次の経文の注を記す。

経曰、玄元上下魂魄錬、一之為物頗卒見何也。（玄元章第二十七）

甲本と道本は、注文で「資一以錬神、神煉以合一」とするが、丁本は「宝一……」とする。道本の注の後半は、上述の注と同様に、次の経文の注を用いる。甲本では頗は、叵に作る。

経曰、結珠固精養神根何也。（同前）

特に問題はない。

経曰、坐起吾倶共棟梁、昼夜耀景暮閉蔵、通利華精調陰陽何也。（心典章第三十一）

甲本丁本と比較してほぼ同様。

経曰、散髪無欲以長存、五味皆至正気還何也。（木浴章第三十六）

注文に胎息の法について述べるが、枕の高さについて、甲本は二寸五分とし、丁本は一寸二分とし、道本は二寸二分とする。「一竟者七日一復也」という注は道本のみである。注の後半は、次の経文「五味皆至正気還」の注である。それは、「神凝液流、元気入于蔵、以成五味、而倶至焉。合五為一、寂然清静矣」となっているが、この注は甲本の方にはない。これこそ、曾慥が参考にしている『黄庭経』が、『修真十書』所収の『黄庭経』関連のテキストと共通していることを確実に証明しているといえよう。

『内景経』に関しては、前章において曾慥が『類説』においてもその摘録を収載していることを指摘して、検討を加えた。今ここに、『類説』巻三十七の『黄庭内景経』と『道枢』巻八の内景篇とを対比して考察すると重複が少ないということが判然とする。『類説』の『内景経』は、表面上は十一章だが、内容では十八条になり、『道枢』内景篇と共通するのは、内景篇を中心にいえば、第八章、第十章、第十一章、第十二章、第十七章、第二十一章、第二十五章の計七章である。しかも、この七章において、『道枢』内景篇と共通する句が少ないということは、曾慥が一方を意識して、無駄のない『黄庭経』の紹介を意図していたことを見てとることができる。両者の前後関係には問題があるが、『道枢』を、彼の晩年のものとすれば、『道枢』内景篇は『類説』を補足する存在と考えられる。

七　曾慥の『道枢』外景篇について

『道枢』巻八の外景篇は、次の表現で始まる。

外景篇　五牝金籥、以堅其内。独飡太和、可以不死。

そして次に経文が引かれて、それに注解が加えられる。

経曰、上有黄庭下関元何也。

これは、甲本では上部経第一とする分類のなかに入っているが、丁本では上部中部下部には分けない。『修真十書』巻五十八第一丁にある。

さて、右の経文に対して注の文が続くのであるが、その注文は、「黄庭者、在首之中、明堂洞房丹田是也。……黄庭者脾也。其治在中関元臍之下三寸、元陽之門在于其前、懸精如鏡、明照于一身、此道也」は、まさに丁本の記録である。甲本ここは、「黄庭者目也」としているのであるから、その相違は歴然としていて、

経曰、後有幽闕前命門、呼吸廬門入丹田、玉池清水灌霊根何也。

これも甲本であるが、前と同じく上部経第一に出る文である。曾慥の注解は第一の経文に対しては、「幽闕者、二腎也。……」とあり、次の経文に対しては、「呼吸喘息者、何也。気出為呼……却入三寸者、為丹田宮也」とし、最後に「玉池清水者、口之津液也。霊根者、舌也。……」とする。これは丁本の注解とほとんど同じである。一方、甲本においては「腎為幽関、目相連。……」とし、次の経文には、「呼之則出、吸之則入。……」とし、「口為玉池太和宮……」とする。丁本や曾慥の注解には見られない表現形式をとっている。この事実だけからも、曾慥の『道枢』巻八の外景篇は、丁本或はそれに類するテキストによって書かれていると断定することができる。

経曰、外本三陽神自来、内養三陽可長生何也。

甲本では、中部経第二に出ていて、「内養三陽」と「内拘三神」と作る。丁本では、巻五十九第四丁に出る文である。「三陽」を「三陰」とする。道本には注の文として「三陰」になっているから、道本の「三陽」は間違いである。道本の注の「男八女七従此而生、……」から最後までは、ここに引かれた経文の次の「魂欲上天魄入淵、還魂返魄道自然」の二句に付けられている丁本の注を引いている。いうまでもなく、甲本についている注ではない。

経曰、琁璣懸珠還無端、玉牝金鑰身円堅何也。

この句に一致するものは、甲本では中部経第二のなかにある、

庶幾結珠固霊根、玉筦金籥身完堅、

の経の句である。丁本では、巻六十、第一丁に、

琁璣懸珠環無端、迅牝金鑰常完堅、

とある。

道本は丁本と共通している。注の文も甲本ではなく、丁本と同じである。しかも、この経文は、丁本もまた曾慥の引用によって還と環とが再検討されるべきではなかろうか。もしそうであるとするならば、道本の価値が評価されることになろう。

経曰、象以四時赤如丹、仰前後卑各異門、送以還丹与玄泉、象亀引気至霊根何也。

甲本中部経第二では、「各異門」を「列其門」とし、「送以」を「選以」とする。道本の「仰前後卑」は、甲本丁本ともに「前仰後卑」とする。道本の注の文は丁本によっている。

経曰、独食太和陰陽気、故能不死天相既何也。

甲本中部経第二では、「天相既」を「天相灌」とし、丁本注では「年命無極与、天相既也。既者通也」とする。

経曰、道自持我神明光、昼日昭昭夜自守、渇自有漿飢得飽何也。

甲本中部経第二のみ「道自将我神明光」「渇可得漿飢自飽」と作る。丁本は巻六十第三に出る。

経曰、経歴六府蔵卯酉、転陽之陰、蔵於九何也。

甲本中部経第二では、両句の間に「通我精華調陰陽」の経文が入る。これは道本丁本では後に出る。丁本道本ともにこの句はない。道本の注には、次の句の注も入っている。丁本では巻六十第四丁に出る。

甲本中部第二は、「生三光」を「主三光」とし、「道呑漿」を「下玉漿」とする。丁本は、巻六十第四丁に出て、いうまでもなく道本とともに甲本の注とは異なる。

経曰、肝之為気修而長、羅列五蔵生三光、上合三焦道飲漿何也。

経曰、我神魂魄在中央、精液流泉去鼻香、立於玄膺含明堂何也。

甲本中部経第二では、「去鼻香」を「去臭香」に、「含明堂」を「金明堂」とする。丁本巻六十第五丁に出ず。

経曰、通我生華調陰陽、伏於玄門候天道何也。

甲本下部経第三にあり、「通我精華調陰陽」の句は、上述のようにすでに経文として引用されていて、ここではその経文を欠く。「伏於玄門」は「伏於志門」とする。道本の注は、次の経文につくものが入っている。丁本は巻六十第五丁に出る。

経曰、清浄無為神留止、精神上下関分理何也。

甲本下部経第三にある。以下の経文はすべて下部経第三に出ず。「関分理」を「開分理」とする。丁本は巻五十第六丁に出る。道本の注は、次の経文の注までも引いている。

経曰、還過華池動腎精、立於明堂望丹田、将使諸神開命門何也。

甲本、下部経第三にあり、「還過華池」を「還過華下」とする。丁本は巻六十、巻六丁に出ず。道本の注解は次の経文の注も引く。

経曰、随鼻上下開二耳、闚視天地存童子、調和精華理髪歯何也。

甲本は、「二耳」を「両耳」に、「理髪歯」を「治髪歯」とする。丁本巻六十第八丁に出ず。「治」を「理」とするのは、梁丘子が高宗の時の人であれば、高宗の名の「治」を諱んで「理」とすべきである。(24) かくして、丁本の価値と道本の価値をそこに見出すことができる。

経曰、蔵養霊根不復枯何也。

甲本は、その注文は、丁本道本と異なる。丁本は、巻六十第九丁に出る。

経曰、閉塞命門如玉都、寿伝万歳将有余、脾中之神遊中宮何也。

甲本は、「将有余」を「年有余」とする。脾についての注の文は、甲本では「脾為明堂、神治中宮也」とし、道本では「脾者在太倉上、朝為老君守理、暮游明堂為太一君者也」とする。

経曰、通利血脈汗為漿何也。

注文は、すべて丁本と共通する。

経曰、上稟天気年益長何也。

甲本は、「年」を「命」とする。その年命を、丁本道本では三百年とする。

経曰、服食玄気可遂生、還過七門飲太淵何也。

「還過」を丁本のみ「還返」とする。注の文は、丁本と共通する。

道本の外景篇は、『黄庭外景経』にある七言一句の経文すべて九十八条のなかから、甲本の分類にしたがって分けると、上部経第一から四句、中部経第二から二十三句、下部経第三から二十句、合計して四十七句を摘録している。しかも、中部経と下部経に多いことも判然とする。

以上のほか、『道枢』全篇の中では、『黄庭経』の引用は処々に見出されるが、そのことについては別の機会に検討することとする。

八　『道枢』の内外景篇と『修真十書』本の価値

上述のように、曾慥は『修真十書』内の『黄庭経』関係本かそれに類するテキストに拠っていた。『修真十書』は、変遷極まりない『黄庭経』の各種のテキストのなかにあって、原本に近いものであるとして、その価値を顕彰するのは、虞万理である。彼は「『黄庭経』新証」のなかにおいて、『黄庭経』の版本について、概略、次のように主張している。

甲　「雲笈七籤」本　「道蔵」優字号　務成子注本（第六七九冊）
乙　「洞玄部・本文類」本　「道蔵」人字号　『内景』『外景』原文（第一六七冊）
丙　「洞玄部・玉訣類」本　「道蔵」推字号　梁丘子注本（第一八九冊・第一九〇冊）
丁　「洞真部・方法類・修真十書」本　「道蔵」菜字号　梁丘子注本（第一三〇冊・第一三一冊）

甲本は、北宋の仁宗即位（一〇二二年）に近い頃のもの。丁本は、北宋末から南宋初の真人石泰字得之号古林の所輯で、彼は、南宋の紹興二十八年（一一五八）八月に尸解しているから、丁本はそれ以前のものである。今、丁本のみが「治」の字を「理」の字に改めているのは、梁丘子は唐の高宗の時の人であるから、高宗の名前「治」を諱むのは当然であるから、丁本こそ梁丘子の原本に近いものであろう。したがって、丁本は甲本より後のものであるが、丁本の淵源は甲本より古いものである。梁丘子注の『黄庭経』は、景雲（七一〇～七一一年）年間前後のもので、唐の開元中に纂修された『三洞瓊綱』のテキストを拠り所としていると考えられる。乙本と丁本は、どちらもそれによっている。甲本は、ほかの版本を広く参照してできた後出のテキストであり、甲本と丙本は共通するところが多い本である。氏は、結論として丁本の正文は原形に近く、甲本の注文は信頼がおけるものとする。

曾慥が『類説』を選述したのが、南宋の紹興（一一三一～一一六二）年間であることは明らかである。すでに虞氏の説くように、『修真十書』が紹興二十八年以前に成立しているならば、曾慥がそれを利用することができたし、できなければそれと共通するテキストに拠っていたことになる。氏が注文を評価する甲本、すなわち「雲笈七籤」本に顧慮するところがないことは、当面目睹しているテキストの経文と注文に、曾慥が非常に信頼をおいていたことになる。丁本出現の時代にもっとも近い曾慥のこのような態度は、『黄庭経』版本の問題解決の上で重要な意味を有するものといえよう。

要するに、宋代鍾呂系内丹派の南宗に属する曾慥にとって[25]、人身煉養の古典『黄庭経』は避けて通ることのできない書物であった。それであるからこそ彼は、『類説』と『道枢』の両書において『黄庭経』について論ずるのである。

注

（1）拙論「道教の人身論」（『竹中博士頌寿記念『宗教文化の諸相』）、「道教の寿命論」（那須博士米寿記念『仏教思想論集』）、「道教学の人間観」（『仏教文化学会紀要』、第二号）参照。

（2）道蔵、第六七九、「雲笈七籤」、巻一一。

（3）王明「『黄庭経』考」（『道家思想和道教』）。

（4）中田勇次郎の解説（『書道芸術』第一巻一七七頁）及び角井博の解説中国法書選十一『魏晋唐小楷集』二五頁、七一頁、『註解名蹟碑帖大成』（黄庭経）参照。

（5）卿希泰主編『中国道教史』第一巻、任継愈主編『中国道教史』、胡孚琛『魏晋神仙道教』、許抗生「『黄庭経』浅析」（『中国道教』一九九〇―三）、虞万理「『黄庭経』新証」（『文史』第二十九輯）。

（6）道教の誦経については、『道経事典』（平河出版社）の当該項目の外、拙論「写経の字数と念仏の数遍について」（『水茎』、第二十一号）等参照。

（7）陳耀庭『道・仙・人』、朱越利『道教問答』、曾召南『道教基礎知識』等参照。

（8）曾召編著『道教基礎知識』。

（9）注（3）王明と注（5）卿希泰の説を参照。

（10）李養生『道教概説』や任継愈主編『中国道教史』『道蔵提要』、徐兆仁『道教与超越』、傅勤家『中国道教史』、曾召南『道教基礎知識』、麥谷邦夫「『黄庭内経』試論」（『東洋文化』六十二号）。注（3）王明、注（7）陳耀庭前掲書等参照。

（11）李遠国編『中国道教気功養成大全』一九九七頁、『中国養生大成』二九頁、盧国龍『道教知識百問』二二頁。
（12）李養正『道教概説』三一六頁。
（13）注（5）論文参照。
（14）盧国龍「隋唐五代道教学者志」（『道協会刊』第一七期四四頁）。
（15）『黄庭経』文献解説は李遠国編『中国道教気功養生大全』一九九五頁〜一九九六頁と、方春陽主編『中国養生大成』二五頁〜二九頁。
（16）傅勤家『中国道教史』一五二頁。
（17）金正耀『道教与科学』一二二頁以下参照。
（18）宮川浩也「中国伝統医学の蔵府を考える」（『日本医史学雑誌』第三九巻四号十三七頁）。
（19）盧国龍『道教知識百問』二三頁以下参照。
（20）道蔵、第三二一、『養生秘録』、第五、及び第二十八。道蔵、第七三九、『還真集』上、一二。
（21）マックス・カルタンマルク「「景」与「八景」」（『福井博士頌寿記念　東洋文化論集』一一四七頁）。
（22）李豊楙『魏晋南北朝文士与道教之関係』九〇頁、二〇八頁。
（23）注（5）参照。
（24）注（5）虞万里「『黄庭経』新証」四〇三頁。
（25）任継愈主編『中国道教史』四九六頁。

第五節 『真誥』について

一

『真誥』は、上清派の大成者陶弘景の中心的著作である。それは、当然、道教研究上無視することのできない重要文献である。そのように重要な道教典籍が、道教の諸文献の節録を集めている『道枢』に引かれているのは当然といえるのではあるが、一般的な各分野に関係する典籍の摘録を記す『類説』にまでも『真誥』が引かれているのは、『黄庭経』などほかにもあるにはあるが、それほど多くはないのであって、その事実は、曾慥が『真誥』にそれなりの関心を払っていたことの証左となるであろう。因みに、不思議な因縁というべきか、「正統道蔵」の大玄部では、『真誥』の次に『道枢』が続いて置かれている。

曾慥と『真誥』との関係については、従来あまり顧られてはいないようである。そこで、本節において、『真誥』と『類説』及び『道枢』の検討をここに記すのである。従って、この検討は、一方では、重要な道教文献である陶弘景の『真誥』そのものの研究に幾分かの寄与をするためであり、一方では、『真誥』の扱い方を通して、曾慥及び彼の諸書節録の実態を解明する一助とするものである。

二

(1)『類説』巻三十三の構成

厳一萍の『校訂類説』巻三十三には、まず、

宋　温陵　曾慥　編

新野　馬之騏　参閲

明

山陽岳鍾秀　訂正

真誥　華陽隠居　陶弘景　撰

と記されている。そしてこれ以下に改行して、「金玉条脱」（旧鈔本は羅郁と作る――厳氏本に拠る）「櫛頭理髪」「清虚宮」といった簡潔な見出し語のもとに、『真誥』からの摘録が続く。その見出し項目は、①「金玉条脱」から始まって、その巻の全体に及んでおり、最後は、⑫⑧「白石生断穀」にまで及ぶ。今、項目の上につけたアラビヤ数字の番号は、整理の便宜上、筆者が付けたものである。なお『類説』には、各巻の冒頭に、目録が収載されているが、その目録に示される各項目の見出しの句は、本文と順が逆になっていたり、本文中の見出しの文字と若干異なるもの、或は、大きく異なるものなどがある。それらのことは、その都度指摘することとする。その相違についていえば、単に文字が異なるのみならず、第一三番目の目録の項には「火棗交黎」の項が入っていて、目録の方の総数は、本文の項目数一二八より一つ多くなっている。ただ、この「火棗交黎」は、本文の⑫の「玉醴金漿交梨火棗」が二つに分けられた

ものである。更に目録の「地胏」と「宝金宝玉」と別々に分けられているものが、本文の方では、⑱「地胏宝金白玉」と一つの項目になっている。また、本文の㊳「嵩高女真」の項は、目録の方にはない。『類説』における旧鈔本との異同は、厳氏が詳細に記録しておられるので、ここでは『真誥』本文と異るもので、特に必要なものだけについて注記するに止めた。

(2)　『類説』巻三十三の内容の検討

次に、『類説』の見出しの各項目と、それに続く曾慥の『真誥』の節録について考察を加えることとする。対比する『真誥』は、芸文印書館印行の「正統道蔵」の第六三七冊から第六三九冊の文である。

①「金玉条脱」　上述のように、旧鈔本は羅郁という見出しであり、「道蔵」の『真誥』の巻一第一丁に見える蕚緑華の話である。羅郁とは、九疑山中の道女の名である。以下、巻数丁数のみを記す。

②「櫛頭理髪」　目録では、節録の一句の「櫛頭理髪欲得多」が「欲多」となっている。巻一第六丁に出る清霊真人の語である。

③「清虚宮」　巻一第十一丁に出る。南岳夫人の言である。

④「香嬰」　紫微夫人に関するものであって、巻一第十一丁から十三丁にわたる文の節録である。節録の文中に、「香嬰者、嬰香也。」とあるのは、『真誥』では双行注となっている。「空際」は『真誥』では「空上」とする。

⑤「芙蓉冠」　桐柏山真人王子喬に関するもので、旧鈔本では、王子喬、となっている。巻二第十五丁に出る。

⑥「金棺葅狗」　清虚真人の言を記し、巻二第一丁にみえるものである。

⑦「此道在長養分生」　紫微夫人の語。巻二第一丁。

⑧「四難」　南岳夫人の語。巻二第三丁。
⑨「服日飡霞」　九華真妃の語。巻二第五丁。「惟聞」を『真誥』では「君聞」とする。
⑩「張良三期」　南岳夫人の語。巻二第十五丁。
⑪「守真一」　巻二第十九丁。
⑫「玉醴金漿交梨火棗」　旧鈔本は、標題を「飛騰之薬」とする。上述のように目録では、後半の「交梨火棗」が「火棗交黎」となって独立の項目となっている。
⑬「山中許道士人間許長史」　旧鈔本は「許玉斧」とする。雲林王夫人が許長史に語る文であり、巻二第二十丁に出る。
⑭「兄弟七人得道」　巻三第二丁の文の節録である。
⑮「青童詩」　青童大君の語。巻三第九丁。㊻参照。
⑯「神形如車馬」　太虚真人の語で、巻三第九丁。
⑰「度形舟」　西城真人の語で、巻三第九丁。
⑱「紫微歌」　紫微夫人歌を引く。巻四第四丁。「大林」を『真誥』は「太林」に作る。「純」は「淳」とする。
⑲「採五芝」　「石英吟曰」で始まるが、これは右英の方がよいであろう。巻四第七。
⑳「金漿玉蕤」　ここでも石英が右英となっている。巻四第十五丁。
㉑「南真夫人」　南人こと南真夫人の語。巻四第十五丁。「取舎」の字を『真誥』は「趣舎」とする。
㉒「尸解」　巻四第十五丁。
㉓「人死適太陰」旧鈔本は、太陰練形とする。巻四第十六丁。「生津煉液」を「生津成液」に「煉形」を「錬形」

に『真誥』は作る。

㉔「得道之士」　巻四第十六丁。

㉕「玉晨大道君」　巻五第一丁。

㉖「四真人」　巻五第一丁。

㉗「白髪懸石重十万斤」　旧鈔本は、劉偉道に作るように、中山劉偉道の話。巻五第五丁。

㉘「東王公西王母」　巻五第七丁。

㉙「食桃皮飲石中黄水」　旧鈔本は、導仙八方とする。巻五第九丁。

㉚「三関」　巻五第十丁。

㉛「心不正」　巻五第十丁。

㉜「手握固」　旧鈔本は、「半夜握固」とし、『類説』巻三十三の目録は、「夜半握固」とする。

㉝「隠殻虫」　巻五第十一丁。

㉞「九患」　巻五第十二丁。「守不固」は「志不固」に、「此人」は「皆人」に『真誥』は作る。

㉟「学道大忌」　巻五第十二丁。

㊱「食勿多飽勿臥」　巻五第十三丁。

㊲「式規法」　巻五第十三丁。

㊳「吐死気取生気」　巻五第十三丁。「慎咲」を『真誥』は「慎笑」とする。

㊴「陽台」　巻五第十四丁。

㊵「太洞真経」　巻五第十四丁。「太」は「大」に、「二山」は「三山」に、「夜化」は「暮化」に『真誥』は作る。

㊶「太極隠芝」　巻五第十五丁。

㊷「尸解仙」　巻五第十五丁。

㊸「陽丹」　巻五第十五丁。

㊹「服朮叙」　紫微夫人の語。巻六第三丁。「不及」は『真誥』では「未及」とする。

㊺「五難」　西城王君の語。巻六第六丁。

㊻「抜愛欲根」　青童君の語。巻六第六丁。㊺と㊻は、目録では順番が逆になっている。

㊼「道在呼吸之間」　巻六第七丁。

㊽「飯学道者」　太虚真人の語。巻六第八丁。

㊾「天下有五難」　紫元夫人の語。巻六第八丁。

㊿「行道如磨鏡」　太上の語。巻六第八丁。

51「小児貪刀刃蜜」　紫微夫人の語。巻六第九丁。

52「無愛即無憂」　南極夫人の語。巻六第九丁。目録は、「即」を「則」に作る。

53「学道如弾琴」　太上真人の語。巻六第九丁。

54「惜気」　巻六第十一丁。

55「求名如焼香」　巻六第十一丁。

56「穿井」　巻八第二丁。ここで急に巻八に入る。

57「摩面」　『大《ママ》素経』の文。巻九第三丁。「大」を『真誥』は「太」に作る。

58「営治城郭灌漑中嶽」　『消磨経』の文。巻九第四丁。「岳」は『真誥』では「嶽」に、「満」は「漏」とする。

⑲「閉目内視」　単に「経曰」とする。巻九第五丁。
⑳「叩歯咽液」　紫微夫人の語。巻九第八丁。
㉑「櫛髪呪」　巻九第九丁。
㉒「焼香」　南岳夫人の語。巻九第二十一丁。
㉓「閉気拝静」　『正一平経』の文。巻九第二十一丁。『真誥』の文では、㉓が㉒の前にあるべきである。
㉔「善悪夢」　巻九第十五丁。
㉕「服日月」　東華真人に関する文。巻九第十九丁。
㉖「射箭」　巻九第二十三丁。
㉗「読道徳経」　太極真人の語。巻九第二十三丁。
㉘「性躁」　中君の言。巻十第六丁。
㉙「丹砂合薬」　小茅君の語。巻十第七丁。「可合」は「可令」に、「積垢」は「積考」に『真誥』では作る。
㉚「臥床欲高」　巻十五第九丁。この㉚は、巻十五である。何故にこの巻十の文が並んで引かれている中に入っているのかは判然としない。曾慥が見ていたテキストがそのようになっていたのかどうかも定かではないが、注意しておくべき項目である。この㉚は後に出る99と並ぶべきものであろう。因みに、後にも触れるが、97のように、その節録の前半は巻十三のものであり、その後半が巻十五からのものであって、両者がまとめられて、巻十五の節録があるところに加えられている例がある。
㉛「殺鬼法」　巻十第十丁。
㉜「風病」　巻十第十一丁。

(73)「八節」　巻十第十九丁。

(74)「真人和六液」　巻十第二十丁。「咽沫」は「咽味」に『真誥』では作る。

(75)「五卯之日」　巻十第二十丁。「令気」を「念気」に『真誥』は作る。

(76)「不食蒜」　巻十第二十二丁。

(77)「暮臥存日月」　青牛道士の口訣。巻十第二十二丁。

(78)「地肺宝金白玉」　巻十一第一丁。「肺」を「胏」に、「天下」を「天市」に『真誥』は作る。目録は、「地肺」と「宝金白玉」とを各々一つの項とする。

(79)「拝樹乞長生」　巻十二第二丁。

(80)「三等号地」　巻十三第一丁。

(81)「服霧気」　巻十三第四丁。

(82)「大既有之小亦宜然」　旧鈔本は「進賢華陽宮」とする。巻十三第六丁。

(83)「嵩高女真」　巻十三第四丁。目録では、この項を欠く。

(84)「五色隠芝」　巻十三第八丁。

(85)「種五果」　巻十三第九丁。『真誥』の本文と比較すると、『類説』の文はその順が甚だ異る。今その差について記してみよう。まず『類説』の文を示す。

（イ）巴陵侯姜叔茂、住句曲山下、種五果并五辛菜。（ロ）常売菜以市丹砂。（ハ）叔茂以秦時封侯今名此地為姜地。（ニ）又有郭四朝種柰所謂福郷之柰。

これを『真誥』の文と比較すると、文字の二三の異同は別として、大きな順番について言えば、（イ）・（ニ）・

（ハ）・（ロ）の順になっている。
㊵「服胎気」　巻十四第二丁。

㊶「三官獄」「令」の字を『真誥』は今に作る。巻十四第五丁。

㊷「仏道仙道」　巻十四第六丁。

㊸「受蔵景化形法」　巻十四第十二丁。

㊹「日行三千里」　巻十四第十四丁。

㊺「龍奏霊阿鳳皷雲池」　巻十四第十七丁。この『類説』の節録の冒頭の「把九転而尸化、呑刀圭而虫流」の文のうち、「呑刀圭而虫流」の一句は、巻十四第一三丁に「真誥云、季主咽虫液、而頭足異処。剣経註云、呑刀圭而虫流。今東卿説云、……」とあるのが注意される。なお巻十四第十七丁の『真誥』の文は、「呑乃圭」となっていたり、「白狼」が「白琅」となっていたり、「玉七」が「玉十」に「諸聖」が「諸君」となっている。

㊻「彭祖名鏗」　巻十四第十七丁。「彭祖名鏗」が、『真誥』では、「彭鏗」となっている。目録は、「名鑑」に作る。

㊼「至人」　巻十四第十八丁。

㊽「桐柏山」　巻十四第十九。「周回」を「周廻」、「石醴」を「石髄」に、『真誥』は作る。

㊾「酆都宮名」　巻十五第二丁。

㊿「稲名重思」　巻十五第四丁。

⑼「鬼官北斗」　巻十三第四丁と巻十五第五丁。『類説』の文は次のようになっている。「鬼官北斗君、乃道家七辰、北斗之考官。此鬼一官、又隷九星精。上属北辰玉君。天上北斗有所司察。故鬼官亦置此職。」そして続いて

「武王発今為北斗君……四明公領四方鬼。」となっている。『類説』の文をここでは、特に二つに分けて示したのは、前半が実は、巻十三第四丁のからの引用であり、しかもその後半すなわち「天上北斗……置此職。」は、『真誥』においては双行の注の文であることを示したかったからである。そして「武王発」以下が、巻十五第五丁の文である。武王発が北斗君となったことに関連して北斗君についての文をそこに連続させることは、曾慥が、『真誥』を深く読み込んでいた証左といえよう。なお、「四明公」は、『真誥』では、「四明主」となっている。

⑱「天門亭長」　巻十五第六丁。

⑲「室宇潔盛」　巻十五第九丁。この文は、『類説』では、「人臥室宇……一身亦然耳、当洗沐澡潔。」とあり、続いて、「故旡者、鬼神塵濁不正之旡也。」の文があるが、これは、『真誥』においては、双行の注文である。そしてこの文の前に、すでに触れたように、⑳「臥床欲高」の文が入っているのである。目録は、「潔浄」に作る。

⑩「鬼畏啄歯」　巻十五第十丁。

⑩「侍帝晨」　巻十五第十一丁。

⑩「四明賔友」　巻十五第八丁と十四丁及び巻十六第一丁。すなわち『類説』の「魏武帝為北宮大傅」（宮は君に、大は太に『真誥』は作る）の部分が入り、次に70「臥床欲高」が続き、次に「孫策」と「漢高祖晋宣帝荀彧」との部分とが一つに組み合わされ、それぞれの句の下につくべき「為四明公賔友」が最後に一括して付せられており、曾慥の要領を得た『真誥』の摘録となっている。

⑩「南宮仙」　巻十六第一丁。「称量家分」を、『真誥』では、「称量処分」とする。

⑩「元規領鬼兵」　巻十六第一丁。「大帝」を、『真誥』は「太帝」とする。

⑩「文挙求自代」　巻十六第二丁。

(106)「逸少繋禁中」　巻十六第四丁。

(107)「忠孝人為地下主者」　巻十六第九丁。

(108)「至真」　巻十六第十一丁。「至真」を『真誥』では、「至貞」とする。また、「金潭女」を「金漂女」とする。『真誥』のこの文の後に付いている双行の注には、「漂字或応作漂《ママ》字耳。」となっている。

(109)「英雄不為仙」　巻十六第十二丁。「綜里死生」を『真誥』では「綜理死生」とする。目録は、「不」を「下」に作る。

(110)「三官之僚」　巻十六第十三丁。「都禁、即」を『真誥』は、「都禁郎」とする。

(111)「欝池玄宮」　巻十四第十九丁。「桑林真人」を、『真誥』は、「乗林真人」に作る。以下、急に、巻数が前に戻る。

(112)「帝嚳九変十化経」　巻十四第十八丁。因みに、この項の『九変十化経』に関しては、巻九第十三丁に、『太上九変十化易新経』が引用されている。その内容は、この『九変十化経』の説くところとは一致しない。ただ、巻九の方では、末尾に双行の注があり、「下真品目有九化十変、疑此目是例言也」と記されているのは注目すべきであろう。なお、この経名と経文の殆んど同じものが、『上清三真旨要玉訣』に引かれている。さて、巻一四の文は、「定嚳」、『真誥』では「定佶」となっており、その双行の注文には、「帝佶則尭父、外書作嚳字。」とある。

⑬「玉霄琳房」　巻九第十五丁。

①「学道先治病」　巻十第十八丁。「按景」を「接景」に『真誥』は作る。

(115)「存神光」　巻十第十八丁。

⑯「味道講経」　巻十第十九丁。「三両過」を「両三過」と『真誥』では作る。目録は、「講」を「読」と作る。
⑰「神薬」　巻十第二十三丁。
⑱「老子抜白日」　巻十八第六丁。　旧鈔本では、すべて、日数の上に「初」の字がつく。そのほか日数にも異りが見られる。
⑲「上帝殺害日」　巻十八第六丁。「百事不宜」が「百事無宜」に『真誥』は作る。
⑳「雲林夫人」　巻二第十一丁。　巻数がここで特に始めの方に戻る。以下に見られるように変動が甚だしい。
㉑「玉珮金璫」　巻五第四丁。
㉒「服日月芒法」　巻九第二十一丁と二十二丁。全文わずか十七字であり、この節録は、第二十一丁と二十二丁を合して記されたようである。すなわち、はじめの「日有九芒、月有十芒」は第二十二丁の文からであり、「方諸宮有服日月芒法」の句は第二十一丁からのものである。
㉓「按行洞天」　巻十一第十一丁。
㉔「含真台」　巻十二第十四丁。旧鈔本は「含台粛堂」と作る。
㉕「髪不白」　巻二第十九丁。
㉖「死津生道」　巻三第九丁。小有真人の語である。
㉗「服黄連不死」　巻五第九丁。「黄連」を『真誥』では「黄蓮」とする。
㉘「白石生断穀」　巻五第十四丁。

以上で、『類説』の巻三十三は終了すると共に、『真誥』からの節録も完了する。これらを通して、『真誥』本文の訂正も可能であろうし、『真誥』本文の配列などに、いずれ参考になる時がくるかもしれない。今はただ、曾慥の節録の方法とその巧みさに感動するばかりである。問題は、次章で述べる『道枢』と『真誥』の関係の方に多くあるようである。それは、『類説』よりも、道教に関係深い文を引く。

三

以上において、曾慥の『類説』における『真誥』の節録について述べたのであるが、曾慥は、道教典籍を中心とする摘録集『道枢』においても、『真誥』を取り挙げている。『類説』と『道枢』の両方にその摘録があるのは、『真誥』だけに限らず上述のように他にもあるが、それほど多くはない。このことは、曾慥の関心が、それぞれの書にそれだけ関心が深かったからに違いない。『類説』と『道枢』で、同じ『真誥』を扱う上で、どのような相違があるのかを、次に検討することとする。

『道枢』（『道蔵』第六四一冊―第六四八冊）には、四十二巻の中に、一一〇篇に近い篇数があって、曾慥が披見した書物の摘録が載っている。曾慥の『道枢』の内容については、上来、明かにしたところであるが、当面の『真誥』の摘録について述べるならば、それは、巻六の中に、虚白問篇の次に真誥篇として収められていて、巻六は、この二篇で終わる。『道枢』では、篇の下に四句十六字の双行の注がある。真誥篇では、それは、

列仙之霊　　列仙の霊は
吐辞為経　　辞を吐きて経を為る
撮其玄機　　其の玄機を撮りて
可以頤生　　以つて生を頤《やしな》うべし

となっている。そして次に、『真誥』からの摘録が始まる。以下、『真誥』と対比してその節録を論ずることとする。文字の異同は、特別の場合を除いて、省略した。

　杜広平杜契字也後漢末人授玄白之道于介先生。

『真誥』巻十三第十三丁の節録である。杜広平のことは、第十五丁、巻十八第一丁にも見える。『登真隠訣』（道蔵、第一九三冊）巻中第二十丁にもある。ここで、上文に続いて、『道枢』真誥篇を示す。

　常旦旦坐臥。任意存于泥丸。其中有黒気焉。次存于心。其中有白気焉。臍之中有黄気焉。其初存也。気出如豆、既而其大衝天。於是三気如雲纏。咽繞身而覆身之上。変而為火。在三咽之内、復合景。以錬一身。一身之内五蔵照徹。

右の文は、「杜広平……于介先生」以外『真誥』巻十第二丁による。

　如是旦而行之、至日中而止。於是服気百有二十過、所謂知白守黒、可以不死者也。

右の文は『真誥』巻十三第十五丁に出る。

　太素丹経景曰、一面之上、常得左右手摩拭之使熱、高下随形皆使極帀焉。可使皺斑不生。而光沢如少女矣。所謂山川通気者也。精景按摩経曰、臥起当平気。正坐先叉左右手、乃度以掩其頸。後因仰面視上而挙其頸。使頸与左右手争為之三四止。使人精和血通、風気不入巳。復屈動其身体、伸手四極、反張側掣宣揺百関。為之各三焉。臥起以帨或厚帛拭頸中及耳之後、使周帀倶熱、温温然也。順髪摩頸、若理櫛之無数焉。良久摩左右手以治面目巳、乃咽液二十過、以導内液。常行之則其目明。其体不垢、邪気不干矣。

右の文は、巻九第三丁の「太素丹景経曰、……」の文に出る。なお、『類説』で示した㊼「摩面」には『大《ママ》素経曰……』とある。

於生気之時、咽液二七過。按体之所痛。向其王方而祝曰、左玄右玄、三神合真。左黄右黄、六華相当、風気悪疾、伏匿四方、玉液流沢、上下宣通、内遣水火、外辟不祥、長生飛仙、身常体強。祝巳、復咽液二七過。按所痛者二十有一過。常行之則無疾矣。

右の文は、巻九第四丁に出る。ただし、最後の「常行之則無疾矣。」は、或は、曾慥の語か。

耳目者、尋真之梯級、綜霊之門戸也。常以手按其眉後之穴、三九過。以手心及指摩其目權上、以手旋其耳、行三十過。其摩帷数数然無時也。既巳、則以手逆乗額上、三九過。従眉中而復上行、入髪際。其咽液無数焉。常行之、目清明矣。眉之後有小穴。是為上元六合之府也。其生化生日之輝焉。目之下權之上、是決明之津也。以手旋其耳者、採明暎之道也。夫人之老鮮、不始于耳目者也。以手乗其額之上、而内存赤子、則日月双明上元喜矣。於是終三九之数。是為手朝三元固脳堅髪者也。首之四面、以左右手、乗之順髪就結。惟令多焉。於是首血流散、風湿不凝矣。既巳、則以手按其目、二九過。是為検目神者也。

右の文は、『真誥』の巻九第六丁から第七丁にかけての文の摘録である。

司命東卿曰、清斎辟穀、則昼存日、夜存月。在于口中、使其大如環、其日赤色有紫光九芒焉。其月黄色有白光十芒焉。於是咽其光芒之液、常密行之無数焉。或使日月居于面左日右月。於是二景与其瞳合気相通。是為摂運生精理和魂神之道也。

右の文は、『真誥』の巻九第十八丁に出る。これは、『類説』の⑼「龍奏霊阿鳳鼓雲池」で指摘したように『真誥』の巻十四第十三丁の双行の注に「東卿云、……」とあるのや、『真誥』巻二第十の東卿大君などに関係があろうか。

太虚真人曰、月之五日子之時、内存日象、従口而入、在于心之中。使照一心之内、与日合光、覚其心暖焉。即咽液九過。至于十有五日、二十有五日、二十有九日、復為之、則耳目聡察、百関鮮徹、面有玉光、体有金沢。十有五年、太上遣仙車至矣。

右の文は、『真誥』巻九第十九丁に見える。「……一心之内」までが『類説』の(65)「服日月」に相当する。

大智慧経曰、内存心中有日大如銭焉。赤色而有九芒、従心而上、出喉至歯、回還胃中。如是良久、自見其心胃已。乃吐気咽漱三十九過、一日三行之。行之一年、疾除。五年身有光彩。十八年可以得道、日行無影矣。夜服月華、如服日焉。惟従脳中而下、其入于喉芷、亦不出于歯、而還入于胃。

右の文は、巻九第二十二丁に匹敵し、『類説』では、(122)「服日月芒法」に出る。

張微子曰、平旦先閉目内視、如見五蔵。因口呼出気、二十四過。使目見五色之気、相纏于面。因入于口、納此五色之気五十過、咽液六十過、扣歯七通、咽液七過、乃開目。久行之、常乗雲霧而行、此服霧之方也。

右の文は、巻十第一丁に出る。これは、漢の張微子の服霧の法であり、『真誥』巻十三第四丁から第五丁にも類似のことが記されており、『類説』では、後者の文が81「服霧気」として節録されている。

九華真妃曰、日者、霞之実。霞者、日之精。唯聞服日之法、未見餐霞之経。餐霞之経甚秘焉。致霞之道、甚易焉。目者、身之鏡也。耳者、体之牖也。視多則鏡昏、聴衆則牖閉矣。吾有磨鏡決牖之術焉。面者、神之庭也。髪者、脳之華也。心悲則面焦矣。脳減則髪素矣。精元内喪、則丹津損竭矣。吾有童面還白之法焉。精者、体之神也。明者、身之宝也。労多則精散矣。営鏡則明消矣。吾有益精延明之経焉。

とある。右の文は、急に前に戻って、『真誥』の巻二第六丁に出る。『類説』では、ほぼ同文が⑨「服日飡霞」として記されている。

守真一篤者、一年則首不白禿神更生矣。内有家業子孫之羈、外有王事朋友之交。耳目広聞、声気雑役、則道不専、行事無益矣。真才多隠乎林嶺之中。遠世而抱淡、則嬰顔而玄鬢矣。於是吾将致乎玉醴金漿交梨火棗騰飛之薬。若体未真正邪念盈懐、則不能致矣。火棗交梨者、非外物也、其生于心、其中有荊棘、則梨棗不見矣。

右の文は、巻二第十九丁に出る。『類説』では、⑪「守真一」で、「……玄鬢矣」までが記され、⑫「玉醴金漿交梨火棗」で、「玉醴……」の文が記載されている。

青童大君曰、欲殖滅度根、当抜生死栽、沉吟堕九泉、但坐惜形骸。

右の文は、巻三第九丁に出る。『類説』⑮「青童詩」が相当する。『類説』は「殖」を「殄」に作る。

西城真人曰、神為度形舟、薄岸当別去。徘徊生死輪、但苦心猶予。

右の文は、巻三第九丁に出る。『類説』の⑰「度形舟」と一致する。

夫学道者、可不自力乎哉。夫人之死也、其形如生者尸解也。足不青、皮不皺、目光不毀、髪不脱、而堅形骨者、尸解也。

右の文は、巻四第十五丁に出る。『類説』は22「尸解」の前半部分と一致する。

尸解之仙方、得御華蓋、乗飛龍、登太極、游九宮而已。

右の文は巻五第十五丁の文である。『類説』ではカットされた文であるが、ここでは、尸解に関係ある文として一括して記されている。

得道之士、暫游太陰者、太一守其尸、三魂営其骨、七魄衛其肉、胎霊保其気矣。

右の文は、巻四第十六丁に出る。『類説』では、㉔「得道之士」に記されている。

為道者、当令三関常調焉。口者心之関也。足者地之関也。手者人之関也。三関調、則五蔵安矣。

右の文は、巻五第九丁に出る。『類説』では、㉚「三関」として記される。

姜伯真遇仙、仙使乎倚日中其影偏焉。仙曰、子篤志学仙、而心不正何也。吾誨汝、日出三丈、措手二肩之上、以日当其心、心暖則心正矣。従之遂得道焉。

右の文は、巻五第十一の文であり、『真誥』と語順が逆のところもある。『類説』では、㉛「心不正」に出る。

以夜半去枕、平臥握固、放其体。若気調而微者、身神具者也。

右の文は、巻五第十一丁に出る。『類説』では、㉜「手握固」（「半夜握固」）である。

学道有九患焉。有志無時一也。有時無友二也。有友無志三也。有志不遇師四也。遇師不覚五也。覚而不勤六也。勤不守道七也。志不固八也。固而不久九也。

右の文は、巻五第十二丁にあり、『類説』では、㉞「九患」として出ている。『道枢』の文中にある「一……二……三……」などの数字は、『真誥』にはない。

喜怒損其志者也。哀楽損其性者也。栄華惑其徳者也。陰陽竭其精者也。道之忌也。

右の文は、巻五第十二丁に出る。『類説』㉟「学道大忌」にみえる。

為道者、口常吐死気、而取生気焉。慎笑節言、而思其形焉。

右の文は、巻五第十三丁に出る。『類説』では、㊳「吐死気取生気」として示される。

式規之法、能使目明何也。吾以甲子旬、取東流清水、合真丹、以洗其目。斯則明矣。

右の文は、巻五第十三丁にあり。『類説』では、㊲「式規法」に出る。

太上曰、人命在幾日間。或曰、数日間。或曰、終食間。太上曰、未也。或曰、在呼吸間。太上曰、善哉。可謂知道矣。

右の文は、巻六第七丁に出る。『類説』では、㊼「道在呼吸之間」として記されている。

紫微夫人曰、為道者、譬持火入冥室。其冥即滅、而明独存矣。財色者、其如刀刃之蜜歟。孺子知其甘於口、而不知有截舌之患焉。

右の文は、巻六第八丁にある。『類説』では、(51)「小児貪刀刃蜜」として記される。

南極老人曰、愛而生憂。憂生即有畏。故無愛則無憂矣。無憂則無畏矣。太上真人曰、弾琴絃緩如之何。或曰、不鳴不悲。曰、絃急如之何。曰、声絶而傷悲。曰、緩急得中如之何。曰、衆音和合、八音妙奏矣。太上真人曰、学道執心、其如琴乎。

右の文は、巻六第九丁に出る。『類説』では、(52)「無愛即無憂」と(53)「学道如弾琴」の二つに分けて記されている。

学道之人、如思朝食未有不得者也。惜気如惜面目、未有不全者也。

右の文は、巻六第十一丁に出る。『類説』では、(54)「惜気」に示される。

下士競於求名。其如香以自燔。燔則気滅。徒欲衆聞之不亦惑歟。

右の文は、巻六第十一丁にあり、『類説』では、(55)「求名如焼香」として出る。

太素経曰、左右手常摩拭其面、使熱焉。則皺斑不生、而光沢矣。摩左右掌、至其熱、以拭其目。順手以摩、其髪如櫛焉。左右肱更相以手摩之、則髪不白、脉不浮矣。

右の文は、巻九第三丁に出るが『太素丹景経』としている。『類説』では、(57)「摩面」として記されているが、『大《ママ》素経』となっている。

消魔経曰、若体中不寧、当反舌塞喉、漱津咽液、而無数。斯体中自寧矣。耳数按抑、則聡徹矣。其名曰営治城郭、名書皇籍者也。鼻数按其左右、則気平矣。其名曰灌漑中岳、名書帝籙者也。目欲瞑而坐、内視以見其五蔵、則腸胃斯明徹矣。

右の文は、巻九第四丁にあり、『類説』では、(58)「営治城郭灌漑中岳」に出る。そして、後文の「目欲瞑……」以下は巻九第五丁にあり、『類説』では㊾「閉目内視」に相当する。

吾櫛髪、則向王地、而祝曰、泥丸玄華、保精常存。左為隠月、右為日根、六合清錬、百神受恩。既巳咽液者三、則髪不白而日生矣。

右の文は、巻九第九丁にあり、『類説』では、㊶「櫛髪呪」に匹敵する。

正一経曰、閉気定静、可使百鬼畏憚、功曹使者、龍虎君至矣。

右の文は、巻九第十三丁にあり、『類説』では、㊸「閉気拝静」として示される。

夢之悪者、何也。一則魂妖、二則心試。三則尸賊也。

右の文は、巻九第十六丁に出る。『類説』では、㊹「善悪夢」に当たる。

既寤以左手捻人中者、十有四。扣歯者、十有四、則反凶生吉矣。善夢則摩其目、十有四。叩其歯十有四焉。

右の文は、巻九第十六丁に出て、前の文と同じく、『類説』の㊹に相当するが、『真誥』では、「左手躡人中」とか、「十有四」を「二七」とする。

寝之牀欲高。高則地気不及、鬼気不干矣。夫鬼気侵人者。常依地而為祟焉。

右の文は、巻十五第九丁に出て、『類説』では、㊿「臥床欲高」に相当する。

夜行叩歯、鬼斯畏矣。不敢近也。

右の文は、巻十五第十丁にあり、『類説』⑩「鬼神啄歯」に当たる。

甲寅庚申、是鬼競乱。精神躁穢之日。

右の文は、巻十第二十丁にあり、『類説』では、前に戻って、㉟「五卯之日」の前半に当たる。

黄牛道士曰、夕寝存日、在額之上、月在臍之上、則万邪遠矣。

右の文、『真誥』では、青牛道士となっていて、巻一〇第一三丁に出る。『類説』では、⑰「暮臥存日月」の前半が相当する。

中山劉偉道学仙十有二年、仙師試之。以十万斤之石、懸以一髪、使偉道寝其下。偉道心安、体胖。仙師曰、可教也。餌之神丹、白日升天焉。

右の文は、『真誥』の前に戻って、巻五第五丁にあり、『類説』では、㉗「白髪懸石重十万斤」に記されている。「心安体胖」は、『真誥』『類説』ともに「心安体悦」とする。

昔者、有人好道、不知其方。夙夜向柏木拝之、求長生焉。逾二十有八年。於是木生紫華、其甘如飴、食之而仙。或有拝太華者、致西岳丈人、授以道。或有拝河水者、十年致河伯、授以水行不溺之方、此無他焉。精誠之至也。

右の文は、巻十二第十二丁から第十三丁に亘る文であり、『類説』では、⑲「拝樹乙長生」に出る。文中の「柏木」は、『真誥』『類説』ともに「枯木」とする。

王仲甫、吸引二景、餐霞四十有余年、而無成焉。其子服之、十有八年而仙去。南岳真人謂仲甫曰、爾脳宮虧減、筋液不注、安得有成哉。仲甫治其疾、而後修其真亦仙去。故学道者、必先養其身、而後可与議矣。

右の文は、『真誥』巻十第十八丁に出る。『類説』では、⑭「学道先治病」に当たるが、『道枢』では、そのはじめの十九字ほどはない。

四

『道枢』巻二十二の末尾に、

陶隠居曰、子午二門、開卯酉者也。四時運火、合乾坤者也。斯龍虎自相呑矣。

という文章が引かれている。巻二十二には、修錬金丹篇と金液還丹内篇の二篇が入っている。当面の陶隠居の文は、後の金液還丹内篇の中にある。この篇にはまず、他のすべての篇と同じように、四字四句の双行の注がある。すなわちそこにいう、

非汞非鉛　　汞に非ず鉛に非ず
真一為基　　真一を基と為す
知白守黒　　白を知り黒を守れば
神明自帰　　神明自ら帰せん

と。この篇は、李光玄が仙道を求める話が中心になっている。これは、曾慥がどのような書物から節録したのかが、まず問題となる。恐らく、それは、『金液還丹百問訣』からであろう。ただし、この書は、同じく李光元《ママ》の『海客論』とほぼ同文のものであり、『道枢』とこの二書との対比は、また、大きな問題である。因みに『海客論』は玄の字を、元と作る。『海客論』には、陶弘景の語が三ヵ処引用されているが、『金液還丹百問訣』は、ただ一ヵ処である。[1] そして『海客論』の筆一番目の引用が、『金液還丹百問訣』と『道枢』とに引かれているものである。繰り返しになるが、この三本の対比は別に論ずることとして、今、陶弘景の作とされる文についてのみ比較しておくこととする。

『海客論』（第十丁）

陶隠居望江南云、長生薬重鼎復重温、子午二門開卯酉、四時運火合乾坤、龍虎自相呑（此之謂也）。

『金液還丹百問訣』（第十三丁）

陶隠居望江南詞云、長生薬本是五行作。子午二門開卯酉、四時運火合乾坤、龍虎自相呑（此之謂也）。

『道枢』巻二十二第九丁

陶隠居曰、子午二門、卯酉者也。四時運火、合乾坤者也。斯龍虎自相呑矣。

因みに、『道枢』巻三十四参同契下篇に、二八は卯酉、卯は龍血、酉は虎血であるという。

『道枢』には、真誥篇で陶弘景の文章を一括して引用するほかは、それほど多くの引用文はない。右の陶隠居の文も数少ないその一つである。このほか、陶弘景に関するものを拾ってみると、巻十八の契真篇に『登真隠訣』の文が引かれている。

登真隠訣曰、長生必須断穀気、穀未必能長生者也。……（第二丁右）

真誥曰、吾見学採御者死、未見学採御而生也。（第二丁左）

『真誥』の文は、なお続くのであるが、どこまでが『真誥』の文かは判然としない文であり、右で止めておく。佚文であろうか。後考に俟つ。

『道枢』には、以上のほかに、陶弘景の名或は彼の書名を示さないで引用されている文があるかもしれないが、それらについては、契真篇とともに、後日を期すこととする。

注

（1）『金液還丹百問篇』の文は、「道蔵」第一三二冊にあり、『海客論』は、「道蔵」第七二四冊第九にある。『道蔵提要』では、前者を北宋時の作とし（七九〇頁）、後者については、北宋末か遼の人か、とする（一九六頁）。また、李光玄については、別に項目を立てている（一二〇三頁）が、そこでは、『金液還丹百問訣』を一名『海客論』とだけ記している。

第三章　仏教資料としての『類説』の価値

第一節 『洛陽伽藍記』について

一

『洛陽伽藍記』の検討に入る前に、第二章第一節において言及したように、仏教資料ということばの概念規定は、第二章の道教資料の場合と同様に、ある程度の目安が必要であろう。すなわち、第二章での規定を利用すれば、各種の大蔵経に収録されているものと撰述者が仏教に関係のある場合と『類説』に入っている文献に、仏教霊験譚など仏教に関係することがらが記録されているもの、ということになるであろう。

今、右のような観点から『類説』を検討してみると、巻六に『洛陽伽藍記』、巻七に『廬山記』、巻二十に『景徳伝灯録』がある。更には、巻四十五に『法苑珠林』があるほか、巻六十には、『三蔵法師伝』『高僧伝』『法顕伝』『弘明集』、『歴代三宝記』、『大唐西域記』『衆経音義』『翻訳名義』などが集中的に収められており、道教関係資料ほど多数ではないにしても、至游居士と自ら称する曾慥においては、仏教資料も当然ある数量に及ぶ。本稿においては、まず、『洛陽伽藍記』『廬山記』『景徳伝灯録』『衆経音義』の四部を検討することとする。

まず、『類説』巻六に載せられている『洛陽伽藍記』について検討を加えることとする。『洛陽伽藍記』は、後魏（北魏）（四四〇－五三四）の末頃に、楊衒之が、後魏が東西両魏に分裂した東魏の武定五年（五四七）に、洛陽の寺院の荒廃の状況を記録したものである。楊衒之は、陽衒之とも羊衒之とも書かれるが、陽衒之は陽休之の一族と考えられることから、陽とするのが正しいとされている。[1] 因みに、文学に造詣が深い陽休之は、かの有明な陶淵明の詩文のテキストを編集した人物であることについては、陶淵明研究上重要なことがらであるにも拘らず、あまり考慮されてはいない。

さて『洛陽伽藍記』を陽衒之が撰述した意図は上に少しく触れたのではあるが、彼の序には次のように記されている。

麦秀之感、非独殷虚。……京城表裏凡有一千余寺。今日寥廓、鐘声罕聞。恐後世無伝、故撰斯記。…余才非著述、多有遺漏、後之君子詳其闕焉。[2]

かく序文を記した後に、現行の『洛陽伽藍記』は、巻の第一「城内」の項から巻の第五「城北」に至る記述が続いている。しかし厳一萍は、『洛陽伽藍記』については、今本に脱文があることが判るのに、世のそれを知るものは少ない、といっている。[3] なお、本書では、「大正大蔵経」第五十一巻所収のテキストを基本におく。以下の文中に正本というのは、それである。また、范祥雍の『洛陽伽藍記校注』は、『洛陽伽藍記』本文の校訂に当って、『類説』を活用されているが、拙論は、『類説』を中心として、初めて、『洛陽伽藍記』を具体的に考えるものである。

二

さて曾慥の『洛陽伽藍記』は、上述のように『類説』巻の六に、

洛陽伽藍記　後魏撫軍府司馬楊衒之撰

とまず記されて、そして、

習字

後魏考文帝、会群臣酒酣。帝挙巵曰、……

の文からまず始まっている。はじめの魏の文帝のことは、正本巻第三「城南」の記事の中の「報徳寺、高祖孝文皇帝の立つる所なり。」とあるのに関連して書かれている文である。この文は、三三横、両両縦（『類説』は縦を従とする）の画の字についての謎掛け問答のような話を記したものである。魏の文帝が巵を挙げて、三三横、両両縦について弁ずるものがあれば、金鍾を賜わん、といったのに対して、李彪と甄琛とがそれぞれ答を出している。正本には、

御史中丞李彪曰、沽酒老嫗瓮注瓨、屠児割肉与称同。

尚書右丞甄琛曰、呉人浮水自云、工妓児擲絶在虚空。

とある。このうち、瓮の字は、別本は甕に作り、称の字は秤に作り、絶の字は縄に作る、とする。さて、『類説』においては、右の文に相当するところが、

中尉李彪曰、沽酒老嫗瓮注巩《ママ》、屠児割肉与称同。

左右（右は一本、参と作る）甄琛曰、呉人浮水自云、工妓児擲縄在虚空。

となっている。文字の異同は范氏の『校注』に譲るが、注意すべきことは、『類説』の第一条が、現行正本『洛陽伽藍記』の巻第三に記されていることである。『類説』の次の一条は、

壊塼（一本、懐磚と作る）

魏荘帝舅李延寔（一本は寔）為青州刺史……

となっているが、現行本では、巻第二の「秦太上君寺」の項に入っており、そこでは、

太傅李延実者、荘帝舅也。永安年中、除青州刺史……

と記されている。

『類説』は次にまた、現行本の巻第三の上掲「習字」に続くところに関係がある「酪奴」のことに入る。酪奴とは茶のことをいうのである。

酪奴

斉王粛帰魏、初不食羊肉及酪漿。……

高帝曰、羊肉何如魚羹、茗汁何如酪将水。……

という文であるが、范氏は『類説』を引いて、「茗汁」を「茗飲」とする。内容は多少なりとも現行本に一致するところはあるが、『類説』の文の順序は、酪度が習字の次に来ているのに、現行本では、一部分が前に来ている。

次には、『類説』は「水厄」の文を載せる。短い文であるので全文を引用する。

水厄

王濛好茶、人至輒飲之、士大夫甚以為苦。毎欲候濛、必曰、今日有水厄。

現行本は、次のようになっているが、水厄の意味は、『類説』のように明断ではない。すなわち正本巻第三では、次のように記されている。

彭城王謂縞曰、卿不慕王侯八珍、好蒼頭水厄。海上有逐臭之夫、里内有学顰之婦、以卿言之、即是也。其彭城王家有呉奴、以此言戯之。自是朝貴讌会、雖設茗飲、皆恥不復食、唯江表残民遠来降者好之。後蕭衍子西豊侯蕭正徳帰降。時元義欲為之設茗、先問卿於水厄多少。正徳不暁義意。答曰、下官生於水郷、而立身以来、未遭陽侯之難。元義与挙坐之客皆笑焉[4]。

これだけでは、水厄の意味は、依然として不明のままである。『洛陽伽藍記校注』巻末の「付編一」の佚文に『類説』の水厄の一文が引かれているが、范氏は、「曾慥類説六　按王濛亦為東晋時人、与本書記述例不合、太平御覧八百六十七引作世説、疑類説誤也。」としている。『太平御覧』の同巻には『洛陽伽藍記』の正本とほぼ同文を引くが、王濛のことはそこにはなくて、別に、「又（世説）曰、晋司徒長史濛好飲茶。人至輒命飲之。士大夫皆患之。毎欲往候必云、今日有水厄。」と記されている。しかしまた、別の先学は次のような説明を加えている[5]。

水厄は、水阨に同じ。厄と戹と阨とは、同字なり。即ち難苦の意にして、水厄は、水の災難といふが如し。「王濛、茶を好む、人の過ぐるあれば、輒ち之れを飲ましむ。士大夫甚だ以って苦となし、毎に濛を候せんと欲するときは、必ず今日も水厄に逢はんと云えり」と。洛陽伽藍記に在りと、佩文韻府に出づ。されども、今伝はる本記には、其一節見えず。但水厄の二字の出所、別に記す所なければ、これに依って解することを得べし。又、王濛の名も、本記に見えず、史上にも見えず。

王長史（王濛）のことは『世説新語』に頻出する。なお、ここに引用されている『佩文韻府』は、清の聖祖康熙四十三年（一七〇四）、張玉書らの奉勅撰である。詩を作るために著わされた韻書である。しかるに曾慥の『類説』は、それより六百年ほど古い書物である。范氏の反論はあるにしても、『類説』のこの一条が持つ意味の重いことが判るであろう。

次に『類説』は、現行本巻第四の城西の記述の中に見える部分を示す。すなわち、そこに、

老嫗吹篪

河間王婢曰朝雲、善吹篪。諸羌叛、王令朝雲仮為老嫗吹篪。羌皆流涕、復降。語曰、快馬健児、不如老嫗吹篪。

とあり、内容は現行本と一致する。続けて、

画卵彫薪

元琛豪侈、嘗云、石崇庶姓、猶能画卵彫薪。

と記す。元琛は河間王であり、内容は、現行本と一致する。『類説校注』は「卵」を「茆」に作る。しかし次の、

鴈臣

北夷酋長遣子入侍。常秋来春去、避中国之熱、号為鴈臣。

という一条は、現行本には、どうも見当たらない文章のようである。もしそうであるならば、この一文は、『洛陽伽藍記』の貴重な佚文といいうるであろう。後考に俟つ。

次に『類説』は、右の鴈臣の前の画卵彫薪に続く、河間王元琛のことを載せる。すなわち、現行本の巻第四に見える内容で、

王鳳金龍

元琛窓戸、以王鳳啣鈴、金龍吐旆。

とある。旆の字は、現行本は珮と作る。

次は、一転して、現行本の巻第一に移る。右の贗臣の文といい、ここに記す「苗茨之碑」の現行本と『類説』の配置といい、曾慥が見ている『洛陽伽藍記』のテキストは、現行本に比べると、いくつかの違いのあったことがわかる。

苗茨之碑

奈林南、有石碑。魏明帝所立、題曰苗茨之碑、高祖作苗茨堂。永安中、荘帝射於華林園、百官読碑、疑苗字誤。衒之釈曰、以蒿芝、故言苗茨、何誤之有。

現行本と対比すると、衍之は、衒之のことで、『類説』が誤っている。また、正本は、蒿芝といわずに、ただ蒿とのみいう。先学は、現行本に、ただ蒿の一字があるのをもって、其の意を得ずとしたり、『類説』が蒿芝とすることを誤りとする。(6)『類説』は続いて、現行本の巻第二に移る。

史書非実録

隠士趙逸、云是晋人、云自永嘉以来三百余年、建国称王者十六君、……

現行本で、二百余年となっている。永嘉は西暦三〇七年に始まるから、これは二百年とする方がよいであろう。次に現行本の巻第三の記事に移る。

高陽一飯、敵我千日

高陽王雍為相。一食数万銭。季崇曰。高陽一飯、敵我千日。……

現行本には、右の一食、一飯を一日に作るものもあるが、これは曾慥のように記している方がよいであろう。

次に正本の巻第四に移る。

白堕春醸

晋河東人劉白堕善醸酒、飲者酔不能醒。永熙中、青州刺史毛鴻賓賫酒之藩、逢盗劫酒、飲之皆酔、被擒。因名擒妍酒。遊侠語曰、不畏張弓抜刀、唯畏白堕春醪。

この記事は、文字上の多少の異同以外正本と同じ。

以上を通じて、曾慥が『洛陽伽藍記』を通し、何を記録して後世に残したかったのかの問題が追求されなくてはならないであろう。

結論としては、ここには、奇談異聞に類するものが多いといいうるようであって、『四庫全書総目提要』の引用で示したように、「奇麗の語」が多く、『太平御覧』や『太平広記』が撰述された宋代の文化的傾向を引き継いでいる、といえる。

第二節　『廬山記』について

一

『廬山記』は、北宋の陳舜兪が熙寧四年（一〇七一）に官を辞した後、自ら廬山の地を巡って撰述したものといわれている。『類説』巻七に載せられている『廬山記』には、「湓城」以下「金門羽客」まで、二十一項目が節録されている。しかしこのうち、第一番の「湓城」の記録に該当するものは、現行本には見出せないようであり、問題を提起するものである。問題は、単に湓城の記事だけではない。『廬山記』には、版本上三巻本と五巻本があり、しかも、先学の指摘に、同じ五巻本の大正蔵経本と元禄刊本の完本においてすら、「文章に前後する所有り、又文字の異同が甚だ多い。(7)」といわれているように版本と同様の文章上の混乱が顕示されている。因みに版本について更にいうならば、守山閣本は三巻本であって、内容は五巻本の半分程といわれている状況である。

次に、『廬山記』を仏教資料の一つとして取り挙げたことについて触れておこう。この書は、例えば、その五巻本（大正蔵経巻五一、以下正本とする）の巻第二の「山南を叙する篇第三」に、陸修静の簡寂観の記述に続いて、たとえば、

尋陽記曰、……観門之上有朝真閣。……殿之後有道蔵石刻目録。列于四壁。蔵中銅天尊像。耆旧云、是像也、本、帰宗寺之仏。会昌之毀寺也。為道士所得、寺雖復而不還。故其像衣沙門服而加冠。聞者哂《わらう》之。(8)

などとあり、後文でも道教や道士に触れているように、必ずしもこの書が仏教にのみ関するものではない。従ってこの書は、本論第二篇第二章で論述している『類説』の道教資料の中にも加えることができる文献でもある。しかしここでは、現行本の巻の第一の「総じて山水を叙する篇第一」の冒頭に、かの浄土教白蓮社の釈慧（恵）遠の『廬山略記』を引くことや、巻第三に「十八賢伝」を載せるなどのことをもって、一応、仏教側の資料としてここに取り挙げることとする。

二

『類説』巻七の『廬山記』は、上述のように、まず、「湓城」の項から始まる。そこには、

青湓山、有井。形如盆、因号盆。水城曰湓城、浦曰湓浦。

このような文は、現行の五巻本の冒頭にはない。湓城については、後の「井浪」の項や「九天採訪」などの項で触れるが、現行本の冒頭にはむしろ、曾慥が湓城の次に引載する「匡裕先生」の文が記されている。現行本では、

有匡俗先生者、出自殷周之際、遯世、隠時、潜居其下。

となっており、『類説』では、

（匡俗先生）姓匡名裕、商周之際、遯世隠居、廬於此山。

と記されている。次に、道士董奉のことがくる。その項の見出しは、「碧虚上監」となっている。董奉が、施薬の謝礼として五株の杏を受け取り、それを植えて林となったことのあとに、「奉、後に上升して碧虚上監と為る。」という文で結んでいることと、その見出しは対応している。ところで、『廬山記』では、巻第一の「総じて山水を叙する篇第一」の先の匡裕先生の記事の後に、董奉のことが記されている。しかしそこには、「後上上升して、碧虚上監と為る。」といったような表現はなくて、ただ、「俄にして昇挙し、遂に迹を杏林に絶つ。」とだけある。しかし、『廬山記』を読み進むと、その巻第一の「山北を叙する篇第二」に、「葛洪の神仙伝に曰わく、董真人、名は奉、字は君異、閩中候官の人なり。……後上昇して碧虚上監と号す、と。」と記されている。『類説』の『廬山記』の引用に当って、曾慥は、この両文を結びつけた疑いもあるが、慧遠の撰といわれる『廬山略記』とも関係するので、次章で論ずる。因みに、『神仙伝』に碧虚上監のことが記されているというが、現行の『神仙伝』にはそのことは欠けているほか、名字などにも若干の異りがある。『類説』中の『神仙伝』については、既に触れた(9)。

次に『類説』巻七では「井浪」の項がくる。『廬山記』の巻第一では、張僧鑒の『潯陽記』に云わく、「湓口城は灌嬰が築く所なり。……（井）極めて深く、湓江風浪あるときは井水輙ち動く。邦人因て浪井と号す(10)。」となっており、『類説』の方では、

灌嬰所開、井極深。邦人謂之浪井。湓江有風浪、井水輒動。

と記されている。次は「九天採訪」の項である。玄宗が廬山に宮を作らんとするとき、木料が、求めずして足りた、という内容である。『廬山記』とほぼ一致している。因みに、この木材は、「九江王の採る所、擬《あてが》うて宮殿を作らんとして湓浦に沈むるに、是に至って浮き出づ。」と『廬山記』にはある。杜光庭の『道教霊験記』に類似の表現が多いことに注意すべきである。

次は「湧泉」の項である。『廬山記』では湧の字を涌に作る程度の差である。次には、「神運殿」の項がくる。次に「三笑図」が続き、冒頭に、

遠公与十八賢同修浄土于白蓮社。……

とあるが、『廬山記』ではこれが、この文章の終末に置かれている。次は、「辟蛇行者」の項であるが、これは、『廬山記』の巻第二、「山南を叙する篇第三」にある。この「辟蛇行者」に関する文のすぐあとに続く文が、『類説』では、「遊山虎」の項となっている。

ところで、この次に出る殷仲堪の「聡明泉」の項は、実は、『廬山記』では、右の「辟蛇行者」「遊山虎」より前に位置する。次に「栗里」の項がくる。これも『廬山記』の巻第二、「山南を叙する篇」に属する陶淵明に関する話である。次は「鸞渓」の項である。この項では『廬山記』が「承天帰宗禅院」としているところを単に帰宗寺とする。次は「十三人学道」の項であるが、『類説』旧鈔本では「玉筒天篆」となっている、とされてもいる。秦の乱を避けた十三人のうち、三人は廬山に止まらんとし、他の十人は初志を貫徹して群玉洞府に帰せんとして、志を達したことが記されている。次の「山帯」の項は、今までの『廬山記』の順番を破るもので、巻第一の「総じて山水を叙する篇第一」にその一部分が出るものであって、すなわち、

香炉峰孤峭特起、気氳氲若香烟。天将雨、白雲冠峯、号山帯。

と記されている。これは、後半の「天将雨」以下は、そのままの形で原文に見ることができるが、その前半の文は、先に示した董奉の「総じて山水を叙する篇第一」の少し後の文の中に似たものが見出されるだけである。しかし、原本の方に前半の文句があったのか、或は、慧遠の『廬山略記』によったものと考える方がよいであろう。そして次の「泉潮」は、また巻第二、「山南を叙する篇第三」に出る。その次の「湖神宮亭」は、「山帯」の項の前半にもその宮の名は出るが、先の「湧泉」に続く「時湖神能分風上下。」の文が、『類説』では、「胡神能文風擘流。」となっているのであろう。次は「子女観祠」の項となる。これは原本の巻第二、「山南を叙する篇第三」の終わりの方に出るものである。正本の「子女観祠」が、『類説』では「過子女観祠」となり、「愛一女而合門受禍耶。」が後者では、「豈愛一女、令闔門受禍。」となっている。また、「廬君」が、一方では「廬山君」となっている。『類説』の方が意味がよく通る。次は「禄如腐草」の項である。これは、「巻第三、十八賢伝第五」の「南陽の宗炳」の文に出ずるものである。原文は「南陽王義季、親至其室……」とあり、曾慥の方は、「衡陽王義秀、問宗炳、……」となっている。最後は「金門羽客」の項であるが、正本では、巻第二の「山南を叙する篇第三」にある。保大中の道士譚紫霄についてのことであり、正本では、彼は閩中に在るときは、「洞玄天师貞一先生と号す。」とある。

さて、曾慥が『廬山記』の文中から節録を後世に残したものは、異聞や奇談の類に関心があったからのように思われる。そしてその範囲は、正本の巻第三までである。巻三の中でも、浄土教関係の十八賢伝に言及しないで、道教に関係あるものを記述していることは、注目すべきことである。曾慥の『廬山記』への関心は、異聞奇談のほかに、更に、別の側面も理解すべきであろう。曾慥と廬山の関係を更に深く次節で検討する。

第三節　曾慥と廬山について

一

廬山は、中国から日本に伝わった浄土教の発祥の地であって、いうまでもないことであるが、わが国浄土宗での蓮社号は、かつて廬山において組織された慧遠の白蓮社に由来する。曾慥と廬山との関係については、まず、『類説』の中に『廬山記』の節録があることを挙げなければならない。『廬山記』は、『類説』巻七において、二十二条の摘録として示されている。その中で、その第二条の「匡裕先生」と第三条の「碧虚上監」と第十六条の「山帯」とが、『廬山記』の中に完全に合致する記載が見当らないようでもあるが、さらに検討してみると、その記述は慧遠の撰といわれる『廬山略記』に近いと思われる。したがって『類説』巻七において、曾慥が単に『廬山記』の摘録として伝えている二十二条は、『廬山記』のみならず、『廬山記』に付属している『廬山略記』をも含むものであったといえよう。しかしながら、曾慥の引用する『廬山記』の節録が、現行の『廬山記』と対比すると、現行本五巻のうちの第三巻までに止まっており、かつ、その順番も現行本と齟齬するところもあれば、曾慥の記述に誤りがあるか、あるいは曾慥が見ている三巻本の『廬山記』が、現行本と少しく異るものであった可能性もある。さらに『四庫全書総目提要』十四史部地理類三に載せる「廬山記三巻付廬山略記一巻」において、

廬山略記一巻、旧載此本（『廬山記』）之末、不知何人所付入。今亦併録之。備参考焉。

と記述されているのを見れば、曾慥が見ていた『廬山記』に『廬山略記』が付いていたのかどうかも定かでなく、問題は複雑である。

二

次に検討すべきは、何故に曾慥が、『廬山記』を『類説』の中に取り入れたのであろうか、という問題である。上述のように『類説』は、広範囲の分野の文献からの節録であるので、曾慥が各書籍の節録を『類説』に採用したのは、概括すれば、大きくは時代の要請とか、個別的には、彼がその書に関心を有したからといえようが、関心を有するに至った背景をこそ一歩踏み込んで追求しなくてはならないが、それはそれなりの困難を伴うものであろう。『廬山記』についていえば、一応次の二つの理由が挙げられるであろう。その第一は、曾慥が廬山の近くに住んだことがあるということである。廬山については、すでに、呉宋慈撰『廬山志』（杜潔祥主編『中国仏寺史彙刊』第二輯第十六冊～第二十冊）をはじめ多くの文献が触れているが、「〝廬山〟編輯委員会編著」（一九五七年）の『廬山』には、

廬山、在江西省北部、聳立在鄱陽湖与長江之間。

と記されている。一方、曾慥はその生涯において、

寓僑銀峯。……充秘閣修撰提挙洪州玉隆観。

といわれている。[11] 洪州の故治は江西省南昌県であり、銀峯は饒州に属しており、故治が江西省鄱陽県である。廬山は彼の近くにあったわけである。その第二の理は、彼が文学にそして道教に関心を持っていたことによる。彼が文学に

造詣が深い人物であることは上述の通りである。彼の博識にして、彼以前の多くの文人が、廬山に関心を寄せて多くの作品を作っていることを知っていたことは疑いのないことである。陶淵明・李白・杜甫・白楽天等の作品に接し、さらには、蘇東坡も廬山を愛して、元豊七年（一〇八四）黄州より汝州への任地に向かう途次に天下の名山廬山を訪問している。[12]その時の詩が「贈東村総長老」や「題西林壁」の七絶といわれている。この外、彼には、「廬山五詠」五絶もある。なによりも曾慥が蘇東坡に関心を寄せていた証拠は、『類説』巻九と巻十に、東坡居士蘇士瞻撰『仇池筆記』上下を収録していることと、巻五十に蘇軾撰『漁雑閑話』を載せていることである。東坡の真撰かどうか今は問わない。さらには、蘇軾が例えば、「廬山五詠」の一首「聖灯巌」において、「石室有金丹、山神不知秘」というように、廬山を神仙の世界と考えていることからもわかるように、東坡が仏教と道教との二教に関心を抱いた人物であったことも、曾慥を廬山に結びつける縁故となっていた。『廬山記』は、一見、道教の仙人の伝記であるような錯覚を抱かせる書物である。『廬山記』と道教との関係は、稿を改めて論ずる予定である。

次に、参考までに、宋の呉曾撰『能改斎漫録』及び宋の周煇撰『清波雑志』の廬山に関する記録を示しておくこととする。

匡山非廬山

胡仔苕渓叢話云、『「匡山読書処、頭白好帰来。」注詩者曰、「匡山、未詳。」王観国按漢郡国志、「廬江郡潯陽県。」劉昭注引釈恵遠廬山記曰、「有匡俗先生、出商・周之際、居其下、受道於仙人。時謂所止為仙人之廬。」又引豫章旧志曰、「匡俗先生、字君平。夏禹之苗裔。」又建康実録曰、「隆安六年、桓玄遺書於匡山恵遠法師。」然則匡山者、廬山也。李太白遊廬山、旧矣、子美既不得志、而太白復以譛出、故子美詩曰、「頭白好帰来」、蓋欲招隠廬山之遊也。』以上皆胡仔説。予按、杜田補遺云、『范伝正李白新墓碑云、「白本宗室子。厥先避仇、客居蜀之彰明、太白生焉」。彰明、緜州之属。邑有大・小匡山、白読書於大匡山、有読書堂尚存。其宅在清廉郷、後廃為僧房、号隴西院、蓋以太白得名。院有太白像及唐緜州刺史高忱及崔令欽記。』所謂匡山、乃彰明県之大匡山、非匡廬也。乃知学林新編、胡仔皆為妄辯。（『能改斎漫録』巻五）

　　廬山

天下名山福地、類因行役窮日力、且為「姑俟回程来観」之語所誤、竟失一往、貽終身之恨者多矣。煇頃随侍、自鄱陽順流東帰、至南康阻風、留一日。乗興游廬山、飯于帰宗、旋至万杉、杉陰夾道蔽日。抵羅漢、観大鼓。未至棲賢数里、先聞三峡噴薄激射之声、動心駭目。凡山南佳処、領略粗遍。爾後一再経従、皆不暇訪陳跡、至今清夢猶在巌壑間。嘗有一編紀游、今亡。（『清波雑志』巻三）

三

序論で示した唐圭璋編する『全宋詞』の中に、『花草粋編』『百菊集譜』と『修真十書（雑著捷径）』『酒辺集』所収の曾慥自作の詞作品が纏められている。それらについては、既に論じたので[13]、ここでは、廬山に関係あるものについて述べることとする。すなわちそれらは、廬山の近くに住んでいて、『廬山記』五巻本の巻第一や巻第三にある「十八賢伝第五」に関して後世の学者が増益したといわれる[14]「不入社諸賢伝」に入れられている陶淵明と『廬山記』巻第一の「叙山北篇第二」にも出ている慧遠の白蓮社に関するものである。次に示すものは中華書局本「『全宋詞』二」に拠る。

　　浣渓沙

別様清芬撲鼻来。秋香過後卻追廻。博山軽霧鎖崔嵬。珍重鄰林三昧手、不教一日不花開。暗中錯認是江梅。付酒辺集内

調笑令　並口号

五柳門前三径斜。東籬九日富貴花。豈惟此菊有佳色、上有南山日夕佳。

桂友。金英轃。陶令籬辺常宿留。秋風一夜摧枯朽。独豔重陽時候。牘収芳蕊浮卮酒。薦酒先生眉寿。百菊集譜巻四

調笑　清友梅

清友。羣芳右。万縞紛披茲独秀。天寒月薄黄昏後。縞袂亭亭招手。故山千樹連雲岫。借問如今安否。

又　浄友蓮

浄友。如妝就。折得清香来満手。一渓湛湛無塵垢。白羽軽揺晴昼。遠公保社今何有。悵望東林掻首。

又　玉友酒

玉友。平生旧。相与忘形偏耐久。酔郷径到無何有。莫問区区升斗。人生一笑難開口。為報速宜相就。

又　破子

花好。被花悩。庭下嫣然如巧笑。曾教健歩移根到。各是一般奇妙。賞心楽事知多少。乱挿繁華晴昊。

酒美。直無比。小甕新醅浮玉蟻。空伝烏氏並程氏。不数雲安麹米。十花更互相対。常伴先生沈酔。以上五首花草粋編巻一

右の詞のうち「陶令」「雲岫」の語を含むものは、陶淵明に関するものであり、「遠公保社」もまた陶淵明および慧遠に関するものであることは歴然としているが、その他のものも、酒と菊を愛した陶淵明を意識して作られたものと

いえるのではなかろうか。これらの作品が曾慥によって作られたのは、彼が廬山の近くに住んだことや彼に先立つ文人の作品に触発されて、『廬山記』の節録の二十一条と共通する意識に支えられていたからであろう。『廬山記』でも、遠公の名称が出るのが四条、陶淵明の名前が記されているのが二条に及んでいる。一方、廬山は、陸修静など道教と深く関係している名山でもあることは、いうまでもないことである。

第四節　『景徳伝灯録』について

『類説』巻二十には、『伝灯録』の節録がある。『伝灯録』は、「学非非想」という項目に始まって、「此心能有幾人知」の項に及ぶまで、約八十八種類ほどの項目がある。更に、厳一萍が補録された分として十項程度のものがあり、量は相当に多い。『類説』巻二十は、全部この『伝灯録』で占められている。この百項目に近い内容を、「大正大蔵経」第五十一巻所収の『景徳伝灯録』三十巻の文章と対比してみると、ほぼ、その原文を知ることができる。従って、曾慥が、『伝灯録』と記して節録し、後世に残した文章は、景徳元年（一〇〇四）に、道原（元）が撰述したとされる『景徳伝灯録』の曾慥の時代にあったテキストに基づくものである、と考えられる。曾慥の節録の中には、『景徳伝灯録』の今日のテキストに見出されない文や異った文字などがあって、そこには、曾慥が恣意的に変更したり総括したりした面があることは想像されるにしても、初期の版本がはっきりしていない『景徳伝灯録』の研究には、避けて通ることのできない資料といえよう。管見の及んだ範囲では、曾慥の『類説』の『伝灯録』の節録を通して、『景徳伝灯録』の研究を行うことは、なおいまだないようである。西口芳男は、『景徳伝灯録』の現在の東禅寺版は、元豊三年（一〇八〇）頃のものであり、四部叢刊（第三編）本の子部は、宋の紹興四年（一一三四）の思鑒刻本で、その他は南宋の刊本であると一般には考えられている、といわれている。[15] もしそうであるとするならば、それらのテキストは、実に、曾慥が『類説』を撰述した、正にその当時のものということになるのである。曾慥が『景徳伝灯録』に注目しているのは、先輩の晁迥が『法蔵砕金録』巻六に引用するなど、当時の禅の流行と窮理尽性の立場から人間の心を窮めようとする時代背景による。

以上のような観点から、「大正大蔵経」第五十一巻所収の文（ここでは正本とする）と対比しつつ、若干の校勘を試みるものである。なお、東禅寺版と四部叢刊本との対比は、西口氏によってなされている。[16]

宋の真宗景徳元年（一〇〇四）に撰述された『景徳伝灯録』は、撰者を道原（元）とか拱辰とかする説があるが、今日では、専ら道原説のみが主張されている。この書はそれ以前の『祖堂集』や『楞伽師資記』散逸の後を受けた禅宗史研究上の貴重資料の一つとされている。従ってこの書が、その成立後百三十年ほど後にはなるが、曾慥よって節録されていることによって、敦煌出現の禅文献と共に、禅宗史研究にとって貴重な資料として、研究されるべきものとなっている、といえるであろう。

さて、『類説』には、正本の巻第一からの節録がある。曾慥は、彼が読んでいる『伝灯録』の第何巻とか、一一記録をしないで、単調に項目をつけては、その節録を残している。今、便宜的に、その項目とその節録が正本の第何巻の文に関係があるかを巻ごとに示すこととする。

巻第一

「学非非想」は釈迦牟尼仏についての項である。『類説』では、「摩訶迦葉」を「摩訶迦業」と作るほか、最後の永平十年の次に「教至中夏」と記されている。続いて、

四諦法輪

金棺高七多羅樹並見上

の項目のみがある。

至双樹悲泣

これは第一祖迦葉についての記録である。

宝蓋折柄

第二祖阿難についての節録。正本は毘舎離域の域を城に作り、恒河の恒を常に作る。

身十七性十七

第三祖商那和修に関するもの。節録に、「曰髪白非心白耳。毬多曰、我身十七、非性十七也。」とある。

三屍化華鬘

第四祖優波毱多についての記録である。

宝山者身

第五祖提多迦についての記録。正本の「日自屋而出。」は、「日従窟出」と作る。その後に「四祖曰、宝山者身也。泉涌者法無尽也。日従窟出者、入道之相也。照耀者、知慧超越也。」とある。

従自心来

この項は、第六祖弥遮迦に関するもの。「従自心来、欲往無処。自識乎。中総不触器。曰師識我否。」などとあり、比較の資料となる。正本の「北天竺」を「此天竺」とする。

議勝

第七祖婆深蜜に関するもの。正本の「難提知師義勝」は、義を議とし、勝は不勝とする。

言与心親行与道合

第八祖仏陀難提についての節録。

処胎六十歳

第九祖伏駄密多のことについてのこと。

脇尊者

第十祖脇尊者についてのこと。

鋸義木義

第十一祖富那夜奢についてのもの。正本の「平出」の語を「正出」とする。

汝化性海得否

第十二祖馬鳴大士についてのもの。正本の「為小事」を「為小極」に作る。

蟒住石窟

第十三祖迦毘摩羅に関する節録。

除我慢

第十四祖龍樹尊者に関するもの。

巻第二

一針投水

第十五祖迦那提婆の節録。

身心倶定

第十六祖羅睺漢羅多の節録。正本の睺を候とする。

鈴鳴風鳴

第十七祖僧伽難提についてのもの。

答無者誰

第十八祖伽邪舎多に関するもの。

善悪之報

第十九祖鳩摩羅多についてのもの。

心無所希名之曰道

第二十祖闍夜多についてのもの。

夢呑二珠

第二十一祖婆修盤頭についての節録。

正本の「今無爽矣。後一月果産子。」は「今無夫矣。芻尼舒鵲子。」となっている。

『類説』の『景徳伝灯録』の末尾の「芻尼」の項と関係する。

林間已経九白

第二十二祖摩拏羅の節録である。

聖子

第二十三祖鶴勒那の節録で「那」の字はない。

開手奉珠

第二十四祖師子比丘の節録である。

当為仏事

第二十五祖婆舎斯多についての節録。

纓絡童子

第二十六祖不為密多の節録である。「如」を「為」と作る。

無価宝珠

第二十七祖般若多羅についての節録。

巻第三

立六宗

第二十八祖菩提達磨についてのものである。「二十八祖達磨、天竺国有仏大聖多、立六祖。一有相祖、二無相祖、三定慧祖、四戒行祖、五無徳祖。六寂静祖。」とある。「宗」はすべて「祖」となっている。「吾本来茲土、伝法救迷情」の下の部分は「伝法叙述精」となっている。因みにここに期城の太守楊衒之のことが出る。次に、「五口相共行。九十……」は、「吾禰《ママ》其行。九十……」となっている。

壁観一念廻機隻履並見上

面壁の文は前の「立六宗」にあるが、そこには「終日面壁」となっており、十二月九日の夜のことは「堅立」でなく「竪立」とする。それは、まっすぐに立つこと。

頂骨如五峯秀出

第二十九祖慧可大師の節録である。

解脱法門

第三十祖僧璨大師についてのことである。

性空

第三十一祖道信大師についてのこと。

本来無一物

第三十二祖弘忍大師についての節録。偈の後に、「能密於偈側写」とあり、最後の文は「大師乃伝衣付法於能。」とある。

形為影本声是響根

向居士致書二祖曰、影因形起、響逐声来。弄影労形、不識形為影本、揚声止響、不知声是響根。という節録になっている。

巻第四

懶融

第三十一祖道信大師下旁出法嗣、金陵牛頭山六世祖宗の節録。

「学通経史」は「少通経史」に、「唐貞観中」は「正観中」に作るは誤り。「繞庵唯見虎狼之類」は「遶庵有虎狼之数匝。」」、「怖勢」は「仰勢」に、「方寸」は「十方」に、「煩悩業障」は「業障煩悩」と作る。

安心掲慧

第六世慧忠禅師の文の節録

色声鴆毒
前法融禅師下、三世旁出法嗣、金陵鐘山曇璀禅師の文の節録。「鐘山」の下に「白雲」の二字がある。
逢径即止
前潤州鶴林寺玄素禅師法嗣
杭州径山道欽禅師の文の節録。「抵臨安」は「至径山」とする。
鵲巣和尚布毛侍者
前杭州径山道欽禅師法嗣
杭州鳥窠道林禅師の文の節録。白楽天に関する有名な記録である。「鳥窠」の字はない。「後見秦望山」は「初至秦望山」と作る。「拈起布毛吹之。会通遂領悟玄旨。」は「拈起布毛吹之、遂悟。時謂布毛侍者。」となっている。布毛侍者の語が本来この文中にはないことは既に指摘したことがある。(17) しかし思うに、この伝記の次に原本には、「前杭州鳥窠道林禅師法嗣、杭州招賢寺会通禅師」の伝があり、その一番最後に「時謂布毛侍者」とあるので、曾慥は、その文をここに挿入して二つの伝の節録としたのかもしれない。
見性成仏
前天台山仏窟巌惟則禅師法嗣
天台山雲居知禅師の文の節録。ただし、巻第十七の「路逢猛虎」の項に雲居禅師とあるのを参照すべきである。
捨父逊走
第三十二祖忍大師、第一世傍出法嗣
北宗神秀禅師の文の節録。「北宗」は、正本は「北京」に作る。逊は逃と同じ。

如人飲水
　袁州蒙山道明禅師の文についてのもの。
了元歌
　前嵩岳慧安国師法嗣
洛京福先寺仁倹禅師の文の節録。「洛京人倹禅師」と『類説』はなっている。正本での「並敷演真理。以警時俗唯了……」が「並寅直体。唯了元歌。」となっている。
破竈堕
嵩岳の破竈堕和尚の文の節録である。正本の文中二行に割り註となっている文は、「致謝」の文の後で正文として入っている。
岳神受戒
嵩岳元珪禅師の文の節録である。「元珪」を「兄珪」に作る。「娶」を「聚」に作るが「娶」の方がよいであろう。
巻第五
　風動幡動
　第三十三祖慧能大師の文の節録である。
念法華経三千部
洪州法達禅師の文の節録である。偈文の「不明己」は「不明義」であり、次の偈の前に「師喜」の語がある。
拆幔幢門外覔三車並見上
坐禅豈得成仏

南岳懐譲禅師についての節録。

一宿覚

温州永嘉玄覚禅師についての節録。はじめに「初謁六祖、問答相失、便欲辞去。」とある。

即心是仏

司空山本浄禅師についてのことであるが正本の「本浄」が、「衣浄」となっている。

両宗

西京荷沢神会禅師についての節録。正本では天宝四年、方定両宗「南能頓宗北秀漸教。」とあるが、節録は、

唐天宝四年、定両宗、南能頓宗即六祖慧能盧行者居慧渓、北秀漸教。即神秀、亦師五祖。悟解無及、旁出法嗣。

臥輪偈

巻五の末に載る。

巻第六

飢来吃飯困来即眠

懐譲禅師第二世馬祖法嗣

越州大珠慧海禅師についての節録。

虎似什麼

池州杉山の智堅禅師の文についての節録。「杉」を「彬」に作る。

巻第七

枯木偈

明州大梅山法常禅師の文の節録。

巻第六からの節録は以上だけで、巻第七になる。巻第七は、この一条のみ。

巻第八

大空小空二虎

潭州華林善覚禅師の文に関するもの。

凌行婆

浮盃和尚についての節録。「盃」は「盈」と作る。また「礼拝」は、「礼拝問答」とも作る

一口吸尽西江水

襄州居士龐蘊の文についての節録。正本の「製竹漉籬」を「撤竹漉籬」と作る。

巻第十

百丈竿頭進一歩

前池州南泉普願禅士法嗣

湖南長沙景岑招賢大師の文の節録。

巻第九の節録はなくて、正本巻第九の後に第二篇第二章の晁迥の項で触れた裴休の『黄蘗希運禅师伝心法要』（裴休集）がある。

巻第十一

貧無卓錐之地

前潙山霊祐禅師法嗣

袁州仰山慧寂禅師の文の節録。

撃竹作声

鄧州香厳智閑禅師の文の節録。有名な話である。香厳のことは、巻第十七の「枯木龍吟」にも見える。

巻第十二

一念修無漏道

杭州千頃山楚南禅師の文の節録。

巻第十三

師唱誰家曲

汝州首山省念禅師の文の節録。

巻第十四

誰将生死与汝

行思禅師第一世

石頭希遷大師の文の節録。「大師」は「禅師」と作る。

五禅

禅有五。凡有大禅、有外道禅、有小乗禅、有大乗禅、有最上乗禅。

一指頭禅

倶胝和尚初住菴、遇天龍和尚竪一指示之、師大悟臨寂示曰、吾得天龍一指頭禅、一生用不尽。

右の二条の後に、

選仏場
鄧州丹霞天然禅師の文の節録である。その中に「選官如何選仏。曰選仏当往何所。」の文がある。場と塲は同じ。

雲在青天水在瓶
澧州薬山惟儼禅師の文の節録。

日遺十餅
行思禅師第三世
荊州天皇道悟禅師法嗣の澧州龍潭崇信禅師の文の節録。
「留一餅」の前に「悟嘗」の句が入る。

切忌道
前薬山惟儼禅師の法嗣。
潭州道吾山円智禅師の文の節録。

船子和尚
華亭の船子和尚の文の節録。

巻第十五

有把茅蓋頭
行思禅師第四世
前澧州龍潭崇信禅師法嗣、朗州徳山宣鑒禅師の文の節録。「潙」を「溈」に作る。

辯愚痴斎一中

潭州前雲厳曇晟禅師法嗣

筠州洞山の良价禅師の文の節録。以下巻数が飛び飛びとなる。

巻第十七

学人本分事

洛京白馬遁儒禅師の文の節録。「昨夜三更日正午。」は、「昨夜三更日正曙。」となっている。

枯木龍吟

僧問香厳如何是道。厳曰、枯木龍吟。僧曰、学人不会。厳曰、髑髏裏眼睛。

この巻第十七の遁儒禅師のことに続いて、巻第十一の「撃竹作声」の項で示した香厳の続きの文がここに入っている。次の雲居禅師も、やはり前に一度登場した人物ではあるが次のように記されている。

路逢猛虎

雲居禅師道簡、有僧問、路逢猛虎時如何。師曰、千人万人不逢、偏汝便逢、問孤峯独宿如何。曰閑者十間僧堂、阿誰教汝孤峯独宿。

巻第二十一

三十年得拄杖力

福州升山白龍院道希禅師に関するものと思われるが、現行本のそこにはない節録のようである。

道希禅師挂杖云、三十年在山、得此気力。有僧問、得他什麼気力。師曰、過渓過嶺、東挂西拄。

巻第二十二

末後一句
洪州清泉山守清禅師に関するものと思われる節録で、次のようになっている。
守清禅師、有僧問末後一句。師曰、塵中人自老、天際月常明。問如何是和尚家風。曰、一瓶兼一鉢、到処是生涯。
問仏法大意。曰擾擾匆匆、晨雞暮鐘。
竹箸瓦碗
泉州西明院琛禅師の文の節録。
如何是古仏心
華厳慧達禅師、僧問、如何是古仏心。師曰、出河大地、問如何是華厳境。師曰、満目無形影。
の文が続いて、そして次にうつる。
巻第二十七
東家人死西家助哀
天台捨得についての節録。「至赤城、道側聞児啼声、遂尋之、見一子可数歳。」のあたりが、「至赤城、見一人、
携至寺中、名為捨得。」のようになっている。
如何是布袋下事
明州奉化県布袋和尚の文の節録。「形裁腲脮」は「形材猥矮」に、「皤腹」は「蟠腹」に作る。
以下『類説』には次の節録が並ぶ。
臨刑偈
僧肇法師遭秦主難、臨刑偈曰、大元初無主、五蘊本来空。将頭臨白刃、猶似斬春風。

無去無来
　李翺見老宿独坐、問曰、端居丈室当何所務。曰、法身疑寂、無去無来。
此心能有幾人知
　禅月詩云、禅客相逢只禅指、此心能有幾人知。
神足（以下、旧鈔本均く欠く）
九枝秀草
　梵云商諸諾迦、此云自然勝出、西域若羅漢聖人降生、則此草生於潔浄之地。
負米供僧
　法融禅師、唐永徽高宗年号中徒衆乏粮。往丹陽縁化去山八十里、躬負米一石八斗、朝往暮還、供僧三百、二時不闕。
阿笈摩教
　即小乗教也。梵語阿笈摩。
沙門曇彦
　越州僧与檀越許詢字玄度同造塔、未就而詢亡。彦師寿長可百二十歳。猶待詢後身、為岳陽王来撫越州。方訖前塔工盖願力也。岳陽王蕭登撫越時。詢死已三十年。才到州入寺。師遙召曰、許玄度来何暮。昔日浮図今如故。王亦忽悟前身造塔之事。
疾帰救命
　台州師彦禅師有村媪来礼。師曰、汝疾帰去、救数千物命。媪忙至舎、乃見児婦提竹器捨田螺。帰媪取放水浜。
相将結夏

西天於結夏日、鋳蝋人、蔵土窟中、結夏九十日、戒行精潔、則臘人氷、不然則蝋人不全、故号僧蝋。出続伝灯録慧遠伝

芻尼

此云野鵲子、昔如来在雪山脩道、芻尼巣頂上。仏既成道、芻尼至第二五百年生、羅閲城毘舎佉家与聖同胞。

上述のように、第二十一祖婆修盤頭に関する「呑夢二珠」参照。次の項は、巻第二の二十二祖に関係する。

林間九白

鶴勒那自言、我止林間、已経九白。印度以一年為一白。

阿笈摩教

旧梵語阿含新云、阿笈摩即小乗教也。六項目前の文に似る。

長老

凡具道眼有可尊之徳者、号曰長。如西域道高臘長呼須菩提等之謂也。

第五節　『衆経音義』について

ここで、字典類として、唐大慈恩寺翻経沙門玄応撰の『衆経音義』(『一切経音義』)を考察の対象とする。この節録は『類説』の巻六十にある。まず、「華鬘」の項がある。原本は、「大日本校訂大蔵経」音義部(縮刷大蔵経、為字)とする。上段は『類説』の項目であり、下段は『衆経音義』の巻数や利用されている経典名である。原本にない『類

説』の語は上段の項の下にカッコで記してある。

華鬘	『一切経音義』巻第一。
	『大方広仏華厳経』第一巻。
盧舎那	同前。
利刹	同前。原本は切利。
毘嵐	同前。第六巻。
八梵	同前。第七巻。
六親	同前。第十四巻。
噍牙	同前。第十八巻。
耎中	同前。第二十八巻。
達嚫	同前。第四十五巻。
淵渟	同前。第五十六巻。
摩伽羅魚	同前。
耐磨	『大方等大集経』。第一巻。
憍奢耶	同前。第十二巻。
圊	同前。原典は圊廁とする。
皺鼓	『大集月蔵分経』。第二巻。
哃食	『大威徳陀羅尼経』。第十四巻。

鉄柴　同前。第十六巻。
鞲囊　同前。第十九巻。『類説』の文末に「又名鑪橐」とある。
　　　『一切経音義』巻第二。
蒻摩　『大般涅槃経』。第一巻。
由旬　同前。
唼食　同前。
乞匃　同前。第二巻。
俾倪　同前。
麦麩　同前。
豐豊　同前。第三巻。
皮革　同前。第四巻。
声甎　同前。第五巻。
氍毹毾㲪　同前。第十一巻。原本は氍毹と毾㲪とを分けて解説する。
擲石　同前。
匳底　『一切経音義』巻第三。
　　　『摩訶般若波羅蜜経』第三十五巻。
隍城　『一切経音義』巻第四。
　　　『菩薩見実三昧経』第十四巻。

秔米　同前。

輒軻　同前。第十巻。

間関　『一切経音義』巻第五。

『密迹金剛力士経』。第二巻。

八蔵　同前。

『菩提処胎経』、巻第五。

霊鷲　原本と異る所多し。　『一切経音義』、巻第七。

『妙法蓮華経』、第一巻。原本では、「耆闍崛山」となっている。

三昧　同前。

長表　同前。第三巻。

珂貝　同前、「唐三蔵法師玄装訳」。

霍然　『一切経音義』、巻第八。

『正法華経』。

勦励　同前。巻第二。

莔薬　同前。『大般泥洹経』第六巻。

干冐　『一切経音義』、巻第十一。

『大荘厳経論』、第五巻。

翁親　『一切経音義』、巻第十七。『善見律』第十四巻。

叟　　　　　　同前、『大比丘威儀』。

原本は「二叟」と作る。

食米斉宗　　　『一切経音義』、巻第二十四、『大乗成業論』。

以上が、『類説』巻六十では『衆経音義』とする玄応の『一切経音義』の節録であるが、その音義の第八巻以後は、巻十一、十七、二十と頻度が低くなる。その語彙の選択には、曾慥の関心を引いた特殊な語彙、或は一般的ではあるがそれなりの意味上の興味ある語彙に目標が置かれていたようである。今後の『類説』全体の引用の仕方の研究の中で、次第に明らかになってくることも多いであろう。

注

（1）范祥雍校注『洛陽伽藍記』が特に詳しい。その他のテキストなど、『卍中国仏寺誌』1・2に見える。周延年『洛陽伽藍記注』の研究を基にした神田喜一郎の「『洛陽伽藍記』劄記」（『東洋史研究』）では、陽衒之とするのが正しい、とする説は見えるが、『類説』については触れていない。なお、范祥雍は正本に触れていない。

（2）大正、五一、九九九、a。高橋太華訳『洛陽伽藍記』（「国訳一切経」、和漢撰述通巻八十五、史伝部十七）、一〇九頁。

（3）厳一萍『校訂類説』、序、八。

（4）大正、五一、一〇二一、c。

（5）注（2）、六五頁、高橋説。

（6）注（2）、三七頁、高橋説。范祥雍の校注では、『類説』の記述を誤りとして、「以蒿覆之」とする（六六頁）。

（7）岩間湛良『廬山記』（「国訳一切経」、和漢撰述通巻八十五、史伝部十七）、一〇九頁。

（8）大正、五一、一〇三三、c。

（9）本論第二篇の『列仙伝』『神仙伝』の章参照。董奉については、第二篇第二章第二節末の注（11）中鉢論文参照。

（10）大正、五一、一〇二六、a。
（11）注（3）、厳一萍序、一と曾慥自身の序参照。
（12）大槻徹心『詳解蘇東坡詩集』九三頁。
（13）本拙稿の序論参照。
（14）松本文三郎「東林十八高賢伝の研究」（『仏教史雑考』）。
（15）西口芳男「福州東禅寺版『景徳伝灯録』について」（『禅文化研究所紀要』第一五号）、増永霊鳳等『景徳伝灯録』（『国訳一切経』、和漢撰述通巻八十二・八十三、史伝部十四・十五）参照。
（16）注（15）の西口論文の外に、大平尭道「『景徳伝灯録』の研究」（『龍大仏教文化研究所紀要』、第八集）参照。
（17）拙論「白居易の三教への態度」（『白居易研究講座』第一巻、一四五頁）。

第四章　医薬学資料としての『類説』の価値

中国の古典的医書『黄帝内経』は、詳しくは、『黄帝内経素問』と『黄帝内経霊枢』の二部に分けられる。前者『素問』に対して、後者の『霊枢』は、その由来に問題が多い書である。[1]曾慥の『類説』巻三十七には、『黄帝内経』と『難経』の中国古典二大文献の節録がある。『黄帝内経』の内容については、以下において詳しく検討し、曾慥の『黄帝内経』に『素問』と『霊枢』とが含まれているかを明らかにしたい。また、曾慥の『道枢』巻三十八の会真篇には、「霊枢」という表現がある。すなわち、そこには、[2]

扁鵲釈霊枢之篇謂、鼻引清気、口吐濁気、……

とか、

扁鵲弁霊枢之篇、葛洪釈胎息之説、因胎生息、因息就胎、下法也。此吾所謂補気者也。補益之道亦多矣。[3]……

或は、

扁鵲論霊枢曰、冬至之後、鉛積之一分、状如戯蘂、以鎮于丹田、[4]……

などと記されている。曾慥が『黄帝内経』を論じながら、扁鵲の『霊枢』論に対しては、それを批判していることになる。ここに、曾慥と医学の関係を検討しつつ、曾慥の節録する医学文献の内容を論ずることとする。

まず『類説』巻三十七の『黄帝内経』の節録を見ると、殆んど『素問』の引用であるが出処不明の部分もある。これらの引用文は、『四庫全書総目提要』にいうように、南宋の初期には古籍が多く存していたのであり、かつ曾慥が、諸書の節録とはいえ、原典を非常に忠実な態度で記録していたことを考え併せると、明以後の刊本に属する『霊枢』の考察のためにも、或は、『素問』の研究のためにも、避けて通ることのできない文献といえよう。『素問』の注解書は、実に汗牛充棟である。しかしながら曾慥の『類説』の引用文をもって比較対照したものは、管見の及んだ限りではないように思われる。

ここでは論述の便宜上、『類説』巻三十七の『黄帝内経』の検討から始めることとする。曾慥はまず、『黄帝内経』がどのようにして作られたのか、そしてまた、作られたその典籍がどのようにして伝えられてきたのかについて述べる。すなわち、

内経

黄帝与岐伯問難

黄帝御極、坐明堂之上、臨観八極、考建五常。以為人生負陰而抱陽、食味而被色、寒暑相盪、喜怒交侵。乃与岐伯、上窮天紀、下極地理、遠取諸物、近取諸身、更相問難。雷公之倫、受業伝之、而内経作矣。蒼周之興、秦和述六気之論、具明於左史。厥後越人得其一二、演述難経。西漢倉公伝其旧学、東漢仲景撰其遺論、晋皇甫謐次為甲乙。隋揚《ママ》上善為太素、唐王氷《ママ》篤好之、大為次註。

と、『黄帝内経』の成立と伝来とについての見解を開陳するのである。ここでは、六世紀の全元起の『素問』については一言も触れていないが、曾慥が王氷の次注本『素問』を見ていることは、明らかにされている。しかしそのテキストが現行の王氷の注本と同一であったかどうかについては、以下の引用文を見ていくと疑問に思われる箇所もでてくる。

さて、上文に続いて曾慥は、『内経』の巻数について、『素問』は、ただ八巻のみである、と強調して、次のようにいう。

　素問惟八巻

　班固曰、内経十八巻、素問即其経之九巻、兼霊枢九巻、乃其数焉。雖年代移革、而授学猶存。懼非其人、時有所隠。故第七一巻、師氏蔵之、奉行巻耳。周有和緩、漢有淳于、魏有張公華公、皆得斯妙道者也。

右に引用した「黄帝与岐伯問難」の文は、宋の煕寧間（一〇六八～一〇七七）に光禄卿直秘閣となったといわれる林億の「重広補注黄帝内経素問序」に付けられた文に基づいているのではあるが、更に遡ると、「素問惟八巻」の文は、同書に付けられた唐宝応元年（七六二）の王冰の序に基づいている。因みに、王冰は唐の宝応年間（七六一～七六二）に、全元起注『黄帝素問』に欠けていた第七巻を補足しただけではなくて、全元起本に大幅に手を加えて篇次を改めて、全元起本が八巻六十八篇であったものを七十四篇に改め、更に七篇を加えて、現行の八十一篇二十四巻の『素問』としたのである。[5] 傍点の句の中で、「奉行巻耳。」は現行本では、「今之奉行、惟八巻爾。」とあり、「和緩、」は現行本では、「周有秦公新校正云、按別本一作和緩。」に作る。『類説』巻三十七は上記の二文に続いて、『素問』の内容の紹介に入っていく。その節録の体裁は、以下のようになっている。

　半百而衰（上古天真論篇第一、第一章）

　帝問天師曰、古人百歳動作不衰、……今人以酒為漿、以妄為常、酔以入房、欲竭其精、故半百而衰。

右は現行『素問』の冒頭の上古天真論篇第一にある有名な文章の節録である。右の「半百而衰」という見出し語の下に括弧で括った文字は、任応秋主編の『黄帝内経章句索引』（人民衛生出版社）の章節を示すものである。以下同様に表示する。引用の経文もまたそれに拠る。清侶山堂刊本『黄帝内経』との文字の異同は、王汝涛『類説校注』に見える。

天癸（第一、第三章）

女子年十四而天癸至、任脉通。……有子、男不過尽八八、女不過尽七七、而天地精気竭矣。子寿不過天癸之数也。

末尾の一句は、今本には見えない。王冰の注の文と思われるが、現行本では、「雖老而生子、寿亦不能過天癸之数。」となっている。

四時之道（四気調神論篇第二、第一章）

春謂発陳、天地倶生、万物以栄。……応生養之道也。……応長養之道也。……応収養之道也。……応伏蔵之道也。

現行本とは、多くの点で異っている。

内格（第二、第三章）

道者、聖人行之、愚者背之。……不治已乱、治未乱。

「愚者背之。」は、現行本では、「愚者佩之。」となっているが佩より背の方がよいであろう。

痤痱[6]（生気通天論篇第三、第二章、第二節）

凡人有大怒、則形気絶、而血菀於上、使人薄厥傷筋。……乃生痤痱。

風百病之始（第三、第二章、第三節）

風者、百病之始也、……良医弗為。

平旦気（第三、第二章、第四節）

平旦、人気生、……形乃困薄。

四時之気、更傷五臟（第三、第三章、第三、四節）

　春傷於風、邪留夏、乃為洞泄、木勝脾土故也。……四時之気、更傷五蔵。

「邪留夏」は現行本では、「邪気留連」となっている。その他検討すべき部分が多い。

冬不按蹻（金匱真言論篇第四、第一章）

　春気病在頭、……冬不按蹻按摩蹻捷、擾動筋骨。……春不⿰鼻瓦衄⿰鼻瓦鼻中水出、衄鼻中血出。……並為冬不按蹻所致。

右の割注は、現行本の王冰の注の中に見える。現行本は、「⿰鼻瓦」を「鼽」に作る。

陰陽寒熱（陰陽応象大論篇第五、第一章）

　陰静陽躁、……陽発陰蔵。……熱気生清。

「陽発」は、現行本では「陽殺」となっているが「発」がよいであろう。

病腫（第五、第二章、第四節）

　先痛而後腫、……寒勝則浮、湿勝則濡。

「濡」は、現行本では「濡写」となっているが四字句になっているので「写」はない方がよいであろう。

四時五行、五臓五気（第五、第二章、第五節、第四章、第二節）

　天有四時五行、……暴喜傷陽。能知七損八暴、則陰陽可調。女子七七、天癸之終。丈夫八八、天癸之極。若知之則強、不知則老且病矣。

「八暴」は、現行本は「八益」とし、「陰陽」は現行本は「二者」とする。「女子……之極。」は、王冰の注を曾慥が書き直したものであろうか。

耳目手足（第五、第四章、第三節）

　天不足西北、……故耳目不聡明、而手足便。

邪風（第五、第四章、第四節）

　邪風之至、……半生半死也。

診脈（第五、第四章、第四節）

　善用針者、……而知病所生、……而知病所在。

「所生」は、現行本は「所主」とし、「所在」は、現行本では「所生」となっている。やはり『類説』の引用の方がよいかもしれない。

四経十二従（陰陽別論篇第七、第一章）

　人有四経十二従。……十二月応十二脉。春弦夏洪……四時経脉也。……十二脉、謂手三陰三陽、足三陰三陽。

「十二脉、謂手……三陽、足……三陽。」は実は、王冰の注の文である。

十二官（霊蘭秘典論篇第八、第一・二章）

　心者、君主之官、……膻中、臣使之官、喜楽出焉在両乳間、為気之海。脾胃、倉廩之官、……津液蔵焉。凡十二官、不得相失。

　脾胃二蔵共一官。

「凡此十二……相失。」は、第二章の文であり、「脾胃二蔵共一官。」は、現行王注本では、王冰の注になっている。

気候（六節蔵象論篇第九、第三章、第二）

　三日謂之候、五候謂之気、六気謂之時、四時謂之歳。

現行本は、はじめの二句が、「五日謂之候、三候謂之気、」となっている。

六脉（五蔵生成篇第十、第三章）

　凡人諸脈属目、髄属脳……気属肺。六脉気之潮汐也。

右の「六脉気之潮汐也。」とあるのは、現行本では「此四支八谿之朝夕也。」とある。「朝夕」の語などについて、多くの『黄帝内経』の解説者は困惑しているが、曾慥の引用は甚だ有益な資料を提供している。(7)

人臥、血帰肝（第十、第三章）

人臥、血帰於肝、……指受血而能摂。

配天象地（陰陽応象大論篇第五、第四章、第三節）

真人、上配天以養頭、……以養五臓。

急に引用の順が現行本と異って、前にもどる。「真人」は、現行本では、「賢人」となっている。

六気（第五、第四章、第三節）

天気通於肺、……雨気通於腎。腸胃為海、九竅為水。

現行本は、「……腎、腸胃……」の腎と腸胃の間に「六経為川、」の句があり、「九竅為水。」は、「九竅為水注之気。」となっている。いずれも曾慥は意識的に節略したのか、曾慥の見ていたテキストに無かったかであろうが、曾慥の表記の方が、かえって十二分に意味が通ずる。

五臓六腑（五蔵別論篇第十一、第一章）

五臓、臓精気而不瀉。……六腑、伝物化而不蔵、……則腹実而胃虚。

最後の一句は、現行本では、「則腸実而胃虚。」となっている。

胃水穀海（第十一、第二章）

胃者、水穀之海、……五気入鼻、蔵於肺、肺有病、鼻為不利。

現行本は、「蔵於肺、肺有……」の肺の字を、どちらも「心肺」とする。

診法（脈要精微論篇第十七、第一章）

診法常以平旦、……以此参、決死生之分。

「以此参」は、現行本では「以此参伍、決死生之分。」となっている。

血脈（第十七、第二章）

脉者、血之府。脉実血実、脉虚血虚。

「脉実……血虚。」の一句は、刺志論篇第五十三の文であるが、王冰は、この脈要精微論第十七にその語を引いており、曾慥はその王冰の注をここに引いたのである。

五色（第十七、第二章）

色者、気之華也。……黒如欲重漆、不欲如屋塵。五色精微、象見其敗、寿不久也。

現行本を見ると、「重漆」の下に色の字があり、「屋塵」の語は、「地蒼」に、「象見其敗、寿不久也。」は「五色精微象見矣、其寿不久也。」となっている。

得強則生、失強則死（第十七、第三章）

五臓者、身之強。……得強則生、失強則死。

現行本と比較すると、大筋では一致するが文字には異同が多い。ここは『類説』の文の方にも引用の上で問題があるようである。

四変之動（第十七、第四章）

彼春之煖、為夏之暑、……冬応中権。

現行本は、煖を暖に作る。

平人不病（平人気象論篇第十八、第一章）

人一呼、脉再動、……此平人不病。脉也、不足為遅、有余為数。

「不足……」以下は、脈要精微論篇第十七の第四章にあり、しかも現行本は、「有余為精、不足為消。」とする。ここは、脈要精微論篇第十七においても、古来問題の所であり、丹波元簡は、『素問識』巻二で、他篇の錯簡ではないかとか、「精」「消」の二字が意義不明である、という。或は本来、平人気象論篇第十八の文であったのかもしれない。

胃者、平人常気（第十八、第二章）

平人之常気、禀於胃。……人無異気曰逆、逆者死。

脱血（第十八、第三章、第三節）

臂多青脈、曰脱血。……謂之解㑊。……謂之脱血。臥久傷気也。

「解㑊」を現行本では「㑊」とし、「臥久傷気也。」は、王冰の注となっている。

胃疸（第十八、第三章、第五節）

已食如飢者、胃疸。胃熱則消穀也。面腫曰風。……自黄曰黄疸。

「胃熱則消穀也。」は、王冰の注文に基づくもののようであり、「自黄」は「目黄」の誤りである。

妊子婦人（第十八、第三章、第六節）

少陰脉動甚者、姙子也。少陰脉……応手者也。

「少陰脉……」以下は現行の王冰の注文にある。

水穀（第十八、第四章）

人以水穀為本、……亦死。

平心脉（第十八、第四章）

平心脉来、累累如連珠、……前曲後倨、……曰心死。

「後倨」を現行本では「後居」とする。

平肺脉（第十八、第四章）

平肺脉来、厭厭如落楡莢、……病肺脈来、如循雞羽、曰肺病。……如風吹毛、曰肺死。

現行本では「厭厭聶聶」となっており、「病肺脈来」の下に「不上不下」の四字が入っている。

平脾脉（第十八、第四章）

平脾脉来、和柔相離、……病脾脈来、如鶏挙足、……死脾脉来、如鋭堅、如鳥喙、……曰脾死。

「如鶏挙足」の上に現行本は「実而盈数」の四字が入る。

平腎脉（第十八、第四章）

平腎脉来、喘喘累累、按之如鈎、曰腎平、……辟辟如挟弾石、曰腎死。

「累累」の下は、現行本では「如鈎、按之而堅」となり、「如挟」の「挟」の字はない。「腎死」が注のようになっているのは特に意味はないと思われる。

五蔵病（玉機真蔵論篇第十九、第二章、第二節）

五臓相通、……伝五蔵皆当死。

胃五臓之本（第十九、第三章）

五臓皆禀気於冒《ママ》。

「胃」は「冐」である。

汗出（経脉別論篇第二十一、第一章）

飲食飽甚、汗出於胃。……汗於出脾。

五入（宣明五気篇第二十三、第一節）

酸入肝……是為五入。

「為」字は、現行本では「謂」となっている。

五悪（第二十三、第四節）

心悪熱、……是為五悪。

「為」の字は、現行本は「謂」である。

五液（第二十三、第五節）

五臓化為液、……是為五液。

上の「為」は現行本になく、下の「為」字は「謂」に作る。

五禁

心為火、火炎則焦。脚為金、金銛則夷。肝為木、木滋則痺。脾為土、土湿則滞。腎為水、水竭則枯。是逆四時之序、損五臓之宜。故有五禁。

右の文は、現行の『素問』と『霊枢』には見当たらない。「四時之序」という語は、『素問』王機真蔵論篇第十九、第一章、第五節及び『霊枢』本輪第二、第六章にあり、「五禁」の語は、『素問』宣明五気篇第二十三、第六節に、また『霊枢』五味第五十六や五禁第六十一に見えるが、『類説』に曾慥が引くような文字はない。思うにこれは、先に触れた扁鵲に関係ある『霊枢』の文に似ているようでもあり、或は、注の文でもあろうか。

五臓所蔵（第二十三、第十節）

　心蔵神、……是為五臓所蔵。

現行本は「為」の字を「謂」とする。

五主（第二十三、第十一節）

　心主脉、……是為五主。

現行本では、「為」字は前と同じ。

五臓所傷（第二十三、第十二節）

　久視傷血、……是為五臓所傷。

現行本では右の「五臓」は皆「五労」とし、「為」は「謂」とすること前に同じ。

五臓之脉（第二十三、第十三節）

　肝脉弦、……是謂五臓之脉。

重虚（通評虚実論篇第二十八、第一章）

　脉気上虚尺虚、是為重虚。

「為」の字が現行本では「謂」である。

風厥（評熱病論篇第三十三、第二章）

　汗出而身熱者、風也。……不解者厥也。

「厥也」と双行にするのも、特に意味はない。

百病生於気（挙痛論篇第三十九、第四章）

怒則気上、……暑則気泄、……九気不動、何病之生。

現行本は「暑」を「炅」とする。

寒熱（厥論篇第四十五、第一章）

厥、陽気衰於下、則為寒厥。……熱厥。

本文の文頭に「厥」の一字が来るが、項目の「寒熱」の下につくべきである。なお、現行本では、文の始めは「厥之寒熱者何也。」となっている。

肺気（病能論篇第四十六、第三節）

肺者、臓之蓋也。……不得偃臥。

脾癉（奇病論篇第四十七、第六節）

有病口甘者、五気之溢也。名曰脾癉。有病口苦者、名曰胆癉。

大きい相異はないが、現行本よりも、かなり節録されている。

虚実（刺志論篇第五十三、第一節）

気実形実、……反此者病。

九鍼（鍼解篇第五十四、第四章）

上応天地陰陽。一天、二地、……九野。一針皮、二針肉……九針通九竅、除三百六十五節気。一鑱針、二円針……九大針。

現行本には「天地」の下に「四時」の二字が入り、「一鑱針」以下は『霊枢』九針十二原第一の文であるが、王冰が『素問』のこのところに引いている。

百病生於皮毛（皮部論篇第五十六、第二章）

百病始生。必先於皮毛、……開則入客於脉絡、脉絡留而不去、伝入於経、経留而不去、伝入於腸胃。

現行本には、「脉絡」「経」の各二度目の字はない。最後の「入於腸胃」は、「廩於腸胃。」とする。

有余不足（調経論篇第六十二、第一章）

神有有余不足……其気不等。

五味各帰所喜（至真要大論篇第七十四、第五章、第四節）

五味入胃、……鹹先入腎。

「醎」は、「鹹」に作る。

分肉谿谷（気穴論篇第五十八、第二章、第二節）

肉之大会為谷、……外破大胭、……大寒留於谿谷也。

「大胭」は、現行本は「大膕」とする。

以上、現行本とほぼ同じである。ただし、今まで大体現行本の巻数の順に従っていたのであるが、ここでまた前にもどる。

天地気所生

乾坤之始、軽清者、上浮為天。重濁者、下凝為地。是天地本一気也。人生其間、亦一気也。故天地有四序、而臓腑亦具五行。順之者生、逆之則死矣。

この文は、現行の『素問』には見出せない。『淮南子』天文訓、『関尹子』四符、『荘子』知北遊・至楽の諸篇にある語、或は『霊枢』決気第三十の「一気」の語、などに依拠するものなのであろうか。

気虚気逆（通評虚実論篇第二十八、第一章）

邪気盛則実、……余蔵亦如此。

三部九候（三部九候論篇第二十、第一章）

脉有三部、部有九候。以決生死、以處百病。

現行本は、「人有三部」となっている。曾慥は「人」を「脉」としている点は注目される。「處」は、現行本は「処」とする。

脾四時寄治（太陰陽明論篇第二十九、第二章、第二節）

脾治中安、常以四時、長四蔵、各十八日。寄治不得、独主於時。

「中安」は、現行本は「中央」とする。

熱中消中、富貴人（腹中論篇第四十、第四節）

多飲数溲曰消中、多喜曰癲、多怒曰狂、熱中消中、皆富貴人也。

末尾の「熱中――貴人也。」までが経文でありそれより上は王冰の注文である。

以上で、曾慥の『類説』巻三十七に引用する『素問』が終わり、次の『難経』や『黄庭経』へと移る。しかしここでは紙数の関係上、『難経』についての検討は、後日に譲る。『素問』との対比を通しても、今日の『素問』の研究に対して『類説』が寄与するところは少なくないであろう。

因みに、上記の『類説』に引かれた『素問』の条数を現行本の篇数に当てはめてみると、凡そ次の通りになる。

①上古天真論篇第一（二条） ④金匱真言論篇第四（一条） ⑦霊蘭秘典論篇第八（一条）
②四気調神大論篇第二（二条） ⑤陰陽応象大論篇第五（六条） ⑧六節蔵象論篇第九（一条）
③生気通天論篇第三（四条） ⑥陰陽別論篇第七（一条） ⑨五蔵生成論篇第十（二条）

⑩陰陽応象大論篇第五（二条）（再）
⑪五蔵別論篇第十一（二条）
⑫脈要精微論篇第十七（五条）
⑬平人気象論篇第十八（十一条）
⑭玉機真蔵論篇第十九（二条）
⑮経脈別論篇第二十一（一条）
⑯宣明五気論篇第二十三（八条）
⑰通評虚実論篇第二十八（一条）
⑱評熱病論篇第三十三（一条）
⑲挙痛論篇第三十九（一条）
⑳厥論篇第四十五（一条）
㉑病能論篇第四十六（一条）
㉒奇病論篇第四十七（一条）
㉓刺志論篇第五十三（一条）
㉔鍼解篇第五十四（一条）
㉕皮部論篇第五十六（一条）
㉖調経論篇第六十二（一条）
㉗至真要大論篇第七十四（一条）
㉘気穴論篇第五十八（一条）
㉙不明
㉚通評虚実論篇第二十八（一条）（再）
㉛三部九候論篇第二十（一条）
㉜太陰陽明論篇第二十九（一条）
㉝腹中論篇第四十（一条）

三

『類説』において扱われた『素問』に関する検討に続いて、『道枢』における『素問』について考察を加えることとする。『素問』についての記録を、まず『道枢』巻三十の七神篇より示してみよう。

七神篇（内経之言、汗漫難窮、五蔵七神、妙在其中。）

岐伯曰、五蔵有七神、而各有所蔵。所蔵者何也。人之神気也。肝蔵魂、肺蔵魄、心蔵神、脾蔵意与智、腎蔵精与志。夫蔵各有一、腎独有二何也。非皆腎也。其左者為腎、其右者為命門。命門者、諸神精之所舎、元気之所繫也。故男以蔵精、女以繫胞。故知腎有一也。肺者、蔵之蓋也。心者、五蔵之専精也。目者、是其竅也。心主脉、脉主皮、肝主筋、脾主肉、腎主骨。是謂五蔵之所主也。久視則傷血矣。久臥則傷気矣。久坐則傷肉矣。久立則傷骨矣。久行則傷筋矣。是謂五労之所傷也。百病皆生於気。怒則気上矣。喜則気緩矣。悲則気消矣。恐則気下矣。寒則気収矣。熱則気泄矣。驚則気乱矣。労則気耗矣。思則気結矣。九気不作、何病之生乎。

右の篇名の下「内経之言」とあるが、その内経は、身中神の語と一緒に記されているので、一見したところ判然としないのであるが、やはり『素問』を指すと見てよいであろう。しかしながら、冒頭の「岐伯曰」より「人之神気也。」までは、現行の『素問』には見出せないのである。それ以下の五蔵の論は、『素問』宣明五気篇第二十三に見えるが、「脾蔵意与智、腎蔵精与志」の文は、そこにはない。「腎蔵精与志」は『霊枢』九鍼論第七十八、第五章、第二節に近い。また、「心主脉……五蔵之所主也。」「久……五労之所傷也。」は、『素問』宣明五気篇第二十三や『霊枢』九鍼論第七十八と通ずる。「百病皆生於気……」は、既に触れたように、『素問』挙痛論篇第三十九、第四章に拠る。「九気不作」の語は、『類説』の方では、「九気不動」となっている。『太素』巻第二の「九気」や『素問』挙痛論篇第三十九では、「九気不同」とする。『内経』の文を扱いつつ、身中の七神を論ずるところに、曾慥の道教者としての面目と『黄庭経』に対する彼の態度とが現われていると見ることができる。またその文は、曾慥の先輩に当たる道士がそのような記録を残していたのを曾慥が節録引用した可能性が強い。

四

次に『道枢』に引用されている医学関係の引用文を引きつつ検討を進めて、『霊枢』の問題を論じてみよう。

『道枢』巻十九に、

修真指玄篇　五行倒植、三田返覆、冬子夏午、神気内蓄。

とあり、その中に、

然岐伯不知時、扁鵲不伝法。若夫冬夏二至、則時未善也。随時内観、則法未尽也。惟冬之子夏之午、則凝息留気、而後静観。斂身集神、而先注意焉。斯可謂尽矣。

と、岐伯と扁鵲を批判する文章が節録されている。その批判の対象となっている思想を『道枢』の中で探ってみると、まず、右の文章の前に次のような岐伯と扁鵲の思想が「霊枢曰、」の文を中心として引用されている。

岐伯曰、人之真気、春蔵于肝、夏蔵于心、秋蔵于肺、冬蔵于腎。肝心陽也。肺腎陰也。随時養之、不出冬夏二至春秋二分之候。所養之法、淡然自適、而無所惑。静坐内観、所養之蔵、自然気凝、而有象有形焉。故以陰気為胎、以陽気為息、気住則形住。是為長生之要也。

霊枢曰、天地反立、陰陽逆生。錬鉛錬汞、自然道生。扁鵲曰、冬至之後、十有五日、真鉛積之一分、其状如軽煙焉。夫能錬之、可以安楽延年矣。三十日真鉛積之二分、其状如薄霧焉。夫能錬之、可以返老還童矣。四十有五日、真鎮積之三分。其状如垂露焉。夫能錬之、可以留形住世矣。夏至之後、十有五日、真汞積之一分、其状如戯蘂焉。夫能錬之、可以健骨軽身矣。三十日、真汞積之二分。其形如含蓮焉。夫能錬之、可以長生久視矣。四十有五日、真汞積之三分、其形如抱卵焉。夫能錬之、可以錬形化気矣。故錬真鉛而為陽胎、錬真汞而為陰息、以陰息為陽胎、自然有形化無形矣。以陽胎投陰息、自然無質生有質矣。

これによると、岐伯には時についての正しい理解がないし、扁鵲は正しい法を伝えていないことが、極めて概括的にではあるが判然とするであろう。ここで『霊枢』が引用されて議論されているのは、結局のところ、内観及び内丹の仙法なのである。岐伯の時といい、扁鵲の法といい、すべて仙道を得る為の、内丹の火候の時であり、法なのである。従ってそこに引用された『霊枢』の文は、いわゆる『黄帝内経素問』と表裏の関係にある。『黄帝内経霊枢』にはないのである。思うに、内丹火候を論ずる『霊枢』に見える岐伯や扁鵲の主張は、曾慥の属する道流からは、高く評価されなかったことを示しているのであろう。曾慥に批判的に取り挙げられている岐伯の時についての考え方は、『道枢』巻九の「純陽篇太一之鼎、以百為模、呼吸百刻、是謂神符。」においても、次のように記されている。

黄帝游于青城之野。見広成子・岐伯・黄谷子、而問道焉。於是得百刻之神符。

また、『道枢』巻十二、「大丹篇神気為薬、天地為炉、観乎刻漏、合易之符。」に、

岐伯曰、一呼一吸、是為一息。故分則筭分焉。刻則筭刻焉。時則筭時焉。息則筭息焉。於是十二時、共得一万一千五百二十息。合于乾坤・大衍五紀・極策之数者、今因一百二十息、為之淮則作一百刻、自然契合。昼夜十二時、陰陽槖籥之大数也。陰陽之火候者、一日所用鉛汞者、何如哉。策衍大数、八十有一日計、炭一万一千六百六十四両、共得一百八者、凡一百八焉一百八箇一百八。仍得八十一者、一百四十五焉。一年者、三百八十四日、除二十四気、坎離運用、有二百六十日計、用炭五万一千八百四十両、共見。一百八者、四百八十焉。八十一者、六百四十焉。故一年之炭、得九年之日、三年之炭、得二十七年之日。一百二十日者、一転也。一年者、三転也。三年者。九転也。……

などとある。これらが岐伯の時の観念に対する批判である。しかも『道枢』には、時に関する表現が諸篇に見える。例せば、巻五の百間篇には、時とか気とか節とかについての説が見出される。因みに岐伯については、巻二十八の太清養生下篇に、

故彭祖曰、内外転其二足、各十過、可以止諸労、蓋謂此也。温疫者、陽気也。聚於諸蔵、入於諸脉、及於腠理也。治之之法、大坐、左右導引三百六十過。岐伯曰、導引者、俛仰屈伸也。甘始曰、又手項上、左右捩不息也。又云率以汗出為度。汗則扮身。

とある。

次に更に、扁鵲に対する批判について、『道枢』の記録をいくつか探ってみることとする。『道枢』の巻十三の「呼

吸篇脾居于中、呼吸為用、真人之妙、其息以踵。」には、

真人之息、則以其踵、是何也。斯貴其深者歟。扁鵲曰、呼出心与肺、吸入腎与肝、而脾居于中。於是、呼吸之間、而五行備矣。

と記されている。また、『道枢』巻二十七に、

金液龍虎篇善為丹砂、保命全家、育成姹女、儷以黄芽。

があり、龍虎内丹の仙道を説くのであるが、そこにおいて、次のように扁鵲の説を引いている。

扁鵲曰、酸鹹辛苦、是河車等也。用火候以煉之。斯為大丹矣。用鉛不用鉛。須向鉛中、作此神水、為鉛汞者也。

しかし、既に上に少し引用したが、巻三十八会真篇において、扁鵲の説を次のように批判する。

其要蓋二十有五焉。曰識道、曰識法、曰識人、曰識時、……葛仙公曰、釈子滞于頑空、儒者執于見在、不知、先聖之道存于一心也。純陽子知其然、故好性宗、……太上隠書曰、三千六百法、而養命者数十家、……華他《ママ》謂、久逸而気滞、血凝。観五禽之戯、而作導引、使栄衛通暢、後人因之、名為般運者、誤也。……容成子教黄帝房中之方、……黄帝修養于崆峒、而無功。広成子教以錬外丹、……後人因之、欲餌無情金石者、誤也。扁鵲釈霊枢之篇、謂鼻引清気、口吐濁気、留之二十有四息、為火一両、……、九仙経曰、大病用火、小病用水、……天皇聖胎上法也。達磨胎息中法也。扁鵲辯霊枢之篇、葛洪釈胎息之説、因胎生息、因息就胎、下法也。此吾所謂補気者也。補益之道亦多矣。

ここに至って、『道枢』の中に『霊枢』の見解を卑下する説を曾慥が節録引用する意味が明らかになった。すなわち曾慥は、華陽子施肩吾と同じ道流に属し、その立場から、扁鵲の『霊枢』の解釈を、下法である、とした先人の説に従ったのである。

ところで右の文の冒頭に、華陽子施肩吾の言葉として、超脱の人として西山十余人を挙げているが、西山とは江西省南昌市の西にある地名である。そこは、西晋の許孫（二三九～三〇一）の教法を信奉する近世新道教教団浄明道の活動の中心地として有名である。唐の憲宗の元和（八〇六～八二〇）の進士華陽真人施肩吾が西山の霊跡を慕って、その地で修行したとされている。西山に関する記録としては、早く『西山記』があり、それは散逸しているが、それを引き継ぐものとして『西都群仙会真記』とか『西山群仙会真記』と呼ばれる書が作られた(8)。今、問題としている『道枢』巻三十八の会真篇は、それらに基づいて書かれたもののようである。『西山群仙会真記』の中には、「扁鵲解霊枢、以鼻引清炁、入而留之(9)……」などと、上に引用した扁鵲と『霊枢』とに関すること、或は、達磨の胎息のことなどが記されていて、それらは、『道枢』会真篇を中心とした記述の中の多くと共通している。ところで『直斎書録解題』巻十二の神仙類に、本論の第二篇第三節で示したように、

西山群仙会真記五巻

九江施肩吾希聖撰。唐有施肩吾、能詩、元和中進士也。而曾慥集仙伝称、呂巖之後有施肩吾者、撰会真記、蓋別是一人也。

という記述がある。『道枢』会真篇や『会真記』並びに施肩吾をめぐる問題は複雑である。これが検討もまた割愛して、後日を期するものである。しかしながら、ここに問題となるのは、扁鵲が関係している『霊枢』とは一体どのような書であったのであろうか、ということである。『類説』巻三十七の『内経』の引用文は、既に述べたように、『素問』に見出せない一文があった。それはすなわち、「五禁」に関するもので、「心為火、火炎則焦……」とあった。先にこれが当面問題としている扁鵲弁ずるところの『霊枢』の内容に近い表現と思われる。そのことは上掲の『西山群仙会真記』巻五の「扁鵲解霊枢」云々の文からも明らかである。改めてその文を次に示してみよう。

惟扁鵲解霊枢、以鼻引清炁、入而留之、四息為一銖、二十四銖為一両火。夏至之後、以巽卦天霐、運二十五度行之、錬真汞而為陰胎、冬至以乾卦霊符、運二十五度行之、錬真鉛、而為陽息、陽息投胎、而変金丹。金丹一粒、可長生不死。……

拙稿第二章に示した『道枢』巻三十八の会真篇の文がこれに基づいていることは明白である。『直斎書録解題』巻十二には、別に、「霊枢金鏡神景内経十巻　称扁鵲注」と「霊枢道言発微二巻　朝議大夫致仕傅燮選進、専言火候」と記されている。因みに『三才定位図』には、次のような『霊枢経』の引用がある。[10]

霊枢経曰、崑崙山之頂曰玉京山。玉京天一帝、四方各八天帝、凡三十三帝。

霊枢経曰、玉京天之上有三清天。泰清天又謂之大赤天。

また「道蔵」の中では、古典的医書として『素問』や『霊枢』を引く『三元延寿参賛書』[11]がある。この書は、『永楽大典』の中に医籍として多く利用されている。因みに『類説』も、同書によく引かれている。これも後日の検討課題である。

此の稿を終えるに当って『霊枢』の名称について、わが丹波元簡の『霊枢識』総概の文を引く。それはすなわち、

今攷道蔵中、有玉枢神枢霊軸等経、意者霊枢之称、豈出於道流歟。[12]

というものである。『道枢』の名が『霊枢』を意識しているとするならば、『荘子』に由来する道枢の語が道教に入り、医書に影響を与え、再び内丹の書『霊枢経』や『道枢』の成立を促したのは、不思議な因縁といえよう。

注

（1）拙著『素問・霊枢』（明徳出版社）一九頁。

（2）道蔵、第六四八、『道枢』、巻三八、第二。

（3）道蔵、第六四八、同右、巻三八、第一八。

（4）道蔵、第六四八、同右、巻三八、第二五。以下、本章での『道枢』の引用文の道蔵番号の注記を略す。

（5）富士川游「支那思想　科学（医学）」（『岩波講座東洋思潮』）。藪内清『中国文明の形成』。山田慶児「『黄帝内経』の成立」（『思想』一九八九年八月号）。藤山和子「全元起注『黄帝素問』の成立について」（『東方学』第七十輯）等参照。

（6）『類説』は、ここでは、厳一萍校訂の十冊本（芸文印書館印行）による。この書、曾慥の号は「至遊子」とし、そこに引用した旧鈔本の伯玉翁題は「至淑子」とする。その第七冊には、『類説』巻三十七の総目録がある。その目録は、間々、本文についている標題と異なる。目録では「座𢊁」となっているし、「平旦気」は、目録では「旦暮気」となっている。しかし本稿では、それらの違いの指摘は略した。

（7）丹波元簡は『素問識』巻二では、「朝夕」を会見の意味にとり、丹波元堅は『素問紹識』巻第一では、朝夕往来としている。

（8）秋月観暎『中国近世道教の形成』。渡辺精一「中唐の詩人施肩吾とその詩」（『漢文学会々報』第二十五輯）。「《道蔵提要》選刊（西山群仙会真記）」（『世界宗教研究』一九八四―二）参照。

（9）道蔵、第一一六。『西山群仙会真記』、巻五、第四。

（10）道蔵、第六十八、『三才定位図』、篇目第一。

（11）道蔵、第五七四、『三元延寿参賛書』。

（12）渋江抽斎の『霊枢講義』に引く丹波元簡の文化五年（一八〇二）の『霊枢識』総概（オリエント出版社「続黄帝内経古注選集5『霊枢講義』」）参照。

第五章　「臨江仙」と曾慥の気功功法

第一節　「臨江仙」について

本論文の序論において、曾慥の作になる詞「臨江仙」が、『全宋詞』に収められており、その詞がまた、道蔵の第一二五冊の『修真十書（雑著捷径）』巻二十三にも引かれていることを紹介しておいた。この「臨江仙」については、邱家明の研究があり、呂光栄主編の『中国気功経典』（宋朝部分　上）に、『道枢』（節選）と『至游子』の文の次に「臨江仙」として記載されている。[1] その「臨江仙」を示す前に、右の『道枢』（節選）冒頭の『道枢』の解説をまず示しておく方が、以下の記述をより理解し易くすることであろう。すなわちいう、

　由曾慥所集。曾慥、北宋末、南宋初人。字伯端《ママ》、号至游子。晋江（今福建）人。気功養生学家。曾任尚書郎、后隠居銀峯。能詩文。収集歴代気功養生学家彭祖・赤松子・寗先生・王子喬・天隠子・栖真子等各家有関気功修煉的基本理論、丹道・功法等、加以整理、并加入本人的見解及功法、編成『道枢』一書。全書四十二巻。保存了南宋以前的各家学説、対研究気功、具有重要価値。以下各文選自『重刊道蔵輯要、觜集・三・四・五・六』、為一

九〇六年成都二仙庵刊刻本。

と。このあとに『道枢』の「内容提要」が記されるのであるが、これは、以下に引用する「臨江仙」とは特に関係がないので省略して、「臨江仙」（一七〇頁）の記述に入る。分担執筆者は邱家明である。

臨江仙

作者曾慥。生平事迹見『道枢』。本篇選自一九二三年上海涵芬楼影印本『道蔵・洞真部』第一二五冊。

内容提要

『臨江仙』択「鍾離八段錦」・「竇銀青八段錦」・「小崔先生臨江仙」・「六字気訣」諸家之善、滙集而成一套動功与静功相結合的功法。通過「張弓踏弩」、「運転轆轤」、「按摩眼・背・腿」等運動、以加強頸項・肩臂・腰背・腕肘・下肢等部的功能活動、可疏通経絡、調和気血。同時、運用呵・吹・呼・嘘・嘻・呬六字発音吐気、以吐故納新、平衡臓腑。此功法簡便易行、堅持鍛煉、可達治病和保健的目的。

子後寅前東向坐、冥心琢歯（三十六通）鳴竈（鳴天鼓三十）托天（三次、毎次行嘻字気）回顧（握固按腿、左右各三、先右次左、左行嘘字気、右行呬字気也）。眼光摩（挫按手摩眼七次、閉目転睛七次、以中指節捻太陽三十六）、張弓（左右二三十挽、毎次行呵字気）、仍踏弩（左右各三次、毎次三挽七踏、行呵字気）升降轆轤多（左右運転轆轤三十六、行吹字気）。三度朝元（三次、毎次按腿、閉目咽気、名為朝元。毎次行吹字気）九度転（想気自丹田転九交）、背摩（盤足閉気、搓手熱、摩擦腎兪上下、行吹字気）双擺（按腿、瞑目閉気、三[1]右揺擺身不限数、名鰲魚擺尾、行呵字気）扳（舒脚、以手低頭扳脚、行呵字気）拏（跪膝反手、左右拏脚跟三次、毎次行呼字気）。虎龍交際嚥元和（以舌攪取津満口漱三十六、一気分三嚥、想至丹田中、如此三遍、行吹字気）、浴身（鼻引清気閉住、搓按両手極熱、遍身擦令微汗出）挑甲罷（左右臂挙手斉発、遍挑十指甲不限数）、便可躡烟蘿（凡行吹腎・呵心・噓肝・嘻三焦・呬肺・呼脾六字・不可令耳聞声、出気欲細而長、凡行持皆閉気、行持罷方吐気、出呼所行字)。

鍾離先生八段錦、呂公手書石壁上、因伝于世。其後又有竇銀青八段錦、与小崔先生臨江詞、添六字気於其中、恨其詞未尽、予因択諸家之善、作臨江仙一闋、簡而備、且易行、普勧遵修同証道果。紹興辛未仲春、至游居士曾慥記。

注釈

(1)　三…疑為〝左〞字之誤。

按語

『臨江仙』只用了六十箇字、介紹一套気功功法。其功動静結合、内容豊富、功法経作者加注后、「簡而備、且易行」、「適宜時間、精力有限的中老年人習練」。

以上が、邱家明の「臨江仙」に関する記述のすべてである。同様のことは、方春陽主編の『中国気功大成(一八三頁)』にも見え、そこにもまず宋の曾慥撰の「臨江仙」の詞の全文が引かれている。そしてその詞の最後に、

〔按〕此系曾慥綜合前人八段錦与六字気訣、添加自己経験編成的一套功法、有一定的実用価値。詞后跋文中提及八段錦的源流、対研究該功法的歴史極有帮助。「紹興」系南宋高宗(趙構)年号、「辛未」為一一五一年。此詞流伝訖今、已有八百多年歴史了。

と記されている。

曾慥の「臨江仙」を通して、鍾離先生と竇銀青先生と小崔先生の八段錦の改訂されたものが、曾慥の八段錦となっていることが判る。まず鍾離権の八段錦であるが、それは、「道蔵」第一一五冊『修真十書(雑著捷径)』巻十九にあ

る「鍾離八段錦法」がそれに当たるものであろう。次の竇銀青と（小）崔先生のそれとは、共に亡佚してしまっているが、李志庸編『中国気功史』（二四〇頁）では、

竇銀青八段錦和小崔先生八段錦均已失伝。但是曾慥八段錦是在小崔先生八段錦的基礎上創編的。

とされている。同書の「八段錦的流行」（二三六頁）では、

宋代民間流伝導引法中除了陳希夷的『坐功図』、就数八段錦最為流行。当時所伝的八段錦分両種類型、一是文八段、一是武八段。不過当時并没有文武之称、而且八段錦一名也僅指現在所説的文八段而言。

文八段、共有四家、一是「鍾離八段錦」、二是「竇銀青八段錦」、三是「小崔先生八段錦」、四是「曾慥八段錦」。

と述べ、別の個所（二四二頁）では、

武八段、首見于曾慥的『道枢』巻三十五『衆妙篇』、据載、

仰掌上拳以治三焦者也。

左肝右肺如射鵰焉。

……

擺鱓之尾所以袪心之疾矣。

左右手以攀其足所以治其腰矣。

洪邁『夷堅乙志』巻九「八段錦」一節、可以反映出当時八段錦流行的一箇側面…

政和七年（一一一七）、李似矩為起居郎。……嘗以夜半時起坐、嘘吸按摩、行所謂八段錦者。

と記している。またその「導引気功学成就概述」（二二二頁）では、

導引形式日趨精簡和套路化、是宋元導引気功学発展的重要特点之一。這一時期盛行的『二十四気坐功導引治病

図』、文・武八段錦就是比較典型的代表。……本時期還流行着一種新的導引術、名「二関法」、也很簡要。据『道枢』巻三十『二関篇』記載、其法如下、

披衣正坐大床厚茵。……其名曰脱指玄関。……

于子之時、薄其衣衾、平身正坐、……宿疾除矣。……

ともいっている。曾慥は、時代の流れに則ってというべきか、時代の流れを加速したというべきか、繁雑な功法を簡にして要を得たものに転換する上で大きな功績を残し、それが曾慥の『道枢』によって伝えられているわけなのである。なお、李志庸の同書には「六字気訣的普及与発展」の章があり、『修真十書（雑著捷径）』巻十九、巻二十四の「去病延寿六字法」と「六字気歌訣」について、

二篇均為現存較早的論動功六字訣的文献。其『六字気歌訣』実与前所述曾慥八段錦略同、只是彼以八段錦為名、此以六字訣為名罷了。歌訣原文内容是、

行持六字気、次第為君歌、

……

大都十二声、五臓可通和。

前所述曾慥八段錦、恰好可以当作本歌訣的補注去読。

と指摘している。

なお、曾慥の「臨江仙」の末尾の「曾慥記」にいう賓銀青と（小）崔先生はどのような人物か判然としないが、『修真十書（雑著捷径）』巻二十一には、「西岳賓先生修真指南」とそれに続いて、「天元入薬鏡崔真人希範述」の二文が入っているが、この二者が賓銀青と（小）崔先生に当るのかもしれない。因みに、次の巻二十二には曾慥と王承緒（字紹之）

等との酬和の勧道歌があるが、それと、『修真十書（雑著捷径）』の記録と曾慥とについては、後日改めて検討を加えたい。

王卜雄・周世栄著の『中国気功学術発展史』（三五三頁以下）の「八段錦系統的形成与発展」によると、八段錦の名称は宋以前にはなくて、晁公武（宋高宗の紹興十四年頃在世）の『郡斎読書志』著録書目中に八段錦と命名する気功文献が始めて見えるし、宋洪邁の『夷堅志』北宋政和年間（一一一一～一一一八）に民間流行の八段錦の様子がある、とされる。『郡斎読書志』の記録とは、すなわち、巻十六神仙類に、

八段錦一巻

右不題撰人。吐故納新之訣也。

とあることを指し、『夷堅志』の記録は、「夷堅乙志」第九に記す世間の珍しい事件を記す十事の一として「八段錦」の項があるのを指す(2)。

因みに、王・周両氏の書及び道玄子編著『中国道家養気全書』（一九九頁）などは、八段錦の「錦」は、美しい色模様綾をなす絹織物のように各種の気功功法が組み合わされていることを示すものであるとし、王氏等は特に、四段錦から百段錦まで、八段錦を除いては数を衒うのに類に入る、という。ただし道玄子は、そこまでは言及しない。更にこの外、別の文献では、八段錦とはいっても八段錦図式などは易筋経系統のものである、とする。更に導引法の流れは、『荘子』外物篇から馬王堆の文献や張湛・陶弘景の外、医学との関係も深く、『諸病源候論』『素問』『霊枢』や孫思邈等に及び、南宋の曾慥の『道枢』真誥篇が『太素丹景経』より出づるとする功法も、孫思邈輯録の導引法との関係は不明ながら、その両者に多くの導引法が記録されていることが指摘されている。そして八段錦の「定型」と「定名」は清代である、とされている(3)。

第二節　曾慥の気功功法

曾慥が今日に伝えている伝統的或は当時新流行の気功功法は、ただ衆妙篇の一篇に限られるものではない。おびただしい気功功法が『道枢』の中に収められていることは、『道枢』の、更には曾慥という人物の、中国文化史上の地位の大きさを示すものであって、決して無視してはならないことである。伝統気功法としてどれを絶対的なものとして認定するかは、各時代の変遷や流派の相異を考慮すれば、とても不可能であるといえよう。ここでは、その一例として、張文江等編著『中国伝統気功学詞典』と李遠国編著『中国道教気功養生大全』の功法を示して、『道枢』の価値の一端を示すこととする。

さて、張氏等の『中国伝統気功学詞典』には、二種類すなわち『道枢』の名を冠するもの（六三六頁以下）と「至游子」の名を冠する気功法名（二八六頁以下）が挙げられている。その功法には訣の類も含まれているが、『道枢』の名で五十六功法、「至游子」の名で十五功法、合計七十一功法もの名称とその内容が記されている。それらの功法の配列には、『道枢』の巻数の配列順とは異るものがあるが、一応、ここではそのまま記しておくこととする。ただし、『道枢』十三巻とすべきところを十四巻と誤っているところなどは訂正して記述した。

まず『道枢』の名を冠するものであるが、その記述の例は次のようになっている。冒頭の一功法だけを原文通りに示して例とする。それは、

〔『道枢』行気法〕　伝統気功法。『道枢（巻十三）・枕中篇』、「行気之法、処于密室、瞑目閉息、置鴻毛于口鼻

之上、使之不動可也。于是耳无聞、目无視、心无思、以漸除之而已。」という表現で、以下、「行水火法」巻二十三・金玄八素篇、「進火法」巻十九・修真指玄篇、「還元法」巻十二・還元下篇、「取火法」巻十九・修真指玄篇、「采気法」巻三十八・会真篇、「修気法」巻十一・泥金篇、「煉形法」巻十九・修真指玄篇、「退火法」巻十九・修真指玄篇、「除悸法」巻十三・枕中篇、「集神法」巻十五・聖胎篇、「行日月法」巻二十二・修煉金丹篇、「補五臓法」巻二十二・修煉金丹篇、「煉丹心法」巻二十三・金丹泥金篇、「煉金丹法」巻三十八・会真篇、「逐陰鬼法」巻三十八・会真篇、「調六気法」巻十五・調気篇、「暖丹元法」巻三十八・会真篇、「九九調息法」巻二十三・金玄八素篇、「気上泥丸法」巻十三・帰根篇、「玉液還丹法」巻十九・修真指玄篇、「存思嬰児法」巻十三・内想篇、「存想日月法」巻三十一・九仙篇、「吐濁納清法」巻十五・調気篇、「延年益寿法」巻十五・聖胎篇、「行五臓気法」巻十一・泥金篇、「交合龍虎法」巻十九・修真指玄篇、「閉口攻病法」巻三十八・会真篇、「進火行水法」巻三十五・衆妙篇、「蒼鴉鼓翼法」巻十五・聖胎篇、「補虚益気法」巻十九・修真指玄篇、「固精明目法」巻十五・聖胎篇、「金液還丹法」巻十九・修真指玄篇、「金液煉形法」巻十九・修真指玄篇、「怪柏蟠龍法」巻十五・聖胎篇、「実隋健骨法」巻十九・修真指玄篇、「咽気辟穀法」巻十六・中黄篇、「脱指玄関法」巻三十・二関篇、「煉気成神法」巻十九・修真指玄篇、「澆灌煉形法」巻十九・修真指玄篇、「載日挟月法」巻三十一・九仙篇、「換骨延齢法」巻十一・泥金篇、「挽射強身法」巻十五・聖胎篇、「烟霞浄志法」巻十六・中黄篇、「調気養生法」巻十五・調気篇、「焚身祛邪法」巻三十八・会真篇、「微微調息法」巻三十・三元篇、「運日中之神法」巻二十三・金丹泥金篇、「運月中之神法」巻二十三・金丹泥金篇、「運心気攻病法」巻三十八・会真篇、「肘后飛金晶法」巻十九、修真指玄篇、「跪拝治傷寒法」巻三十八・会真篇、「心腎二気交会法」巻三十五・衆妙篇、「存想火輪強身法」巻三十八・会真篇、「防止風気入侵法」巻十三・枕中篇、「通調上下陰陽法」巻三十八・会真篇など五十二の気功法が挙げられている。

次に「至游子」の名を付する十五項目を記す。ここでも記述の体裁を冒頭の文で示す。すなわち、

〔至游子導引法〕　伝統気功法。『道枢（巻二十三）・金丹泥金篇』、「吾嘗時加乎子、平坐静定、忘機観妙、或南向、或東向。左足在上、先閉其目、以撃天鼓。……是知水与火者、長生之門也。」

とある。以下、「至游子取火法」巻三十五・衆妙篇、「至游子宴坐法」巻三十五・衆妙篇、「至游子勒陽法」巻三十五・衆妙篇、「至游子焚身法」巻三十五・衆妙篇、「至游子咽元珠法」巻三十五・衆妙篇、「至游子水火相済法」巻三十五・衆妙篇、「至游子龍虎交会法」巻三十五・衆妙篇、「至游子四法并行訣」巻三十五・衆妙篇、「至游子行気導引法」巻三十五・衆妙篇、「至游子還丹九転法」巻三十五・衆妙篇、「至游子周天火候法」巻三十五・衆妙篇、「至游子度世煉形法」巻三十五・衆妙篇、「至游子擒制金精法」巻三十五・衆妙篇、「至游子嘘呬呵吹呼嘻法」巻三十五・衆妙篇の十五の功法が画数の順に並べられている。それは、巻二十三の「金丹泥金篇の「至游子導引法」を除いて、他の十四功法はすべて衆妙篇からのものである。それらを『道枢』の篇ごとに纏めてみると、巻十九の修真指玄篇と巻三十八の会真篇からのものが圧倒的に多い。すなわち、それを一覧表にしてみると、次のようになる。

その表から、第二十三巻の金丹泥金篇と第三十五巻の衆妙篇には、『道枢』の名を冠する功法と至游子を冠する功法とがあることが判る。すなわち金丹泥金篇の方を例に挙げると、道蔵第六四四冊の巻二十三の第四丁右の一行目末尾の文字から六行目三字目までが「『道枢』煉金丹心方」と称され、六行目四字目から第四丁左の五行目十四字までが、「至游子導引法」と呼ばれ、その次の一行の下から二字目より第六丁右の四行目三字目までが、「『道枢』運日中之神法」とされる。そしてその四字目から以下、最後がどこで終わるかは明示していないが、それは今別にして、それを「『道枢』運日中之神法」としている。この『詞典』において、何れの功法に「道枢」を冠し、何れの功法に「至游子」の名を付けるかの規準は判然としない。何故ならば、「心腎二気交会法、巻三十五衆妙篇」で、「至游子曰」

『中国伝統気功学詞典』				『中国道教気功養生大全』
巻数	篇名	気功法の数		至游子
		『道枢』	至游子	
第7巻	火候篇			1
〃	甲庚篇			1
第11巻	泥金篇	3		2
第12巻	還元下篇	1		1
第13巻	帰根篇	1		
〃	枕中篇	2		
〃	内想篇	1		
第15巻	聖胎篇	6		
〃	調気篇	3		
第16巻	中黄篇	2		
第19巻	修真指玄篇	13		
第22巻	修煉金丹篇	2		
第23巻	金丹泥金篇	3	1	
〃	金玄八素篇	2		
第30巻	二関篇	1		
〃	三元篇	1		
第31巻	九仙篇	2		
第35巻	衆妙篇	2	14	24
第38巻	会真篇	10		

の語のあとにあるのにもかかわらず、「『道枢』心腎二気交会法」となっている。因みに同じ衆妙篇の「進火行水法」は「丹元子曰」の文中に出ているが、「『道枢』進火行水法」となっている。恐らく、一般的な称呼に従ったものであろう。一方、李遠国編著の『中国道教気功養生大全』は、『道枢』と曾慥とについての項目を置いて解説を加えており、『至游子』についての項目はないにしても、『道枢』から摘出した訣を含む功法「丹法類」二十九種に、すべて「至游子」の名を冠している。一応は『道枢』の巻数順に並べてあるが、途中で若い巻数が混るなど不統一である。すなわち、「至游子火候訣」巻七（篇名を欠いているが、そこの引用文から火候篇の「至游子曰云々」であることが判る）、「至游子三火秘法」巻三十五・衆妙篇。これ以下、衆妙篇が多いので篇名のないのは衆妙篇である。「至游子小煉形法」、「至游子六字訣法」、「至游子養生五訣」、「至游子九還龍虎法」、「至游子三宮升降法」、「至游子元珠修煉法」、「至游子五気朝元法」、「至游子五行造化法」、「至游子五臓導引法」、「至游子日月飛騰法」、「至游子日月交飛法」、「至游子心腎修真法」、「至游子鳳翼導引法」、「至游子水火還元訣」巻七（篇名を欠くがその引用文から甲庚篇である）、「至游子水火相交法」巻十一・泥金篇、「至游子仰臥煉気法」、「至游子導引服気法」巻十一・泥金篇、「至游子還元内煉法」巻十一・還元下篇、「至游子還丹九転法」、「至游子服食日精法」、「至游子神仙換骨法」巻十一・泥金篇、「至游子度世煉形法」、「至游子起火勒関法」、「至游子宴坐修煉法」、「至游子強身袪疾法」、「至游子築基修煉法」、「至游子擒制金精法」の二十九種である（八一一頁―八二〇頁）。

右の表によって、李遠国の『中国道教気功養生大全』の功法と『道枢』の編名とを比較すると、圧倒的に衆妙篇に集中していることが判る。しかもすべて、至游子の名を冠している。これらの功法が『道枢』本文のどの部分を指しているかは、繁を避けて別の機会に示すこととする。ここでは、張文江等編著の『中国伝統気功学詞典』と李遠国の摘出する功法の両方が重なっているところについて、少しく検討を加えてみる。まず第十一巻泥金篇が二つ重なっている。ここでは道蔵本巻十一第二丁右二行目からはじまり張氏は「道枢修気法」とし、第二丁左五行目までであり、李氏の方は、第三丁右三行までの長文を引いて、名称を「至游子水火相交法」と呼ぶ。次に第三丁左四行目から第四丁右五行目までを、張氏は、「道枢換骨延齢法」と称し、李氏は「至游子神仙換骨法」としている。次に第十二巻還元下篇に両者の引用が見られる。張氏と李氏の本文の範囲は、巻十二第四丁左の一行目から第五丁右十行目までで、前者は、冒頭に「吾之」の二字を加えるだけで後は両者とも同文である。しかし名称は、前者が「道枢還元法」とし、後者は「至游子還元内煉法」呼んでいる。次に重なっているところは、巻三十五の衆妙篇である。張氏は十六の功法を挙げているし、李氏は二十四の功法を示しているから、両者の重複しているところについてのみ検討する。お互いに取り挙げている功法の『道枢』における範囲は、今は置くことにして、名称の違いのみを示してみる、上は張氏のものであり、下のカッコ内は遠氏の功法の名称である。「至游子度世煉形法」(同上)、「至游子焚身法」(「日月交飛法」)、「至游子勒陽法」(「至游子起火勒関法」)、「至游子咽元珠法」(「元珠修煉法」)、「至游子宴坐法」(「至游子宴坐修煉法」)、「至游子還丹九転法」(同上)、「至游子擒制金精法」(同上)、「至游子行気導引法」(「至游子鳳翼導引法」)、「至游子周天火候法」(「至游子三火秘法」)、「至游子龍虎交会法」(「至游子心腎修真法」)、「道枢心腎二気交会法」(「至游子水火相済交法」)、となっており、同じ名称であったり、異なった功法名であったりするほか、両氏で一致しない名称で『道枢』の中から各種の功法を挙げている。これらをみると、曾慥の『道枢』に引かれている功法は、まだ、一定したものがなく各研究者がそれぞれ異なって命名しているわけで、これ以外の全く異なる功法や名称を主張する学者も当然いることであろう。因みに、張氏が「《道枢》脱指玄関法」(巻三十・二関篇)とする功法を、李氏は新流行の「二関法」(前掲書二二二頁)と呼んでいる。この意味から、曾慥の内丹術・気功法の検討はなお途上にある、といえよう。

曾慥の研究は、上述の各章の中でしばしば述べたような観点から、各項目を立てて纏められなければならないものであろう。

注

（1）呂光栄等主編の『中国気功経典』では、巻数を分けない道蔵輯要本によっている。詳しくは序論第一章の註（2）参照。

（2）陶然主編『養生益寿百科辞典』（一四五頁）には、「八段錦・是練習者給的美祢、実際是八節徒手操。」とある。八段錦については、蜂屋邦夫「金代道教の研究」（一九四頁）にも記述がある。趙立勛等『遵生八牋校注』巻之十「延年却病牋　下巻」に「八段錦導引法」や「八段錦坐功図陳希夷左右睡功図付」がある。

（3）王卜雄等著『中国気功学術発展史』三五〇頁以下、道玄子編著『中国道家養気全書』一九九頁以下、卞志強主編『養生学辞典』三一四頁以下。

結　論

曾慥の生存した宋の時代は、性理学が興隆した時代であって、格物致知・窮理尽性が唱えられた。人も知るように、やがて南宋においては、中国を代表する思想家朱子が出現している。宇宙と人間とに関して、性とは何か理とは何かと、哲学的追求が好まれた時代性が指摘されている。感情の自由な表出である文学特に中国文学の代表である詩についていえば、宋詩の特色は、理性が感情を押えた作品が出現したということに要約できるであろう。このような宋代の理を好む時代風潮は、唐代の文学の中から次第に準備されたもの、と考えるのが妥当であろう。中唐の韓愈の主張に見出される理智的な表現の中に、宋代への哲学的思弁的傾向が感じられるのは、否定できないであろう。

類書の出現についても同様のことが考えられる。唐に入って欧陽詢の『芸文類聚』や虞世南の『北堂書鈔』、徐堅の『初学記』や白居易の『白氏六帖』、更には馬総の『意林』が出現し、宋に入ってその傾向は更に強まる。五経笥と称される李昉の『太平御覧』や『太平広記』、王欽若の『冊府元亀』、更には王応麟の『玉海』や『小学紺珠』が出現する。曾慥の『類説』と前後して、宋の劉斧の『青瑣高議』や『紺珠集』がある。そしてそれらは、明の『永楽大典』や清の『古今図書集成』へと連続していく。

北宋から南宋の時代の人物曾慥には、『類説』六十巻と『道枢』四十二巻や、そして別に、宋代の詞の雅なるものを集めた『楽府雅詞』六巻と『拾遺』二巻や仙人の伝記を集めた『集仙伝』等がある。特に『類説』六十巻は、唐の馬総の『意林』を意識して作られたといわれている。すなわち『類説』は、上にもしばしば述べたように、『四庫全書総目提要』巻一百二十三子部雑家類七では、『類説』六十巻を挙げて、

取自漢以来百家小説、採掇事実、編纂成書。其二十五巻以前為前集、二十六巻以後為後集。其或摘録稍繁、巻帙太鉅者、則又分析子巻、以便検閲。……其書体例略仿馬総意林、毎一書各刪削原文、而取其奇麗之語、仍存原目於条首。但総所取者甚簡、此所取者差寛、為稍不同耳。南宋之初、古籍多存、慥又精於裁鑒。

と曾慥の功績をたたえている。一方、比較のために、同じ『四庫全書総目提要』の雑家類七の『意林』五巻の解説をみると、

初梁庾仲容、取周秦以来諸家雑記、凡一百七家、摘其要語為三十巻、名曰子鈔。総以其繁略失中、復増損以成此書。宋高似孫子略、称仲容子鈔、毎家或取数句、或一二百言。馬総意林、一遵庾目、多者十余句、少者一二言、比子鈔更為取之厳、録之精。今観所採諸子、今多不伝者、惟頼此僅存其概。其伝於今者、……亦多与今本不同。……（江蘇巡撫採進本）当已失其半、併非総之原本矣。然残璋断璧、益可宝貴也。

と、『意林』も尊重している。しかし、『四庫全書総目提要』の『意林』と『類説』の評価は、歴然としている。曾慥は馬総の『意林』を模倣しているとはいえ、両者の差は、撰者の学識の差にあるようである。最も重要なことは曾慥の選択の目が鋭くて、「精於裁鑒。」ということにあった。この曾慥の選択眼によって記録された二百六十余種もの文献が、後世に与える価値は非常に大きいというべきであろう。『四庫全書総目提要』のこの雑家類には、類書或は叢書と呼ばれるグループに入れてもよい文献が並んでいるが、『四庫全書総目提要』の記録者は、時に、曾慥のことを意識にのぼらせていたようである。たとえば、雑家類七の『類説』の直前に、『紺珠集』十三巻のことを書くに当って、

其書皆鈔撮説部、摘録数語、分条件繫、以供獺祭之用。体例頗与曾慥類説相近。惟類説引書至二百六十一種、而此書祇一百三十七種、視慥書、僅得其半。然其去取頗有同異、未可偏廢。且其所見之書、多為古本。亦有足与世所行本、互相参討者。

と曾慥の『類説』を高く評価している。

これらの『四庫全書総目提要』の三つの文章を通して、曾慥が後世に残した文化的価値が、いよいよ明らかになるであろう。特に、曾慥の行為が、『紺珠集』十三巻の『四庫全書総目提要』にもみえるように、「其所見之書、多為古本、亦有足与世所行本、互相参討者。」という点にあることに注目しなくてはならない。丁倍仁も、道教類書の価値を次の五の面から顕彰している(1)。

1、便于查找資料。　2、提供有関道教的系統知識。　3、可供輯佚之用。　4、可供考証之用。　5、可供校勘・版本学之用。

これを要するに、『四庫全書総目提要』の「亦有足与世所行本、互相参討者」の一語の意味の重さが明らかになるであろう。

『類説』は、厳密な意味では、類書には加えることはできないかもしれない。類書は、多くの文献から多くの資料を採用して、類を分かって編集する(2)、と一応するならば、小説類に偏する上に、多少分類らしきものを考慮している程度に過ぎない『類説』は、狭義では、類書の中に入れられないかもしれない。従って、『類説』は、従来から、子部雑家類に入れられてきた。しかしながら、問題はあるにしても、『類書之作、始於皇覧。』といわれている『皇覧』も(3)、時に史部や子部雑家に入れられている(4)一方、類書の代表といわれた『永楽大典』は、叢書とも考えられている(5)。類書と叢書は、厳密に分けて区別する立場もあろうが、共通したものとも考えられる(6)。『類説』は、「全国第一部叢書的編輯就是泉州晋江人曾慥」と称されて、「叢書之祖」[7]となっている。しかし、『類説』を叢書とすることにも反対の意見がある。

いずれにしても、類書や叢書に求められるものは、幅広い厖大な文化的資料である、といえよう。『皇覧』が天子の政治の参考のために纏められたであろうことも、そこに集録されたデータに必要性があったからに外ならない。『皇覧』が、魏の文帝の詔によって、劉邵や王象らによって撰述されたのは、北方異民族の齎らす新しい文化が流入する六朝時代の幕開けの時代の象徴ともいえよう。常識の範囲では処理できない質量共に厖大なデータに直面して、それらへの理解が必要となっていった。

一方、博学多識となることは、天下国家のためといった大義名分のためだけではなかった。漢魏六朝時代を通じて、多くの典故を知っていることが、知識人になによりも要求されていた、といわれている。[8]曾慥が、『道枢』や『類説』に多数の文献の節録を残したのには、その両面が含まれていたのではないであろうか。「蓋矜多衒博」（『宋文紀事』巻六十五）と批判されるのも当然である。たしかに、いみじくも曾慥は、『類説』の序において、そのような心情を吐露している。すなわち彼は、

余喬寓銀峯、居多暇日。因集百家之説、採擦事実、編纂成書、……可以資治体、助名教、供談笑、広見聞。

と述べている。「供談笑」の語は、曾慥の諧謔と謙遜の表現であろう。一層正確な知識を、多くの資料を通して獲得しようとする精神は、曾慥の養生思想の探究や道教の研究においても同様であった。そしてそのような態度は、『道枢』の中に曾慥が節録を記載した『道院集要』や『法蔵砕金録』などの撰者晁迥にも見出されるようである。以下、その点に関して少しく論じてみよう。

晋の干宝が「発明神道之不誣也。」（『捜神記』序）というように、怪異の物語も、事実として認識されようとして

いた時代において、人々は、従来の知識でカバーできる範囲が、いかに狭少であるかに、気付きはじめた。曹魏の康僧鎧訳『仏説無量寿経』巻上にも、

於百千万億那由他劫、計彼初会声聞菩薩、所知数者、猶如一渧、其所不知、如大海水。(9)

という指摘がある。やがて晋の葛洪も、仙人の存在は信じられない、と考えていた一般の多くの人々の狭い常識を打ち破ろうとして、『抱朴子』内篇において、

重類応沈、而南海有浮石之山。軽物当浮、而牂柯有沈羽之流。万殊之類、不可以一概（而）断之。正如此也久矣。（論仙篇）

と力説している。

曾慥が生きていた時代も、また、可能な限り、新しい事実を追求しながら、真理に迫ろうとしていた時代であった。曾慥が注目している彼の少し前の人物すなわち北宋の仁宗頃（一〇二三年か一〇三四年没）の晁迥の思想の中に、曾慥が多くの節録を残した意義を見出すことができるようである。曾慥は、晁迥の『法蔵碎金録』や『道院集要』を丹念に読んでいる。『法蔵碎金録』には、窮理尽性の語が処々に記されている。窮理尽性の語は『易』にはじめて見出されるが、晁迥はまず、次のようにいう、

窮理尽性、易義具矣。予嘗因此四字、別有所陳。夫剖析至理、有浅深次第。浅者及於名、深者及於身。深之又深者及於心。（巻二）

と。そして、『道院集要』には、

真如功必有漸、不可軽蔑、謂不随順遍計執情。惟随順無礙法門、是万境融為一心也。（巻一、融境為心）

とある。ここにいう遍計は偏計であろう。すなわち偏執を排することであり、そのためにも、あるゆる事象に平等に

対処していくことが窮理尽性に通ずるのであろう。宋元道教において、心が問題とされ『般若心経』が尊重されていく遠因が、この辺にあるのではなかろうか。晁迥は、曾慥の知識欲の根本的支柱を先取りして説明するかのように、『法蔵砕金録』において、

学道之要、予謂無出於動静、恬智交相養。故予動而観書、窮理尽性、養智也。静而息心、澄神定霊、養恬也。若言更有妙者、予則未能知之。（巻九）

夫博学多識、窮理尽性、是謂知道。収視反聴、澄神定霊、是謂修道。道法之利、不可以言、宜可以意取。中智以上、必能学而致之爾。（巻九）

所謂之書、窮理尽性。所得之法、貫心達性。所愛之事、怡神養性。人不我知、苟有知我者、以我為何如人也。又謂薫修善利、合何如哉。（巻九）

などと述べている。このような、知識欲は、究極的には人間の心の把握に進むものなのであろうか。晁迥は更に、『法蔵砕金録』において、

窮理尽性、了然而洞分。澄神定霊、湛然而不動。道人智力、大率如此。（巻九）

と、人間において最も把握しにくい心の問題に対応していこうとする。宋初に『太平広記』が作られて、神秘的世界が多く語られるのには、やはり干宝の「発明神道之不誣也。」といった精神が生きているのであって、曾慥が『類説』の中に筆記小説の神秘的素材を摘録したのも、神秘の世界をも含めて、あらゆる物事を通して、「格物致知・窮理尽性」の時代の要求に答えようとしていたと考えるべきではなかろうか。彼が『類説』の序において、「資治体」「助名教」「供談笑」「広見聞」と述べているのには、特に「供談笑」に曾慥の諧謔と謙遜のニュアンスが感じられはするにしても、そのまま素直に受け取れば、この四つの目標には、中国知識人の意識の中で伝統的に受け継がれて来た重要

な精神的必然性が含まれていることを見逃すべきではない。

更にこの四つの目標の前半、すなわち、「資治体、助名教」は、儒家的にいえば、修身・治国の崇高な目的に寄与しよう、という意図があったことを示している。彼が、政治を思い社会の治安を念じていたことは、『楽府雅詞』において、詞の雅なるもののみを集めたことや、道教文献の叢書類書ともいいうる『道枢』において、彼が、政治や文化の正しい発展の上で、とかく問題となる房中術を排除したところにも、よく現われているであろう。すなわち後者については、宋の陳振孫が、『直斎書録解題』巻十二において、

道枢二十巻
曾慥端伯撰。慥自号至游子。采諸家金丹・大薬・修錬・般運之術、為百二十二篇。初無所発明、独黜采御之法、以為残生害道云。

と述べている。

曾慥の生活していた南宋時代は、経済が盛んになって出版技術も発展した時であった。彼の生地泉州は麻沙本の印刷されたところでもあった。彼の先輩には、譚峭がおり、『穆天子伝』や『漢武帝内伝』などを研究しているのも曾慥に影響しているであろう。出版界の発展の中で、曾慥は多くの書を読み記録していった意味は、上述のような面のほかに、北方異民族の侵入による国内治安の乱れによる諸文献の散佚を憂うる文化人としての常識も存在していたのであろう。更に宋代の経済的発展は、庶民の文化を興隆させた。曾慥の『類説』や『道枢』が貴人のための知識宝庫ではなく、庶民のための百科全書的意味があったことも指摘しなくてはならない。宋代は人間一人一人が重視された時代に入ったのである。

以上のように、中国文化に多大の貢献をしている曾慥が、何故に、わが国において冷遇され無視されてきたのであ

ろうか。恐らく、彼の伝記が正史に記録されなかったことも一つの理由とはなるであろう。しかし、彼が時代の変化を察知し、多くの事実を記録して政治資料とし名教を助けようとすればするほど、事実の収集が多いことを願えば願うほど、その文は、節録鈔撮とならざるを得ない。わが国においては、従来どちらかといえば、類書や叢書や辞書字典を卑下して、原典のみを尊重する原典主義が幅をきかせてきた。曾慥の善意の意図が、このような原典主義の弊害をまともに受けて来た感のあることは、否定できないであろう。

本論文は、上述のような曾慥の意図を顕示すべく、厖大な彼の著述の中から、できる限りの資料を主として書誌的観点から発掘したのであるが、この努力は、その多くの資料の全てを網羅し尽すまで続けられなくてはならない。

注

（1）丁培仁『道教典籍百問』、一八二頁。

（2）梁宗強『中国歴史之最』、二〇九頁。

（3）魏崧『一是紀始』、巻九。

（4）張滌華『類書流別』、一頁。

（5）『頼惟勤著作集』、Ⅱ、三七三頁。

（6）呉楓『中国古典文献学』、一三三頁。

（7）伝金星『泉山採璞』、三六頁。

（8）前野直彬『中国文学序説』三一頁、汪文学「論漢晋間之尚通意趣与学风転移」（『文史哲』総第259期）。

（9）大正、一二、二七〇、c。

あとがき

本書は、大正大学より平成十年六月二十四日に学位記を授与された博士論文『曾慥の研究』に基づいて、表現の不充分なところや註記の脱誤などを補訂して上梓したものである。内容については、当初の記述をそのまま残すように努めたので、その後の新しい研究成果の導入は、必要最小限度に止めた。ただ標題には、内容に一層ふさわしく書誌的の三字を加えさせて頂いた。なお、学位請求論文審査報告書は、『大学院研究論集』第二十三号にある。

曾慥についていうならば彼は、本書の中でもしばしば言及しているように、膨大な古典籍を読破して、その節録を後世に伝えた人物である。彼の二大撰著である『道枢』と『類説』だけでも、完全な検討を全部完了するのには、筆者の全生涯をかけてもその実現が危ぶまれるほどの大きな業績を、彼は残している。彼の関心は、広く思想・宗教・文学・言語・医学等に及んでいて、このような偉大な人物が、今日まで本格的な研究対象に加えられなかったこと自体に、学問少なくとも今日の道教研究の底の浅さを痛感させられる。このような状況の下で、本書は、曾慥の学問的研究の一ページを、書誌的研究を通して開いたに過ぎないものである。その意味において曾慥の研究は、今後なお多くの研究者の協力を得て、継続し発展していかなくてはならない。本書と時を同じくして刊行を予定している『道枢一字索引』も、中国社会科学院の金正耀氏と京都大学人文科学研究所の麥谷邦夫氏の協力のもとに、曾慥研究の更なる展開を願って刊行される一書である。

本書公刊に至るまでには、上記の二氏のお力添えを頂いたことはいうまでもないが、先ず第一に主査佐藤一郎氏と副査福井文雅氏と佐藤成順氏に、心からお礼を申上げたい。佐藤一郎氏と福井文雅氏は、これまた、第一に謝意を表さねばならない大正大学前学長で筆者の属する中国学の先輩ですでにご西化された安居香山氏の運営されていた当時の若手中国研究者の土曜談話会において、その会の発足頭初からの先輩畏友である。また佐藤成順氏は、念仏の元祖法然上人の門流として昵懇の同行である。本書の英文目次の作成には、国際文化学科の畏友シャウマン・ヴェルナー博士のお手を煩わせた。どなたも、文献学的書誌学的研究を中心とするがために、読み辛い記述の多い拙稿にお目を通して下されて、ご親切な教導を頂きましたことに、幾重にも感謝申し上げます。

思えば筆者は、昭和二十三年の大正大学入学当初より、大久保良順先生とご遷化された福井康順先生・吉岡義豊先生・牧尾良海先生・吉井泰順先生・竹田復先生・大村興道先生には、本当にお世話になった。大久保良順先生には、矍鑠として日々慈愛の御眼で、未熟な筆者を見守って頂いていることに対して、お礼のことばも見当らない。もっと早く学位論文を提出できなかったのは、ひとえに筆者の生来の怠惰によるものであり、慙愧の念にたえない。

筆者が今日あるのは、上記の諸先生先輩畏友のお力添えによるものであるが、そのご縁を通して、牧田諦亮先生・窪徳忠先生・酒井忠夫先生・波多野太朗先生・宮川尚志先生をはじめとする諸先生からも多くのご示教を頂くことができた。また、上記の土曜談話会において三崎良周氏・楠山春樹氏・菅原信海氏・中村璋八氏・深津胤房氏・篠原寿雄氏をはじめ故前野直彬氏と故山井湧氏からも多くのお導きを頂いた。篤く御礼申し上げるものである。

本書の公刊に当っては、日本学術振興会より、平成十三年度科学研究補助金（研究成果公開促進費）を交付して頂いた。その出版事務において、旧来のご交誼から株式会社汲古書院の前社長坂本健彦氏と現社長石坂叡志氏と大江英夫氏から多大のご尽力を賜わった。心より感謝の気持ちを表したい。また、本書刊行に当って、史学科の川勝賢亮氏からも激励のことばを頂いたし、勤務の面から多くの支援を与えられた中国文化系の赤平和順教授・平石淑子助教授・春本秀雄助教授・福田高徳副手に、ここに衷心より御礼申し上げたい。筆を擱くに当って、お浄土の曾我晃也先代上人と両親を偲びつつ、今日まで筆者の生活全般を支援して下さった拙僧の西福寺檀信徒各位と家族のものに、本書を土台として、教化の面で更なるご恩報じをさせて頂くことを誓うものである。

本書は、学位論文として提出するために、新しく記述した部分と以前発表した論文とで完成された。旧論文は今回、加筆訂正したり、一論文を分割して利用したりしているが、研究のプロセスを示すようすがとして、本書の序論と本論の第一篇『道枢』関係のものと第二篇『類説』関係のものとに大別して、その大凡を年次によって示すこととする。

序論に関するもの

曾慥について（平成八年(1996)一月刊『中村璋八博士古稀記念　東洋学論集』）

第一篇『道枢』に関するもの

『道枢』の一考察（昭和五十九年(1984)五月刊『東方宗教』第六十三号）

『道枢』の構成について――「坐忘篇」を中心として――（昭和六十三年(1988)二月刊『大正大学研究紀要』第七十三輯）

『道枢』悟真篇と張平叔の『悟真篇』について（昭和六十二年(1987)三月刊『（大正大学）中国学研究』第七号）

僧一行の『天真皇人九仙経』と曾慥の『道枢』九仙篇について（平成元年（1989）十一月刊『日本中国学会報』第四十一集）

『道枢』黄帝問篇について（平成二年（1990）三月刊『斎藤昭俊教授還暦記念論集　宗教と文化』）

天真皇人について（平成二年（1990）三月刊『（大正大学）中国学研究』第九号）

達磨大師胎息論に対する評価について――曾慥の『道枢』を中心として――（平成三年（1991）十二月刊『塩入良道先生追悼論文集　天台思想と東アジア文化の研究』）

曇鸞大師の調気と達磨大師の胎息について――仏教と民俗の観点から――（平成四年（1992）三月刊『（大正大学）中国学研究』第六十一号）

第二編『類説』に関するもの

『素問』『霊枢』について――南宋の道士曾慥の撰著を中心として――（平成二年（1990）十一月刊『沼尻正隆博士退休記念論集　中国学論集』）

『列仙伝』と『神仙伝』について――曾慥の『類説』を中心として――（平成三年（1991）二月刊『牧尾良海博士頌寿記念儒仏道三教論攷』）

曾慥と真誥について（平成六年(1994)三月刊『(大正大学）中国学研究』第十三号）
道教の人間学――曾慥と『黄庭経』――（平成六年(1994)三月刊『大正大学研究論叢』第二号）
南宋初期の道教資料としての『類説』（平成六年(1994)九月刊『仏教論叢』第三十八号）
『類説』の中の仏教資料について（平成六年(1994)十一月刊『大久保良順先生傘寿記念論文集　仏教文化の展開』）
至游居士曾慥と廬山について（平成八年(1996)六月刊『仏教論叢』第四十号）
曾慥の『集仙伝』と晁迥について（平成九年(1997)五月刊『新しい漢文教育』第二十四号）

曾慥の書誌的研究

平成十四年二月二十八日　発行

著　者　宮《みや》澤《ざわ》正《まさ》順《より》
発行者　石　坂　叡　志
整版印刷　富士リプロ

発行所　汲　古　書　院
〒102-0072 東京都千代田区飯田橋二-五-四
電　話　〇三（三二六五）九七六四
FAX　〇三（三二二二）一八四五

ISBN4-7629-2665-5　C3010

A Bibliographical Study on Cengzao (曾慥)

Contents

書名索引

＊道枢と類説は採録していない。

あ行

か行

た行

ま行

や行

ら行

人名索引

＊曽慥は採録していない。

た行

な行

は行

わ行